国家社科基金重大项目『近千年来畿辅文化形态与文学研究（12ZD&165）』阶段成果

河北省教育厅重大项目『河北学术史与学人研究（ZD201425）』

河北近现代学者年谱辑要

王京州 编

国家图书馆出版社

图书在版编目（CIP）数据

河北近现代学者年谱辑要 / 王京州编 . -- 北京：
国家图书馆出版社，2017.5

ISBN 978-7-5013-6065-9

Ⅰ .①河… Ⅱ .①王… Ⅲ .①教育工作者—年谱—河
北—近现代 Ⅳ .① K825.46

中国版本图书馆 CIP 数据核字（2017）第 069328 号

书　　名	河北近现代学者年谱辑要	
著　　者	王京州　编	
责任编辑	南江涛	
封面设计	程春燕	

出　　版	国家图书馆出版社（100034　北京市西城区文津街 7 号）	
	（原书目文献出版社　北京图书馆出版社）	
发　　行	010-66114536　66126153　66151313　66175620	
	66121706（传真）　66126156（门市部）	
E-mail	nlcpress@nlc.cn（邮购）	
Website	www.nlcpress.com →投稿中心	
经　　销	新华书店	
印　　刷	河北三河弘翰印务有限公司	
版　　次	2017 年 5 月第 1 版　2017 年 5 月第 1 次印刷	

开　　本	710×1000（毫米）　1/16	
字　　数	400 千字	
印　　张	25	

书　　号	ISBN 978-7-5013-6065-9	
定　　价	68.00 元	

绪　言

　　近代中国沿清代学术的发展态势，总体而言，南学强于北学。桑兵认为民国时论南北学风之不同，多据居处而非籍贯①，然而陈寅恪函称"中国将来恐只有南学，江淮已无足言，更不论黄河流域"②，以推崇"作为粤人"的陈垣和岑仲勉，却是专指籍贯而非居处。若以居处论，南人北来，辐辏北京，学术云盛；若以籍贯论，北学不惟逊于岭南，更远不如江淮：后者才符合陈寅恪致陈垣函的历史语境。然而衡诸其实，又未必尽然。因为近畿的地域优势，直隶或河北又享有得天独厚的条件。蔡元培在北大设预科，河北考生占比最大。袁同礼、顾随、缪钺、冯至、傅振伦、胡厚宣都是就近投考北大预科，除缪钺中途辍学外，均读完并获得学历，由此迈出学术征程的第一步。后来的北平城在高等教育上发展迅猛，清华大学、燕京大学、北平师范大学、辅仁大学、中国大学等校与北大并峙，为具有地缘优势的河北考生提供了更多的选择。

　　1929 年秋，在北平城宣武门内鸿春楼，一批青年学者云集于此。王重民、孙楷第率先发起，刘盼遂、罗根泽、傅振伦、谢国桢、孙海波、王静如、齐念衡等人热烈响应，决定成立学文学社，编辑《学文》期刊。据傅振伦回忆，向达、赵万里因为该社社员多为淮黄流域学者，称之为"北学派"③。桑兵以为"其实不过戏言"④，实际恐不尽然。当时在北京学界占据要津的多

---

　　① 桑兵：《晚清民国的国学研究》，上海：上海古籍出版社2001年，第50—52页。

　　② 陈智超：《陈垣往来书信集》，上海：上海古籍出版社1990年，第377页。

　　③ 傅振伦：《蒲梢沧桑·九十忆往》，上海：华东师范大学出版社1997年，第58—59页。

　　④ 桑兵：《晚清民国的国学研究》，上海：上海古籍出版社2001年，第50页。

是南人，学文社员清一色的北人，应有标榜北学、与南人争胜的隐衷。其实早在 1921 年夏，顾随在结识卢伯屏、卢继韶兄弟和冯至后，就曾发起成立通信社，"人数至少要十来个人，少了既不热闹，又不易发展。每月轮流做编辑主任"，"这样一则可以通消息，交换智识；二则可以鼓励求学的兴趣，将来可以作学会的根基"①。由于当时的顾随僻处山东青州，声闻阒寂，没有得到更多人的响应，因此通信社没有正式成立，仅在一个小范围内进行。顾随虽然没有标榜地望，但巧合的是，顾随、冯至以及卢氏兄弟恰好都是河北人。

散木在《"批儒评法"运动中王重民之死》一文中曾胪举河北籍的学人，较为详悉，引录如下：

> 当时河北以盛出"读书种子"而著名，遥自清季倡导实学和功利之学的"颜李学派"和写有《书目答问》的南皮张之洞之后，河北学人灿然可观。即以近代形成的图书馆学而论，其中著名学人就有孙殿起、李大钊、王森然、袁同礼、王重民、张申府、孙楷第、傅振伦等。此外，考古学如裴文中、贾兰坡、商鸿逵，历史学如雷海宗、傅筑夫，文学如高步瀛、罗根泽、冯至、顾随、杨公骥、孙犁，民俗学如李安宅，法学如杨秀峰等等，堪称星河璀璨。②

此文所列虽已臻详悉，仍不免有遗珠之憾。以今观之，至少还遗漏了陈同燮、张岱年、张中行、杨向奎、公木、赵光贤、阎简弼、胡厚宣、侯仁之、史树青等人，而且这是仅就作为文史哲等人文学科学者而言。扩而言之，如果将自然科学等包括在内，河北近现代知名学者更是恒河沙数，难以尽举。

2016 年底，我在北京大学访学时参观了校史展览馆，在"北京大学杰出人物展"的系列展牌上，惊讶地发现北大校史上的河北名人，并非只有李大钊为代表的革命家和以冯至为代表的文学家，更多的则是从事自然科学研究的学者：刘仙洲、王竹泉、臧玉洤、何作霖、尹赞勋、孟昭英、张香桐、李连捷、张文佑、王湘浩、侯德封、石志仁、马文昭、于敏。以学

---

① 顾随：《顾随全集·书信日记卷》，石家庄：河北教育出版社 2014 年，第 4 页。
② 散木：《"批儒评法"运动中王重民之死》，《文史精华》2005 年第 11 期。

术地位而论，竟有十五位学部委员之多。一个月后，我刚好有事访问石家庄市音乐考级办公室，又见识了一系列河北音乐家的大名，他们的照片、简历和代表作，制作成一面面镜框，布满了整个办公室的西壁，唐诃、张鲁、生茂、王玉西、李遇秋……直到那时，我终于清晰地意识到以自己的学识和能力，不仅无法全部知晓这一代风流人物，更无法为他们一一撰写年谱了。

从在网络上读到马千里先生《阎简弼先生学术年谱稿》时的怦然心动，到那年年底参加阎福玲教授主持《河北学术史与学人研究》的开题论证会，遂有编纂《河北近现代学者年谱辑要》之宏猷，经过长时间的搜集和邀约，各同仁陆续交稿，由我审读和校对，再返回修订到最终定稿，已经过去整整两年了。由衷地感谢周棉、江沛、闵军、林大志、马强才、马千里、马瑞洁、杜运辉诸先生，他们慨允将作品收入到拙编当中，三番五次被我打扰，被请求增订、新编或删润他们的论文。我的学友江合友、杜志勇、于飞、赵成杰、何林英、李廷涛、赵嘉等鼎力相助，以不同形式参与《年谱辑要》的谋划和编纂，本编中新撰的年谱大多出于他们之手。研究生宁普月、殷旭帮助录入部分文稿，在此一并致谢！

本编所收，共计十五位河北学者，其中除张恒寿、詹锳、王学奇先生外，均为河北籍学人，而且都有幼年长于斯、学于斯的经历。张恒寿、王学奇先生长年任教于河北师范大学，詹锳先生长年任教于河北大学，称之为河北学者，殆无异议。本编以生年先后为序，唯一的例外是将尚健在的王学奇先生置于史树青先生之后。如上所述，河北近现代学者举不胜举，难以尽书，更难一一撰为年谱。即使就最初列定的计划来看，便有张申府、袁同礼、张中行、侯仁之、王树民、萧望卿、漆侠、夏传才、胡如雷等先生的年谱因为不同的原因而未能如愿编入，只能留待他日了。

史树青在辅仁大学就读时曾亲炙顾随先生，他自订《几士居词甲稿》请顾先生作序，旋即又为恩师印行《濡露词》，结下深厚的师生情谊。二人在"黎明前的古都"（顾随语）时相过访，共度忧患。新中国成立后顾随移砚津门，史树青时常过访的对象又多了同乡前辈孙楷第。大概史树青先生是极为看重地缘乡情的学者，多年后他在接受采访回答"您晚年最想做的事是什么"时说：

想给河北编一套书。人老说北方"土豹子"，没学问，我就心里不服。南方对北方很讽刺，说北方没什么读书人。……我们河北省人物很多，学问很大，不说早的，就谈清朝，纪晓岚修《四库全书》，晚清张之洞，提出"中学为体，西学为用"，当过两湖、两广总督，就连孙中山的思想也是靠张之洞的思想启发，张之洞这人不得了。我在有生之年想把这本书编出来，为北方学界立传。①

史树青先生于接受采访五年后溘然长逝，"为北方学界立传"的抱负终究未能实现，毕竟那时的先生已进入耄耋之年。我们也无从得知他想要采取的形式是什么，传记，丛书，抑或是年谱？《年谱辑要》的编纂，当然不敢奢言能偿史树青先生之愿，倘能弥补于万一，就很知足了。因为年谱丛脞，加上成书仓促，疏漏舛误，在所不免，恳切希望读者的批评指正。

王京州

2017 年初春

---

① 唐吟方：《收藏鉴定与新文物法：史树青访谈录》，《收藏家》2002年第8期。

目　录

王树枏先生年谱简编

江合友

　　本谱以王树枏自撰《陶庐老人随年录》二卷为据编成，删繁就简，而略有增补。其卒年据行唐尚秉和《故新疆布政使王公行状》补充。《随年录》详叙政事，本谱撮要以存其梗概；而于学术、交游，《随年录》记录简略，本谱则多予保留。

清咸丰元年辛亥（1851）　1岁

　　王氏始迁之祖为王天禄。明永乐初，自小兴州迁于保定之雄县东洋村。万历时，由东洋再迁新城东十五里邓家庄，绵衍至今三百余年。

　　自始祖天禄公传至十世，为树枏曾祖父王懋，字景堂，诰封奉政大夫。曾祖母杜太宜人，家贫，以耕读为业。为同邑东坞村人，其兄弟姊妹多老寿，年皆八九十岁。

　　太宜人生树枏祖父王振纲，字重三，号竹溪，生于嘉庆十一年（1806）十一月二十八日未时，道光十一年（1831）辛卯科副榜，十七年（1837）丁酉科举人，十八年（1838）戊戌科进士第一以知县用，以杜太宜人年高告终养不仕。家居授徒，门弟子数千人，以河工保加同知衔。光绪三年（1877）十月初八日酉时终于保定府莲池书院，享寿七十有一。以树枏官晋封光禄大夫。

　　祖母同里田氏，生于嘉庆十一年（1806）十一月二十九日卯时，殁于同治十三年（1874）正月十六日辰时，享寿六十八岁，晋封一品夫人，生树枏父兄弟五人。伯父王鉴，字子铭，号菊农，以举人选宁远州学正。次即树枏之父。三叔王锡，字子进，花翎补用都司。四叔王钰，字子珍，号式如，廪贡生。五叔王锷，字子函，号秋骊，光绪十一年（1885）乙酉科举人。

树枏父王铨，字子衡，号松舫，咸丰五年（1855）乙卯科举人，选授东安县教谕，封光禄大夫。树枏母为同邑处士李文明之女，举人李文鼎之侄女，封一品夫人，生树枏兄弟五人，妹二人。树枏次居二，以咸丰元年（1851）十一月二十五日卯时生，生而有文，在右手曰枏，祖父因赐名树枏，字晋卿。

咸丰二年壬子（1852） 2岁

树枏乏乳食，家人日屑面粉哺之。

咸丰五年乙卯（1855） 5岁

树枏父举顺天乡试。

咸丰六年丙辰（1856） 6岁

树枏父素患怔忡之疾，是年会试不第，遂绝意进取，精研医学，随人延诊，无不应手取效，名遂大噪，然不受人一钱馈谢，著有《医药家栊》四卷。

咸丰七年丁巳（1857） 7岁

始入家塾，从同里邓云亭先生读书，邓氏为树枏父之门生。

咸丰八年戊午（1858） 8岁

始学为诗。一日暑夜，祖父王振纲门生王子畴问读何书，答曰：《四书》已读毕。问能属对否？答曰：时时学之。王子畴曰："王豹绵驹。"对以"卧龙雏凤"。王子畴曰："亦将有以利吾国乎？"对以"何其声之似我君也"。子畴拍案叫绝。又曰："风高闻雁唳。"对以"月黑见萤飞"。祖父曰："此子将来必有一隙之明，但恐生逢乱世耳。"

咸丰九年己未（1859） 9岁

学为八韵诗。十一月二十九日三弟王树梓生。

咸丰十年庚申（1860） 10岁

学为赋。

咸丰十一年辛酉（1861） 11 岁

树枏父王铨主讲安肃县凤山书院，携树枏及四叔父、五叔父在院读书。始学为文，父循循善诱，从游者数十人，多成名以去。树枏朝夕随侍，谆谆教诲，虽寝食之顷，不稍宽暇，树枏之力学自此始。

树枏伯父王鉴考取选拔贡生。

同治元年壬戌（1862） 12 岁

在凤山书院。四月十一日四弟王树椿生。

同治二年癸亥（1863） 13 岁

在凤山书院。

同治三年甲子（1864） 14 岁

父王铨辞讲席，携树枏归里。四月正值县试，树枏求应考。父不许，求之再三，因命题扃试，至午两文一诗均缮清呈阅。父曰："诗文皆可观，但未必能冠军耳。"仍不许。

伯父王鉴举于乡。

同治四年乙丑（1865） 15 岁

从伯父在家读书，《诗》《书》《易》《礼》《左传》《国语》《四书》均读毕，学为骈体文。

同治五年丙寅（1866） 16 岁

县试第六名，府试第一名，院试以第十一名入学。新城知县胡岳赏识其文章，曰："清庙明堂器也。"

同治六年丁卯（1867） 17 岁

岁考，取第三名补廪膳生。喜为温李体诗，尤酷嗜李贺诗。父教之曰："从难中入，尚须从易中出。古人诗各有安身立命之处，剧场歌舞摹拟古人，何尝不令人击节？然终非自家面目也。学古人者，患其不似，而其病则在太似。若李义山、黄山谷七言律诗之学杜，实成为自家面目，乃善于学杜者也。"

同治七年戊辰（1868） 18 岁

正月，就婚于雄县之张家庄，原配刘夫人，少树枬一岁，乃训导刘汝梅先生之女，刘氏为祖父王振纲门生。

同治八年己巳（1869） 19 岁

科考，取第一名。学政贺云甫先生悬牌命其补举优生，向例举优均在岁考之年，此异数也。阖府属同试者五人，树枬文章仍置第一。

直隶总督曾国藩礼聘祖父王振纲主讲保定莲池书院。曾氏与王振纲乃会试同年。时王振纲掌教易州、涿州、新城三处书院，以省会讲席道远，不能兼顾，力辞之。士子坚请，乃兼顾之。

四月同五叔父谒见曾国藩，曾氏询问周至，并为指示读书作文之法，谈至两时许，曰："汝祖养亲教子，高尚其志，家庭之乐胜余百倍，真福人也。"

同治九年庚午（1870） 20 岁

七月入都学院，牌示考优诸生报名定期考试，到者一百数十人，树枬文章置第一。正场直隶额取六名，树枬名列第三。

秋，乡试荐而未售。

同治十年辛未（1871） 21 岁

夏，入都朝考，列三等第一名，以教职注册。

秋，大水，出京行至长辛店，水阻不能行，雇一驴绕山中行二日，至黄土坡乘船回里。

十月初九，长子王政敷出生。

同治十一年壬申（1872） 22 岁

在家读《诗经》，考释四家异同，注于简端。

五弟王树棠出生。

同治十二年癸酉（1873） 23 岁

七月十二日，曾祖母杜太宜人卒。享寿九十六岁。

树枬乡试荐而未售。次子王双琴生。

五叔父考取拔贡生，书法最工。

同治十三年甲戌（1874） 24 岁

正月十六日，祖母田太夫人卒。享寿六十八岁。

直隶总督李鸿章编《畿辅通志》，聘树枏与之。先是李鸿章到直督任，开畿辅通志局于古莲花池，聘贵筑黄彭年主其事，地为旧岁行宫，与书院仅隔一墙。祖父王振纲曾送树枏与其五叔父同受业于黄氏之门下，黄彭年亦送其子黄国瑾受业于王振纲。树枏到畿辅通志局任分纂，与桐城劳乃宣同驻藻泳楼下。

光绪元年乙亥（1875） 25 岁

在畿辅通志局。

是岁恩科乡试不第。

光绪二年丙子（1876） 26 岁

在畿辅通志局。乡试中试第十一名，房师为上高陈卿云，座师为殷兆镛。

桐城吴汝纶、湘乡曾纪鸿、无锡薛福成、嘉兴朱采、赵铭皆来纳交。

光绪三年丁丑（1877） 27 岁

正月二十九日酉时，父王铨卒，享寿四十七。

十月祖父王振纲患头疽，初八日酉时殁于莲池书院，享寿七十一。

树枏力辞畿辅通志局之事回家守制，黄彭年再三不允，命满百日来局办事，谓此与服官不同。

光绪四年戊寅（1878） 28 岁

直隶总督李鸿章聘黄彭年兼长书院，创立学古堂于古莲花池，专课士子古学，北方士习，自此一变。

季春，回畿辅通志局。树枏素喜考订之学，局中若崔乃堃、蒋曰豫、袁昶、方恮、丁绍基，皆方闻博雅之士，朝夕过从，质疑问难，获益良多。

是年成《校正孔氏大戴礼补注》十三卷，王灏刊入《畿辅丛书》。

光绪五年己卯（1879） 29 岁

在畿辅通志局。辑《畿辅方言》二卷，黄彭年见之，曰："即以此作入《通志》中，以备一门。"

冬，撰成《中庸郑朱异同说》一卷，黄彭年代为刊行。

定州王灏搜采古今名人著述，汇刊《畿辅丛书》，邀树枏襄办。

光绪六年庚辰（1880） 30 岁

在畿辅通志局。

会试不第。著《尔雅郭注异同考》一卷，《建炎前议》一卷。桐城方宗诚先生评《建炎前议》似刘知几《史通》。

光绪七年辛巳（1881） 31 岁

在畿辅通志局。

撰成《墨子三家校注补正》三卷。三家者，毕沅、王念孙、俞樾也。

光绪八年壬午（1882） 32 岁

吴汝纶先生知冀州，聘树枏为主讲。即赴冀州。吴汝纶为古文名家，树枏与之朝夕讨论，自是专攻古文，不复为骈俪文字。

著《夏小正订经》一卷、《夏小正订传》四卷。

光绪九年癸未（1883） 33 岁

会试不第。十二月刘夫人卒，年三十二。

黄彭年于光绪八年赴官湖北按察使，去莲池书院山长一席。李鸿章拟聘树枏为山长，以年少故力辞，与吴汝纶共荐张裕钊来主此席。

著《尚书商谊》三卷。

光绪十年甲申（1884） 34 岁

迎侍母亲居莲池志局。十二月娶杨夫人，夫人为乐陵知县清河杨一鹤先生次女。

王灏得知不足斋所藏闲闲老人赵秉文《滏水集》二十卷，系抄本未刻，树枏以其诗为金元一代大家，而后人分体编辑，殊嫌繁杂，乃改编年为《目录考证》二卷、《年谱》二卷。

光绪十一年乙酉（1885） 35 岁

携杨夫人及弟树棠，儿政敷居冀州。秋，患肠痈，治之久不效，乃自拟一方，服之乃愈。

秋，五叔父王锷举于乡。

光绪十二年丙戌（1886） 36 岁

会试中式五十四名，主考官为吏部尚书锡珍、左都御史祁世长、户部尚书嵩申、工部左侍郎孙毓汶。试卷为锡珍取中，房师为编修唐景崇。

殿试三甲四十八名，朝考二等，钦点主事分户部广西司。吴汝纶劝改知县，曰："一官一邑尚可为民造福，京官碌碌徒耗岁月耳。"冬初遂改知县。

光绪十三年丁亥（1887） 37 岁

部选四川青神县知县。八月，领凭赴川，乘船至天津，谒见直隶总督李鸿章，李氏勉之曰："以君之才学，非久居人下者也。"

舟行至道口，换车到西安，见黄彭年师，时为陕西按察使，住十日。

十一月至省，见四川总督刘秉章、布政使崧蕃。十二月启程赴任，初八日到青神县接印。

光绪十四年戊子（1888） 38 岁

在青神县知县任。修复鸿化堰，堰水畅流，年岁大熟。

三月二十二日，三子王禹敷出生。四月十二日，四叔父王钰卒，享寿四十六岁。

七月协助戊子科乡试主考官张百熙、副主考赵以炯取中十六名考生，批荐甚多。

光绪十五年己丑（1889） 39 岁

改造鸿化堰，降低坝身二尺，以应对大水之患。自筑之后，水患不作。

撰成《广雅补疏》四卷、《尔雅郭注佚存补订》二十卷。

光绪十六年庚寅（1890） 40 岁

在青神县择衙东仓廒隙地辟一花园，颜曰"止园"；建船房五间，颜曰"筊扬补费之庐"。在任二年，树枏颇为百姓所亲爱，园亦任民往来如其家然。

十二月初十日檄来，调署资阳，于二十三日卸任青神知县，周令镕接署。

撰成《费氏古易订文》十二卷、《离骚注》一卷。

授业恩师黄彭年卒。黄彭年，道光二十三年（1843）顺天举人，二十五年（1845）进士，二十七年（1847）补行殿试，改翰林院庶吉士，三十年（1850）授编修。历充国史馆编修，翰林院撰文、武英殿纂修。咸丰三年（1853），请疾回里。七年（1857）直隶总督李鸿章奏派总纂《畿辅通志》，寻起授湖北安襄郧荆兵备道，历湖北、陕西按察使，擢江苏布政使署理江苏巡抚，调湖北布政使，卒于官。著有《三省边防考略》《金沙江考略》《陶楼文集》等。

光绪十七年辛卯（1891） 41岁

正月初二日赴资阳知县任。正月四日第四子王勇敷出生。二十四日，杨夫人卒，享年三十八岁。三月初十，长兄王树枌卒，享年四十三岁。

川民好讼，案牍之繁，甲于他省。树枏有案必讯，有讯必结。到任两月之后，词讼暂希，日不过二三起而已。

聘萧履安先生在署教子政敷学算，树枏听讼之暇，亦从之学。撰成《天元草》五卷，复以天元法推算十月之交日食年代，实为幽王六年十月朔辛卯日，郑康成谓在厉王时者，误也。因成《十月之交日食天元细草》二卷。

光绪十八年壬辰（1892） 42岁

三月初八日，奉檄调署新津。四月到任，招募堂勇，缉拿盗匪，八月之内拿获三百余贼，正法者八十余名。到任新津五月之后，地方无一报盗抢案者。

十二月二十八日，调署富顺，酬新津县缉匪之劳。

光绪二十年甲午（1894） 44岁

正月十六日到富顺知县任。

六月，资阳举人蓝光第贿买同乡给事中吴光奎捏告树枏在资阳杖毙王姓一人，以用刑违例，交部议革职。

十二月，张之洞署督两江，电调树枏赴金陵。进谒四川总督刘公秉章，公曰："老夫身任封疆，不能保全一贤属吏，惭愧之至。但一时之得失，不足为君荣辱。张公爱才，此行必有嘉会，扶摇直上，转瞬间事耳。"

十月初十，五子王富官出生。

光绪二十一年乙未（1895） 45岁

四月携眷赴金陵。与顾复初、王咏言、罗度、陈榘、袁启昆饯别望江楼上，赋诗而别。

舟行至宜昌，换江轮，六月中旬抵金陵。谒见张之洞。翌日移居幕府，办理洋务、防务兼办折奏。与柯逢时、梁鼎芬、黄遵宪朝夕过从，甚乐。

甘肃回乱，总督杨昌浚征军火于上海。十月，张之洞檄树枏解赴甘肃，施焕副之。十二月舟行至金紫关，度岁。

七月十日，六子王奎生出生。

光绪二十二年丙申（1896） 46岁

在金紫关换骡驼运省，正月杪到兰州，谒见总督杨昌浚。

时回起如麻，杨昌浚束手无策，如理乱丝，被劾褫职。朝廷命新疆巡抚陶模带兵入关，升授陕西总督。三月到任，四月聘之入幕，专办折奏。

十月，由北大通保案开复原官，奏留甘肃补用。

撰《彼得兴俄记》一卷、《欧洲族类源流略》五卷。

二月初八，六子王奎生夭折。五月二十七日，五叔父王锷卒，享寿四十九岁。六月十九日，五子王富官夭折。十二月纳帅氏戊君为妾。

光绪二十三年丁酉（1897） 47岁

正月，陕西巡抚魏光焘奏报全省肃清，保荐树枏俟补缺后，以直隶州知州补用，经部议行知在案。五月赴京引见，便道回里省母，住一月余。至开封小住，子王政敷以知县听鼓河南，眷属全居其寓所。谒见河南巡抚刘树堂，为订其孔夫人诗稿。

十一月携眷赴甘。

光绪二十四年戊戌（1898） 48岁

正月初八日到甘，仍居幕府。回乱已平。朝廷以董福祥平回乱有功，调卫京畿。树枏上书言其毫无战功，粗犷无知，必为国家生事，朝廷不省。又致书荣禄、翁同龢诸公。荣禄受董福祥贿赂，不以为然，后董为乱，酿成庚子之祸。

十二月，檄署理中卫县知县。撰《蛰叟》七篇。

闰三月三叔父王锡卒，享年六十五。八月六日，侍妾帅戊君卒于兰州，年二十一岁。

六月至九月，康有为、梁启超等因革政治，发动"戊戌变法"，又称"百日维新"。

光绪二十五年己亥（1899） 49岁

二月，赴中卫县知县任。四月巡查七星渠兴废之由。上下踏勘，议定修渠方案，禀总督陶模，得批准，拨四旗丁勇帮同修浚。

八月蒙陶模奏补中卫知县。九月初二日奉旨依议。

光绪二十六年庚子（1900） 50岁

在中卫县知县任。四月，七星渠进退水闸修成。六月小径沟桥成。渠身八十二里，均照估定深宽尺丈，一律开挖竣工。

八月十六日，树枏母携五弟王树棠避义和团乱，来中卫投靠。同日，七子王卫官生。

七月，东西两洋十一国联军入京，两宫避乱西安，命和硕亲王会同文华殿大学士李鸿章为全权大臣，与诸国议和。

光绪二十七年辛丑（1901） 51岁

在中卫县知县任。春，在红柳沟旁筑室三间，四月，在此办公听讼。亲自督工，与民同作同息。九月，红柳沟暗洞成。

八月，遣人送母归新城故里。

撰成《欧洲战事本末》二十二卷。

七月，《辛丑条约》订立。八月，两宫回銮。九月二十七日，李鸿章卒于京师。

光绪二十八年壬寅（1902） 52岁

提出七星渠按亩出夫之法，总督崧蕃批准如议办理。亲自督作，自七月至八月二十五日毕工，开通大渠八十一里，全渠自此告成。随即禀定渠章，立案永遵。渠水通畅，荒废之田尽成沃土。四川总督岑春煊奏调四川开缺以道员补用。

六月，两广总督陶模卒。陶氏字子方，由州县起家，历官至总督，数十年未尝携眷至署，其廉正为天下第一。树枏有《送陶公赴两广诗序》。树枏以之为第一知己上司，以"陶庐"为斋名，陶即指陶模，以志不忘也。

十二月，撰成《希腊学案》四卷。

光绪二十九年癸卯（1903） 53 岁

朝廷开经济特科，陕甘总督崧蕃、四川总督岑春煊、工部左侍郎唐春卿均保荐树枏。三月，交卸请咨赴引陛见，后仍以道员发甘肃补用，不复应特科考试。

六月出都，回籍省母，住二十余日。转道赴河南新郑，长子王政敷署理新郑知县，住数日，八月初到甘肃。知七儿王卫官于四月初八日夭折。

七月二十八日，伯父王鉴卒，享寿七十六岁。

九月赴陕西兴安查钦案。十二月回省，陕甘总督崧蕃已奏树枏补平庆泾固道。

正月十二日，好友桐城吴汝纶卒，享年六十四岁。

光绪三十年甲辰（1904） 54 岁

檄署理巩秦阶道。二月初十日，至秦州接任视事。四月二十七日交卸到省，赴平庆泾固道本任衙署。捐廉重建三堂，创办中学堂，亲为教习。

四月二十三日，八子王敬敷出生。

光绪三十一年乙巳（1905） 55 岁

四月，陕西巡抚升允授陕甘总督，到任即调树枏署理兰州道。七月二十一日，到省接印。与总督商议，请在三原设立统捐大局，在凤翔府设立分局，征收入口之税。改革后，每岁大布一项进款多至银二三十万两。又请于总督，一切百货均改厘为税，议定简捷办法，货物按上、中、下三色定税，不复一一分别。试办仅八月，征进一百二十余万，较前岁增至两倍。

撰成《希腊春秋》八卷。

光绪三十二年丙午（1906） 56 岁

二月，创设蒙盐官局于中卫、一条山两处。

四月，钦授新疆布政使。至八月底始抵新疆省城。九月初一日接印视事，具折谢恩。

光绪三十三年丁未（1907） 57岁

创修《新疆图志》，设局于藩署之西偏，志例皆手定，分门纂辑。公余之暇，借此消遣。

改定南疆州县征收粮草新章，以免地方官吏年年中饱私囊之弊。每年八月，地方官各按本地粮价报道汇齐，咨抚藩立案，由藩司委员密查以定赏罚，其仍苛敛者即行撤参。到任以来，参革四十余人，以后各官稍知畏法。至于厘捐一项，改办百货统捐，仅收入口、落地两税，其余尽行革除，抑压勒索中饱偷漏之弊端，官商称便。

光绪三十四年戊申（1908） 58岁

试办纸币一百万两发行通省，商人乐于行使，奉为至宝。上书度支部，请再造纸币二三百万，而司农置之不理。

学部、宪政编查馆均聘树枏为咨议官，礼制馆聘树枏为高等顾问。

三月初七日，十子八十出生。以树枏母八十岁，故名。

十一月德宗光绪帝崩，二十二日慈禧皇太后晏驾。以醇亲王载沣长子溥仪入嗣大统，醇亲王摄政。明年改元宣统。

宣统元年己酉（1909） 59岁

设清理财政局，创办咨议局，以新疆人民品类不齐，无合选举资格之人，酌拟变通办法，官绅并用。又与臬司荣霈酌改驿站为邮政。

六月初，土贼王高陞夜间聚众放火，烧毁商铺数十家。次日，军民数千，持商票纷纷兑银。树枏应对有方，命府、县出簿劝捐，自捐银万两。

八月二十一日，湖广总督内召兼管学部南皮张之洞卒，享年七十三。

宣统二年庚戌（1910） 60岁

正月初五日，长子王政敷卒于开封，年四十。

被劾开缺。候补道陈璋因屡求差缺不遂，广造匿名揭帖至军机处。吏部尚书鹿传霖密以揭帖寄树枏，命查实严办。陈璋恐事情败露，与杜彤商议贿买言官，遂成钦案。陕甘总督长庚委员查办，一无实据。

《新疆图志》开局以来，树枏自撰《国界志》八卷、《山脉志》六卷、《兵事志》二卷、《访古录》二卷、《新疆小正》二卷、《礼俗志》一卷、《道路志》四卷、《土壤表》一卷。《建置志》为仿汉地志，创撰一卷，而属同年宋伯鲁照式续成之。《实业志》为树枏创撰，设森林、渔业二门，属门人钟镛笙叔续成，又亲——改定润色，始成定本。

七月，体仁阁大学士吏部尚书鹿传霖卒，年七十五。树枏以为自李鸿章、张之洞、鹿传霖相继去世，国事将不可为矣。

宣统三年辛亥（1911） 61 岁

袁大化来任新疆巡抚，请留新疆，树枏再三不肯，以家有八旬老母辞。由俄国西伯利亚铁路回京。

八月，适逢国变，遂避乱至山西。友人邀住介休迎源堡，买郭家楼房一所。十二月，至开封亲移眷口至堡，纳家姬何氏为妾。

八月十九日武昌起义，黎元洪自为都督，各省相继蜂起。十二月二十五日皇帝颁逊位诏，二十六日孙文辞职，袁世凯为临时大总统。

民国元年壬子（1912） 62 岁

撰成《武汉战记》一卷。

民国二年癸丑（1913） 63 岁

家居奉母，时往来京师、开封、介休三处。

民国三年甲寅（1914） 64 岁

二月，迎养母亲至京师，八月侍回里，母年八十四。五弟卒于西安，不敢使母亲闻知。十一月十三日，十一儿王心敷出生。

八月，中华民国北京政府设立清史馆，以赵尔巽为馆长，聘树枏为总纂。徐世昌为国务卿，聘树枏纂修《大清畿辅先哲传》，设局于畿辅先哲祠，以备清史取裁。

民国四年乙卯（1915） 65 岁

在清史馆。

民国五年丙辰（1916）66岁

在清史馆。编成《大清畿辅先哲传》四十卷、《畿辅列女传》六卷、《大清畿辅书征》四十一卷。

民国六年丁巳（1917）67岁

在清史馆。中华民国国务院聘为顾问。

民国七年戊午（1918）68岁

在清史馆。撰成《学记笺证》四卷。

七月二十七日国会选举徐世昌为大总统，九月六日就职。

民国八年己未（1919）69岁

在清史馆。徐世昌总统聘为顾问，代撰《将吏法言》八卷。

民国九年庚申（1920）70岁

在清史馆。徐世昌开晚晴簃诗社，召集诸遗老选录清诗。

撰成《说文建首字义》四卷、《周易释贞》二卷。

民国十年辛酉（1921）71岁

在清史馆，纂成咸丰、同治两朝列传。赵尔巽馆长再聘为总纂。

是岁，好友桐城劳乃宣卒，享年七十九。

撰成《冀典》二十卷、《法源寺志》八卷。

民国十一年壬戌（1922）72岁

二月初十，母卒，享寿九十四岁。六月初六，四子王勇敷卒于开封，年三十二。

民国十二年癸亥（1923）73岁

在清史馆。二月二十六日葬母，桐城马其昶为撰墓志铭。

撰成《属国列传》四卷。

十二月，政府选举曹锟为大总统，到任后聘树枏为高等顾问，树枏置之不理。

民国十三年甲子（1924）74 岁

在清史馆。

是岁，好友桐城姚永概卒。

民国十四年乙丑（1925）75 岁

在清史馆撰《食货志》。段祺瑞聘为顾问。日本以赔款组织东方文化事业委员会，段祺瑞推举树枏与柯劭忞等十人为中国委员。

十一月十五日，忘年友徐树铮卒，年仅四十六。

民国十五年丙寅（1926）76 岁

在清史馆，纂成清史《地理志》。是年，距树枏考入县学已一甲子，有重游泮水之庆。

八月十九日，同年友秦树声卒，享年六十六。国变后与树枏同为清史馆总裁十余载，临终嘱树枏为撰墓志铭。

十月，航海赴日本开文化会，商议纂修《续四库全书提要》条例。至东京住日华学舍，多所游历，感叹日本实业兴盛、学堂林立。日本人山尻繁偕往赏菊。

民国十六年丁卯（1927）77 岁

在国史馆撰成《度量衡表》，在清史馆成《逸民传》《叛逆传》。

八月八日，汉军正蓝旗清史馆馆长赵尔巽卒，年八十六。

民国十七年戊辰（1928）78 岁

奉天杨麟阁督办兴办学校，专习中国古学，在萃草书院旧址召集生徒，聘树枏为山长。同聘者有吴廷燮、吴闿生。树枏讲授经学，吴廷燮讲授史学，吴闿生讲授词章，分任其事。

讲授治经之法：一、识字，读许慎《说文解字》、顾炎武《音学五书》、段玉裁《音韵表》等。二、读经，十三经宜通读，先读《孟子》《周礼》，最切于世用。再读《左传》《公羊传》《仪礼》。再读《礼记》，最切于身心性命。《易经》深奥，学者不必汲汲于此书。《论语》《孝经》宜终身诵之。三、专治一经。四、宜讲汉学。清朝诸儒讲汉学，最足益后人神智，正续《皇清经解》应置之座右。五、校勘。无论读何书，治何经，皆宜自首至尾，用心点勘。六、日记。七、功课。诸生自备日记簿，每日治经自某页起至某页止，记于簿上，附课或经、史、子、集，每日看读亦记于簿上，三日一交阅。

七月七日，好友杨增新卒于新疆省长兼督军任上。树枏为撰《家传》《神道碑》《墓志铭》。树枏自新疆去官以来，经济日窘，杨氏多接济之。

民国十八年己巳（1929） 79 岁

在奉天萃草书院，为诸生讲授《周易》。以奉天隔北京辽远，东方文化事业委员会不能兼顾，力辞出会。

十二月三日，好友马其昶卒，年七十五，为撰《墓志铭》。马氏为桐城吴汝纶门生，当时金石文字多出其手。辛亥革命后与树枏同为清史馆总纂。著有《抱润斋文集》，树枏为作序。

民国十九年庚午（1930） 80 岁

在奉天萃草书院，讲授《左氏春秋经传》，因自为注以示诸生。八月，肠溃大病，几死，愈后又跌伤右腿。回京医治，始终不良于行。闭户著书，以消遣岁月。

为《八十自寿》诗五古五篇，一时和者甚众。

六月三日，好友黄维翰卒，年六十四。国变后与树枏同事国史馆，善为诗古文辞，尤长于舆地之学。为撰《墓志铭》。

六月六日，老友王士珍卒，年七十。累官陆军大臣。袁世凯当国，遂退居林下，为物望所归。

民国二十年辛未（1931） 81 岁

居京师，注《春秋经传》。辞奉天书院山长。

感事不平，始填《金菊对芙蓉》《百字令》《水龙吟》三阕，以志悲愤。

民国二十一年壬申（1932） 82 岁

居京师，注《春秋经传》。

五月二日，老友廖平卒。七月七日，好友高增爵卒，年七十，为撰《墓志铭》。

民国二十二年癸酉（1933） 83 岁

二月，注《左氏春秋经传》告成，凡《经》三十卷，《传》一百二十卷。

二月廿二日，河北省政府聘修《河北通志》。同聘者为高泽畲、华世奎、贾恩绂、张志潭、谷钟秀、张国淦，共七人。

是年重修《新城县志》。

民国二十四年乙亥（1935） 85 岁

春，著成《焦易说诗》四卷。

二月初一，陈宝琛卒，年八十八。

民国二十五年丙子（1936） 86 岁

二月，实农历正月十五日，卒。享寿八十六岁。夫人刘氏、杨氏、杨氏。子男六：王政敷，河南新郑县知县，刘夫人出。王禹敷、王勇敷，皆杨夫人出。王敬敷、王海敷、王心敷，侧出。

树枏学养深厚，著述宏富，包罗广泛。所著除参与纂修《畿辅通志》，总纂《清史稿》，主编《新疆图志》《奉天省通志》《河北通志稿》外，尚有若干种，为：《校正孔氏大戴礼记补注》十三卷、《中庸郑朱异同说》一卷、《尔雅郭注异同考》一卷、《建炎前议》一卷、《墨子三家校注补正》二卷、《夏小正订经》一卷、《夏小正订传》四卷、《尚书商谊》三卷、《赵闲闲诗集目录年谱》十四卷、《广雅补疏》四卷、《尔雅郭注佚存补订》二十卷、《费氏古易订文》十二卷、《离骚注》一卷、《天元草》五卷、《十月之交日食天元细草》二卷、《彼得兴俄记》一卷、《欧洲族类源流略》五卷、《蛰叟》七篇、《欧洲战事本末》二十二卷、《希腊学案》四卷、《希腊春秋》八卷、《新疆图志国界志》八卷、《山脉志》六卷、《兵事志》二卷、《访古录》二卷、《新疆小正》二卷、《礼俗志》一卷、《道路志》四卷、《土壤表》一卷、《建置志》《实业志》各一卷、《武汉战记》一卷、《大清畿辅先哲传》四十卷、《畿辅列女传》六卷、《大清畿辅书征》四十一卷、《学记笺证》四卷、《将吏法言》八卷、《说文建首字义》五卷、《周易释贞》一卷、《冀县志》二十卷、《法源寺志》八卷、《左氏春秋经传义疏》一百五十卷、《新城县志》二十四卷、《左氏春秋伪传辨》八卷、《焦易说诗》四卷、《尔雅订经》二十五卷、《尔雅说诗》二十二卷、《庄子大同注》二十二卷、《文莫室诗集》八卷、《陶庐诗续集》十二卷、《陶庐文内集》三卷、《陶庐文集》二十卷、《陶庐笺牍》四卷、《陶庐骈文》一卷、《陶庐外篇》一卷、《陶庐随笔》若干卷、《诗话》若干卷、《清语林》四十卷、《三食神仙齐杂记》十五卷。

（作者为河北师范大学文学院教授）

高步瀛学术年谱简编

赵成杰

　　高步瀛（1873—1940）[①]，字阆仙，又署阆轩，私谥贞文，霸县（今河北霸州市）人。著名文选学家、历史学家、教育家。师从桐城派古文大师吴汝纶。历任畿辅大学堂教席、学部图书局主编、教育部佥事、国立北京高等师范教席、北京女子师范大学教授、辽宁萃升书院教授、北京师范大学教授、保定莲池书院教授、辅仁大学教授等职。著有《古礼制研究》《史记正义校补》《选学举要》《古文辞类纂笺》《文选李注义疏》及"举要"系列（《先秦文举要》《两汉文举要》《魏晋文举要》《南北朝文举要》《唐宋诗举要》《唐宋文举要》）等。

清同治十二年癸酉（1873）　1岁

　　先生讳步瀛，字阆仙，生于河北霸县辛店乡北头村。高氏故富饶，百

----

　　① 　《霸县志》载，高步瀛1872年生。顾学颉《笺证考据学大家——高步瀛先生》载，先生生于1872年。胡迎建《民国旧体诗史稿》载，高步瀛1872年生。《二十世纪名家诗词钞》载，1872年生。《五四以来诗词选》载，1872年生。王森然《高步瀛先生评传》载，先生生于同治十二年癸酉（1873），聂石樵《古经史学家高步瀛》载，1873年生，万增福《河北真儒高步瀛》载，1873年生。董璠《高步瀛先生事略》载，先生清同治十二年（1873）生于河北霸县。张岂之《民国学案·高步瀛学案》载，先生生于1873年。吴宝晓、徐建平《文学家高步瀛》载，生于1873年。尚秉和《高阆仙先生传》载，高步瀛先生出生于1873年。姚渔湘《高步瀛的思想与著作》载，癸酉（清同治十二年，1873）步瀛生。姚高淑芳《追念先父高步瀛先生》载，父亲清同治十二年（1873）生于霸州。各家说法略有不同，当是公、农历转换不同所致，同治癸酉为1873年无疑。

余年来为一邑冠。曾祖高鹏，诰授奉直大夫。祖父高庭蕙，户部主事，诰授奉政大夫。父亲高德沛（？—1881），诰授中宪大夫。母亲河北新安张氏（1841—1937），讳封宜人。

黄节一岁，袁嘉穀两岁，傅增湘两岁，尚秉和四岁，严范孙十四岁，樊增祥二十八岁，吴汝纶三十三岁。

清光绪七年辛巳（1881） 9 岁

高氏家族经"捻匪之乱"，楼台池榭，鞠为茂草，其父辞世，家遂中落。其母携四女一子迁河北新安。是时外家聘邵州黄秉钧（字心权）先生课训子弟。先生欲求学于黄秉钧，遂向母陈情，曰："身世飘零，寄人篱下，一则羡人之不孤，一则羡人之得学，是以心中恻然也。"黄秉钧过而闻其语，曰："童子欲书，可来受教，吾必成汝志也。"先生既向学，聪颖绝伦，时有神童之目。稍长，俶仆乐文籍，工举业，先生试每冠其曹。

周树人生，齐宗颐生，叶恭绰生，马衡生。

清光绪十五年己丑（1889） 17 岁

年十七，欲进本籍为县学生。因贫不能往，亲友资助之。师嘱之曰："吾老矣，亟宜退休颐养，重以君故，淹留至今，兹因考试伊迩，君倘能在原籍一举成名，则不负我所望矣。"先生既归，有族祖亦儒生也，阅其文而奇之，助之入场，但已逾期，既乃许援例得续试，及府院七试，皆第一，遂入庠。

清光绪二十年甲午（1894） 22 岁

中甲午顺天乡试举人。教学永清完诸县，主讲定兴书院，为书院山长，犹赴保定莲池书院试讲数月。时桐城吴汝纶挚甫先生主讲席，阅先生骈俪之文，尝自叹弗如，然先生从此治学，益攻本源，而为文遂擅骈散两家之长也。先生通贯经史，尤精三礼。

清光绪二十七年辛丑（1901） 29 岁

朝野倡导维新，兴办学校，保定设立直隶高等学堂和优等师范学堂，聘为教席。

清光绪二十八年壬寅（1902） 30 岁

赴日本游学，卒业于日本宏文师范学院。

在日本游学期间曾与严修等人接触。据《严修东游日记》载："张右卿、高阆仙、赵次原、胡玉孙、刘竹生、芸生、徐毓生、李芹香、华芷舲先后来谈，至夜十时乃散。"①

清光绪二十九年癸卯（1903） 31 岁

天津严范孙先生为直隶提学使，主冀省教育事，署先生为直隶学务处佥学委员，后改任编纂。未几，保定两学堂复请于当道，仍请先生归保定任教员。

王重民生，台静农生，吴汝纶卒。

清光绪三十一年乙巳（1905） 33 岁

五月八日，与张伯苓、胡家祺、陈宝泉、俞明谦联名在《大公报》发表《敬告天津学界同胞诸君》一文，吁请学界开展反美迫害华工，抵制美货斗争。

北洋官报局出版了高步瀛与陈宝泉编写的《民教相安》（石印本）。

陆宗达生。

清光绪三十二年丙午（1906） 34 岁

先生任学部侍郎，未几，调入图书局主编，兼理顺天府学务总处，旋奏补为学部主事。

直隶学务处出版了高步瀛与陈宝泉合编的《国民镜》（铅印本），上海南洋官书局出版《国民必读》（石印本）等。以上诸书，表达了作者对待外来宗教和外来文化的态度，目的是引导民众了解中西文化之差异。

清光绪三十四年戊申（1908） 36 岁

石屏袁嘉毂（1872—1937）著《卧雪堂诗集》，先生为其作序，后收入

---

① 严修撰，武安隆、刘玉敏点校：《严修东游日记》，天津：天津人民出版社1995年，第223页。

《袁嘉毂文集》第2卷，署"光绪三十四年九月益津高步瀛阆仙甫谨序"。①

民国元年壬子（1912）40岁

一月，民国临时政府成立，高步瀛任清学部主事。

四月，教育部承袭前清学部全部基业，高步瀛留任。

八月，鲁迅与高步瀛同时被任命为教育部金事。鲁迅职务为社会教育司第一科科长，高步瀛任职于审查科。公务之余，与友人王紫珊创办国群铸一社，著演讲录数十篇。为导化风俗，开启民智，一律用通俗文字。在主持国群铸一社期间，还撰有《吴氏孟子文法读本笺注》二卷、《立国根本谈》一卷、《侠义国魂》一卷、《古文辞类纂笺注》等。

民国二年癸酉（1913）41岁

京师国群铸一社出版了吴闿生评解、高步瀛集笺的《国文教范》（石印本），吴闿生评选、高步瀛笺释的《古今体诗约选》（四卷，石印本）。②

《贺葆真日记》（1913年8月9日）："阆仙，名步瀛，霸县人，官居教育科长，亦尝师吴先生于莲池，以诗著"，"此当初选时吾即有志代辟疆付印，高阆仙竟先为之，故见之大快。诗文各二册，诗曰《古今体诗约选》，文曰《国文教范》，极精粹，评点尤详尽，语语道着深处，能得作者之意。启迪后进，唯此为宜，从来选家罕与伦比，阆仙又为之笺注，行且脱稿。"（同年8月21日）："阆仙以新印辟疆所选诗文见赠。诗文各二册，笺释又各二册。"③

是年八九月间，与贺葆真等人诗酒酬唱。《贺葆真日记》（1913年8月

---

① 袁嘉毂著：《袁嘉毂文集》第2卷，昆明：云南人民出版社2001年，第7页。

② 查国家图书馆有：吴闿生评解、高步瀛集笺《国文教范》，石印本，京师：国群铸一社民国二年（1913）。吴闿生评选、高步瀛笺释《古今体诗约选》（四卷），石印本，京师：国群铸一社民国两年（1913）。吴闿生评选、高步瀛集笺《古文范》（二卷）4册，铅印本，上海朝记书庄：宁波文明学社，民国八年（1919），上海中华书局。高步瀛集解、吴闿生评选《孟子文法读本》（七卷）4册，铅印本，上海：北京直隶书局，民国十一年（1922），书名页及版心题"重订孟子文法读本"，11行21字，小字双行同，黑口，四周单边，单鱼尾，钤"一九四九年武强贺孔才捐赠北平图书馆之图书"印。

③ 贺葆真著，徐雁平整理：《贺葆真日记》前言，南京：凤凰出版社2014年。

24 日 ）："辟疆为诗社邀余，余不能诗，然欲与辟疆商榷先集事，故亦不辞。到者邓君和甫、高君阆仙，余皆是前什刹海会贤堂会饮之人。"（同年 9 月13 日 ）："日前，李佑周、高阆仙函，邀余明日饮于陶然亭。"

顾学颉生。

民国三年甲寅（1914） 42 岁

三月，参与政府官员和国会议员组织的"寒山诗社"，发起人是易顺鼎、樊增祥，诗社主要成员还有陈宝琛、王式通、曾福谦、高步瀛、郑沅、陈庆佑、关赓麟、陈士廉、陈衍、林纾等人。寒山社以创作诗钟为特色，诗钟本为旧时文人的一种文字游戏。高淑芳曾回忆说："樊先生（增祥）和父亲是寒山诗钟社的社友。大约在民国六、七年间，他们这批文人，每月总有几晚，聚集在北平宣武门外江西会馆，为诗钟消遣。在诗钟社角艺文，斗掌故，父亲得着不少的奖品。"[1]

"寒山诗社"是"稊园社"的前身，"稊园社"又经历稊园诗社、青溪诗社、咫社和稊园吟社等多个发展时期。"稊园"与傅增湘"藏园"、郭则沄"蛰园"和张伯驹"似园"合称"四园"。高步瀛在稊园落成之时，作《奉和颖人先生稊园落成元韵》（钤"阆仙"印）。[2]

九月，与贺葆真等人邀约泰丰楼。《贺葆真日记》（1914 年 9 月 12 日 ）："请赵湘帆于泰丰楼，高阆仙、尚逢春皆到。"

民国四年乙卯（1915） 43 岁

一月，与贺葆真等人邀约。《贺葆真日记》（1915 年 1 月 20 日 ）："刘仲鲁请客于泰丰楼，曰纪泊居、蒋挹浮、王晋卿、史康侯、蒋性甫、张君立、冯公度、高阆仙诸先生及余，到者凡八人。"

八月，先生继夏曾佑先生之后，任教育部社会教育司司长，任职共 12年。任职期间，设立模范讲演所，以培植社会教育人才；设通俗教育研究会，

---

① 姚高淑芳：《追念先父高步瀛先生》，台湾：《传记文学》1970 年第 5 期。

② 李霈：《稊园雅集图诗卷》，有18人题跋，分别是：关赓麟、高步瀛、赵惟熙、樊增祥、金葆桢、陈振家、翁廉、杨毓璝、郭曾炘、刘敦、贺良朴、李滨、陈歗湖、朱绍阳、唐益公、叶恭绰、商衍鎏等。

编著通俗教育书籍六十余种，以化导民俗；复监督正俗育化会，审定剧本；指导评书改良会，辑录话本等；次第实施，成绩昭著，收效明显。

九月，教育部通俗教育研究会成立，设立小说、戏剧、讲演三股，由梁善济出任会长。鲁迅任小说股主任，高步瀛任总理干事。鲁迅主持小说股的日常工作，"股内会议虽有本股主任直接主持和安排，但在一般情况下，大会的'经理干事'高步瀛，'庶务干事'徐协贞和'会计干事'王丕谟都要出席了解情况，协助工作。"《鲁迅日记》（9月30日）："高步瀛参加通俗教育研究会成立大会，会上由首任会长梁善济发表有关该会宗旨的演说，并推选高步瀛等三十三人为干事。"

九月，与鲁迅等人饮酒。《鲁迅日记》（9月29日）："高步瀛招饮于同和居，同席十二人，有齐如山、陈孝庄等同事。"

十一月，与贺葆真等人饮酒。《贺葆真日记》（11月20日）："鞠如邀饮于都一楼饭庄，有李式忠、高阆仙、王仲武兄弟。"

民国七年乙卯（1916） 44岁

召开小说股第十三次会议，高步瀛宣布鲁迅辞去小说股主席一职。

是年，与樊增祥、易顺鼎、罗惇曧、韩少衡等人发起了"北平射虎社"，以谜语为主要活动内容，1920年改为"隐秀社"，高步瀛曾与关赓麟选编《隐秀社谜选初编》并作序。

民国八年丁巳（1917） 45岁

一月，为袁嘉毂《卧雪堂文集》作序及后序，后收入《袁嘉毂文集》第1卷，序后署名"河北高步瀛"，后序署名"癸酉冬高步瀛序"。[1]

九月，《古文辞类纂笺》粗成。《贺葆真日记》（1917年9月24日）："王秋皋邀饮于惠丰堂，座中遇高阆仙。阆仙曰：沈钦韩注有《王荆公集》，求其书而不得。余问阆仙近著何书，曰：注《古文辞类纂》粗成，尚未详校。"

高步瀛撰有两大著作，一是《古文辞类纂笺》，一是《文选李注义疏》。其所著《古文辞类纂笺》用功最深，考释最详。此书稿本藏于中华书局，

---

① 袁嘉毂著：《袁嘉毂文集》第1卷，昆明：云南人民出版社2001年，第634页。

抄本藏于吉林大学图书馆，1997年吉林大学出版社影印出版。《古文辞类纂笺》类似专书辞典，笺释700余篇，以选篇为单位，按选文中词句先后为序排列，姚氏《序目》散见各类选文之前，对《序》悉加详笺，对《目》则详注各选本选入情况，类下按作者编排，而《古文辞类要笺证》则是以篇章为单位，对姚氏《古文辞类纂》进行笺释。

八月，与贺葆真等人饮酒，《贺葆真日记》（1917年8月1日）："设馔于西四牌楼广济寺，请辟疆，邀高阆仙、刘宗尧、张泽如、宗鞠如、伯玶，鞠如、泽如未至。"

民国七年戊午（1918） 46岁

冬，与吴梅等北京地区曲友成立赏音曲社。主要成员有赵子敬、吴承仕等人。

在《小说月报》（1918年第9卷第12号）发表《张味鲈续春灯话序》。高先生为张味鲈所作的《续春灯话序》类似于灯谜性质，每句隐一药名，药名共计一百四十二，间有用别名者，仍将正名夹注，并加括弧以别之。如"苑之品题"隐"雌黄"，"商量旧学"隐"白前"，"七月下旬"隐"麻黄"等。

民国八年己未（1919） 47岁

三月二十日，与齐白石等人聚会。《己未日记》："王式通、樊增祥、易顺鼎、董康、罗惇曧、高步瀛、章华、道阶（寺内方丈也）。凡八人倡首，约以今日为丁香会，约客数十人。已刻后，天忽雨，居京师者皆为之喜。今年以来头一次见雨也。"[1]

在《小说月报》（1919年第10卷第7期）发表《寒山社诗钟续集序》。此1914年高步瀛参与政府官员和国会议员组织的"寒山诗钟社"，此文乃酬唱之辞。

---

[1] 齐白石著：《齐白石自述》，合肥：安徽文艺出版社2014年，第207页。按：整理本作"罗惇口"，当补为"罗惇曧"。罗惇曧（1872—1924），字孝通，号以行，又号瘿痷，晚号瘿公，广东顺德大良人。著有《鞠部丛谭》《太平天国战记》《拳变余闻》等。

十二月，与贺葆真等人邀约。《贺葆真日记》（12 月 15 日）：佩卿柬招莲池旧游二十余人，饮于东安门外东兴楼，亦邀余，未至者四五人，治馔二筵。到者曰：刘润琴、吴士湘、高阆仙、步芝村、尚节之、谷九峰、常稷笙、王仲宣、刘际唐、刘仲鲁、邓和甫、赵湘帆、武合之、王笃恭、邢赞廷，此外有佩卿之友人一。①

民国九年庚申（1920） 48 岁

四月十日，高步瀛母亲张太夫人大寿，鲁迅送公份三元。② 二十五日，高步瀛与鲁迅等人招饮于江西会馆。

五月二日，高步瀛母八十寿辰，鲁迅往江西会馆祝贺，观剧二出而归。

是年，在北京与黄侃、邵章、邵彭、杨树达、吴承仕、陈垣、尹炎武、洪泽臣、陈匪石、朱师辙、李泰棻、席鲁思等人成立"思辨社"。

上海中华书局出版了吴闿生评选、高步瀛集笺《古文范》二卷（铅印本）。高步瀛辑《高母张太夫人八十寿言》（铅印本）也在同年出版（出版社不详）。

---

① 《贺葆真日记》中记录的饮酒诸事可以想见当时的社会交往，上述提到的人物如李佑周、赵湘帆、尚逢春、纪泊居、张君立、冯公度、李式忠等人都是前所撰《高步瀛交游新证》（《牡丹江师范学院学报》2013年2期）中不曾注意的，综合史料，我们可以把高步瀛交游分成几个圈，一是莲池书院圈，主要是吴汝纶、吴闿生、尚秉和、傅增湘等人；二是北师大师友圈，主要是陈垣、程金造、顾学颉等人；三是教育部同僚圈，主要是严修、鲁迅、陈保泉等人。

② 鲁迅除母亲生日及高母生日外，在日记中提及参加的生日宴请还有六处，过生日者依次为许季上母、沈彭年父、张仲苏母、徐班侯、傅增湘父、彭允彝父。从记录篇幅上看，知高母寿辰规模之大，前后涉及二十余日，鲁迅对此次生日也非常重视。另外，他参加高母寿辰所送的公份是三元（鲁迅母亲办寿总共花费六十元，所送份子钱是其二十分之一），与其他六次比较发现，徐班侯生日出二元，傅增湘父生日出一元，彭允彝父生日出一元，其他或言送礼，或言送合买屏障，或言赴宴，没有具体到钱数。就涉及公份的三家而言，徐班侯乃是前清侍御，革命前辈；傅增湘于1917至1919年任教育总长，其父生日在1921年，傅之于鲁迅是前上司；彭父生日在1923年，时彭允彝为教育总长。三家地位均在高步瀛之上，但公份皆低于高，亦可想见鲁迅与高步瀛的交情非同一般。

民国十年辛酉（1921） 49 岁

应国立北京高等师范学校校长陈宝泉之邀，到校讲学，重莅教席。以部务之余所撰《姚氏〈古文辞类纂〉》一书授课，文章高古，道风清标，且不收报酬，因此被聘为该校教授，兼国立女子师范大学教授。

九月十三日，高步瀛赠鲁迅《吕氏春秋点勘》一部三本。

十月七日，高步瀛赠鲁迅《淮南子》（吴汝纶点勘）一部三本。

民国十一年辛酉（1922） 50 岁

十一月，北京高等师范学校国文系《国文学会丛刊》第一卷第一期出版，刊有会员录，其中包括先生。共十六位教师，他们是：朱希祖、汪怡、沈兼士、吴梅、吴虞、周树人、高步瀛、马裕藻、陈汉章、章嵘、单不庵、杨树达、刘文典、刘毓盘、黎锦熙、钱玄同。不久，王易、沈尹默、徐祖正、张凤举等几名教师也加入了"国文学会"，高步瀛主讲国文作文。

民国十二年癸亥（1923） 51 岁

一月三十日，鲁迅寄信高步瀛。[①]

五月十五日，高步瀛代鲁迅买《王右丞集笺注》。

民国十三年甲子（1924） 52 岁

五月六日，高步瀛赠鲁迅《论衡举正》一部两本。

五月三十一日，鲁迅将《雅雨堂丛书》卖与高阆仙。

十一月十日，高步瀛赠鲁迅《淮南子集证》一部十本。

民国十四年乙丑（1925） 53 岁

七月七日，高步瀛赠鲁迅《抱朴子校补》一本。[②]

八月，鲁迅被教育总长章士钊免去佥事职务，高阆仙作为鲁迅的直接领导，十四日中午至鲁迅家慰问。《鲁迅日记》（1925 年 8 月 14 日）："十四

[①] 查《鲁迅书信集》并未收录与高步瀛相关信件。

[②] 高步瀛送给鲁迅的五本书有三个共同特点：一都为先秦汉魏子书；二都是同时代人的校正注解之作，出版时间距送书时间很近，属新近出版；三多是与高步瀛关系密切之人所作，体现出的学术思想也与高氏相近。

日晴。我之免职令发表。上午裘子元来。诗荃来。季市协和来。子佩来。许广平来。午后长虹来。仲侃来。高阆仙来。"高步瀛在得知消息的第一时间即赴鲁迅家里慰问,并参与了对当局的抗议活动,据徐森玉回忆:"虽然也有一小撮拍马的人和反动家伙,为当局辩护,但很大部分的人是拥护鲁迅的。我们和鲁迅并不同一司,但也参加了反对当局非法免去鲁迅职务一事的活动,鲁迅所属社会教育司的司长高步瀛先生亦加入了这一斗争,我们都提出了辞职来抗议当局的无理举动。"①

九月二十五日,高步瀛再次拜访鲁迅。

十一月三十日,任鸿隽致信胡适,商定教育部图书馆委员会成员,胡适为书记,高步瀛任司库。《任鸿隽致胡适》:"图书馆委员会已在星期六开过第一次会了。当场举定范先生为委员长,陈仲骞为副委员长,你做书记,周寄梅、高阆仙做司库。因为你不在京,书记的职务由我暂代。"②

民国十六年丁卯（1927） 55 岁

五月,因愤于奉系军阀入京主政,遂立辞部务,专任教职。年底,女子师范大学改称高师第二院。同年先后撰成《经史诸子研究》《庄子研究》《杜诗研究》（未刊）。姚氏《古文辞类纂笺注》（七十五卷）印成十二卷,《赋学举要》四卷。

七月,撰成《古文辞类要笺证》,吉林省图书馆藏,石印本,十二册,卷首题"高步瀛,丁卯七月"（1927）,该书与《古文辞类纂笺》互为姊妹篇,正式出版于民国十八年（1929）。

民国十八年己巳（1929） 57 岁

秋,应王晋卿吴北江等人之邀,就任沈阳萃升书院讲习,主讲"三礼"和"两汉六朝文"。成《三礼举要》三卷、《骈文举要》二卷、《选学举要》八卷。

《选学举要》是高步瀛先生主讲辽宁萃升书院（1929 年）的讲义。国家

---

① 绥之主编:《鲁迅生平史料汇编》（第三辑）,天津:天津人民出版社1983年,第9页。

② 《胡适来往书信选》,北京:社会科学文献出版社2013年,第257页。

图书馆及河南大学图书馆藏有此书。此书共计八卷，内容大致分为"《文选》通论"和"《文选》选读"两部分。第一部"通论"分两卷，卷一又分"《文选》之作""《文选》之由来""李善《文选》注""五臣《文选》注""《文选》诸家注""诸家评李注及五臣注之优绌"六部分。卷二分"《文选》序""李善《上文选注表》""李注略例"。第二部分"《文选》选读"，涉及四篇赋，分别为《两都赋》《甘泉赋》《子虚赋》《上林赋》。

《选学举要》当为 20 世纪文选学的发轫之作。从通论到选文的这种框架形式为后世文选学研究提供了范本，《选学举要》之后的几种文选学代表作纷纷沿袭了这种体制，如骆鸿凯《文选学》（中华书局 1937 年）、屈守元《昭明文选杂述及选讲》（天津古籍出版社 1988 年）、屈守元《文选学纂要》（台北华正书局 2004 年）等。《选学举要》历来未被学林所重，关于其特点及贡献，可参见王立群《20 世纪现代选学对清代传统选学的继承与发展》。

本年，开始着手撰写《文选李注义疏》。惜因病逝，未竟全功，六十卷只完成八卷。至 1937 年中华书局出齐。

本年，中华书局出版了《古文辞类要笺证》（石印本），与《古文辞类纂笺》同属于姊妹之作。区别在于，《古文辞类纂笺》类似专书辞典性质，《古文辞类要笺证》则是以篇章为单位，对姚氏《古文辞类纂》进行笺释。

严范孙卒，邓毓怡卒。

民国十九年庚午（1930） 58 岁

一月二十五日，高步瀛大女儿高淑芳与桐城派古文家后人姚菘龄完婚。《贺葆真日记》："二十五日，高阆仙嫁女，往贺。"

二月七日，与许宝蘅会面。《许宝蘅日记》："阚霍初来。十二时赴伯纲约，到林诒书处拜生未晤，到治芗寓，晤左锡卿、高阆仙，赴理斋约，十二时归。"

师大代理校长李书华先生兼领二院院长职务，任命高步瀛以秘书名义代为处理该院日常事务，摄行院长职。

十月，学生王重民等人为高步瀛钱行。《贺葆真日记》（10 月 27 日）："王友三（重民）治馔于忠信堂，饯别高阆仙，以其将赴奉也，约余往陪，且绍介孙君楷第（子书）。子书，沧县人，学识渊博，有述作，亦从事图书馆。徐森玉亦作主人，谈古币，自谓能辨别真赝也。"

在《东北丛刊》（1930 年第 11 期）发表《选学纲领》。本文是萃升书院讲义《选学举要》的节选，包含"《文选》之作""《文选》之由来""李善《文选》注""五臣《文选》注""《文选》诸家注""诸家评李注及五臣注之优绌"六部分。

在《女师大学术季刊》（1930 年第 1 卷第 1 期）发表《史记太史公自序笺证》。本文是对《太史公自序》的笺证，高步瀛旁征博引，介绍了《自序》的源流，大意所在，又综合运用《郑语》《楚世家》《大戴礼记》《山海经》《国语》等书佐证《自序》。作者后文又引证众说对《自序》语词进行逐一解释考证。

在《女师大学术季刊》（1930 年第 1 卷第 1 期）发表《曾浩然转语释补序》，此文是高步瀛为其好友曾广源新作《戴东原转语释补》作的序言。文中简要介绍了曾广源的性格学识，《戴东原转语释补》的成书经过以及此书内容和价值等等。

民国二十年辛未（1931） 59 岁

九月十九日，退归北平，专任师大教授，主讲"文选学"。先后兼任中国大学、保定莲池书院讲师。任教期间，出版了中国大学讲义《选学举要》《周秦文举要笺证》《汉文举要笺证》《魏晋文举要笺证》《六朝文举要笺证》《明清文举要笺证甲编》《唐宋文举要甲编散文》《唐宋文举要乙编骈文》。

在《东北丛刊》（1931 年第 15 期）发表《四库全书选印目录表》，此文是作者选引《四库全书》的目录表。关于本文缘起，《高步瀛寄陈垣》："部中同人拟流通《四库全书》，抄写时间及值价均粗有计算，尚未确定……弟于此事平日未甚考究，仅就所知勉成一稿，未敢自信。"[1] 据文章首段金毓黻的题识，可知此文写于执教沈阳萃升书院时。《目录表》计经部 68 种，483本；史部 15 种，195 本；子部 16 种，131 本；集部 78 种，443 本。文末附董众《选印文溯阁四库全书提议书》。

---

[1] 陈智超编注：《陈垣来往书信集》，上海：上海古籍出版社1990年，第346页。

在《师大国学丛刊》（1931 年第 1 卷第 1 期）发表《读史偶识》，本文是高步瀛先生的读书札记，文中记录了作者对《史记》一些问题的考证，包含有"鸿门霸上""九郡""楚汉相持""项羽亦重瞳子"等诸多问题。作者考证甚繁，博引精详，对许多细节问题做了鞭辟入里的考证。

在《国学丛编》（1931 年第 1 卷第 4 期）发表《三礼学制郑义述》，此文是作者对三礼学制的笺释。"先生述三礼所载学制，一以郑义为主，郑所未及明言者，以孔贾补之；孔贾间有未合者，以唐以前礼家之说济之。要旨折中于郑义，其虽附于郑，而实与郑相戾者，概从削去，以申一家之学也。其功不可没灭也。"①

在此期间还出版了《高母张太夫人九十寿言》（铅印本），藏于国家图书馆。高步瀛辑，出版机构不详，民国廿年（1931）出版，书签题"高母张太夫人九秩寿言集"。

樊增祥卒。

民国二十一年壬申（1932） 60 岁

日寇陷榆关，因国立大学经费无着，三个月未能发放，北平各校教职员工大多殆业，高步瀛独抱学术救亡之旨而教授不辍。

在《国学丛编》（1932 年第 1 卷第 5 期）发表《获鹿张君墓表》。此文是高步瀛先生为张佑卿先生写的墓志铭，记述了张佑卿的家世渊源、生平事迹等情况。

民国二十二年癸酉（1933） 61 岁

在《国学丛编》（1933 年第 2 卷第 1 期）发表《杨公墓志铭》。此文是高步瀛先生为河北新安杨曜庭题写的墓志铭，记载了杨曜庭先生的家世情况、生平经历等内容。

张文林作《国文研究法》，发表于《女师学院期刊》1933 年第 4 卷第 1—2 期。此文是张氏记录的高步瀛关于国文研究法的授课笔记。高先生应邀到天津演讲，内容即谈什么是文章以及文章研究法。在讲演中，高步瀛谈

---

① 王森然：《高步瀛先生评传（续）》，《北华月刊》1941年第6期。

到了文章的名义起源、类别、组织、性质、功用等方面的内容，并对如何研究文学做了深入的分析。

民国二十三年甲戌（1934） 62岁

春，保定莲池书院于停办后重新恢复。先生受聘讲授"史记举要"和"文章流别"。在此期间，高步瀛还出版了中国大学讲义《史记别录》（铅印本）、莲池书院讲义《史记举要》《文章源流》等。除在北平师范大学任教授外，还在中国大学兼名誉教授。

三月，与顾颉刚、刘盼遂等人宴会。《顾颉刚日记》："今午同席：高步瀛、劭西、吴检斋、盼遂、唐立广、予（以上客）；罗雨亭（主）。"①

在《师大月刊》（1934年纪念专号）发表《段懋堂顾千里论学制书评议》。此文是作者对段玉裁《经韵楼集·与顾千里书·论礼记王制虞制在国之西郊》的一篇评议。作者脉络清晰地分析了这场礼制王制公案的源流派别，并对《礼制·王制》和《礼制·祭义》二篇进行讨论，提出了"王制西郊是否应做四郊""《祭义》郑注四学谓周四郊之虞庠是否应当作西郊""四郊虞庠是否即《大戴·保传》篇之东西南北四学""文王世子语于郊注之郊学是否即《王制》移之郊注之郊学""乡学是否应在国中"等问题，并分析段顾之得失。

在《师大月刊》（1934年第14期）发表《哀江南赋笺》。

直隶书局出版高步瀛辑《唐宋文举要甲篇》（八卷）铅印本。

民国二十四年乙亥（1935） 63岁

七月二十三日、八月二十日、八月二十八日，与顾颉刚、蒙文通、孙人和等人宴会饮酒。《顾颉刚日记》："中午，在大美番菜馆宴客，赴宴者有：林宰平、孙人和、黎劭西、高步瀛、张西堂、王了一、钱宾四、何士骥、傅佩青、李顺卿、郭绍虞、侯芸圻、孙道升等。"②

北平直隶书局出版高步瀛辑《唐宋文举要》甲篇（八卷），乙编（四卷）共12册，铅印本。该书由北平直隶书局于民国二十四年（1935）出版。

---

① 顾颉刚著：《顾颉刚全集·顾颉刚日记》卷3，北京：中华书局2011年，第166页。

② 同上，第373页。

上海古籍出版社于 1980 年出版刘大杰、钱仲联点校本。本书分甲乙两编，甲编选录散文，共八卷，178 篇，40 家；乙编是骈文，凡四卷，70 篇，49 家。本书选录了唐宋两代的优秀作品，尤其是唐宋八大家的散文，而且也照顾到各种文章的风格。很多选文都是《古文辞类纂》中所未有的。可以说《唐宋文举要》使高氏在师承桐城古文的传统上，又迈进了一步。本书另外一个特点就是"注释博详谨严，凡引书多注明篇名卷数，引古书必分明真伪"。①

黄节卒。

民国二十五年丙子（1936） 64 岁

在《师大月刊》（1936 年第 7 卷第 26 期）发表《哀江南赋笺（续）》，本文是对庾信《哀江南赋》的笺释。《哀江南赋》素无善注，清徐树毂及弟徐树炯、吴兆宜、倪璠等人为之作注，然皆不能令人满意，注文或穿凿附会，或据孤证难考，故高氏订其谬误补其疏漏，乃成此文。高氏之笺释考证博详入理精深，堪称善注。

鲁迅卒。

民国二十六年丁丑（1937） 65 岁

五月，高母（1841—1937）辞世，停棺在家，高先生悲伤之余，仍不辞辛苦，按时前往。所得报酬，悉数缴还书院，指作购置书籍之用。高母丧事甫毕，不及两月，发生卢沟桥事变。平津很快沦陷，先生与钱玄同等先生都因年老体弱不能远赴后方。先生谢绝宾客，闭门不出，并吩咐他的二女儿高立芳辞去艺术学院的教职，不为敌伪服务。而留在北平的部分文人受敌伪笼络，在团城成立一所"古学院"，屡次请高步瀛前去授课，都被他严词拒绝。

北平直隶书局出版高步瀛《文选李注义疏》八卷，铅印本。本书"1929年开始动笔，惜因病逝，未竟全功，六十卷中只完成八卷"。②至 1937 年中

---

① 高步瀛选注：《唐宋文举要·前言》，上海：上海古籍出版社1982年。

② 高步瀛著，曹道衡、沈玉成点校：《文选李注义疏·前言》，北京：中华书局1985年。

华书局出齐。台湾广文书局 1966 年也出版过此书。本书收赋十四篇，分别为《两都赋》（二首）《西京赋》《东京赋》《南都赋》《三都赋》《蜀都赋》《吴都赋》《魏都赋》《甘泉赋》《藉田赋》《子虚赋》《上林赋》《羽猎赋》。

关于《义疏》的版本，曹道衡、沈玉成评价称："他不但对现存的各种李注版本以及六臣本等异同，一一校明，还用了清人所未见的故宫博物院藏古钞本敦煌唐写本残卷等校正各本之误。"作为传统选学的总结之作，《义疏》要比《选学举要》更引人瞩目，高氏《义疏》"集清代朴学之大成，广征博引，不厌其详。虽源于清儒，但又远超清儒"。

陈宝泉卒。

民国二十七年戊寅（1938）66 岁

二月，其弟子程金造馈赠高步瀛一筐柑橘，先生写诗答谢。《建为馈橘一笼赋诗以谢》："香橘经冬色渐红，故人持赠满筼笼。枯棋不减商山兴，嘉树犹存楚客风。差幸剥余存硕果，肯教霜后委秋蓬。黄柑堪耆金源乞，每食毋忘上将功。"①《五四以来诗词选》和《二十世纪名家诗词钞》均收此诗。

韩复榘（高步瀛侄女婿）卒。

民国二十八年己卯（1939）67 岁

九月，沈兼士、余季豫、陈垣等人力邀高步瀛出任辅仁大学、中国大学教授，这两所学校独未受伪命。为了表明立场，高步瀛在晚报上登载启事，说明本人原任国立北平师范大学教授，现任辅仁大学教授，与学院毫无关系。

钱玄同卒，吴承仕卒，徐世昌卒。

---

① 毛谷风：《二十世纪名家诗词钞》，上海：华东师范大学出版社1993年，第110—111页；华钟彦：《五四以来诗词选》，开封：河南大学出版社1987年，第49页。文中注释载：建为是高闻仙的学生程金造的字，当时高先生以国事忧心，头痛不已，其老友曾广源先生通中医，谓多吃广柑可愈，程遂进柑一笼，三日后，程往谒高，高之老友杨汉云以此诗见示，并云"红指红军，黄指皇帝后裔。"

民国二十九年庚辰（1940） 68岁

本年，陈垣六十寿辰，高步瀛先生作寿序，请余嘉锡先生用隶书来写。陈垣先生收到生日礼物后，极为满意，把它影印成小册子分送朋友，并感慨地说："只有高先生那样富的学问和那样妙的手笔，才能写出那样的骈体文。"

十月，忽得噩梦，及瘥，泣为诗，以志其事，并申训次女，有若遗嘱。至11月11日病逝。门生故人于举殡之日，私谥贞文先生。余嘉锡为其撰写墓志铭。沈兼士先生为其题写挽联，云："冀北马群空，后进何人知大老；天上槿枪落，家祭无忘告乃翁。"

次年三月，如夫人得遗腹子，王化初先生命名曰：高鹭。先生生前有三女，大女儿高淑芳，师范大学毕业，嫁与姚崧龄（桐城派古文家姚鼐后人）。二女儿高立芳，艺术学校毕业，留学法国。三女儿高芷芳，姬王氏出。

参考文献：

［1］程金造：《回忆先师高步瀛阆仙先生》，《学林漫录》（十二集），北京：中华书局
1988年。

［2］程金造：《高步瀛传略及传略后记》，《晋阳学刊》，1983年第4期。

［3］姚渔湘：《高步瀛的思想与著作》，《大陆杂志史学丛书》第一辑第八册，台北：大
陆杂志社1967年。

［4］万福增：《河北真儒高步瀛》，《河北历史名人传·科技教育卷》，石家庄：河北人民
出版社1997年。

［5］聂石樵：《古经史学家高步瀛》，《励耘学刊》（2007年第5辑），北京：学苑出版社
2007年。

［6］陈智超编著：《陈垣来往书信集》，上海：上海古籍出版社1990年。

［7］高步瀛著，曹道衡、沈玉成点校：《文选李注义疏》，北京：中华书局1985年。

［8］王立群：《现代文选学史》，北京：中国社会科学出版社2003年。

［9］金毓黻：《〈选学纲领〉前言》，《东北丛刊》，1930年第11辑。

［10］陈复兴：《仰之弥高，钻之弥坚——读高步瀛〈古文辞类纂笺〉》，《社会科学战线》，
1998年第4期。

［11］王同策：《高步瀛〈古文辞类纂笺〉出版》，《古籍整理情况简报》，1998年第4期。

［12］高步瀛选注，刘大杰、钱仲联点校：《唐宋文举要》，上海：上海古籍出版社 1982 年。

［13］姚高淑芳：《追念先父高步瀛先生》，《传记文学》1970 年第 5 期。

［14］穆克宏：《高步瀛与〈文选学〉研究》，《许昌学院学报》，2009 年第 3 期。

［15］赵成杰：《高步瀛交游新证》，《牡丹江师范学院学报》（哲学社会科学版），2013
年第 2 期。

［16］赵成杰：《高步瀛著述考略》，《重庆科技学院学报》（社会科学版），2013 年第 7 期。

［17］赵成杰：《〈贺葆真日记〉所见高步瀛著述交游考》，《文化中国》（加拿大），2014
年第 2 期。

［18］赵成杰：《鲁迅与高步瀛交游考论》，《社会科学论坛》，2015 年第 11 期。

［19］赵爽：《〈古文辞类纂笺〉写作时间及特点初探》，《牡丹江师范学院学报》（哲学
社会科学版），2013 年第 2 期。

［20］贺葆真著，徐雁平整理：《贺葆真日记》，南京：凤凰出版社 2013.

［21］陶和洋：《高步瀛研究》，南京大学硕士学位论文 2006。

［22］俞樟华、胡吉省著：《桐城派编年》，北京：人民文学出版社 2015 年。

（作者为云南大学历史与档案学院博士后）

顾随年谱新编 [①]

闵 军

顾随（1897—1960）是现代著名词人、教授和学者。先生词融汇古今，自成一格；小说、诗歌创作也有一定的成就；执教40年，桃李满天下；在中国古代词学理论、诗学理论、戏剧研究、禅学等方面都取得了丰硕的成果。

1897年 1岁

2月11日（清光绪廿三年正月十二），顾随诞生于河北省清河县前坝营村一中产之家。初名顾宝随，后改名为顾随，字羡季，号苦水，晚号驼庵。祖天祥、父金墀，均为前清秀才、八股好手，后者还长于诗赋，对顾随影响很大。

1898年 2岁

始能言，即背诵唐人五言绝句。

1901年 5岁

进入家塾，塾师就是顾随的父亲。顾之京在《心苗尚有根芽在，心血频浇——记先父顾随的一生》中说："在家塾里，由我的祖父亲授四书五经、唐宋八家文、唐宋诗以及先秦诸子中的许多寓言故事。"

1903年 7岁

开始练写文言文，到8岁，已能作出三五百字的通顺文章。

[①] 《顾随年谱》原载于《泰山学院学报》2005年第1—2期。此文称为新编，在原谱的基础上多所订补。

顾随从小就对古典诗歌有非凡的领悟力和敏锐的心灵感应力。《稼轩词说·卷首》记载顾随读杜诗而突有领悟的情景："会先妣归宁，先君子恐废吾读，靳不使从，每夜为讲授旧所成诵之诗一、二章。一夕，理老杜《题诸葛武侯祠》诗，方曼声长吟'遗庙丹青落，空山草不长'，案上灯光摇摇颤动者久之，乃挺起而为穗。吾忽觉屋宇墙垣俱化去无有，而吾身乃在空山草木莽苍里也。故乡为大平原，南北亘千余里，东西亦广数百里，其他则列御寇所谓'冀之南汉之阴无陇断焉'者也。山也者，尔时在吾，亦只于纸上识其字，画图中见其形而已。先君子见吾形神有异，诘其故，吾略通所感，先君子微笑，已而不语者久之，是夕遂竟罢讲归寝。"

1906 年 10 岁

已读完并能背诵四书五经、唐宋八家文、唐宋诗以及先秦诸子中的许多寓言故事。而且读过《三国演义》《水浒传》《封神演义》《聊斋志异》《好逑传》《粉妆楼》等小说。顾随晚年在《自传》中说："我在十岁前，已经养成了读小说的嗜好。而这一嗜好直到现在，也还并未减退。……我很感谢我父亲，他在我的幼小的心灵上撒下了文学爱好、研究以及创作的种子，使我越年长，越认定文学是我终身事业。他又善于讲解，语言明确而有风趣；在讲文学作品的时候，他能够转达出作者的感情；他有极洪亮而悦耳的嗓音，所以长于朗诵。这一些对于我后来作教师、讲课都有很大的影响。"

1907 年 11 岁

年初，考入清河县城高等小学堂。顾之京在《心苗尚有根芽在，心血频浇——记先父顾随的一生》中说："当时的县城高小都是寄宿制，不逢星期日学生连学堂大门口也不许出，而学堂内又是连一个操场也没有的。父亲后来说，每日的生活就是'上班听讲，下班读书'，与'私塾也差不了多少'。不过学校开设的外国历史和外国地理课，却打开了父亲这个农村少年的眼界，使他知道了许多过去未曾知道的新事物。但是，他在高小期间，已发现自己对科学几乎是个'低能儿'，'博物'（动植物学）、'格致'（物理学）等课不懂就全凭背，那时的课文全是文言，对于父亲这从小背惯了文言文的少年来说，根本不成问题，而算术却成了大难题，只有硬着头皮去应付。直到晚年，他还真诚而幽默地自嘲说：'我不识数。'"

1910 年　14 岁

冬，高小毕业，考进广平府（今永年县）中学堂。顾随文科成绩超群，而数理化几门，却"益见不行"。

1911 年　15 岁

开始作诗，并开始读词。《稼轩词说·自序》中说："吾年至十有五，所读渐多，始学为诗，一日于架上得词谱一册读之，亦始知有所谓词。"由于读小说的"嗜好"，顾随在《自传》中说："到了我十五岁以后，竟发展到渴望自己成为一个小说家。"

1912 年　16 岁

母亲去世。顾随在《自传》中认为母亲"完全是被继祖母折磨死的"。继祖母执掌家庭内部的全部家政大权，性格专横暴戾。而顾随的母亲则是一位端雅柔弱、自尊心极强的女子。忍受婆婆的无端刁难和折磨，34 岁就抑郁而死。这是他一生中所经历的第一次巨大的伤痛，甚至对他的性格都有一定的影响。他晚年在《自传》中回忆及此仍然伤痛不已："这在我一向脆弱敏感的心灵上，是一个禁受不住的打击。从此，我便总是抑郁而伤感。"

娶妻纪氏。纪氏 1919 年亡故，留有二女，长之秀，次之英。

1914 年　18 岁

在《学生杂志》（商务印书馆）第 1 卷第 6 期发表古体诗《二媼行》《白菊》《时值秋日同学多种盆菊黄紫粉白灿烂如锦有一盆久不开戏赠以二十字》。

1915 年　19 岁

中学毕业。

报考北京大学国文系，在校方建议下改学英国文学，并于当年先入天津北洋大学预科学习英文。

在《学生杂志》第 2 卷第 1 期发表古体诗《余读板桥孤儿行不知泪之何从也因仿其体为之》。

1916年 20岁

开始读佛教经典《金刚经》。顾随在《揣龠录》第9篇《从取舍说到悲智》（上）中说："苦水生于穷乡僻壤，弱冠之年始见到一部《金刚经》，取而读之，则见有所谓'众生非众生''说法者无法可说''实无众生得灭度者''乃至无有少法可得'，诸如此类，虽不曾惊怖其言犹河汉而无极，也觉得大似猪八戒吃人参果。如今眨眼便已三十余年，工夫纵使略进，依然博地凡夫，不过已经稍稍明了世尊底苦衷。……窃谓凡一切为学，必须具备两种精神：一曰取，一曰舍。而且取了舍，舍了取。舍舍取取，如滚珠然；取取舍舍，如循环然。"

开始作词。《稼轩词说·自序》中说："二十岁时，始更自学为词。先君子未尝为词，吾又漫无师承，信吾意读之，亦信吾意写之而已。先君子时一见之，未尝有所训示，而意似听之也。"

喜欢读辛弃疾词。在《稼轩词说·自序》中，顾随分析其原因说："意者稼轩籍隶山东，吾虽生为河北人，而吾先世亦鲁籍，稼轩之性直而率，憨而浅，故吾之才力、之学识、之事业，虽无有其万之一，而性习相近，遂终如针芥之吸引，有不能自知者耶。"

1917年 21岁

转回北京大学学习。接受克鲁泡特金、尼采、易卜生等人的思想，爱读王尔德、波特莱尔、安特列夫等人的作品。

在《学生周刊》以"随便谈谈"为题发表数则关于读书和生活的"隽言"，名前署有"本函授部文科第一届学员"。

1919年 23岁

参加五四运动。

1920年 24岁

北京大学毕业，获文学士学位。

9月，进入山东青州中学教英文。

年底，与徐荫庭结婚。徐氏（1899—1982），山东临清人，生有四女：之惠、之燕、之平、之京。

12 月 9 日，创作散文《月夜在青州西门上》。

1921 年　25 岁

春，结识卢伯屏。

5 月，经伯屏介绍，开始与卢伯屏弟、时为北京大学学生的卢继韶以及冯至通信。

关注家庭改造问题，并设想"理想的新家庭"。在 6 月 4 日给卢继韶的信中说："我以为家庭的起源，是由于异性（男女）的爱，和亲子的爱。家庭里面，也只好只有这两种爱。现在中国式家庭的坏处，由于漠不相关的人太多了。——这全由于不分家和早婚的弊习。我的理想家庭便建筑在这两种爱上。"又说："《红楼》中的家庭堕落——精神、物质两方面的堕落——是现在中国一般的'孽镜台'。可惜中国人都模模糊糊的当笑话、谈资看过去；再不然便是当文学作品看过去；都不曾想到家庭改造这一层。"

酝酿组织通信社。在 6 月 4 日给卢继韶的信中说："昨天我同伯屏曾议论到一件事，颇与学会相类。就是我们各人都将各人的同志彼此介绍（就如伯屏介绍先生和我一样）。介绍以后，这些同志——会过面的或没有会过的——便组织一个通信社。人数至少也要十来个人，少了既不热闹，又不易发展。每月轮流做编辑主任。假如这个月该着我，你们大家便都给我邮稿子，来信（稿子不拘什么都可以，诗也好，文也好；不成片段的笔记也好；一两个人的私下通信也好）。我便将这些稿子整理起来。用誊写板印刷，再装订起来，给每人邮去一本。这样一则可以通消息，交换智识；二则也可以鼓励求学的兴趣，将来可以作学会的根基。"

6 月，创作小说《爱——疯人的慰藉》《夫妻的笑——街上夜行所见》；散文《梦想一》《梦想二》；新诗《送伯屏晋京》。

提出关于诗的主张。在 6 月 20 日给卢继韶的信中说："诗是有价值的文学（野蛮人也有歌谣，可见诗是人类自然的'心之声'）。唐人的古风、长歌、行，我曾下过五七年功夫，读过廿家的专集，对于旧诗，也非常喜欢作（'作'字当不起，不如说'胡诌'）。伯屏兄很看见过几首。我对于胡适之的新诗，固然喜欢，也不免怀疑。他那些长腿、曳脚的白话诗，是否可以说是诗的正体？至于近来自命不凡的小新诗人的作品，我更不耐看。

诗是音节自然的文学作品，他们那些作品，信口开河，散乱无章，绝对不能叫作诗。我的主张是——用新精神做旧体诗。改说一句话，便是——用白话表示新精神，却又把旧诗的体裁当利器。"

6月，辞去青州中学教席，赴济南。

7月5日，任《民治日报》编辑、记者。负责主持文学副刊《半周刊》。与冯至等人筹划在《民治日报》创办《深夜》周刊。

7月11日，杜威应山东省教育厅之邀携夫人、女儿到济南访问。

7月12日，济南各界代表宴请杜威一行，并游大明湖。顾随以《民治日报》馆记者身份参加游湖并摄影留念。杜威在济南的讲演，也由顾随负责编辑，以《讲演录》之名刊发于《民治日报》。

顾随对山东颇有好感。在8月1日给卢伯屏的信中说："山东这个省份，是言论自由的地方。……所以我不愿意离开山东。一则可以随便做梦——思想自由；二则可以随便胡说——言论自由。"

8月2日，在好友刘次箫的推荐下，会晤济南女子职业学校校长邹少白。定暑假后任女子职业学校中学班国文教员。

8月下旬（农历七月十五日），回临清。10月下旬（农历九月廿二日）到济南。在女子职业学校教国文、英文。

10月26日，在给卢伯屏的信中，谈到冯至（君培）的诗歌及自己的创作："君培的诗已经看过四首，很带些神秘的色彩，是我们同人中第一个'特别'的。大约他也是富于感情的。他作的诗，句子常常带有感叹的语气。（！）似乎也是颓废派的作品呢。我的作品近来也偏于悲观。生在现在中国的青年，富于感情而又抱有求知热心的，一定生不出乐观来。"

11月，作《读列子札记》，刊载于《民治日报》《半周刊》。

12月16日，在给卢继韶的信中，又一次谈到冯至和他的诗歌："久居社会，便不能不受其传染，何况还要讲'交际'，作'事情'乎。居今之世，青年——有知识者——殆无有不觉烦闷者。君培诸作大都是此声之代表。惟来信中谓君培随遇而安，可称'乐天派'，真是怪事！大约是君培天才高出，能超越烦恼，自寻乐趣之故。以著作作标准，君培之脑筋，确比伯屏兄及你我三人健全多多也。"

12月，作小说《枯死的水仙》。

1922 年　26 岁

2 月,《民治日报》被警厅查封。

5 月 22 日, 在给卢继韶的信中表示了对新诗创作的意见:"我对于近人的诗集(除了《尝试集》外), 都不赞成。如《女神》《草儿》《冬夜》之类, 我都买了, 但是看了之后, 便随手撂下, 再也不想看第二遍。我想《湖畔》比上三书也高不到哪里去, 所以也不想买。"

夏, 与卢伯屏同赴涿郡, 见到了已经互相通信交谈一年的卢继韶、冯至两人。顾随说这次相见"影响于我之人生观甚巨"(见 1924 年 7 月 8 日给卢伯屏的信)。朋友们分别后, 冯至写了《别羡季》一诗:"(一)好一个悲壮的 / 悲壮的别离呀。/ 满城的急风骤雨, / 都聚集在车站 / 车站的送别人 / 送别人的心头了。// 雄浑的风雨声中, / 哪容人轻轻地 / 说些媚婉的别语? / 羡季, 你自望东, / 我自望西, / 莫回顾, 从此小别了。//(二)赞颂狂风暴雨, / 因为狂风暴雨后, / 才有这般清凉的世界。/ 我失掉了什么? / 啊, 车轮轧轧的声音 / 重唤起我缠绵的情绪。// 梦一般寂静地过去了, / 心里没有悲伤, / 眼中没有清泪: / 羡季, 你仔细地餐 / 餐这比什么都甜 / 比一切都苦的美味吧!"据陆耀东在《冯至传》中的说明, 此诗以《别羡季》为题发表于 1923 年 12 月《浅草》1 卷 3 期, 收入《昨日之歌》时略有改动, 并改题为《别 K》, 编入《冯至选集》《冯至全集》时, 改题为《别友》。

7 月, 作《深夜》序(拟)。序中谓:"吾作品中无笑字, 即有亦'苦笑'; 盖歌郭里所谓'口大笑而眼流泪'者也。作风不主一派, 兴之所至, 悲之所寄, 一于其文中泻出之。"并谓:"集中之作, 泰半夜深篝火属思所成, 故名曰《深夜》云。"

7 月, 作散文《蛇之草原》, 1924 年 5 月 8 日刊于《晨报副刊·文学旬刊》。

8 月 4 日, 在给卢继韶的信中介绍他的读书及思考:"随刻所读之书, 为《女性论》《女性中心说》《塔果尔及其森林哲学》。所思又多偏于老子哲学, 因年来烦恼过甚, 故欲借此以求解脱之门耳。窃思人生智力有限。以有限之智力, 测天地间无穷之神秘, 殆矣。西洋哲学及思想, 常思征服天然。其究也, 物质文明进步, 征战杀戮, 经济压迫, 莫不随之而起, 社会上亦渐形瓦解及不稳之势。长此以往, 何堪设想? 此所以塔果尔之森林哲学，大受西洋人之欢迎也。然塔氏之说，近于神秘（于宗教性质亦有相近之点）。反不若吾国老氏之说，能深得自然之妙也。所谓自然者，即与天然相安之谓也，与彼西人处处思征服及利用自然者，有间矣。"

11 月 4 日，在给卢继韶的信中说："病中发热极烈，思想极消极，一次忽思及身后事。第一，先求父亲将拙著杂稿邮冯、二卢、孙四先生校检付印。第二，则当力疾自书挽联——大意'昔为书生，今为书死'，'人患才短，我患才多'。"信中所说的"病"是指顾随在 8 月 20 日左右开始患耳底溃脓症。据 8 月 27 日写给卢伯屏的信，可知此病甚重："弟三五日来甚苦！……两耳听觉，几致全失。头目昏沉，坐卧不宁。"10 月 12 日写给卢伯屏的信中提到："弟在济卧病大约三礼拜矣，医生谓为神经衰弱，初苦头痛，继则寒来暑往，有似疟疾，近虽稍愈而发冷发热如故也。"

12 月，至青州，任青州山东省立第十中学教务主任。仍兼济南女子职业学校教职。风尘仆仆往来于济、青之间。

1923 年 27 岁

1 月 21 日，顾随与卢伯屏在青州中学。晚上，买了瓜子、糖、青果之类，邀请两个还没有回家的同事（一为程仰秋，江西南昌人；一为王翔千，山东诸城人）来屋里谈天。在程仰秋和王翔千的提议下，他们开始对"神仙对子"。顾随在 21 日深夜写给卢继韶的信中详细说明了具体的对法："这种对子的作法是一个人先把一句诗的每一个字不按次序的一一写出来，让他人一一的对；就这样一个单字一个单字的出下去，他人也一个单字一个单字的对下去。对完了之后，再按着原句子的顺序排列出来，看看是否有讲，或者不通。结果往往令人失笑。有时也有很好的诗句——并且这种诗句按着理知去作，有时也未必作得上来。"

3 月 12 日，作打油诗一首致冯至："新春小雨细如丝，又向君培索近诗。若问甘陵顾羡季，近来搁笔已多时。"

3 月 14 日，至济南。在女子职业学校任课。

4 月 8 日，在给卢伯屏等人的信中，谈到了最近的行踪："清明节独自上在千佛山顶上，四顾茫茫，就在山的背静处一块平石上躺下；卧看游人如蚁，济城如盘，此时何异跨鹤乘鸾，腾空俯视人寰哉？是日山上人倒不少，但此种境界，除顾羡季外，不能觅得第二人矣。虽不谓老顾成仙不可也。"

4月10日，在给卢继韶的信中说："清明日独自登在佛山绝顶，找了一个背静处大石上，躺下小睡片刻。卧看济城如盘，游人如蚁，仰看白云一大片一大片的往北奔驰，好似我的被子。此时无牵无碍，倒也清闲自在了。……上周独自登李公祠，望明湖，短苇如箸长，嫩绿娇青，楚楚可怜。水平如镜，水鸡子三三五五，沉浮其间，何等自在。"

4月，作俳句小诗数首致冯至。作小说《反目》，刊于《民治日报》。作散文《送C君赴日本调查教育序》，C君指刘次箫。

5月31日，在给卢伯屏等人的信中，明确表示了自己对创造社诸作家的不满。指出《创造》二卷一号上的《卓文君》《李白之死》诸篇，读之，"真足令人作三日呕也！"

7月，至北京。有七绝《一九二三之夏漫游入京以书比慈雷画集并赠君培文友既以留别亦以相勖》："少年事业未成功，侧帽同来酒肆中。醉后天坛看落照，心花迸作灿烂红。"从此诗可知此次入京，曾与冯至等一起游玩。7月10日午后3点半雨中乘车返回济南。7月11日早4点半到济南，乘人力车回到学校。

8月，任职济南山东省立第一女子中学。后卢伯屏也来此校任教。校长为邹少白。校长征求女中建设意见，顾随拟写提纲：

A. 注重美育。

文学、图画、手工、音乐（俱宜提高程度）。

科学（不采用坊间书贾所售之课本，宜请专门教员，注重常识及科学方法）。

B. 注重个性教育。

C. 采用道尔顿制度（不是抄袭，只是采用）。

D. 注重英文（废弃各书局之课本，而代之以浅近而富有文学趣味之英文原版书。——此专指三四年而言）。

E. 决不取夹袋式之考试。

8月4日，回到坝营村老家。在给卢伯屏的信中，谈到了廿年未遇的水灾："阴历七月廿间大雨一场，平地水深数尺，村市往来须用船只渡筏，为廿年来未有之奇灾。敝村地势稍高，只道沟中积水满盈，然往来亦须用船。村东一大坑，水深丈余，广亩许，泛舟其中，绿树披拂，夕阳返照，人家住屋俱浮水上，绾舟于柳树上绿荫中，清风徐来，似置身济城明湖中也。然大陆之居民撑船却非长技，惟廿余年前敝处常被运河水灾（曾连淹五年），故四十余岁之前辈长者始能驾船如驾车。日前家严驾船，随与舍弟宝谦乘其上，容与中流，此为今年回家第一赏心乐事。因与舍弟联句纪之：'乘船游野外（谦）乐事叙天伦（随）浪击船板响（谦）风送碧波邻（随）'，诗虽短，然兄读之当亦可想见当时之情况矣。"

9月初，在给卢继韶的信中，记载了他与伯屏的很有趣的郊游活动："前日与屏兄同出新东门，至东南城角。碧波流藻，斜阳织霞，甚可爱。行次见草际石罅中有泉涌出，涓涓入河。以其太清，因与屏兄议定，明日携'宜兴瓷'古式茶杯来，挹泉共饮。昨日饭后，携杯往，痛饮三大杯，觉脏腑清凉，直下十二重楼，大似在祈年殿下痛饮冰镇汽水、啤酒时也。济南诚胜地，但少雅人如吾两人者为之点缀耳！归时，以杯自河内捞得二虾——一大一小。即养诸案头笔洗中。此笔洗亦宜兴瓷制，上有钟鼎文，式甚古。内已有登州文石四五枚。二虾在其中，悠悠然，洋洋然，若哥伦布寻得新世界后，在岸上祷告上帝时。'Amen！'不意今朝，屏兄发现小虾卧于桌上，拾置笔洗中，则浮于水面，不能游泳，死矣！噫！可……贺也。因为他不安于'狭的笼'的生活，欲觅自由；不得，而又以身殉之者也。我重复将他的弱小、弯曲的身躯，在水中捞起，为之祝福，为之忏悔，并葬之于大地之上，空气之中。……但愿我身后结局，亦如此小虾之又光明又诗趣，便心满意足矣！"

作小说《立水淹》，1924年8月19日刊于《民国日报》文艺周刊。

12月4日，先生在给卢继韶的信中提出人生三境：一前进；二后退；这两境皆无适不可。第三境为最苦者，即"日暮途穷，歧路徘徊"。这是一种无路可走、无法选择的无奈和悲哀。

12月11日，在给卢继韶的信中说："我之思想，至今日已发生极大变化：旧日求安慰、求爱、求快乐诸念一扫而空。""余近日以为悲哀同快乐，不但有一样之价值，而且对于人生，有一样之影响。""我喜生而厌死（不如谓之为怕死）。我爱生，我将享用生。凡可以助我使我能了解生之意义者，我皆爱之，敬之，而宝贵之！"

12 月，作小说《失踪》，刊于 1925 年 1 卷 4 期《浅草》。被鲁迅收入《中国新文学大系·小说二集》。

1924 年　28 岁

5 月，作散文《头的照片》（蛇之草原集之二），7 月 29 日刊于《文艺周刊》。

5 月 14 日，在给卢继韶的信中说："法国浪漫派文学家，有一个鲍尔扎克，他自号为文学界上的拿破仑；他人都叫他快乐的野猪。……我时时刻刻想着要作这么一个人。"

5 月 18 日，作散文《街上》（蛇之草原集之三），8 月 5 日刊于《文艺周刊》。

5 月 19 日，在给卢继韶的信中反省自己，认为自己太"脆弱"，表示要告别已经过了廿七年的"女性"生活，要作"革命家"（男性的强者）。主张"站起来，能揍人；趴下，能挨揍"。

5 月 31 日，在给卢继韶的信中说："人要把自己的个性竭力表现，把自己的理想竭力实现，这是我近来的主张。"

夏，辞去济南省立第一女子中学的教职，接受青岛新成立的胶澳中学（现青岛一中）的聘请。

邀请冯至去青岛度夏。6 月 22 日冯至到济南。7 月 2 日，一起赴青岛。8 月 12 日，冯至离青晋京。在这期间，顾随与冯至同住一室，洗海水浴，打乒乓球，游玩交谈，兴会淋漓。两人约定"把旧体与新体分划领域，各守一体，冯先生不再写旧体，顾先生不再写新体。"（欧阳中石《只能仰望夫子，不敢忝作学生》）。在《苦水诗存》自叙中，顾随亦有"自民国十三年以后专意于词"之语；又在 1949 年初在辅仁大学国文系主持冯至演讲会时说"余于新诗自谓系一逃兵"。1990 年，为纪念顾随逝世 30 周年，冯至撰写《怀念羡季》一文，回忆他们在青岛的情景："我们这两个土生土长的燕南赵北人第一次看见海，非常兴奋。无论是海，是山，是花木园林以及一些建筑，无处不是新鲜的。胶澳中学是欧战前德国兵营旧址，坐落在如今的湛江大路，到海滨浴场要越过一座林木郁郁葱葱的小山。晴日我们去海滨游泳，雨时在室内读书谈天。羡季从前写诗，这时致力填词，也读西方的小说诗歌；我则写诗，写散文，写不像戏剧的戏剧，杂乱无章，想到什么就写什么。有时也沾染旧文人的习气，我们出游到太平山顶，在石壁上题诗，致使一年后羡季在一首《蝶恋花》前半阕里写：'一自故人从此去，诗酒登临，都觉无情趣。怕见太平山上路，苍苔蚀遍题诗处'。"冯至走后，顾随顿感失落空虚。在 8 月 23 日给卢伯屏的信中说："我自君培去后甚懒，不能作长信。" 8 月 26 日给卢伯屏的信中说："弟自冯至去后，勇气消沉，百无聊赖。" 9 月 1 日给卢伯屏信中说："君培去后，如失魂魄，日日茫茫然饮食出入，在五里雾中，书不能读，文更不能作。别离之情，日久而愈深。始知古人之词：'别恨正如春草，更行更远还生'真掏心窠语也。"

8 月 2 日，就职青岛胶澳中学，教授国文和英文。同事有陈翔鹤和陈炜谟。

8 月，开始创作小说《海上斜阳》。在 10 月 11 日给卢伯屏信中说："君培在青时，我曾草小说曰《海上斜阳》，叙述在女中辞职经过。自君培走后，搁置两月，未得赓续。昨夜忽然高兴，提起笔来，续了三千字，大约再有两日，便可脱稿。此篇为弟来青后第一巨工。此刻已有（写出者）万余字之谱。预计再有一二千字，即行交卷。较春间《生日》一篇尤为长。得此真可自豪，并可使兄阅之而喜也。"在 10 月 17 日给卢伯屏信中说："《海上斜阳》早已脱稿，因济南女中学生屡屡来函索阅近作，故昨日下午先将稿件寄往济南。"在 10 月 24 日给卢伯屏信中说："《海上斜阳》已寄京。"（寄给冯至）在 10 月 28 日给卢伯屏信中说："得君培书，对于《海上斜阳》，颇有贬语；并谓后段气力不足。不知兄以为然否。总之君培不喜我作此类文字，故所言如彼耳。弟自以为那篇的末段，直呕心吐血之作。君培或以为太过，其实尚不抵事实三之一也。不过描写世事，易陷于丑。且通篇无一处可以令人快意，则诚然也。"

10 月，读鲁迅译《苦闷的象征》。在 10 月 27 日给卢伯屏信中说："我草草一翻阅，觉得内中的话，俱都是我要说而不能——或不曾——说出的话。""其实人生何处不是苦闷，苦闷是永久，而快乐只是一刹那而已！……苦闷吗？苦闷是能现出虹采与火花来的。赞美苦闷！颂祷苦闷！"

在 10 月 18 日给卢继韶的信中说："人终不能逃出环境之支配。因循者固是为环境所拘缚；即思打破环境者，又何尝不受环境之驱使也？！……自离开大学生活，无一日不在黄连、苦柏中。既不能高蹈远引，面壁深山；又不能茹药自杀，一瞑不视；而在污秽中，开一朵赤红的花，又仅仅托诸空言。俯仰六合，上下古今，乾坤虽大，何处着我？"

11月，在28日、30日写给卢伯屏的信中，都提到诗社一事。在前信中说："以连日为诗社社课所苦，未克即刻作复耳。"在后信中，顾随给伯屏抄写了社课所作词："如此江山·青社第四次例课"，其"序"说："秋间与友人游太平湾一带，见德人所筑战垒炮台，遗迹犹有存者。欲以小令赋之，久而未就。会社课题为'咏青岛战迹'，乃填此阕，仍书旧游所感也。"由此可知，顾随在胶澳中学期间，大概与同人创办了名为"青社"的诗社。

12月14日，接杨晦信，杨告知顾随寒假来青岛过冬。顾随预先安排好杨晦的住处，而自己则要回清河老家。23日，自青岛往济南。在24日写给卢伯屏的信中说："昨天我坐了一天的火车，恶心、头晕、耳鸣、腰酸，都加上了；十二个钟点里面，勺水不曾入口。"24日，在济南与杨晦会面。上午，杨晦邀顾随在大布政司街悦宾楼吃饭，下午在杨晦处清谈。晚上王少韩、范予遂等人设宴招待顾随，住连升栈。26日晚11时，顾随送杨晦坐上去青岛的火车。回到客栈，读《龚定庵集》。

1925年　29岁

3月初，由清河老家返回青岛途中路过济南，与在济南山东省立第一中学教国文的卢伯屏欢聚，到济南维新馆畅饮。3月3日上午11时返回青岛胶澳中学。

3月末4月初，在写给卢伯屏的信中说："八大家文，柳文尚稍好，其余都在不足观之例：近来弟此种成见亦甚深。大约吾辈古文程度又进一步矣。"

4月12日，在写给卢伯屏的信中说："昨晚独坐无聊，因披衣启户（弟室有一小门，可出校外，不必走大门）入市内电影园中，枯坐三四小时，见银幕上人物倏出倏没，甚好玩。但不如在京听戏时之兴高采烈耳。"又向伯屏剖析自己："弟自今始知弟之性情，不宜于山林生活。日日在都市中受各种颜色及嗅味之刺激，方能发为愤世嫉邪之文章。"

4月25日，在写给卢继韶的信中，谈及近中情怀："樱花近日开得灿霞堆锦，中国花惟海棠差胜其娇艳，而逊其茂密。我日日往游，无间晨夕。惟近中情怀，凄凉益甚，每对好花——以及好月好酒——辄恨无同心挚友，同赏、同玩、同饮也。昨日屏兄、次箫与我谈起吾五人大醉'畹江春'一事。转瞬不觉三载，曷胜叹惋！少年人，好思前（？）；因无过去之事可追忆也。老年人好想后（？），因其自觉前途亦无甚佳景也。"

5月初，将樱花残瓣寄给冯至，冯至作诗《如果你》(三春将尽，K.从海滨寄我樱花残瓣，作此答之)。全诗为："如果你在黄昏的深巷/看见了一个人儿如影，/当他走入暮色时，/请你多多地把些花儿/向他抛去！//"他"是我旧日的梦痕，/又是我灯下的深愁浅闷；/当你把花儿向他抛散时，/便代替了我日夜乞求的/泪落如雨——"诗题中的"K"指的就是顾随。

5月，五卅运动爆发。在6月9日给卢伯屏的信中说："此间中等以上各校均于今日起罢课。各校教职员亦于今日组织一各校教职员沪案后援会，一方面监督学生不使有轨外之行动；一方面为学生与官府作一缓冲。"

7月5日，在给卢继韶的信中，谈到自己最近的写作和读书情况："前晚与昨晚，开始写了一篇东西，叫作《浮沉》，怕不能成功。近来创作的欲望和能力，都比以前减少。这怕就是我的衰老的来临吧！一月来看了许多法国及俄国小说——英译的和汉译的。受影响最大的，要算柴霍夫集了。这个《浮沉》，如果写完，色彩和布置，一定和从前的东西不一样。"在7月8日给卢伯屏的信中，也谈到自己的读书与写作情景："弟虽无著作天才，然若专心致志，与近日中国作者相见于文坛诗国中，敌手大约亦无多。自去冬以至今春，遂无一篇成功散文者，课程既忙，卷子又多之累耳。"在7月中旬返里途中写给卢伯屏的信中，又写道："弟刻在平原北关小茅店中，午餐进馒头一枚，麻汁面两碗。昨日在栈中睡觉甚少，今日觉稍愈，遂停止读书——弟此次旅行，途中无日不读《父与子》。茅屋外乌鸦乱噪，屋内苍蝇成阵，皆半年来所未经。"

7月11日，作白话长诗《香的信纸》，寄给冯至。

7月中旬，自青岛至济南，在济南几天，顾随与蔡寿潜一起游览了大明湖，看望了他当年在青州十中曾教过的学生臧瑗望（即臧克家），然后经平原到临清再回清河老家。

10 月，立志专门习词。

10 月 10 日，顾随与卢伯屏相约一起到青州游玩。在 10 月 4 日写给卢伯屏的信中说："东来与西去之车，有在青州站错车者。吾两人同时下车，同时进站，不亦妙哉？"

10 月末 11 月初，阅读《沉钟》第 3 期，"《沉钟》虽不见出色，而本本分分，尚不失为有望。"

11 月，在 11 月 8 日给卢伯屏的信中说："弟词近渐趋于平淡工稳一途——所谓由北宋词派转入南宋词派也。"

关注新文学创作，在给卢伯屏的信中多次提到《语丝》《莽原》《沉钟》《猛进》《绿光》等报刊；并且还认真阅读了鲁迅的第一本杂文集《热风》。还阅读了尼采、叔本华、司汤达等人的著作，大量阅读了法国及俄国的小说。在这同时，顾随还购买和研读了《李义山诗集》《浣花集》《阳春集》《钦定曲谱》《词林纪事》《苏俄文艺论战》等书籍。

12 月 24 日，作小说《浮海》，刊于 1926 年《国民新报·副刊》。

1926 年　30 岁

1 月 1 日，杨晦到青岛。6 日，送杨晦乘轮船离青。

1 月 22 日（旧历十二月九日），顾随在济南的好友蔡寿潜结婚，顾随提前到了济南，帮助张罗婚事。

1 月 22 日上午 9 时，顾随与刘汉锡等人见面，给卢继韶提亲，刘汉锡当面答应了卢继韶与其妹刘剑霞的亲事，顾随还与刘剑霞的父亲刘培翁大致商议了"换柬""下定"等事。

2 月，在给卢伯屏的信中设想了自己的未来："（甲）干一辈子中学（或小学）教员；（乙）念一辈子书；（丙）作一辈子文。"

3 月 17 日，接冯至信，信中告知《沉钟》杂志因经济困难停刊了。顾随马上复信，商酌继续出版的办法。3 月底，接冯至信，告诉《沉钟》八九可以复活的消息。4 月上旬，又接冯至信，催顾随为《沉钟》写稿。

4 月 15 日，顾随在济南女中的学生曹淑英，因家庭变故，走投无路，乃投奔顾随，于今晨到青岛。顾随亲自到车站接曹，请曹的旧日同学聂均相陪，安排在客栈中住下。并开始为曹联系上学事宜。4 月 18 日，安排曹就读于文德中学特别班，并负担了曹的全部费用。

6月，兼任《青岛时报》编辑主任。

7月2日，卢继韶与刘剑霞在济南举行结婚典礼。顾随由于忙于《青岛时报》编辑事务，未能前往参加，非常不安，一再写信给卢伯屏，为继韶与剑霞的婚事周密筹划。

7月中下旬，脱离胶澳中学。搬到《青岛时报》报馆住。在写给卢伯屏的信中为工作生计忧愁："说起报馆的事情来，真是可怜。干吧，是一点生趣也没有；不干吧，往哪里去呢？"在困苦中，大发感慨："不过我半年以来，才知道钱中用。作事只想着拿钱。钱哪！万恶的钱哪！为了它，《沉钟》几乎沉在深渊！为了它，我的朋友曾经当华宴而落泪！为了它，老顾无日不遭家庭的白眼！万恶的钱！我几时能看见你水流一般来到手中，又尘芥一般铺在脚下呢？"

9月，天津直隶第一女子师范学校校长齐国梁（顾随的中学英文老师），聘请顾随担任国文教师。

9月11日，开始办理辞职事项。

9月13日，刘次箫、王少华、王赞臣等胶中旧友在青岛顺兴楼为顾随饯行。

9月21日夜间9点，赴天津，22日，到天津直隶第一女子师范学校报到。

9月26日，与杨晦在南市游玩。

9月28日，开始授课。在29日写给卢伯屏的信中说："已上课两日，学生颇欢迎……学生甚活泼，但太能嚷——天津味儿也。一发问，则应声如雷。弟在青时，每作隽语，无一笑者——或不解，或不敢。此间则大异：隽语一出，笑声哄堂上震屋瓦。"

10月5日，与杨晦在南市吃羊肉锅子。

10月8（周五）日到11（周一）日，利用周末时间到北京，与冯至、剑霞、翔鹤、炜谟游玩。在10月14日写给卢伯屏的信中，详细报告了这几日的行踪："八日夜八点半到京，剑君与君培都曾到站相迓，不知何以错过，及今思之，尚怅如也。九日与剑君、君培两人在北海漪澜堂品茗半日，并进午餐；下午又转至五龙亭小憩。话言之乐，自在意中。晚赴东安市场，本拟吃涮羊肉，以不得座转之五芳斋。南酒甚可口，剑君进三大杯，尚如常；

弟则两杯之后醺然欲醉矣。十日又与翔鹤、炜谟、君培同至北海吃茶半日。晚又到市场大吃羊肉。以太饱，夜半醒来，不复成寐，听君培在床头呓语模糊也。十一日下午特别车回津。"

10月，模仿《出了象牙之塔》，创作散文集《在躺椅上》。小说《孔子的自白》刊于《沉钟》半月刊第5期。

11月，散文《母亲》，刊于《沉钟》半月刊第8期

12月，小说《废墟》，刊于《沉钟》半月刊第10期。

1927年　31岁

1月3日，卢继韶上午10点到天津，下午与顾随一同往南市荣楼见杨晦，吃羊肉锅子并洗澡。

4月9日，给卢伯屏的信中说："弟近来填词，似又是一番境界。填长调较昔日尤为长进。"

4月20日，下午到北京，当晚与冯至游什刹海，直到下弦月上。24日返津。

7月13日，到北京。联系出版《无病词》。

7月16日，《无病词》词稿交北京大学出版部，印500部。收词81首，始自1924年初秋，迄至1927年夏。由北京大学红楼地下室的印刷所排印，冯至为词集题写书名，并负责设计装帧，宣纸线装，书页上下两端留有较多的空白。顾随从词集里摘取"也有空花来幻梦，莫将残照入新词"两句，以为可以概括全书的内容，作为题辞，朱印在扉页上。后来印行诸集，装帧均采相同式样。

7月16日晚，与冯至游北海。

8月12日，冯至赴哈尔滨道里水道街区第一中学校。顾随作《南乡子》抒怀："镜里鬓星星，秋日何堪又别情。离合悲欢多少事，吞声——身是行人却送行！迢递短长亭，拼着飘流过此生。莫似昨宵天上月，凄清，已到中元不肯明。"

8月23日，沈尹默给顾随信，盛赞《无病词》。

9月，统治天津的军阀褚玉璞下令，国文课禁授白话文，只准讲四书五经。顾随不顾禁令毅然反其道而行之。给学生讲鲁迅的作品以及鲁迅所

倡导的北欧、东欧及日本的文学作品。在顾随引导下，学生中有多人参加学生运动并进而参加了革命。王振华在《纪念我的启蒙师顾随先生——宣传鲁迅的先行者》一文中回忆说："先生给我们讲过鲁迅小说《狂人日记》《阿Q正传》《孔乙己》《药》《一件小事》《故乡》《兔和猫》《鸭的喜剧》《离婚》等；散文讲过《阿长与'山海经'》《二十四孝图》《从百草园到三味书屋》《父亲的病》《藤野先生》《聪明人和傻子和奴才》《立论》等；杂文讲过随想录：五十六《来了》五十七《现在的杀人者》六十三《'与幼者'》《我们现在怎样做父亲》《我之节烈观》《娜拉走后怎样》《未有天才之前》《论雷峰塔的倒掉》《论睁了眼看》《寡妇主义》等篇。"

顾随在给卢伯屏的信中多次谈人生，谈处世之道。4月18日信中说："我心无他是安慰自家的方法；而不是使他人了解自家的方法。……人世如此：心有他，人家也许感激你。心无他，人家也许厌恶你。"4月28日信中说："现在我之生活方针，便是承认事实。……弟思兄为人，只可以情感，万不可理喻。其实弟亦情胜于理者，惟年来饱受挫折，遂日趋于淡薄冷酷。盖弟惟脆弱，经不得许多缠绕刺激也。而吾兄则生性坚毅，譬如姜桂之性，老而愈辣。对人对事，无一不一往情深。惟其情深，是烦恼多。"8月30日信中说："第一先去妄想。妄念不除，不独非入道之基，且亦非养生之法也。事来则作，作罢便休——甚至不罢亦不再思念。兄如能如此作去，身心两方面，皆有益处。"

1928年　32岁

年初，到北京。得识刘公纯，晤沈尹默。与郑骞见面。

3月，作词《浣溪沙》："郁郁心情打不开，旁人笑我太痴呆，那知我正费安排！愁要苦担休殢酒，身如醉死不须埋——且开醒眼看愁来。""愁要苦担"是顾随一再勉励自己和朋友的思想主张。在8月16日给卢伯屏的信中说："既不能舍此它图，便不能不与世浮沉。既不能与命运宣战，便不能不担负命运。"8月27日给卢伯屏的信中说："弟将努力锻炼意志，养成作事之能力。站起便行，躺下便睡，决不再忧思抑郁以自伤。"在9月5日给卢伯屏的信中说："弟年来饱经事故，看家本事四个大字——担负运命，一切忧郁伤感牢骚都用不着。"11月1日给卢伯屏的信中说："今朝有酒今朝醉，明日愁来明日愁：这虽是消极的人生观，但我们却可以用作利器去走上了积极的道路上的。我们应该逐走我们心上的愁魔，背起了命运而生活下去。"

3月7日，在给卢伯屏的信中，谈到自己目前的翻译工作："我已着手作翻译。敢情很容易。我真奇怪他们为什么把翻书当作一种神圣的高不可攀的事业呢！我敢自信，再过一两个礼拜（或者三五个），我一定翻得又好而且又快。我翻的是安特列夫的《小天使》及其他。"

4月12日，在给卢伯屏的信分析自己的创作："老顾填词，只要以词之形式，写内心的话，不管艺术化与否耳。"

5月，沈尹默托人问顾随有无续印词集的想法。去年顾随将《无病词》赠予沈尹默，沈氏欣赏有加，谓为"自然清丽"，"读之令人辄生空谷足音之感"（1927年8月23日致顾随书），并在燕京大学授课时，"为诸生评介，评为佳作"（郑骞《论诗绝句一百首》之九十六首自注）。

6月，顾随晋京，为第二部词集《味辛词》付印事由。

8月，《味辛词》出版。收词74首，始自1927年秋，迄至1928年春。设计装帧与《无病词》相同，依然从词集里摘取"愁要苦担休殢酒，身如醉死不须埋"两句，作为题辞，朱印在扉页上。

11月，26日《大公报》文学副刊赵万里著文赞美《味辛词》。署名"镜"。

12月，接冯至信，告知沈尹默打算邀请顾随到北平中学教书，但具体情况不详。

12月6日，接燕京大学郑骞信，知燕大有一教授将辞职，郑已向燕大国文系主任马季明推荐顾随。马主任与沈尹默、周作人很熟，早已知道顾随情况，估计问题不大。一等那位教授辞职意决，即可给顾随发聘书。

12月11日，在给卢伯屏的信中报告欲往燕大教书一事："燕大的事情成否尚未可知。即使成了，我'应该'去与否也还是切身的大问题。因为我是去教汉魏六朝文学与陶诗研究啊。那真不是我的拿手戏哩。倘去教词，我敢自信，无论如何，可以对付下去。"

在同一封信中，告诉伯屏，天津女师的学生把顾随作为她们的偶像了，在作文中称顾随如"引路的明灯""旱天的甘霖"。

1929 年　33 岁

1 月 19 日，从顾随写给卢伯屏的信中可知，顾随向校方推荐卢继韶来天津女师任英文及国文教席；推荐郑骞来担任文字学及国文教席。

1 月 30 日，卢继韶与郑骞来女师任职事已确定。

3 月，顾随在 20 日写给卢伯屏的信中告知："课余有季弟、汉锡、涧漪、因百诸人过从谈笑，颇不寂寞，似较吾兄差胜一筹耳。"

4 月，顾随在给朋友的信中，在文学创作中，一直关注人生问题。他说："我近来似乎发现了一个真理：享乐现在。人永远是惋惜着过去，而不会利用现在的。譬如说吧：我们在济南时，羡慕在青州时的生活。待到你去曹州，我去青岛的时候，却又都回忆济南了。我们试一回想，在我们过去生活的某一断片中，即使说最不愉快的一断片吧，那里面也正有着值得深深地玩味的事物在。然而我们受了外物的牵掣与蒙蔽，却将那值得玩味的事物轻轻放过；事过境迁，又把印在脑子里的影子，零残破碎的东西，拿来当作珍品，细细地咀嚼与欣赏，有时且深悔把尔时的境遇轻轻地放过，这够多么傻啊！现在我想把眼前的生活，过得切实一点，丰富一点，即使为将来的回忆打算，这也是值得过的事情哩！"在这同时，顾随的《思佳客》（说到人生剑欲鸣）、《小桃红》（不是豪情废）词，都是这种思想的形象性表达。《小桃红》词曰："不是豪情废，不是雄心退。月下花前，才抽欢绪，已流清泪。甚年来诅咒早心烦，也无心赞美。一种人间味，须在人间会：有限青春，葡萄酿注，珊瑚盏内。待举杯一吸莫留残，更推杯还睡。"顾随在 4 月 8 日给卢伯屏的信中解释说："我近中的思想，是在那首《小桃红》里充分地表现出来。我最得意的是后半阕；后半阕中我最得意的是：'待举杯一吸莫留残，更推杯还睡'两句。我的意思是说：好好地爱惜我们的生命，好好地生活下去，有如把一杯好酒，一气喝干，待到青春已去，生命已完，我们便老老实实地躺在大地母亲的怀里休息，永远地，永远地。"在 7 月 1 日给卢伯屏的信中又说："我永远是厌故喜新。我永远在追求或幻想出新的东西。然而我的环境与我的追求的所得却永远是陈腐。我既没有过人的精力去奋斗，又没有石一般的沉默去忍受。我，于是，只有感到生活的疲乏与生命的倦了。'甚年来诅咒早心烦，也无心赞美'，我是寻不出那诅咒与赞美的对象来了。"

6月，顾随去燕京大学国文系授课事已确定。当时在燕京大学执教的有顾随的北大老师沈尹默、沈兼士、周作人，他们都非常器重顾随。

6月29日（星期六），上午学校开终业式，欢送廿三学级学生毕业；同时也欢送顾随往燕京大学。

10月，就任燕京大学国文系教职。任词选、曲选、楚辞、汉魏六朝赋、近代散文等课。每周上课10小时。

10月2日，开始上课，共2小时，诗词各1小时。

在给卢伯屏的信中，顾随谈到自己此时备课读书情景："因为明日要讲骚赋，今晚沉下心去将《离骚》读了一遍，发现许多新义。不禁自叹往日读书，走马观花，囫囵吞枣，勿怪其学问不长进也。倘能永远如此作下去，一方面为人，即一方面是为己，亦殊值得。因念人生在世，牵扯束缚，触处皆是。自非天才与英雄，即难一一打破。但能利用余暇余力，作一二有益之事，虽不足以自豪，要亦可以自慰。"

10月15日，作《浣溪沙》词一首："且对西山一解颜，人生惟有笑艰难，童心老尽又何年！痛饮能销千古恨，同情不值半文钱：最无聊赖是尘寰！"顾随在15日给卢伯屏的信中，做了说明："'同情不值半文钱'者，亦鲁迅先生之论调。今人辄谓'我对君甚表同情'云云，其实有甚用处？不能解衣与人，不问人之寒暖；不能推食与人，不问人之饥饱。何则？引起其痛苦，而又无以救济之，徒令人难堪而已。"

10月31日，在写给卢伯屏的信中，报告了自己的教学情形："昨日下午'诗词'，上班后，愈讲愈穷词，听讲学生有入睡者七八人，真从来未有之现象。今晨讲《离骚》，自觉无甚把握，不意徐徐引起，如蚕吐丝，绵绵不尽；学生亦觉娓娓动听。真出人意料之外。但于此亦可见弟之行事，全无真拿手，一任冲动而已。"

11月5日，吴宓与浦江清拜访顾随。

顾随在写给卢伯屏的信中，报告了自己这一段的创作情况："到此不及两月，计得词21首，平均约合三两日得词一首，虽多短调，然产量亦不可谓不丰。"

11月6日，与黄节、浦江清访吴宓。《吴宓日记》记载："顾随君来。浦江清君同来茶叙。"

11 月 12 日，至清华，送词集给浦江清，浦外出，未得见。见吴宓，话不投机。在 13 日给卢伯屏的信中说："吴头脑之不清楚，殆远过于弟，愈谈愈不知所云。"

11 月 13 日，顾随在给卢伯屏的信中，谈到自己 12 日晚写词的情形："出清华园时，已是傍晚，西山落日，映平原衰草，荒凉萧瑟之气，直逼心头。返寓后，益觉无聊。乃提前吃晚饭，不意饭后仍觉空虚。私心以为'糟矣！数年来未发之心情，今日乃复发耶？！'直至九时以后，出户小解，见满庭月色，心始畅然。返室即检谱填词，词成，心益释然，如放下重担者。《好事近》：'灯火伴空斋，恰似故人亲切。无意搴帏却见，好一天明月。忻然启户下阶行，满地古槐叶。脚底声声清脆，踏荒原积雪。'此调殊不易填，须有清淡萧闲之意，音节方调叶。弟此词尚得此意，惟稍觉不自然耳。后半，弟甚满意，脚踏落叶，瑟瑟有声，因忆起冬日行积雪上之情形。非在静中，不能有此等笔墨也。"

12 月 3 日，顾随在给卢伯屏的信中报告了会晤周作人的情形："今日上午得晤周启明。此老新丧爱女，然颇能把持得住——说句笑话：足见涵养工深。马季明邀弟同启明至其家午餐。进门方坐定，疑古玄同先生即闯然而入。季明介弟与之一点头后，疑古先生即打开话匣子。蓝青官话说得又急又快，加之弟又重听，十才可懂五六。于是吃饭，饭后漱口，吃茶，这之间，此老并不曾住口。不独弟无从插嘴，即健谈如马、周，亦难得掺言之机会。上课时间到，弟又伴三人同出，路上玄同的话亦未曾间断。且与季明科诨打趣。弟午后无课，至办公楼前即作别而归。路上自思：玄同健谈如此，乃闻其上课必迟至廿分钟始到堂，真不可解。"

12 月 26 日，浦江清在此日日记中写道："我的第二十七个生日……天晴，去年的生日是怎样过的，我还记得。那天天气很冷，又是前几天下雨，路上泥泞难行。我一个人在校内看书，觉得悲哀、无聊，想做首长诗自咏，没有做成。独自出去，到前吉祥胡同，想找顾羡季君，托他把我今天的情绪做一首词。可是他不在家。"

1930 年　34 岁

在燕京大学。

去年年底至今年年初，身体一直不好，吐血。

1 月 23 日，赴清华访浦江清，畅谈约 3 小时。

1 月 27 日，与浦江清拜访吴宓。

2 月 1 日，冯至来校与先生畅谈。

3 月，编成第三部词集《荒原词》，请卢伯屏作序。

萌生"弃词而作诗"的念头。并反省自己的诗歌创作："平生喜唐诗，乃自家作来，总落宋人窠臼。"（见 3 月 14 日给卢伯屏的信）

4 月，与卢继韶合译的［日］小泉八云著《英文诗中的恋爱观》，刊于河北省立女子师范学院出版的《朝华》月刊第 1 卷第 3 期、第 4 期。

4 月 22 日，吴宓宴请顾随、朱以书、郑骞、浦江清、毕树堂、朱自清、叶公超。漫谈文学。

6 月 30 日，散文《夏初》刊于《骆驼草》周刊第 8 期。

12 月，《八声甘州》词刊于《学衡》第 70 期。

冬，印行《荒原词》。收词 81 首，始自 1928 年夏，迄至 1930 年秋。也是宣纸线装，装帧设计与《无病词》相同。扉页题词"往事织成连夜梦，归云闪出满天星"。后附"弃余词"12 首。

1931 年　35 岁

在燕京大学。兼任北平大学课，至 1932 年。授汉魏六朝诗、唐宋诗、词选、曲选。

1 月 8 日，晚 7 时赴清华大学浦江清宴。据浦江清《清华园日记（上）》记载："晚七时在西客厅宴客，到者有顾羡季（随）、赵斐云（云）、俞平伯（衡）、叶石荪（麐）、钱稻孙、叶公超（崇智）、毕树堂、朱佩弦（自清）、刘廷藩，客共九人。湘乔及梁遇春二人邀而未至。席上多能词者，谈锋由词而昆曲，而皮簧，而新剧，而新文学。"

1 月 11 日，浦江清将《荒原词》赠叶公超，此时叶公超之叔叶遐庵正在收集现代人词集。

1 月 23 日，浦江清与叶公超一起拜访顾随。浦江清在《清华园日记（上）》中记载："下午同叶公超同访顾羡季（随）君于前吉祥胡同。顾君方掣其眷来。公超谈拜伦在意大利之浪漫生活，羡季谈家庭生活之琐碎。"

春节后，先生妻子携女儿及一保姆来北平，先是住在先生在城府村的寓所，后经天津女师毕业的刘纫勤的介绍，租住了城内东四四条一号的一处院落。书斋名为"萝月斋"。

3月9日，作燕京大学一九三一班《校友年刊》序言。

3月，作散文《汽车上，火车上，洋车上，与驴子背上》。

4月，作散文《春天的菜》。

春，"忽肆力为诗，摈词不作"（《留春词》自叙）。

1932年　36岁

在燕京大学。兼任北平大学课，又在中法大学上课，至1941年该校南迁。授楚辞、历代诗、词选、曲选、小说选。

6月3日，《大公报·文艺副刊》刊载吴宓长文《评顾随〈无病词〉〈味辛词〉》。

1933年　37岁

在燕京大学。兼任北平大学课、中法大学课。

6月24日，作《静安词》扉页题记。"题记"指出："先生词（指静安词）与同时诸老旗帜特异，蹊径殊别，卓然名家，自是不朽之作；诚如杜少陵所云'尔曹身与名俱灭，不废江河万古流'者。然用意太深，下笔太重，长调于曲折开合处，往往得心不能应手，要其合作，虽不必似古人，而亦决不愧古人，纳兰容若不足道矣。""两樊序是夫子自道，如鱼饮水，冷暖自知，一班词匠，岂能梦见？然谓珠玉逊于六一，则亦未敢强同。大晏之词，陆士衡所谓'石蕴玉而山辉，水怀珠而川媚'，其道着人生痛痒处，若不经意而出，宋之其他作者，用尽伎俩，亦不能到，非独见地无其明白，抑且感处无其真切也。六一精华外露，含蓄渐浅，遂开豪放一派，自下珠玉一等。"

9月23日，创作最早的曲作散套《［大石调·青杏子］新秋坐雨》。

10月，为沈启无编校《人间词及人间词话》作序。

10月2日，在给周作人的信中，谈到自己研究元曲的"五年计划"："弟子已下决心作五年计划，诗词散文暂行搁置，专攻南北曲，由小令而散套而杂剧而传奇，成败虽未可逆睹，但得束缚心力，不使外溢，便算得弟子坐禅工夫也。"

冬，开始练习剧作，谱成《馋秀才》杂剧之曲词两折。

父去世。顾随在 1943 年 9 月 22 日给周汝昌的信中说："记十年前，先君子去世。尔时身心无主，死亦不能，生亦无味，乃开始读《五灯会元》与《传灯录》诸书。自后每夏必细读三五过，至平时之偶尔翻阅尚不在此数。亦常看经，如《法华》《楞严》《金刚》之类。"又在《禅与诗》一文中，列举自己学禅的因缘时说道："其后痛遭先严大故，促成我与禅宗最大之因缘。……当此身心衰弱之时，才感到历来所学，并不能帮助自己渡此无可奈何之关头。至此方思学禅，原意是即或不能在此中辟一大道，亦可稍睹光明也。"

1934 年　38 岁

在燕京大学。兼任中法大学课。又在北京大学上课，至 1937 年。授词选、曲选。

秋，印行《苦水诗存》《留春词》合集。前者收诗 70 首，起自 1922 年，迄至 1933 年；后者收词 46 首，始自 1930 年秋，迄至 1934 年夏。沈尹默有诗评曰："吟君苦水诗，亦自有甘味。温驯出辛酸，平凡蕴奇恣。老驼秀发姿，稳踏千里地。颇与牛羊殊，无复水草意。……"（1936 年 6 月致顾随书）

秋，谱成《飞将军百战不封侯》杂剧之第一折。

1935 年　39 岁

在燕京大学。兼任中法大学课、北京大学课。

书斋移至院内南房，名为"夜漫漫斋"。

春，为大学同学华钟彦《花间集注》作序。

12 月 3 日，沈尹默给顾随信，谈到散曲创作问题。

谱成《飞将军百战不封侯》杂剧之第二、三折。

作《元明清戏曲史》。

1936 年　40 岁

在燕京大学。兼任北京大学课、中法大学课。

编订《积木词》，为 1935 年至 1936 年词作共 153 首，其中和《浣花》

词 54 首；和《花间》词 53 首；和《阳春》词 46 首。集前有题词 "香烬炉烟余淡雾，轻盈还恐随风去"，并有自序、卷尾诗和俞平伯序。

《益世报·读书周刊》接连刊发《读〈元人杂剧辑逸〉》（4 月 23 日）、《跋赵景深先生的〈读曲随笔〉》（6 月 11 日）、《元曲方言考》（6 月 17 日、10 月 29 日）、《关于〈元人杂剧辑逸〉》（7 月 2 日）、《元王元鼎〈商调·河西后庭花〉套校释》（7 月 9 日），及《夜漫漫斋读曲记》（所见四则，二则分别刊于 1936 年 8 月 5 日、11 月 19 日之《益世报·读书周刊》，二则刊于 1937 年燕京大学《文学年报》第 3 期）。另有《夜漫漫斋读玉溪生诗》。

6 月，《萝月斋论学杂著》刊于《中法大学月刊》。

6 月 9 日，沈尹默给顾随信，肯定顾随的散曲创作，鼓励顾随 "放手写之"。

11 月 1 日，《鲁迅小说中之诗的描写》刊于《中法大学月刊》第十卷第一期，署名苦水。

12 月 26 日，《山东省民间流行的〈水浒传〉》刊于北大研究院文科研究所歌谣研究会编《歌谣》第 2 卷第 30 期。

冬，印行《苦水作剧》，收《垂老禅僧再出家》《祝英台身化蝶》《马郎妇坐化金沙滩》《飞将军百战不封侯》等四种。

据现存沈尹默为顾随题签及顾随致叶嘉莹书（1947 年 3 月 18 日）可知，尚有散曲集《无弦琴》。另有《南曲九宫正始》题签，当有此作。

1937 年　41 岁

滞留于沦陷区的北平。

在燕京大学。兼任北京大学课、中法大学课。

这一时期，顾随与沈启无、郑骞经常相聚。

2 月 7 日，《元曲中声音形容词之两公式》刊于《中央日报·文史》版，署名苦水。

6 月 17 日，《读〈词谱〉》刊于《益世报·读书周刊》104 期，署名苦水。

7 月，散文《剜荠菜——二十六年四月十四日星期三日记》刊于《青年界》第 12 卷第 1 期。

《元代四折以上之杂剧——〈西厢记〉与〈西游记〉》刊于《中法大学

月刊》。

《元明残剧八种辑佚校勘（附录一种）》刊于《燕京学报》第 22 期，另有《燕京学报》单行本。

7 月 6 日，迁居至牛排子胡同 3 号。书斋名"习堇庵"。

10 月 24 日，拜见周作人。

10 月至次年 1 月间，作《和香奁集》43 首，未刊行。

1938 年 42 岁

在燕京大学，兼任中法大学课。

1 月 26 日，作"题《颜鲁公祭侄帖手稿》"。全文为："余年过不惑初不知颜平原书法佳妙处。家六吉弟少余廿岁，初学书即喜颜。余亦不解其何所见，要其天性则然耳。去冬余偶于东安市场小摊上得此本，嗣后时时展玩，乃知鲁公亦是从右军得法，不过以雄伟易其峭丽而已。余于书初学苏黄，近学李赵，结体之俗先不必论，而转笔处苦不能圆乃必须先治之病症。若于此本致力则对症之药也。有成与否毫无把握。病即不可不医，书此聊当箴铭。"

著名剧作家黄宗江在《顾学（GUOLOGY）琐忆》一文中回忆顾随时说："我是 1938 年入燕京大学，头一学期选了现在台湾的郑骞老师的'诗选及习作'，下半年就选了顾随老师的'曲选及习作'。……顾随恩师的片言只语，我获益匪浅，甚至终身受用。1944 年的时候，当时我在四川当演员，江湖卖艺，写过一集散文《卖艺人家》，内中有一篇提到顾随老师，题为《书卷气》，谈的是演戏的书卷气，有这么一段：'昔日听顾随先生讲曲，讲到好处，常跑野马，转论杨、余、梅。三人中顾最欣赏杨小楼：长啸一声，偌大气魄，他用个英文字形容——真 Dramatic！梅兰芳高华，余叔岩书卷气。书卷气则不免落于纤细，终是小品文章。'这不是逐字逐句，可是那时离开老师才五年，现在五十年了，那时的感受记忆还是比较真切的。我引申老师的话做如是结论：'读破万卷，再抛却万卷，与天、地、人、物俱化，自能达到一种至高境界。杨宗师（杨小楼）虽或读书不多，必参透此旨，乃获乌江之啸。'……我感到顾先生本人的境界，正如周汝昌学兄所说的是那样深，那样广，所以我觉得拿自己这几句结束语形容顾随老师，也还是合适

的，即'读破万卷，再抛却万卷，与天、地、人、物俱化，自能达到一种
至高境界。'我想顾随先生就是达到了这样的至高的境界。……1986—1987
年我在美国讲学一年，讲授中国戏曲、戏剧、电影，我在课堂上创造了一
个英文字，在讲梅兰芳时，我讲到'梅学'，就来了个'Meiology'。后来我
一个洋弟子说：'黄教授，这个字英文字典里没有，将来会有的。'我认为，
顾随先生的学问如此博深，今后会有'Guology'，会有'顾学'的。"

1939 年　43 岁

4 月，至辅仁大学任课，授诗经、楚辞、汉魏六朝诗、唐宋诗、词选、
曲选、历代散文选等课。兼任燕京大学、中法大学课。

冬，弟子杨敏如悄悄离开燕大，准备到大后方去时，专门去顾随家辞
别。顾随现出少有的兴奋的喜色，对杨敏如说："你是该去的，只要有条件
就该离开这里。"并把刚写好的一首《临江仙》送给了杨敏如。50 多年后，
杨敏如还清楚地记得当时的情景。《临江仙》全词为："幻梦连环不断，空
花与蝶翩翩。忽然开眼落尘寰。今吾非故我，明日是新年。见说小梅依旧，
灯前转盼嫣然。争知人正倚屏山。一双金曲戍，十二玉阑干。"（参阅杨敏
如《永久的怀念》与《怀念先师顾随先生》）。

朱家溍在回忆与顾随交往的往事时说："当日老师的训诲，还有关于写
字执笔方法的一番话，也是我至今记忆犹新的。因为我每次交作业都是用
红格纸墨笔楷书，这一点曾得到嘉许。有一次在老师家里谈起写字，老师
说：'看你的小楷大概是经常临《荐季直表》，虽然这是正道，但石刻拓本
看不出笔道的起落，可以参考唐人写经，你买一本影印的《唐人写妙法莲
华经》，多看看，自然会有长进。'当时桌上有纸和笔，老师说：'你写几个
字，我看看你怎么拿笔。'我当时提笔写了几个三寸大楷。老师说：'悬腕
用不着手臂抬得那么高，我知道十个人有九个人都是这样，这叫傻悬腕，
除非是写匾额大字需要腕和肘同时高抬，你刚才写的这几个大楷，等于没
使上腕子的劲，反而是用肘在对付着写。譬如这么大小的字，只需要手腕
离开桌面就行了，肘抬得比腕要略高，竖掌，这时候重心就落在腕上了。
然后运腕自然可以圆转如意。譬如再小一些的字，同样可用这个办法，不
排除手腕在运转过程中有时也会接触一下桌面，这不要紧，只要你不是手

腕紧紧死贴在桌上就行了。我从前也是傻悬腕，后来看过沈尹默先生写字才懂得怎样悬腕。'我自从听了这番教导以后，留神观察，有不少已经号称书家的先生们也还停留在'傻悬腕'的阶段。"（参阅《中国文博名家画传·朱家溍》）。

顾之京《学者顾随——先父的学术研究与治学道路漫议》一文回忆："父亲于20世纪30年代读过的一本《人间词话》尚存，书页天头空白处留下了不少他老人家读书时所作的评点，可见父亲对《人间词话》认识之万一，甚为宝贵。……这样的评点在一本小册子上不下20处，虽是读书时机缘触磕，偶感而发，却是内心蕴积的真知灼见，深入浅出。顺便提一句，父亲读书向有随手评点批注之习惯，只可惜这些书籍而今留存者已无几也。"

10月26日，为燕京大学词曲研究会同学讲填词之经验，题为《偶然》。

1940年　44岁

在辅仁大学。兼任燕京大学课、中法大学课。

9月，在辅仁大学语文学会的讲演《元曲中复音词演变之公式》，刊于《辅仁大学语文学会讲演集》第1集。

朱家溍回忆顾随教他们学习作诗填词应该循序渐进时说："老师不止一次说过，学生学作诗填词，先不要听信有些高论，说作诗填词首先要有新的立意，要创新。这话本来是对的，但不是学生阶段的事。你们现在学作诗填词，首先是读书，一定要知道应该背诵的书，如《诗经》《楚辞》《玉台新咏》，至于《全唐诗》要全部通读，当然不能全部背诵，但有一部分也必须背诵，可以从《全唐诗录》中选择背诵，唐诗中要有千首以上能背。宋元明清的词也要浏览。学填词，如果说只要求学会，那么很简单，你把清人万树的《词律》二十卷通读一遍，就可算已经学会了，但尽管你知道了某一个调子怎样填法，可是你肚子里空空如也，拿什么填，所以说必须能够背诵若干首古人的词，才有资本填词。现在也有很多人反对背诵，说什么'死记硬背'没有用。我认为背书根本不存在什么死和硬的问题，譬如你喜欢的作品多念些遍很自然地就能背诵。我从来没有死和硬的感觉。个人词集传世很多，时间不够用，也可以不读，只读词选也够了。后蜀赵崇祚编的《花间集》十卷是最早一部综合诸家的词选，唐末名家有些词仅留存在这一部选集里。宋人编的词选当中我认为最好的要算周密编的《绝妙好词》七卷，选有宋人词一百多家，选择很严谨，有些宋人词集早已失传，其姓名、作品也仅仅存留在这部选集中。清人查为仁和厉鹗为这部选集所作笺注更便于初学。明人陈耀文编的《花草粹编》二十二卷选有唐宋元人的词，内容相当丰富。这部选集很大的优点就是每一调有原题的必录原题，有本事的也说明本事，遇有稍冷僻的必说明采自某书。以上三部词选应该是必读的，选择其中有自己喜欢的多念几遍自然可以背出来。近人编的选集有胡适之编的《词选》也很好，平装一册，随手翻一翻很方便。此外，还应该说说，清人朱彝尊编的《词综》三十四卷。这部选集收入宋金元词五百余家，选择精严，在各专集和诸选本之外，凡笔记杂谈中有应录入的词也不排除，所以不少词是其他选本未见之作，所以这部选集应该通读一遍。还有康熙年间沈辰垣等人奉敕搜罗旧集，录词自唐至明一千五百四十调，九千余首，定名为《历代诗余》，包括词人姓氏十卷，词话十卷，共一百二十卷，可谓前所未有集大成的词选。这部书应该一目十行的粗读一遍以广眼界，它和《词综》都属于备查的书。学作诗填词照着我所推荐的书，分别背诵、通读、浏览，不同的对待，这样读书之后，肚里装进若干名篇秀句，到时候不论作诗填词，自然思涌珠泉，情抽蕙圃。"（参阅《中国文博名家画传·朱家溍》）。

1941 年　45 岁

在辅仁大学。兼任燕京大学课。

顾随以羸弱之身，每周从城里到海淀授课，非常辛苦。那时交通不便，从西直门到燕园没有公交车，只能到东单青年会搭乘唯一的燕大校车，早出晚归，两三小时的课要占用七、八小时。校车经常很拥挤，每一单程要乘坐一个多小时。顾随在校车上有即景小令一首，调寄"一半儿"："楼前窗外影模糊，恰似烟熏水墨图。有春无？一半儿狂风，一半儿土。"（见滕茂椿《感恩琐忆》）。

9月，迁居地安门内碾儿胡同29号旁门，书斋更名为"倦驼庵"。

10月，杂剧《馋秀才》刊于华北文教协会所编《辛巳文录（初集）》。

12 月，太平洋战争爆发，燕京大学被日寇封闭，从此专任辅仁大学教授。

冬，为防止日寇的迫害，被迫将自己词集中有关抗日的文字撕下烧毁。顾之京在《书斋纪事——女儿所知道的父亲顾随（下）》中记录了在她童稚心灵里印下的永久清晰的记忆："那是一个严寒的冬日，一天晚饭后，母亲把院门屋门紧紧关闭，又严严地挂上窗帘，姊姊们围在饭桌旁，家里一片紧张气氛，这时父亲从倦驼庵里捧出了几大摞薄本的线装书放在桌子上，他什么话也没说，只见几个姊姊一本本地打开那线装书，翻到其中一处，仔仔细细地把那一页撕下来，连丝线装订处残剩的毛纸边也一点点抽净，然后母亲把这撕下的书页拿进倦驼庵，投进取暖火炉的炉膛里烧掉了。炉子上坐着水壶，燃着的纸把壶水催得呼嘟呼嘟响，烟顺着烟囱冒出去了，纸灰也不会飞到屋子里。全家人一句话没有地做着这一切，气氛是从不曾有过的严肃与沉重，一向胆小的我甚至觉得有些恐怖，站在一旁看了一会儿也和姊姊们一起撕了起来。我识字早，小时候手也不算笨，大人们没有阻止我参加这'工作'，但这到底是干什么，我不明白，也没敢问。待我稍长大一些能自己'翻'书看时，发现父亲的《留春词》都是缺一页的，才知道这就是那一晚被撕的那本书。至于知道撕掉的是什么，已是我上大学以后。我偶然在父亲书斋里见到一本完整的《留春词》，原来当年那被撕去的一页上赫然谱写有两首抗日的词——调寄《满江红》的一首歌颂'九一八'后东北坚持抗日的战士；调寄《踏莎行》的一首乃'代老兵送人出关杀敌赋'。如此，则撕书焚书的那一日当是 1941 年 12 月 8 日的后几日。日寇偷袭珍珠港，太平洋战争爆发，旋即燕京大学被日寇劫夺封门，北平城里的空气更趋紧张。父亲是燕京大学专任教师，防范侵略者爪牙、特务的搜查，于是就有了父亲书斋里的第二次'焚书'。"

印行《霰集词》，收词 66 首，始自 1937 年初秋，迄至 1941 年底。

1942 年　46 岁

在辅仁大学。兼任中国大学任课，至 1946 年。授唐宋诗、词选、曲选。

年初，在辅仁大学语文学会的讲演《麻花、油炸鬼、撒子及其他》，刊于 1942 年《辅仁大学语文学会讲演集》第 2 集。

春，由辅仁大学转来周汝昌从天津咸水沽老家寄来的信（此时因燕大被日寇封闭，周汝昌避难于故乡）。顾随在给周汝昌的回信中谈到自己近况："比来辅仁大学有十一小时课，中央有四小时。又，女青年会开一补习班，二小时。身心交疲。"在谈到周汝昌的词作时说："大作清新有余而沉着稍差，此半系天性半系工夫。宜取稼轩词研读之。不过辛集瑕瑜杂糅，切宜分别观之，不可不慎。"

4月，选好《稼轩词说》之"词目"并作"记"，拟逐首申说。在"记"中高度评价了稼轩词："词中之辛，诗中之杜也。一变前此之蕴籍恬淡，而为飞动变化，却亦自有其新底蕴籍恬淡在。"

4月2日，在给滕茂椿的信中说："余于学诗，自十岁起至卅，仍是门外汉。卅以后，从尹默师游，始稍窥门径。近五年来，致力于黄山谷、陈后山、陈简斋、杨诚斋诸家之诗，自谓有得。"

4月22日，在给周汝昌的信中，谈及近况："日来谋事甚忙，时时奔走风沙中，遂患针眼，不能多作字。辛集已选出廿首，本拟录目寄去，亦遂不可能。"（注，"选辛词廿首"即后来《稼轩词说》一稿之选目。）又谈及自己词创作之体会："拙词不欲效宋贤，若宋贤集中亦殊少苦水此一番意境也。"

5月18日，精选梅溪词5首，行书录为横幅一帧，寄予周汝昌。同时又将已选好的稼轩词廿首之词目寄予周汝昌。

5月19日，在给周汝昌的信中言及近况："比来谋事仍忙，所幸贱躯较之去年为健，又眠食之佳为五年来所未有，私心颇自喜也。"

5月21日，在给滕茂椿的信中，谈到读鲁迅《译丛补》时的感觉和心境："《译丛补》自携来之后，每晚灯下读之，觉大师精神面貌仍然奕奕如在目前。底页上那方图章，刀法之秀润，颜色之鲜明，也与十几年前读作者所著他书时所看见的一样。然而大师的墓上是已有宿草了。自古皆有死，在大师那样地努力过而死，大师虽未必（而且也决不）觉得满足，但是后一辈的我们，还能再向他们作更奢的要求吗？想到这里，再环顾四周，真有说不出的悲哀和惭愧。在我，是困于生活（其实这也是托词），又累于病，天天演着三四小时单口相声，殊少余暇可以写出像样的作品来的。"

5月26日，给周汝昌的信中，谈到自己的近况："连日仍忙，辅大四年级生已开始毕业考试。日内须阅卷及看论文，恐暇时益少也。腰臀又时时作楚。昨得家六吉弟书云：教书生涯等于讨饭，然更有人欲讨饭而不得云云。念元代有九儒十丐之说，盖读书人之与讨饭相去不过一间，由来已久，不禁失笑。"在谈到周汝昌的词作时说："《莺啼序》极见工力，然涩调大篇，除走南宋一路外，更无他途。韵文一唱三叹之美，遂不复可寻。苦水平生未敢轻试者，以是故耳。若就词论词，大作可谓完璧。《水调歌头》结二语，悠然不尽，深得'宕'字诀。惜'莫非来时'四字于律不合，须另拟耳。"

6月1日，作《追和尹默师春归杂感十首》，其序云："深夜无眠，挑灯独坐，易感孤怀，更滋永叹。问人间以何世，谅天意之如斯。呜呼！万方一概，八表同昏，李将军之身羁塞北，道别河梁；庾开府之赋哀江南，游心故土。前修往矣，来日大难，不有忧生，何来短什。步韵考辞，砌句成篇，香草美人未敢上托于灵均；破国春城，枉具共鸣于工部云尔。"在这里，顾随以李陵、庾信、屈原及杜甫自比，真实表现了自己身羁沦陷区，但"游心故土"，忧国忧民的情怀。

6月4日，在给周汝昌的回信中，肯定周汝昌近日寄来的词作："近词数章笔意清新，尤为可喜。如此猛晋，真如畏友，苦水遂不欲以一日之长自居矣。"于此，进一步引用禅宗语谈师生关系的见解："'见与师齐，减师半德；见过于师，方可承受。'然哉！然哉！"

6月10日前后，给周汝昌信中谈到如何读诗词："试将诗话词话之类一齐放下，只一味吟咏玩味古人之古作，养得此心活泼泼地……自然别有一番田地。"谈到书法时说："夜深眼昏，作字甚草草。来示颇赞拙书，惜不得令兄见小斋所藏默师书，其精切直入晋唐诸贤之室，下者犹当高揖董玄宰、文徵明辈也。"

6月，《邵颐遗稿序》刊于《辅仁生活》第4卷第6期。

7月4日，在给周汝昌的回信中，谈及自己近况："贱躯以天热，眠食苦不能佳。又忙于筹划暑后职业问题，不得不外出奔走，以一倦驼而驰驱烈日暑风中，其勉强可知。然彭泽诗曰：'饥来驱我去，不知竟何之？'今在苦水，尚有熟人可访，有一定之地点可去，较渊明为优也。"谈到周汝昌的诗词时说："大作诗词真有进益，可喜！诗，余最喜'始知无语最含情'一章，词则'人语隔垂杨'也。然吾意以为元气仍未充沛，故思想与笔墨不免时时露痕迹。一丘一壑，固已清绝，惟稍乏云蒸霞蔚、深山大泽之致。此亦正是苦水之病，当与玉言同勉。"

7月27日，在给周汝昌的信中，谈到自己的人生修养时写道："昔王静安先生曾有诗曰：'江上痴云犹易散，胸中妄念苦难除。'苦水一见此语即爱之，而时时诵之。近年学道更深有味乎此语也。我于老庄，认其自然；于释家，认其自性圆明；于儒家，认其正心诚意。吾意亦只在除此妄念而已。四十岁前，任性自恣，我识过盛，意气方刚，名心为祟，已迄于今，仍受此累。又嗜欲陷溺，未能自拔。"在谈到写此信时的情形时说："今日阴雨竟日，潮凉有如新秋，而筋骨酸痛，坐立皆无所可，卧床偃息，不复欲起。向夕雨止，即如复活，灯下独坐，乃作此书。然中怀郁结，恐亦未能尽所欲言也。平日爱读嵇叔夜《绝交书》，尤喜其'直性狭中，多所不堪'二语，以为殆不啻为苦水写照。"

9月，辅仁大学秋季开学，始教国文系二年级"唐宋诗"课程，叶嘉莹、郭预衡、史树青等均为该班学生。

9月16日，在给滕茂椿的信中说："惟闻董鲁庵（安）先生于上月出家，留书于家人，具说决往僻县深山，家中亦不必寻觅云云，心中不无怅触。昨夕梦中，为雷雨惊醒，辗转不能入睡，因念董大师此时不知闭关何处。韦苏州诗云：'落叶满空山，何处寻行迹？'真不啻为此刻情景写照也。"当时有许多进步青年秘密投奔解放区，董鲁安也是其中的一位。顾随《净业湖边作》诗："壮岁几见济时艰，龙战郊原草木殷。歌吹扬州犹好在，风波帝子去无还。长安市上尘如海，银锭桥边雨后山。猿鹤虫沙都已矣，有人夜半出函关。"顾之京注释曰："据李祥仲文，此诗写于中国大学讲课之时，末句隐含董鲁安赴解放区之意。"（见顾之京2005年8月15日给笔者的信）。

10月8日，在给滕茂椿的信中谈到书法学习时说："吾辈平时作书，信手写去，遂多病态，比至立志学书方才觉得虽不为晚，然总不免多费一番手脚。平直乃是苦口良药，多多服用，自然有益。"

10月11日，在给滕茂椿的信中谈到书法学习时又指出："大凡为学，说得一尺不如行得一寸，说一尺不免是零，行一寸则实实在在地一寸也。此非独作书一事为然矣。兄年富力强，公余之暇，正宜勉力读帖、临帖，久而久之，自有一番悟入；亦自有一番受用。"

12月30日，在给周汝昌的信中写道："玉言有书来问近况，赋五绝句报之：'万方一概更何之？如此衰躯好下帏。怕读稼轩长短句，老怀无绪自伤悲。''一带青山结暮阴，寒烟衰草笛萧森。经年不过城西路，何限凄凉病鹤心。''知我惟余二三子，时时书札问何如。坐看白日堂堂去，独抱冬心到岁除。''寒风卷地扑高枝，吾庐岌岌尚可支。我有一言君信否？谋身最好是吟诗。''抱得朱弦未肯弹，一天霜月满栏杆。怜君独向寒窗底，却注虫鱼至夜阑。'"在诗后，还向周汝昌通报近况："三月以来，久未作书。忙耳；病耳；懒耳；无他故也；又目力亦至不济，灯下作此等字，已觉费事。衰残如此，如何可说！"

叶嘉莹晚年回忆当年跟随先生学习时的情景："我对什刹海有一份特殊的感情，因为这一带乃是我自童年到大学毕业的一段日子中所经常往来游想的所在。……一九四一年秋天，我才十七岁，母亲便不幸因病弃养，那时我才考入辅仁大学不久。……第二年，我升入大学二年级，开始从顾随先生受业，先生对诗歌的讲授既生动又深切，常使全班同学都听得如醉如痴。当时先生家住南官坊口，就在什刹海附近，因此同学们每于课后常一同散步经过什刹海去拜望先生。先生则常为我们吟写他近作的新诗。"（参阅2000年台湾桂冠出版公司出版《叶嘉莹作品集》之《迦陵杂文集》）。

1943年　47岁

在辅仁大学。兼任中国大学。

元旦，去沈兼士家拜年，不幸被日本军宪扣留了10多天（同时被扣留的还有辅仁的两位教授）。据葛信益《深切怀念顾羡季先生》记载，1937年北平沦陷后，辅仁大学的沈兼士（时任文学院院长）参加了抗日秘密团体，组织进行抗日活动。1942年12月16日晨为躲避日伪的抓捕逃离北平去了后方。日本军宪去沈兼士家抓人扑空，便在沈兼士家"蹲坑"。去拜年的顾随被扣留。后来日伪知道沈兼士确实已离开北平，才放了顾随和另外两位教授。

春，中国大学校长何克之被日本宪兵逮捕，出狱后，顾随赠何先生一首诗："莫信蛟寒已可罾，飞飞斥鷃笑鲲鹏。燕市花开仍三月，人在蓬山第几层？共仰挥戈回落日，愁闻放胆履春冰。将军百战勋名烈，醉尉伥教呵灞陵。"
据滕茂椿《感恩琐忆》记载："何原系西北军冯玉祥的秘书长，北伐后任北
平特别市第一任市长。七七事变后经办私立中国大学，一直不与伪政权合作，
并尽力保护留居沦陷区的专家教授。我与何是同学，1938 年至 1946 年间常
有接触，我知道他非常喜欢这首诗，他把它装裱后悬挂在客厅里，引以为荣。"

4 月 25 日，在给滕茂椿的信中说："昨日为周太师母（鲁迅、周作人
之母）接三日，曾往吊，见旧雨多人，皆老苍憔悴，不禁慨然。又座中皆
夹衣，而余尚未脱棉。年未五十，疲惫如此，真无奈何。"

4 月 29 日，搬离碾儿胡同，迁至什刹海北沿的南官坊口廿号外院的
北房。

7 月，据顾之京回忆说："1943 年 7 月，学期结束，暑假即将开始。辅
仁大学 1941 级全体女生在辅仁女院组织了一次'聚会'，父亲是被邀请参
加的唯一一位教师。聚会之后，全体女生与我父亲在女院垂花门前合影。
之后，有叶嘉莹在内的 8 位女生陪老师返寓，返寓后又在书房前合影。"

8 月 27 日，在给周汝昌的信中，谈到自己的书法传承时说："老衲平
日为学闭门造车，既无师承，亦未求人印可。惟近十年中作诗与作字，确
实为默老烧香。上座高眼，一见默师《薛帖题笺》，便觑破苦水笔法来历。
可畏哉！可畏哉！吾近中作楷仿唐人写经而兼用信本登善笔意，自谓颇得
古人妙处。苦不能勤而习之，复以腰背无力，不能作长幅大字，此事恐终
于无成。"

夏，作《稼轩词说》，连载于 1947 年天津《民国日报》。

秋，作《东坡词说》，连载于 1947 年天津《民国日报》。

为史树青《几士居词甲稿》作序。

10 月 1 日，在给周汝昌的信中，谈到自己近年来的写作情况："七年
以来，重复致力于诗。似有小进益，惟七律仍不能脱剑南习气。"

11 月 6 日，为辅仁大学国文系学生作题为"禅与诗"的演讲。文稿发
表于《艺文杂志》1944 年第 2 卷第 2 期。

1944 年　48 岁

在辅仁大学。兼任中国大学课。

1月10日，在给周汝昌的信中，谈到自己的写作与身体情况："至苦水则数月以来，久不为韵语，《孔门诗案》写得十分之六七，以病搁笔，迄今仍未续写，衰老益甚，加之以生活玉迫，课务劳碌，精力大是不支。揽镜自窥，颓然一翁，须发皆白，如何？"

同一天，在写给孟铭武的信中，也谈到自己的近况："近一月以来，不曾好好读书作文，《孔门诗案》久未续写，寒假已至，尚不知能否动笔也。只写得《张黑女墓志》两过；《唐人千文》一过；《魏栖梧善才寺碑》两过；俱是寸楷方格眼子。虽不能说无小小长进，但心手仍苦不克相得。年华已老，精力日疲，应作之事，多是尚在半途。思之怅恨，都无可说。"

2月2日，在给周汝昌的信中说："来札云拟译《世说新语》，此真胜业，复何待言？惟私意以为短文之有远韵高致者，无过于此书。西国文字虽富弹性，亦未必能表而出之耳。至于玉言蟹行工夫如何，苦水素所未悉，于此更不能有所云云也。然天下之事作是一问题，若其成否可不必计较，至于传与不传，更难逆睹。玉言此际亦只有作之而已，他可不问也。"在同一信中，顾随还谈到写此信时的情景："去岁入冬以来，便不曾好好写一行与玉言，每一思及，未尝不以为歉，然力不从心，无如何也。寒假开始，又以伤风牵动旧疾，腰背作楚，四肢无力，忽忽半月有余，昨日始觉稍可。今日下午四时许，偃卧床上，忽复睡去，薄暮始醒。饭罢灯下独坐，乃伸纸为此函，恐仍不能畅所欲言耳。"

2月3日，在给周汝昌的信中说："灵均曰：'哀吾生之无乐兮，幽独处乎山中。'当年在城西开堂时说此一语，曾谓独处山中乃是无乐之结果，而非无乐之原因。比来以为如此说去昌未必即得屈大夫之文心，却颇可以说明苦水之性情。愈是闷极愈怕见人，亦愈不欲有人来谈天。好在寒斋亦是门虽设而常关耳。惟念身心交病，常恐来日无多，平生所思所学最好赶急写出，为旁人借镜。而衰疾如斯，不克命笔，未尝不引以为大痛也。"

春，印行《濡露词》，实为"濡露词"和"倦驼庵词稿"的合集。扉页有题词："篆香不断凉先到，腊泪成堆梦未回。"这是《鹧鸪天·不寐口占》中的词句。词集后"小记"记录了此集词写作和印行的经过："曩者自序《留春词》，曾有断断乎不为小词之言，盖其时立志将专力于剧曲之创作也。其结果则为《苦水作剧》三种。然自是而后，身心交病，俯仰浮沉，了无生趣，构思命笔，几俱不能。而词也者，吾少之所习而嗜焉者也。憩息偃卧之余，痛苦忧患之际，定力既弛，结习为祟，遂不能自禁而弗为，此《濡露词》一卷则皆去岁秋间病中之所作也，计其起讫不过一月耳。史子庶卿见而好之，既得予同意乃付之排印。"《濡露词》，收词 22 首，均作于 1943 年秋，《倦驼庵词稿》，收 1940 年冬至 1941 年春间之词作 10 首。

7 月 15 日，在回答周汝昌"读禅宗语录从何入手"的问讯时，向周汝昌推荐三书，即《传灯录》《五灯会元》《古尊宿语录》。并认为："系统分明《五灯会元》较为佳善。若出语之石破天惊、振聩发聋，当推《古尊宿语录》。若读释典，窃意宜首先看《心经》《金刚经》，此后则是《楞严》《法华》。""又初读佛书时苦望洋，有注者较为易于领略，但亦难得佳注耳。《心经》《金刚经》，佛学书局丁氏注本尚不至贻误后学。"

8 月 1 日，在给周汝昌的信中，"检点三五年来旧稿，未完者有四：其一，《人间词话笺疏》；其二，《秋坟唱杂剧》（谱《聊斋》连琐事。8 折，已成 7 折）；其三，《孔门诗案》；其四，《无奇的传奇》（新小说）。"

秋，叶嘉莹读顾随《稼轩词说》手稿后，作《贺新郎·夜读羡季师〈稼轩词说〉感赋》词一首："此意谁能会，向西窗，夜灯挑尽，一编相对。时有神光来纸上，恍见上堂风致。应不愧稼轩知己，爱极还将小语谴。尽霜毫挥洒英雄泪。柏树子，西来意。今宵明月应千里，照长江，一江白水，几多兴废。无数青山遮不住，此水东流未已。想人世古今同此，把卷空余千载恨，更无心琐琐论文字。寒漏尽，夜风起。"

1945 年　49 岁

在辅仁大学。兼任中国大学课。

顾随学识渊博，有独特的讲课艺术，在几所大学备受学生欢迎和爱戴。周汝昌回忆说："顾先生上堂之后，全副精神，全部感情……就是一个大艺术家，具有那样的魅力。""先生首先是一位课堂讲授这门专业的超常的典范……这门艺术的一位特异天才艺术家——凡亲聆他讲课的人，永难忘记那一番精彩与境界。"（《燕京学报》第 5 期）叶嘉莹在《谈羡季先生对古典诗歌之教学与创作》中回忆道："先生对诗歌具有极敏锐之感受与极深刻之理解，更加之先生又兼有中国古典与西方文学两方面之学识及修养，所以先生之讲课往往旁征博引，兴会淋漓，触绪发挥，皆具妙义，可以予听者极深之感受与启迪。""我以为先生平生最大之成就，实在还并不在其各方面之著述，而更在其对古典诗歌之教学讲授。因为先生在其他方面之成就，往往尚有踪迹及规范的限制，而惟有先生之讲课则是纯以感发为主，全任神行，一空依傍。是我平生所接触过的讲授诗歌最能得其神髓，而且也最富有启发性的一位非常难得的好老师。"阎振益在《宗师芳千古才多溉后生——缅怀先师顾羡季先生》一文中回忆当年听先生讲课的情景："如饮甘露，沁人心脾；如坐春风，通体舒畅；如在山阴道上行，美不胜收，目不暇接；一步步进入佳境，直至完全陶醉于其中，浑然忘了自我以至周围的一切。"

从《晋察冀日报》上读到毛泽东同志在延安文艺座谈会上的讲话，认为讲话"太好了，我完全同意，我完全接受"。顾随弟子陈继揆当时是中共地下党的联络员，负责按时将党的文件和报纸送给顾随（顾随是大学教授中党的朋友）。

印行《苦水作剧二集》，收《陕山观海游春记》（二本八折）一种。此稿并分上下两卷连载于当年之《读书青年》第 2 卷第 4 期、第 5 期。

选 1937 年秋至 1945 年夏部分诗作计 36 首编为《倦驼庵诗稿》，未刊行。

小说《乡愁》发表在《读书青年》1945 年第 2 卷第 3 期。

译克鲁泡特金《论涅克拉索夫》。

1946 年　50 岁

在辅仁大学。兼任中国大学课。

1 月 2 日，据英文本翻译的俄国作家安特列夫的短篇小说《大笑》，刊于《益世报·语林》。

1 月 7 日，作《关于安特列夫》，刊于《益世报·语林》。

5 月 22 日，据顾随当日给叶嘉莹的信，知叶嘉莹第一篇小说《水边的话》，是顾随为之确定的小说名，并由顾随推介发表在北京《新生报》副刊上，署名"迦陵"。

7 月 26 日，向法庭出具证明，证明周作人曾保护被日寇逮捕的辅仁大学英千里、董洗凡、张怀等进步人士。

中法大学在北平复课，继续于该校任教。

1947 年　51 岁

在辅仁大学。兼任中国大学课。在北京师范大学任课，至 1953 年。授词选、曲选。

年初，顾随弟子为顾随五旬晋一之寿辰，在北京举行祝寿宴会，叶嘉莹撰写祝寿筹备通启。顾之惠在《忆父亲》中记载："1947 年初，他的学生们为老师五旬晋一的生日举办的祝贺会。那次会不仅有七、八十位学长参加，应邀前来的还有父亲的两位好友——冯至、王冶秋二位先生。"

据顾之京在《书斋纪事——女儿所知道的父亲顾随（下）》中记载，大约在 1947 年初寒假期间，顾随特意用一张墨绿色的厚纸，做了一个宽七八寸、高三四寸的扁长条幅状的小旗，在小旗上写了"只图遮眼"四个字，把小旗插在书桌前的窗台上，人坐桌前，小旗正好挡住了往外望的视线，并遮住外面的腐朽与黑暗。

2 月，为中法大学文史学会作题为"小说家之鲁迅"的演讲。

2 月 10 日，完成小说《乡村传奇——晚清时代牛店子的故事》，刊于《现代文录》创刊号（1946 年 12 月初版）。

4 月 4 日，《读李杜诗兼论李杜的交谊》刊于《民国日报》。

4 月 28 日，作《跋知堂师〈往昔〉及〈杂诗〉后》。

6 月，应张中行之请，陆续作《揣籥录》谈禅系列文章十二篇，连载于《世间解》月刊第一至十一期（第十二篇《末后句》因杂志停刊而未发表）。

8 月 14 日，为北平青年军夏令营作"关于诗"的演讲。

10 月，杂剧《游春记》由辅仁大学校友印行出版。

10 月，小说《刘全福——运粮的故事》刊于《中学生》十月号。

北京大学文学社举办鲁迅逝世十一周年纪念晚会。顾随应邀在会上作了讲演，王景山回忆当时的情景时说："顾先生讲演中用一口纯正的京腔朗诵《阿 Q 正传》中阿 Q 到静修庵偷萝卜的一段，声情并茂，至今不忘。"（参阅《北京大学校友通讯·建校一百周年纪念特刊》）。

10 月 31 日，在给周汝昌的信中，谈到文章的写作："吾辈为文，虽不必走明末小品路子，却亦不妨借镜。不佞之意乃在即兴。"何谓即兴？顾随举当时看到的砍伐路边老树的现象为列说："其已被风吹倒者，固应伐去。即其心空枝萎而未倒，似亦宜芟除，以免行人之危险。然而老者已伐，而新者未种，又使人不免有荒凉寂寥之感。只此一感，便可写得一篇小文矣。"

12月5日，经顾随推荐，周汝昌第一篇文章《曹雪芹生卒年之新推定》经赵万里发表在《天津民国日报》的《图书》副刊版。由此文引发了胡适给周汝昌的信，从而启动了一场《红楼梦》研究的新浪潮。

12月7日，《诗三首——沈兼士先生安葬纪念》刊于《大公报·星期文艺》。

1948年　52岁

在辅仁大学。兼任中国大学课、中法大学课。

7月31日，在给周汝昌的信中，谈到自己近况时说："入秋以来，时时阴雨……又长次两小女分别至自津沪，外孙男女数辈，或在学步，或在提携，皆苗壮可喜，亦未免搅扰。屋少人多，势之所必至也。字已不复能写，然不意竟作得《不登堂看书札记》两篇，字数逾万。则倦驼之尚未十分倦，可知矣。稿付吴少若，载北平《华北日报》文学版。第一篇今日可登出，恐兄家居未必即能见之耳。又两篇命题，一为《看〈小五义〉》，一为《看〈说岳全传〉》……顾其内容亦颇不空泛，若其纵横九万里，上下五千年，则固不佞之老作风。想不至为高人齿冷。"

8月，周汝昌将购得的《邓文原章草真迹》赠予顾随。

10月20日，为中法大学文史学会作题为"我所看见的鲁迅先生"的演讲。

10月30日，迁居李广桥西街（今柳荫街）8号。取书斋名为"两三竿竹庵"，或简化为"竹庵"。

11月5日，读鲁迅译《艺术论》。

11月6日，读鲁迅译日本作家鹤见佑辅的《思想·山水·人物》。

11月21日，郭预衡造访顾随，时郭预衡为辅仁大学中文系主任；周一良夫妇造访顾随。周一良结婚时，顾随曾赠一喜联："臣曰期期扶汉祚，将称艾艾渡阴平。"吴小如在《回忆顾随先生》中解释说"这副喜联上句用《汉书》周昌所说'臣期期不奉诏'一语的典故，下句则用邓艾事，见《世说新语·言语》。周昌、邓艾都因口吃，史臣遂以重言记其语。而一良先生的夫人为邓懿同志，一周一邓，十分巧合，故羡老用以属对。"

12月1日，陈垣校长、张怀校长看望顾随，祝贺乔迁之喜。

12月1日，张中行送《世间解》第11期给顾随，并嘱写稿。

12月4日，得叶嘉莹自台湾来信，报告近况，自言看孩子、烧饭、打杂，殊不惯，顾随不禁为之发造物忌才之叹。

12月4日，《华北日报》副刊刊载郭预衡评顾随《兔子与鲤鱼》的文章。

12月13日，拜访冯至。在冯至家一起晚饭后返寓。

12月26日，收到弟子史树青专函寄来的他从冷摊上得到的1923年女高师教员的领薪收据，收据上有领薪人的亲笔署名，顾随认为最可宝贵的是沈尹默、沈兼士、马幼渔、钱玄同的署名。而史树青以专函寄赠，顾随以为"殊有趣也"。

《揣龠录》第八、九、十三篇以《兔子与鲤鱼》为题结集印行。

散文《海涯琐记》刊于《红蓝白》创刊号。

北平和平解放。

1949年　53岁

在辅仁大学。任国文系主任、校务委员会委员及附校（附属中学、小学）委员会主任。

1月4日，到余季豫处商讨寒假补习班开课事。与启元白、柴青峰一起拜访陈垣校长。

1月5日，自今日起至2月4日，几乎每日都为寒假补习班讲授"韵文普说"课赶写讲稿。

1月17日，阅老舍《不夜集》。

1月27日，为中法大学留校学生作题为"鲁迅之作风"的演讲。

1月29日，卢丕功、郭预衡、余季豫来访顾随。

1月30日，拜访陈垣校长、余季豫院长。史树青来访顾随。

1月31日，往槐宝庵晤张重一。刘在昭来访顾随。

2月16日下午，参加辅大中国教员会，被选为25位执行委员之一。

2月17日，散步辅仁大学校园中，与郭预衡交谈。

2月18日，上午，参加辅大中国教员会执行委员会，选出常委6人：教授、讲师、助教各两人。通过中国教员会成立宣言。

2月19日，上午，在国文系与郭豫衡交谈，嘱其组织鲁迅研究会，郭也有此意。下午，得中法大学转来罗荣桓、薄一波、林彪、董必武、聂荣臻、叶剑英6人署名请柬（时间是明日下午三时，地点在东长安街北京饭店）。

2月20日，顾随在日记中记载："午饭后小睡，二时过觅车赴北京饭店，中法同人出席者并予为五人。晤及君培、平伯、毅生、赵紫宸、张子高、王履斋，其余相识尚多，不及一一招呼。饭前首由林彪、董必武致辞，饭后则聂荣臻、叶剑英，中间演说者清、燕两校教授最多。返寓已八时。"

2月23日，"于文化服务部以百十二元购得《从一个人看一个新世界》一册（巴比塞著，徐懋庸译）。"（当日日记）

2月24日，"下午睡起茗饮后读《斯大林传》。"（当日日记）

2月25日，读《斯大林传》及日丹若夫《苏联哲学问题》。

2月26日，"茗点后读日丹若夫《哲学问题》，此为第二过矣。十一时到文化服务部购得书二册，一为耿译高尔基长篇小说《家事》，又其一则为《解放区教育论文集》。"（当日日记）

2月27日，"茗点后阅日丹若夫《苏联哲学问题》，原著者文笔明晰，思想正确，而译文亦足以达之。"（当日日记）

3月3日，辅仁大学成立"临时校政会议"，同日召开第一次会议，会后各系建立系务委员会，由本系主任、教授、讲师、助教和学生代表组成。顾随为中文系主任。

3月5日，读卢那卡尔斯基《艺术论》。

3月9日，于文化服务部购《整风文献》一册。

3月13日，去文化服务部借《高尔基》一册。

3月16日，去文化服务社还《高尔基》，复借瞿秋白《乱弹及其他》。

3月18日，上午去文化服务社还《乱弹及其他》。下午读《论文艺问题》。

3月25日，上午，到文化服务社，"购得艾思奇著《大众哲学》，复借来柯根著《世界文学史》一册。"（当日日记）

4月3日，到文化服务社借《解放区短篇小说集》一册。

4月6日，"阅《精神分析学》与《辩证唯物论》，颇觉开卷有益。下午小憩片刻，起来茗饮后阅卡达耶夫著《团队之子》。"（当日日记）

4月7日，"看高尔基之《爱的奴隶》，殊不佳。惟第二篇笑话（与前一篇并订一册）则极见天才。"（当日日记）

4月9日，"灯下看班特莱夫之《文件》，甚觉新鲜。"（当日日记）

6月19日，辅仁大学召开校务委员会成立大会，宣布顾随等为校务委员会成员。

9月初，病重，住中和医院治疗。不久出院。

12月初，再次病重，住中和医院抢救。

年底，教育部特准先生退休养病。

1950年　54岁

在辅仁大学。

在家休养。

1951年　55岁

在辅仁大学。

在家休养。

1952年　56岁

在高校院系调整时，辅仁大学与北京师范大学合并，为北京师范大学。

春，病渐痊愈。

秋，有《竹庵新稿》，收古近体诗28首，词3首。

9月22日，沈尹默托冯至将影印《秋明室杂诗》及《秋明长短句》一册赠予顾随。

1940年开始留意章草。1948起研习《邓文原章草真迹》。1952年大病初愈，又以临写章草为日课。完成《章草急就篇斠字》，并对《急就章》中每个字的书写源流作系统考订，撰写《章草系说》。

1953年　57岁

在北京师范大学。

2月16日至17日，在给卢继韶的信中报告近况："至我比来读书颇有小进益，于辩证唯物论尤多悟入，此乃有赖于当年之治禅学，殊为始料所不及。至于文学方面，则读了一部苏联文学史，甚有所得。小说看得尤其多，最佳者三种：《真正的人》《绞刑下的报告》及新版《钢铁是怎样炼成的》，真乃震古烁今、发人意气之作也。又奥斯特洛夫斯基传亦大佳。中国作家之作只有周立波之《暴风骤雨》可以一读，余皆不能满意。"

2月18日，北京图书馆发邀请函，邀请顾随参加北京图书馆将要举办的"爱国诗人杜甫"讲演会。

2月28日，北京图书馆举行纪念世界文化名人杜甫的大会，冯至作纪念报告，顾随朗诵杜诗并谈杜诗之朗诵。

6月，经高教部批准，赴天津师范学院（后更名为天津师范大学、河北大学）任教。住校内第二宿舍的楼下。在7月13日给卢继韶的信中说："宿舍系楼底：书房、卧室、厨房、厕所各一。书室、卧室之大，一间可抵李广桥三至四间，高爽、干燥，颇合理想。"

8月，撰写《曲学讲义》，此稿已佚。

8月9日，作"张中行《传心与破执》跋"。刊于《现代佛学》1953年11月号。

10月，收到周汝昌著作《红楼梦新证》，喜出望外。在此后数月间，连续给周汝昌写信，就《红楼梦新证》的各个方面提出自己的意见和建议。

作《说红答玉言问》，未完稿。

作《说辛词〈贺新郎·赋水仙〉》《晚唐词》《六一词大旨》。

1954年　58岁

在天津师范学院。

5月，开设"佛典翻译文学"课程，留有讲义。

6月27日，在给周汝昌的信中，填《木兰花慢》词一首，序云："得命新六月二十三日书，欢喜感叹得未曾有。不可无词以纪之也。"词如下："石头非宝玉，便大观，亦虚名。甚扑朔迷离，燕娇、莺姹，鬓乱钗横。西城试寻旧址，尚朱楼碧瓦暎瓯楼。煊赫奴才家世，尩瘣没落阶层。燕京人海有人英，辛苦著书成。等慧地论文，龙门作史，高密笺经。分明去天尺五，听巨人褒语夏雷鸣。下士从教大笑，笑声一似蝇声。"信中还写道："昨午得书，便思以词纪之，而情绪激昂，思想不能集中，未敢率尔，孤负佳题。下午睡起茗饮后，拈管伸纸，只得断句，仍未成篇。今晨五时醒来，拥被默吟，竟尔谱就，起来录出，殊难惬心。逐渐修改迄于午时，乃若可观。兹录呈吟政，想不至蹙頞攒眉耳。原稿一并附上，令命新见之，如睹老马不任驰驱，但形竭蹶也。"

叶嘉莹晚年回忆她于 1954 年进入台湾大学任教后与郑骞先生交往的情景时，有这样一段对老师顾随的回忆文字："其后，当我正式来台大任教时，更曾抽暇去旁听过郑先生的词选课，而郑先生每次见到我来旁听，就会在讲课中时或提到他与我的老师顾先生的一段交谊。有一次他曾提到了他所拟写的挽顾先生的一副挽联，联句是：'东坡长山谷九龄，平生风义兼师友。诸葛胜子桓十倍，万古云霄一羽毛。'我自己也曾把郑先生讲书的风格，和顾先生讲书的风格，私下做过一番比较，郑先生的风格是平直恳至，而顾先生的风格则是睿智飞扬，不同的风格各可以使不同禀赋的学生得到不同的教益。"（参阅 2000 年台湾桂冠出版公司出版《叶嘉莹作品集》之《迦陵杂文集》）。

1955 年　59 岁

在天津师范学院。

11 月 12 日，给周汝昌信中有诗一首：《川大缪公（缪钺）有长句赠玉言，蒙玉言写示，循读再三，感而继作》："目送堂前东逝水，始知无负此生难。力追日驭（与时间赛跑）心犹壮，坐俟河清（谓根治黄河水害与开发黄河水利计划）鬓已残。不分形骸隔长路，尚余诗句佐清欢。维新周命无穷业，万里江山待薄翰。"诗后缀语曰："缪公诗并非不佳，然未得谓之为现代诗家之诗。所以者何？虽属民族形式而非社会主义现实主义底内容故。至于胎息古人已到何等田地，又在所弗论也。拙作亦力不从心，概念化，一；未能使用现代语，二也。然其大原因，则在于无实际生活作为创作之基础。此一条件而不能具备，则虽技巧极其成熟，情感极其真实，思想极其正确，仍不能写出现代诗家之诗。而况老糟技巧之尚未成熟，情感之未必真实，思想之远未正确也邪？凡此狂言，难以语缪公，然不能不以语之玉言。曹子建有云：'恃惠子之知我也。'"

为天津师范学院（今河北大学）学生作《论阿Q的精神文明及精神胜利法——读〈阿Q正传〉杂记之一》。

1956年　60岁

在天津师范学院。

10月27日，为学生朗诵了杜甫的长诗《自京赴奉先县咏怀五百字》，并为学生撰写了长文《朗诵了杜甫〈自京赴奉先县咏怀五百字〉以后写给中文系三年级同学的一封公开信》，刊于天津师范学院1957年5月20日、6月10日《教学与科学研究通讯》第10期、第11期。

编订《闻角词》，遴选1952年秋至1956年1月间词作，未印行。

1957年　61岁

在天津师范学院。

春，为天津市话剧团做学术报告；为南开大学中文系做学术报告。

4月12日，《人民日报》转引台湾、香港报纸消息：顾随二女婿、"蒋军空军中校李朝魁，3月28日晚上在台北市寓所对他九岁的儿子和六岁的女儿下毒药，又把一个三岁的女儿勒毙，然后自杀。……李朝魁到台湾后，平日生活很清苦，最近因妻子在贫病交迫中死去，精神更受重大刺激，以致发生杀全家幼小然后自杀的惨剧。"

7月10日，散文《槐蚕》刊于《天津日报》。

8月25日，《诗刊》第八期，刊载顾随《反右词》二首。

开设"中国古典文学批评"课程，留有讲义。

年底，天津市划归河北省，顾随被选举为河北省人大代表。

1958年　62岁

在天津师范学院。

年初，赴省会保定参加人代会，交提案"野生植物的保护与利用"。

春夏，参加"整风运动"。

6月29日，《关汉卿和他的杂剧》刊于《河北日报》，并于当年收入中国戏剧出版社《关汉卿研究》第一辑。

《论关汉卿〈诈妮子调风月〉》刊于天津师范学院《教学理论与实践》

1958 年第 1 集。

1959 年　63 岁

在天津师范学院。

作《曹操乐府诗初探》，刊于 1959 年第 1 期《天津师范大学学报》；

4 月，《东临碣石有遗篇——略谈曹操乐府诗的悲、哀、壮、热》，刊于 12 日《河北日报》。

6 月，《〈文心雕龙·夸饰篇〉后记》，连载于 7 日、14 日、21 日《河北日报》。

开设"毛主席诗词笺释"课程，留有讲义。

年底，在女儿之京的陪同下，参加中文系四年级（大班，200 人）举行的大型诗歌朗诵演唱会，在会上顾随为学生朗诵了两首诗。

1960 年　64 岁

在天津师范学院。

春节后，因感冒引发心脏旧疾，春季开学后即不能到校授课。精神稍好时，撰著《论〈桃花扇〉传奇》一稿，这是顾随一生最后一部文稿，惜未完稿。入夏以后，病情更趋严重，而卧床不起。至 8 月下旬，又持续高烧，待热度退去后，即进入昏迷状态。9 月 6 日下午 4 时，病逝。

（作者为《泰山学院学报》副编审）

孙楷第先生年谱简编

于 飞

孙楷第（1899—1986），河北沧县人。民盟成员。1928 年毕业于国立北平师范大学国文系。历任国立北平师范大学助教、讲师、研究所研究员，中国大辞典编纂处及北平图书馆编辑、写经组组长，燕京大学、辅仁大学、北京大学教授，中国科学院哲学社会科学部（即后来的中国社会科学院）文学研究所研究员。20 世纪 30 年代开始发表作品。1952 年加入中国作家协会。著有《傀儡戏考源》《元曲家考略》《日本东京所见中国小说书目》《论中国短篇白话小说》《韩非子校正》《刘子新论校释》《也是园古今杂剧考》《中国通俗小说书目》《沧州集》《沧州后集》《增订元曲家考略》等。

1899 年 1 岁

孙楷第，字子书，别署"小旋风柴进里人""小旋风故里人也"，光绪二十四年（戊戌年）腊月初一生于河北省沧县王寺镇的一个旧知识分子家庭。[①] 孙楷第的祖父书念得很好，父亲在农村教书行医，并不完全以务农为

---

① 黄克《建立科学的中国小说史学——孙楷第先生晚年"自述"及其他》一文中录孙楷第自述："戊戌变法那年农历腊月初一，我生在距离沧州县城东南七十里王寺镇上的一个念书人家。"据陈垣《二十史朔闰表》，光绪二十四年（戊戌）主要对应公历 1898 年，但是年腊月初一应为公历 1899 年 1 月 12 日。杨镰《孙楷第传略》言"生于 1898 年 1 月"而无具体日期；孙泰来《我的父亲孙楷第》中说："我父亲 1898 年出生在河北沧县农村"，也没有说明出生的具体日期。《中国文学家辞典》言明："1898 年 1 月 12 日生。"但是 1898 年 1 月 12 日不是农历的腊月初一。以上三则材料中的 1898 年大概指的是农历戊戌年。

生，因此孙楷第年少时做过一些农活，但并不很多。

1903 年　5 岁

跟随祖父开始上学读书。孙楷第小时候很聪明，一个月背会一本《诗经》，又一个月背会一本《书经》。后来跟随父亲在师范上学，每晚祖父还会给他讲《左传》，讲多少，就背会多少。正式上学前，孙楷第将"五经"已经念得差不多了。

1910 年　12 岁

孙楷第在宣统二年（1910）上了沧州城里维新变法后开办的新式学堂，名曰"高等学校"。当时傅增湘任直隶提学史，他到沧州去查学，看到孙楷第写作文很快，也不打草稿，引起了他的注意。回到住地后写了一个条子：传高等学生孙楷第。这样校长就带着读中学的孙楷第到了傅增湘的住处。傅增湘问了很多问题，如叫什么名字，多大了，并说了很多勉励他的话，然后又让他留下了几篇过去的作文，还做了批语。孙先生记得批语中有一句是"气势畅旺"。

1922—1927 年　24—29 岁

由于孙楷第从小身体不好，中学毕业后生了一场病，只好在家休养，因此上大学的时间比一般人要晚。

1922 年，孙楷第考入国立北平师范大学（今北京师范大学）国文系。那时大学的学制由四年改为六年，因此直到 1928 年，孙楷第才毕业。孙楷第因家中贫困，供给不起大学学费，便向在北平开古董店的老乡商定每年借五十块钱。上学后，傅增湘安排孙楷第给他的三个儿子补习功课，每月给三十块钱。此外，孙楷第还兼职在故宫编制图书卡片，每月挣三十块钱，这样日子便稍微好过了一些。六年的大学生活，孙楷第是在半工半读中度过的。

学习期间，孙楷第开始受到乾嘉学派治学方法的影响，接触了汉学的思维方式与考据学方法。他认真研究了《广韵》《集韵》、段玉裁《说文解字注》、王念孙《广雅疏证》及《读书杂志》、王引之《经义述闻》等典籍，从王念孙、王引之父子的著作里，学习了校勘古籍的理论和方法。

孙楷第在校学习期间，受到老师杨树达的赏识。杨树达严谨扎实的治学精神，对孙楷第有深刻影响。在杨树达的指导下，孙楷第撰有《王先慎韩非子集解补正》《刘子新论校释》《读庄子淮南子札记》等，由此可知孙楷第早年的研究重点在诸子之学。杨树达在讲授《韩非子》时，曾数次引述孙楷第的《王先慎韩非子集解补正》，并亲笔在孙楷第另一篇文章上加批道："作得好。可喜也！"

读书期间，钱玄同讲授《说文》课，高步瀛讲授《文选》课，黎锦熙讲授"国语"课。孙楷第在这些课堂上均提出了令授课老师欣赏的观点，并多有交往。师大的同学也因其才学过人，学有所成，称他为"沧州才子"。陈垣先生还将他与王重民、傅振伦并称为"河北三雄"。

大学期间孙楷第所在的国文系经历了 3 个系主任，分别是杨树达、钱玄同和吴承仕，这些前辈学者对他的学术研究都产生了重要影响。后来他觉得诸子研究范围比较窄，学术前景也不够明朗，于是逐渐调整了自己的研究方向，但与这些老师的友谊保持了很久。

1928 年　30 岁

毕业后，孙楷第在天津师范和通州师范当过兼职老师，不过时间都很短暂，张中行就是他在通州师范任教期间的学生之一。张继先生曾经给他介绍了一份事务性的工作，也没有干多长时间。

黎锦熙领导的"国语辞典编纂处"改名为"中国大辞典编纂处"，他介绍孙楷第到母校国立北平师范大学任钱玄同的助教，同时在中国大辞典编纂处当编辑。由于路途遥远，孙楷第辞去了通州师范的教学工作。

1929 年　31 岁

孙楷第仍任国立北平师范大学国文系助教，兼任中国大辞典编纂处编辑，受编纂处委托编辑小说书目。由于工作原因，孙楷第与当时在研究小说的胡适有了来往。孙楷第帮助胡适做了一些小说方面的考证工作，胡适也对孙楷第进行了小说研究上的指导。孙楷第第一篇关于小说的论文是写给胡适的关于论《醒世姻缘》的信，后来没有公开发表（最终收入《沧州后集》，题为"与胡适之论醒世姻缘书"）。后来胡适转向《水经注》研究，学术方向逐渐偏离小说史，二人的交往也渐少。

孙楷第在《国立北平图书馆月刊》上介绍了他的著作《刘子新论校释》，他以程荣本为底本，以另外六种本子对校，并参考有关古籍，把《刘子》中不可解、不可通者予以订正凿通。

1930 年　32 岁

孙楷第与王重民等几位师大同学自筹资金创办《学文》刊物，并在刊物上首次正式发表了自己的学术论文《宋朝说话人的家数问题》。

孙楷第写信给胡适，赞扬、肯定胡适对于古典小说研究的开创之功。信中说："吾国小说俗文素被摒斥，收藏家不掇拾，史学家不著录，考证家不过问，使七八百年以来有才之士抱冤屈而不得伸。独先生于五四之际，毅然提倡，不仅为破坏工作，兼从事于积极整理，为小说抬高身价，使风气稍稍转移，今之读书人犹肯从事于此，实渊源于先生，可谓豪杰之士先天下之忧乐者也。"

是年起，孙楷第大量阅读北平公私所藏古典小说。当时，北平图书馆、孔德学校、北平大学图书馆都收藏有不少小说，马廉（字隅卿）私人所集亦富。孙楷第采取边读边记边考辨的方法，从版本目录学入手，建立了自己的研究体系。五六十年间，发表了几十篇论文。这一年是孙楷第开创中国古典小说的目录学的起点。

1931 年　33 岁

孙楷第正式调到北平图书馆（今国家图书馆）任编辑、写经组组长，同时仍兼任国立北平师范大学、私立辅仁大学、国立北京大学等校的讲师。这几项收入加起来一个月有 200 多块，以当时物价来说比较可观，生活也很悠闲。这段时间是孙楷第读书的黄金时期，他正史、佛经、高僧传、清人别集、笔记等什么书都看，为以后研究打下了很好的基础。从这时开始，他便着力于编纂中国通俗小说书目。

孙楷第在《北平图书馆馆刊》（五卷二号）上发表了《三言二拍源流考》，这实际上是他得益于自己书目基础的第一篇论文。

当时孙楷第想转换学术研究方向，但是怎么转最初并没有一个明确的思路。他对小说史的研究首先得到了黎锦熙非常大的帮助。黎锦熙以学者眼光敏锐地感觉到小说研究的价值，他认为孙楷第有这方面的基础，就有意识地让他做小说研究，并为他创造条件。此时日本学者长泽规矩也正好到北平，他谈到日本藏有很多中国古代小说，愿意帮助孙楷第到日本去访书。最终北平图书馆出了 200 元，中国大辞典编纂处出了 100 元，傅增湘以私人名义赠送 50 元，作为访书的经费开销。这使得孙楷第有机会去日本访书。

去日本访书前，孙楷第还多次向恩师杨树达请教。据孙楷第自记，"先谋之吾师杨遇夫先生，于旅行及观书等事，多所指导"（《日本东京所见小说书目》缘起）。这为日本访书做了充分的准备。

9 月，北平图书馆委派孙楷第东渡日本访书。孙楷第于 9 月 19 日抵达东京。刚到住地，就得知"九·一八"事变的消息，他"悲愤填膺，欲归复止"。他在编成《日本东京所见小说书目》时，于序言中特意指出："此次所阅者不过稗官野史之微，非世所急。矧当国步艰难之日，听白山之鼙鼓，惊沪上之烟尘，草玄注易，实际何补？深唯古人'玩物丧志'之言，所以恍然自失。"孙楷第对"九·一八"与"一·二八"的隐痛于此可见一斑。

在日期间，孙楷第工作刻苦，一天工作近 11 个小时，中午凑合吃点面包蛋糕，效率非常高。当时长泽规矩也和著名汉学家盐谷温给了他不少帮助。孙楷第在长泽规矩也的引荐下还结识了其他一些日本学者如石田干之助、和田清、田中庆太郎、神山润次等人。孙楷第在日本仅用两个月的时间，调查、著录了东京公私所藏中国古典小说。由于着急回国，孙楷第放弃了京都的访书之行。他从东京火车站离开，听从长泽氏的建议，经马关回到大连。当时，长泽规矩也、盐谷温以及一些其他日本友人均往车站送行。长泽规矩也还专门写信介绍孙楷第到大连满铁图书馆看书，故而在大连期间，大连图书馆对他十分优待，还为他专门配备了桌椅，馆藏各类书籍任其翻检。由于每日工作时间长，孙楷第仅用五天时间就基本上把大连图书馆馆藏小说的版本翻阅一过，其中主要是日本人大谷光瑞的旧藏通俗小说。

11 月 15 日抵达北平，孙楷第开始着手整理《日本东京所见小说书目》及《大连图书馆所见小说书目》，此二书为此行之最重要收获。

1932 年　34 岁

6月，中国大辞典编纂处正式出版了《日本东京所见小说书目》（六卷）、《大连图书馆所见小说书目》（一卷），胡适为书作序。在序言中，胡适对孙楷第的评价很高："过去中国没有小说书目，孙先生本意不过是要编一部小说书目，而结果却是建立了科学的中国小说史学，而他自己也因此成为中国研究小说史的专门学者。"胡适还曾评述孙楷第学术活动的基本特点："他的成就之大，都由于他的方法之细密。他的方法，无他巧妙，只是用目录之学作基础而已。"

除此之外，孙楷第从这一年开始，还在以朱笔校勘臧懋循之《元曲选》，用三四年的时间校了四、五遍。

1933 年　35 岁

由于国立北平师范大学长期的欠薪，孙楷第辞去了讲师的职务，专职任北平图书馆的研究员和中国大辞典编纂处的编辑。北图每月就有 200 元的月薪，孙楷第的日子渐渐宽裕起来，可以购置些图书，更重要的是他得到了一个优越的读书环境。

3月，孙楷第集结所有的小说材料，加上在日本东京所见的小说材料，撰成《中国通俗小说书目》十卷，由国立北平图书馆、中国大辞典编纂处合印行世。同时，国立北平图书馆、中国大辞典编纂处重印了《日本东京所见小说书目》六卷、《大连图书馆所见小说书目》一卷（附见于前书，合并为一册）。这 3 种书目是中国小说目录学的开山之作，从此孙楷第便以小说目录学的奠基者的身份为学林所知。三部书收录了八百余种见存和已佚的小说作品。

其中《中国通俗小说书目》的体例是经过作者精心考虑安排的，除在"自宋起至清季止"这个年代安排上从鲁迅《中国小说史略》外，孙楷第在其他体例方面还认真地研究了《四库全书总目》《经义考》《小学考》《书目答问》和《曲录》等书的优劣得失，从而决定抉择去取，因此这部著作除了在五十多年来便利学人方面早有论定外，在中国通俗小说的版本目录学上也做出了可贵的贡献。小说书目问世后，孙楷第又以其深湛的版本目录学知识为基础，开始研究小说本事，并着手撰写《小说旁证》。

此外，孙楷第还撰写了《唐代俗讲轨范与其本之体裁》一文，后又附有《读变文杂识》，专门探讨了变文的内容与形式问题。孙楷第的变文研究受到敦煌学界的重视与肯定。胡适读了孙楷第的文章，曾主动邀请他到国立北平大学开设变文课。

1934 年　36 岁

20 世纪 30 年代，由日本的"东方文化协会"出面，提出编撰一部《续修四库全书总目》的计划，并约请当时国内知名学者如柯劭忞、赵万里等人撰写"总目提要"，孙楷第在孙蜀丞（人和）与傅增湘介绍下应邀为该书撰写小说戏曲类提要。

年底，孙楷第开始为《续修四库全书总目》撰写小说戏曲类提要。之前，"东方文化协会"负责此事的桥川时雄正式约请孙楷第为小说戏曲类提要的撰稿人。原计划把通俗小说书目所著录小说及他先后阅读并写有《读曲札记》的千种戏曲剧本都写出提要，但这一工作并不顺利，社会舆论对此事颇多微词，孙楷第也一再打算搁笔，"七七"事变后，就决然中止了写作。从 1934 年 12 月到 1937 年夏天，孙楷第在两年多时间里共写出一百八十余种古典小说、三百三十余种古典戏曲以及部分有关著述的提要。在此期间，孙楷第还附带为几十种方志撰写了提要。

"总目提要"写成一部分，便由"东方文化协会"印刷成册，孙楷第所撰达二十五册。但《续修四库全书总目》并未编成，"总目提要"一直以印刷稿形式保存，直到 1990 年才正式出版，题为《戏曲小说书录解题》。

为配合撰写《续修四库全书总目》戏曲类提要，孙楷第还在友人朱福荣协助下，自北平图书馆藏书中辑出有关明清两代戏曲家生平事迹的资料数百条。除撰写《元曲家考略》，他还有撰写《明清曲家考略》的计划。此书虽未着笔，但丰富的资料积累对其戏曲史研究无疑大有助益。

1935 年　37 岁

孙楷第与温芳云结婚。

《国立北平图书馆馆刊》九卷一号刊出了孙楷第的《小说旁证》，虽仅有 8 篇本事及序，但立即引起了学术界的关注。《小说旁证》全书共七卷，约 40 万字，共收有 200 篇本事考证文字。在序言中，孙楷第申明："征其故实、考其原委，以见文章变化斟酌损益之所在"，"非云博识，聊为讲求谈论之资云尔。"

清代学者钱大昕说过，读书要知道底本。孙楷第深受启发。他从留校任教起，就研读四部群书，从子部、集部直到方志、史籍，每读到白话小说的本事或有关资料，便不惮其烦地一一抄录下来，久而久之，汇集成册。他又将这些原始资料进行了筛选、排比，从中摘出有一定故事性的内容，厘为七卷，题作《小说旁证》，专门考索白话短篇小说（话本、拟话本）的来源与演变。如《金海陵纵欲身亡》，是有名的宋元话本，冯梦龙曾将其收入《醒世恒言》。这部话本专门披露金主完颜亮的淫暴无耻。孙楷第依据元好问《遗山先生集》、苏天爵《滋溪文稿》、钱大昕《廿二史考异》等书，证明这篇小说所记之事全属"子虚乌有"，与历史的真实面貌相距甚远，那些说法实是完颜亮的政敌完颜雍（金世宗）授意编造出来诋毁对手的。孙楷第一边引证资料，一边作比较分析，直至得出这一令人耳目一新的见解为止。这是传统考据学在小说领域里的具体运用的范例。在几十年的读书生活中，每有所得便随时增订，使其日益完善。《小说旁证》作为孙楷第的代表著作对中国古典小说史的研究有不可忽视的学术价值。

是年，王重民在法国巴黎研究和整理敦煌发现的古籍时，以敦煌藏本《刘子》和《刘子新论校释》比勘，发现孙楷第《刘子新论校释》一文符合者十之八九，此足以检验孙楷第文献考据之功力。

1936 年　38 岁

孙楷第在国立北平大学兼职，开设小说史课程，许多关于变文的研究论文如《敦煌写本张淮深变文跋》《敦煌写本张议潮变文跋》以及《唐代俗讲轨范与其本之体裁》等为此课程讲义。

1937 年　39 岁

夏，孙楷第收到国立北平大学的聘书，开始准备聘他为教授，后因为一些情况改聘为副教授。但是由于卢沟桥事变爆发，北大不能如期开学，他没能应聘去北大工作。由于北平图书馆经费是以美国"庚款"维持的，所以孙楷第又回到北平图书馆继续工作。

抗战期间，北平在日本侵略军的占领下，有气节的知识分子都拒绝与日伪当局合作。孙楷第的戏曲、小说研究，在日本汉学界颇有影响，但是为避免被日伪宣传机构所利用，他在"七·七"事变后不久就中止了由日本人所主持的《续修四库全书总目》小说戏曲类提要的撰写工作。

孙楷第在 30 年代后期（民国三十六年）陆续发表《敦煌写本张淮深变文跋》《敦煌写本张议潮变文跋》以及《唐代俗讲轨范与其本之体裁》等敦煌学中关于"变文"的研究论文，在当时均有一定影响。前两篇分别发表于傅斯年主编的《历史语言研究所集刊》和赵万里主编的《大公报·图书副刊》上。第三篇文章的影响则最大。敦煌学家向达在 40 年代后期写的《补说唐代俗讲二三事答周一良、关德栋两先生》之中，称孙楷第此文"体大思精，发明甚多。俗讲的研究，至是逐渐露出一线光明"。王重民称其"是一篇极有价值的论文"，并指出，变文含义"从汉语释义的，以孙楷第的变文之解为最好。"

1938 年　40 岁

春，日本京都大学计划编《中国小说戏剧辞典》。派专人到北平与孙楷第洽谈合作事宜，提出请他担任编辑，并许以优厚报酬。尽管"七七"事变后孙楷第生活困窘，仍毫不犹疑地辞谢了。

秋天，所谓"日中文化协议会"成立，日本汉学家盐谷温专程来北平，参加成立大会。大会于北海漪澜堂设盛宴，盐谷温派他的学生执其亲笔信到北平图书馆邀孙楷第赴宴，孙楷第回信称"有病不能与会"，婉言辞谢。

1939 年　41 岁

1 月 17 日，钱玄同忽然右脑部溢血，在北平的德国医院逝世。孙楷第一个人代表留在北平的北师大学生参加了恩师的追悼会。

郑振铎于 1938 年发现了曾由明代脉望馆主人赵琦美和清代也是园主人钱曾等人收藏过的二百四十余种杂剧剧本，其中有一百三十多种为孤本，此次发现堪称是近代戏曲研究上的划时代事件，郑振铎乃至把它和敦煌千佛洞藏书的发现相提并论。

8 月，孙楷第于 1939 年赴上海阅览郑振铎发现的这批藏书，归来后开始撰写《也是园古今杂剧考》。该书"版本""校勘"部分虽从赵琦美所藏剧本谈起，但实际涉及了今存元剧剧本的版本源流问题。从《也是园古今杂剧考·版本》部分所述得知孙楷第校阅工作的规模是很大的。大凡今存明刊元人杂剧总集主要的有七种，除了李开先《考定元贤传奇》孙楷第未见外，其他六种，他都曾一一雠校，这六种总集分别是：新安徐氏刊《古名家杂剧》、息机子刊《元人杂剧选》，黄正位尊生馆刊《阳春奏》、顾曲斋刊《元杂剧》、臧懋循《元曲选》、孟称舜刊《古今名剧合选》（包括《柳枝集》和《酹江集》）。孙楷第的校勘成果后来一直未能以校本的形式发表出来，但却披露过他在经过大量雠校工作后得出的结论，他在《也是园古今杂剧考》中说："以余所考，除臧懋循《元曲选》不依原文，改订太多，孟称舜《柳枝》《酹江》二集，出入于原文及懋循本之间，此二书应别论外，其余五书（原文如此，其余'五书'似为其余'四书'之误），勘其文皆大同小异，知同出一源。其所据底本今虽不能尽知，然余意当直接间接自明府本或教坊本出。"

孙楷第还把《元刊杂剧三十种》和《元曲选》以外的明刊本的有关本子对校，认为"大抵存原文十之七、八"，而把元刊本作品和《元曲选》本同名杂剧对校，"其所存原文不过十之五、六或十之四、五"。因此，孙楷第校勘的结果，实际上把今存元人杂剧版本分为三个系统：一、元刊本；二、"删润本"（即《元曲选》以外的明刊本）；三、《元曲选》本。

6月，孙楷第的《吴昌龄与杂剧西游记》发表于《辅仁学志》八卷一期，是利用深厚的版本目录学基础作繁难考证的力作。他考辨日本发现的、由汉学家盐谷温印行的元杂剧《西游记》乃是杨讷（景贤）所作，并非如中外学界所认为的是吴昌龄所作。此文一出，成为定论，足解学人之惑，立即受到国内及日本同行的认可。

1940 年　42 岁

3月5日，写信给胡适，提及友人王重民近年来的敦煌学研究以及去岁赴沪阅览《也是园元曲》二百四十余种之事。

8月5日，孙楷第将南宋周密著、武英殿聚珍本《浩然斋雅谈》三卷赠予友人"曼华先生"，卷末有8月4日题诗："疏雨秋灯夜，空房独守人。

如何长不寐，只是损精神。"

《述也是园古今杂剧》以图书季刊的专刊本形式出版。后经修订，改题《也是园古今杂剧考》。

1941 年　43 岁

3 月 17 日写信给胡适，提及二人已有四年未谋面，去年写成一本书（《述也是园古今杂剧》）托王重民转交给胡适，并附信说明。信后附有《偶成》诗作两首，另有读李慈铭《越缦堂日记补》发现的一条道、咸间人认为《醒世姻缘传》为蒲松龄所作的材料，并抄录于信后。

11 月，日本海军偷袭珍珠港，日、美进入战争状态。日本宪兵强行接管了北平图书馆。为表示抗议，孙楷第中断了研究工作，离开北平图书馆，弃职家居，这个时期要靠卖书和友人接济度日。这一义愤之举，徐森玉先生许以"二十四郡，唯颜鲁公"，借唐代安史之乱时河北二十四郡尽为安禄山叛军所下，唯颜真卿独守平原的典故，表彰孙楷第敢于面对强暴而不气馁的精神。可见孙楷第在大是大非面前决不妥协。

1942 年　44 岁

辅仁大学的储皖峰教授去世，陈垣校长便介绍孙楷第接替了这一教职。陈垣是孙楷第十分尊重的师长，他们的友谊一直延续到"文化大革命"初期陈垣去世，在学术研究及个人生活方面都有许多交往。孙楷第和余嘉锡、王重民等人议论时贤，"以为今之享大名者名虽偶同，而所以名者在大家径庭，多为名浮于实的一时之俊"，"而鲜实浮于名的百代之英，后者惟陈垣足以当之。"

在《辅仁学志》第十一卷刊发《近代戏曲原出傀儡戏影戏考》。

盐谷温再次来北平参加"日中文化协议会"的例会，是时孙楷第的专著《述也是园古今杂剧》（后改题《也是园古今杂剧考》）已发表，在国内外产生了较大影响。盐谷温又派学生到孙楷第家，请他去六国饭店为盐谷温在北平的门生专门讲一次"也是园古今杂剧"，孙楷第仍以病辞。

1944 年　46 岁

在《汉学》1944 年第一辑刊发《傀儡戏考原》。

1945 年　47 岁

抗战胜利后，很多学校纷纷复校，由大后方搬回了原来的地方，国立北平大学也复校了。孙楷第接受了傅斯年的聘任，正式担任了北平大学教授。

1947 年　49 岁

孙楷第在《辅仁学志》发表《唐章怀太子贤所生母稽疑》一文，文中订正了新旧《唐书》记载李贤享年之误，前者记他卒时为三十四岁，后者记他活了三十二岁，孙先生则考订李贤自杀时为三十一岁。文末说："虽所关者细，粗有发明，或亦读史者所不弃耳。"1972 年 2 月，陕西省乾县乾陵公社发现章怀太子李贤墓，经发掘，有墓志铭二，都明白地记着李贤终年"三十有一"。

1948 年　50 岁

1 月 15 日给胡适去信，其中提到王重民请胡适帮着孙楷第自己的二儿子孙宝湖找工作的事情，孙楷第知道后颇为感动，也希望能让孩子找到合适的事情做。但在信中明确提到不希望他的孩子在北大工作。

年届半百的孙楷第身体不好，北大中文系的学生发起了为他捐款养病的活动。孙楷第得知后写了封长信托游国恩转交给北大中文系的同学，婉言谢绝了。

夏天，胡适托孙楷第将用报纸包好的"甲戌本"《石头记》转交给住在西郊燕京的一位与他通信的青年——周汝昌，孙楷第亲自将包裹送到了周汝昌手中。

约 12 月，孙楷第转入私立燕京大学任国文系教授。解放战争期间，他反对国民党的黑暗统治，多次参加进步教授的签名活动。其中包括"反饥饿、反内战"的签名活动，此时孙楷第与胡适由于政治态度不同而有些疏远，但是私交一直保持。胡适临别北平之时，专门到燕京大学看望了一些朋友，其中就有孙楷第。他们都没有想到这是最后一次见面。新中国成立后，在批判胡适反动学术思想的运动中，孙楷第一直采取沉默的态度，没有讲一句话，也没有写过一个字。

1949 年　51 岁

春，北平解放。

夏，整理《元曲家考略》数册，得二十三人。

1950 年　52 岁

夏，又整理《元曲家考略》数册，得二十五人。补文之不备者若干条。

1952 年　54 岁

院系调整，燕京大学并入北京大学，孙楷第又回到北京大学中文系担任教授。

是年，孙楷第加入中国作家协会。

40 年代发表的《傀儡戏考原》受到中外学术界的推重。50 年代，捷克汉学家还曾准备将其译成外文。

1952—1953 年，上海上杂出版社（上海杂志公司出版社）陆续出版了孙楷第的《元曲家考略》《也是园古今杂剧考》《傀儡戏考原》等著作。这 3 种书均为上杂出版社出版的"中国戏曲理论丛书"之一种，在结集时又都经过孙楷第认真的增订校改。

1953 年　55 岁

北京大学成立的文学研究所改由中国科学院领导，变成了哲学社会科学部的文学研究所。孙楷第调入文学所专门从事古典文学的研究，在评定职称时评为二级研究员。人生的最后三十余年，孙楷第一直在文学研究所工作，文学所也成为他一生中任职时间最长的单位。

11 月，上海棠棣出版社将孙楷第的论文集《论中国短篇白话小说》作为"中国古典文学研究丛刊"的一种出版。该书共收入论文 5 篇，书前有郑振铎序。郑振铎指出，自从创立小说目录学到 1953 年，"在这二十多年里，孙先生又由'目录之学'而更深入的研究小说的流变与发展。他从古代的许多文献材料里，细心而正确的找出有关小说的资料，而加以整理、研究。像沙里淘金似的，那工作是辛苦的、勤劳的，但对于后来的人说来，他的工作是有益的、有用的。"

1956 年　58 岁

作家出版社出版了《中国通俗小说书目》的新一版。

1957 年　59 岁

1957 年到 1960 年，孙楷第在《文学研究》（今《文学评论》）等刊物上先后刊出陆续写成的《元曲家考略》丙、丁两稿。

1958 年　60 岁

作家出版社出版了《日本东京所见小说书目》《大连图书馆所见小说书目》的新一版（合为一册）。

1959 年　61 岁

《文学评论》1959 年第 4 期刊出的《元曲家考略》中的一篇——《薛昂夫考略》。全文仅 3000 余字，但引证了近三十种书籍。他先证明马昂夫、马九皋为同一人，又据萨都剌《寄马昂夫总管》诗及钱大昕《元史氏族表》，在马昂夫、薛昂夫之间画上了等号。此外，还首次考证了薛昂夫的仕履。这篇考略所引称的数十种书籍无一是善本、孤本或新发现的罕见秘籍，只是从未有人把如此丛杂的四部群书中有关一人生平的资料汇为一篇，再细加排比、疏解。

1962 年　64 岁

11 月，历史学家向达购得王国均编道光二十六年（1846）刻本《沧州明诗钞》，将其赠予孙楷第。封面有向达题字：1962 年 11 月至国子监阅肆得此册以赠沧县孙子书先生 11 月 17 日湘西向觉明谨记。

孙楷第应中华书局之约，将自己所写的单篇论文逐篇校订，汇集成《沧州集》，共收文史论文四十五篇。

1963 年　65 岁

《文学研究》第 2 期发表《元曲家考略续编》。

《光明日报·文学遗产》发表《镜春园笔记》的一部分。

1964 年　66 岁

《水浒传人物考》发表于《文学研究集刊》第一册。

1965 年 67 岁

中华书局将《沧州集》分为上下两册出版。

1966 年 68 岁

自 1966 年 5 月 16 日 "文革" 正式开始到 1966 年 8 月,孙楷第仍居住在北大镜春园。他也曾被批斗和戴高帽,总的来说是有惊无险。据刘乃和回忆,当时孙楷第家柴门两侧的河堤上,搭着的架子上贴满了声讨反动学术权威、封建余孽孙楷第的大字报,但没有遭遇抄家、殴打。

1966 年 8 月到 1969 年 11 月 15 日,居住在北大东门对面的成府路后罗锅胡同,这时孙楷第已从北大镜春园搬出来了,还经常要到城里参加批斗会,接受批判。

"文革" 期间,孙先生所作 "咏史" 诗云:"若非暗斗即明争,历史相传是砍经。元祐诸贤号奸党,东林名士受奇刑。细思往事糊涂了,亦有男儿气不平。试听匣中三尺剑,夜深长响是何灵。"

1969 年 71 岁

11 月 4 日,驻学部文学所的军宣队召开动员大会,提出 "五七" 道路是毛主席的伟大战略部署,每个人都得去。孙楷第回来之后,家人就开始做准备,最主要的问题就是家中藏书怎么处理。孙楷第身体一直不好,去 "五七" 干校多长时间,还能不能活着回来,都打着问号。万般无奈之下,孙楷第只得把全部藏书、手稿、笔记都送给了中国书店。

1969 年 11 月 15 日到 1971 年 1 月 17 日,孙楷第在河南信阳 "五七" 干校下放劳动。

1971 年 73 岁

1 月 11 日,干校宣布了 11 人的回京名单,包括文学所 4 人,其中就有孙楷第。这 11 人是学部最早从干校调回来的人员,据说是周总理亲自批复的。

1 月 18 日回京后,按照政策,为孙楷第解决住房、补发工资、解冻存款等等。此后,孙楷第一直居住在建国门外永安南里的学部宿舍,直到去世。孙楷第回家后最大的愿望是要求落实政策,归还去干校之前交给中国书店的图书、手稿、笔记等。但这项工作进行得很困难。

1972 年　74 岁

中国科学院文学所给中国书店发函，也没能解决孙楷第藏书问题。

8 月 9 日，万般无奈的孙楷第直接上书周恩来总理，由孙楷第夫人把信送到国务院北门。8 月 12 日，总理值班室将孙楷第的来信批转给学部军宣队。

1977 年　79 岁

中国科学院领导的哲学社会科学部改称中国社会科学院，孙楷第先生继续在文学研究所工作。

10 月 10 日，孙楷第于建外永安南里科学院宿舍作《无题》诗一首："上苑风光好，春宵乐事长。汉宫传蜡烛，飞燕在昭阳。面首号梁效，莲花似六郎。临朝欲称制，谁是骆宾王？"

1978 年　80 岁

2 月 25 日《光明日报》发表了题为《周总理的关怀鼓舞着社会科学工作者》的文章，其中专门谈到了孙楷第失去藏书上书周总理，周总理如何批示学部军宣队予以帮助解决的细节，这是在公开媒体上对孙楷第藏书事件的第一次披露。

1980 年　82 岁

11 月 5 日，中国社科院文学所通知孙楷第家人去中国书店取回他的一些手稿、笔记，这是自孙楷第下放信阳"五·七"干校劳动后的十一年间索回的唯一一批东西。

1981 年　83 岁

孙楷第在五六十年代续写了《元曲家考略》的丙稿、丁稿。他把《元曲家考略》已写出的甲、乙、丙、丁四稿合为一编，又进行了一次严格的校订，交由上海古籍出版社重版。

夏天，著名的部队作家慕湘（长篇小说《晋阳秋》的作者）在隆福寺旧货摊上买到了一册《也是园古今杂剧考》（上杂出版社 1953 年版）。发现书页写满了孙先生的批语，实际上是一部"改定稿本"。他是将军，也是文学家，他知道一个学者的甘苦。这不但是他们的心血，也是他们毕生的寄托。他想不通怎么会将这样重要的书弃诸"商肆",但他认为这必然与"文革"有关。于是,慕湘在书后写了一首题为《璧还孙楷第先生〈也是园古今杂剧考〉改定稿本》的诗:"天上风云可预测,人间祸福无定时。古今典籍聚还散,得书失书寻常事。秦火隋禁明清狱,难比举国毁书日。穷探曲海杂剧考,改订待印弃商肆。偶见此书难释手,皓首通人春蚕丝。我今得书心虽喜,但念失者梦魂思。爱书颇知失书苦,怎如原书归原主。同是劫中失书人,相赠何必曾相识。"落款为是年的 7 月 1 日。最终,慕湘先生将此书送还孙楷第。

1982 年　84 岁

由黄克协助开始编辑《沧州后集》。至此,除未刊手稿之外,孙楷第所有的著作都有了由作者审校过的新版本。

夏天,杨镰拜访孙楷第时,孙楷第说:"有人说我的研究只是提供'资料',其实,我只是特别重视资料,不愿作空泛之论而已。四部之书就如同四扇窗子,都打开了(都看到了),房间才豁亮。"

这时,杨镰是为《贯云石评传》的修改出版上门去拜访孙楷第的。初次相见,孙楷第并不以杨镰为晚辈,没有任何倨傲之态。他谈到《元曲家考略》的写作,提到还有 18 篇应该编入本书,资料已经足以成篇了,但还没来得及整理出来,同时,他在《元曲家考略》的新一版(上海古籍出版社 1981 年版)出版后又作了认真校改,准备修订再版时补入这 18 篇新的考略,终成定本。孙楷第在一册《元曲家考略》的扉页还写了一句勉励后学的话赠与杨镰,并当场答应为其《贯云石评传》作一篇序。序中为自己"卧病东皋"不能多读善本而感叹不已,并借陆游"老见异书犹眼明"诗句来略伸读书的快意。

1983 年　85 岁

《文学遗产》第 4 期发表了孙楷第关于刘时中、冯海粟二人的考略,这是孙楷第生前发表的最后一篇学术论文。孙楷第的《元曲家考略》原计划写五稿,其中戊稿未能在生前整理完成。戊稿共收元曲家 18 人的考略,除以上二人外,尚有 16 位元曲家的考略待整理。

1984 年　86 岁

孙楷第不顾年老体弱，开始为 30 年代撰写的"小说戏曲提要"作校订。他拟将原稿分为六卷（小说、戏曲各三卷），并题名为《戏曲小说书录解题》。

新疆师范大学中文系为纪念维吾尔族元曲家贯云石逝世 660 周年，召开了学术讨论会，并邀请孙楷第到会。他虽未能赴会，但写了长信驰书致贺。这封信刊发在《新疆师范大学学报》的专刊上，是他生前发表的最后一篇文章。

1985 年　87 岁

孙楷第亲自把编《沧州集》时未能收入的论文及新作重作编订，又结为《沧州后集》，仍交由中华书局出版。《沧州后集》共分五卷，并有附录 2 篇。至此，孙楷第所撰论文，基本上都已收入到文集当中。

1986 年　88 岁

年初，孙楷第应杨镰之请，列举出自己单篇论文的代表作，包括小说：《水浒传旧本考》《三言二拍源流考》《李笠翁与十二楼》《关于儿女英雄传》；戏曲：《近代戏曲原出傀儡戏影戏考》《吴昌龄与杂剧西游记》；变文：《唐代俗讲轨范与其本之体裁》；历史人物事迹：《刘裕与士大夫》《唐章怀太子贤所生母稽疑》《唐宗室与李白》。从其代表作目录可以看出，孙楷第毕生研究的重点是小说、戏曲，但在不同时期，或由工作需要，或由兴趣所至，也从事过其他文史方面的研究。

2 月中旬，孙楷第突然呕吐不止，3 月 6 日住院治疗，3 月 25 日转到了 305 医院，6 月 1 日又转到了协和医院。住院期间，孙楷第与家人仍在想办法要求归还藏书。时任文学所所长刘再复来医院探望时，孙楷第说话已经很困难了，还在手心写了一个"书"字。

由于病情恶化，孙楷第于 6 月 23 日在协和医院逝世，享年八十八岁。

根据孙楷第先生生前嘱咐，未举行任何仪式，丧事从简。文学所古代文学组余冠英、钱锺书、曹道衡、刘世德和邓绍基诸先生曾到协和医院为他送行。他的遗愿中有一个要求：将骨灰埋在北京师范大学校园内，不立碑志。校方遵从他的遗愿，将其骨灰埋于校医院前池心亭东侧，并植油松一株，以志怀念。始于斯、终于斯，经过近一个花甲的岁月，孙楷第先生最终长眠于母校的怀抱中。

孙楷第的重要著作《戏曲小说书录解题》《小说旁证》对学术界早就产生了影响，但在生前一直未能正式结集出版。此后，《戏曲小说书录解题》与《小说旁证》分别于 1990 年、2000 年由人民文学出版社出版，算是对先生的告慰。

参考文献

［1］邓绍基：《读孙楷第先生的学术论著》，《文学遗产》1987 年第 2 期。

［2］杨镰：《孙楷第传略》，《文献》1988 年第 2 期（首刊于《晋阳学刊》1985 年第 1 期）。

［3］张中行：《孙楷第先生》，《读书》1989 年第 4 期。

［4］刘乃和：《我所认识的孙楷第先生》，《文学遗产》1991 年第 3 期。

［5］杨镰：《古典小说戏曲研究的现代第一人孙楷第》，见王瑶主编《中国文学研究现代化进程》，北京大学出版社 1998 年版。

［6］杨镰：《怀念孙楷第先生》，见中国社会科学院文学研究所著《岁月熔金：文学研究所 50 年记事》，中国社会科学出版社 2003 年版。

［7］杨镰：《孙楷第先生晚年二三事》，《文史知识》2006 年第 6 期。

［8］杨镰：《孙楷第的治学生涯》（《孙楷第文选》代序），见孙楷第著《孙楷第集》（中国社科院学者文选丛书），中国社会科学出版社 2008 年版。

［9］黄克：《建立科学的中国小说史学——孙楷第先生晚年"自述"及其他》，《文学遗产》2008 年第 4 期。

［10］邓绍基：《缅怀孙楷第先生》，《文史知识》2009 年第 8 期。

［11］孙泰来：《我的父亲孙楷第》，《中国文化报》2012 年 6 月 29 日第 7 版。

［12］刘超：《孙楷第：旧时月色忆前尘》，见《讲台上的民国》，天津人民出版社 2014 年版。

［13］白云：《孙楷第的日本访书》，《山东图书馆学刊》2015 年第 1 期。

后　记

年谱编辑之初拟打算以杨镰老师为《孙楷第集》所作附录"作者年

表"为基础编写。笔者当时曾致电杨老师询问相关事宜，杨老师说写过很多关于孙楷第先生的回忆、评介文章，都可以拿来使用。不过时间日久，加之较为散乱，杨老师只具体说到了一两篇。编写年谱之时，我将能找到的杨镰老师相关文章尽量搜齐，然后根据年份将相关材料析出，最后加以整理。年谱的编写还主要参考了邓绍基先生《读孙楷第先生的学术论著》，孙泰来先生《我的父亲孙楷第》，黄克先生《建立科学的中国小说史学——孙楷第先生晚年"自述"及其他》等文章，在此向诸位先生表示衷心的感谢。

总体来说，年谱的主要内容仍来自杨镰老师。通过年谱的整理可以发现，杨镰老师作为孙先生的私淑弟子不遗余力地写了一系列关于孙先生的文章，可谓一种自觉的学术使命的传承。社科院文学所有很多先生是不带学生的，但都乐于指导后学。杨老师于 20 世纪 80 年代初结识孙先生，那时的孙先生已人至暮年。杨老师不止一次地提起过，与孙先生这短短几年的学习便足以受用一生。当时文学所的老先生是很少去单位的，很多事情都交由年轻人代办。因此在文学所形成了一个不成文的事实：要找钱锺书，先找吴庚舜；要找孙楷第，先去找杨镰。这也是文学所"师徒制"传承的一种体现。

令人悲痛的是杨老师于去年三月末因车祸永远地离开了我们。去年夏天在社科院文学所举行的杨老师的追思会上，许多人多次提到杨老师对孙楷第先生的学术传承。杨老师的学术心愿有两个：一个是出版"孙楷第文集"，中华书局已经出版《沧州集》《沧州后集》和《中国通俗小说书目（外二种）》，其余也均在出版计划之中；另一个是完成《全元诗》的编纂，也已经由中华书局出版。这两个心愿都和孙楷第先生有关。杨老师在编《全元诗》时也曾多次提到，编《全元诗》的提议最早就来自于孙先生。孙楷第先生被文学所所长、《文学遗产》主编刘跃进先生称为文学所的"通人"，其学问其实并不如普通人印象般仅局限于小说与戏曲的文献研究。要了解孙楷第，张中行先生曾说："（《孙楷第传略》）内容简要而全面，我以为，述说孙先生的业绩，这样写就够了。"

现在，年谱完成了。对我来说，这不仅仅是对孙楷第先生的一份责任与纪念，也算是作为学生的我对杨镰老师的一份怀念吧。当然，由于后学年轻识浅，学问鄙陋，年谱的编写存在许多未尽及错漏之处，恳请方家批评指正。

于飞

2017 年 2 月 1 日于石家庄

（作者为河北师范大学文学院讲师）

罗根泽先生年谱简编 ①

马强才

罗根泽（1900—1960），字溆冰，号雨亭，河北深州市人。1929年，同时毕业于清华大学研究院、燕京大学中国研究所。其后，历任河南大学、天津女子师范学院、河北大学、中国大学、民国大学、安徽大学、北京师范大学、西北联合大学、中央大学等校教授。新中国成立后，任南京大学中文系教授及中国社科院文学研究所兼职研究员。自1928年《子莫、魏牟非一考》发表于《国学论丛》第一卷第四号始，此后一直勤苦为学、笔耕不辍，主要著有《隋唐文学批评史》《魏晋六朝文学批评史》《晚唐五代文学批评史》《诸子考索》《中国古典文学论集》《孟子传论》《管子探源》等。其学术研究，重点涉及诸子学、文学史和文学批评史三大领域，俱取得突出成就，对中国现当代学术界有着深远影响，尤其是编辑《古史辨》第四、六两册（《诸子丛考》《诸子续考》），遂成为"古史辨"派代表人物之一，并因强调辨伪同时须要"建设"而与顾颉刚"破坏"有所不同。更有《中国文学批评史》，以其开掘新领域、材料收罗齐等特点，堪称中国文学批评史研究典范。然而稍显遗憾的是，迄今尚未有罗先生完备事迹编年。笔者恐时代流转而湮没无闻，遂广搜相关资料，草成《罗根泽先生年谱简编》，重点对其学术活动予以系年。编辑中，参考镜借聂世美《罗根泽先生著作年表》（南京大学古典文献研究所编《古典文献研究》，南京大学出版社1989年）、徐好文《罗根泽及其诸子学研究》（西北师范大学硕士论文，

---

① 原附录于清华大学国学研究院主编、马强才选编《罗根泽文存》，江苏人民出版社2012年版。

2006 年）所附《罗根泽先生著作年表》等，特此致谢。然对上述二文补苴辨证不少，读者明鉴。学殖有限，资料或缺，望博雅君子，不吝赐教。

1900 年　1 岁，在河北深县。

生于河北深县，今址为今河北省深州市西杜家庄村。

1915 年　15 岁，在河北深县。

本年，始研习《管子》。先生《管子探源》云："根泽束发入塾，酷喜周秦诸子，爱其各明一义，不相沿袭。研治《管子》，忆在一九一五年。"

案：先生《我的读书生活》，对小学、中学学习情况有大致描述，云："我上小学的时候已经是民国初年，初小的阶段仍然常读古文，高小的阶段完全以读古文为主，学校的教员当然大半是师范生毕业，但国文经学教员则都是吴汝纶的亲戚或私淑弟子。"又云："为了减少家庭的学费负担，为了满足舍易就难的个人虚荣，我的中学阶段考读师范学校。这是我学生时期的绝大错误。师范学校是百货公司，不宜于我的偏嗜癖性，同时又因为国文教员不懂文学，使我完全失望，不得不借着看戏吃馆子，麻醉自己的求好心情。这怎么能长期维持，终于自动退学。"

1918 年　18 岁，在河北深县。

到武锡珏先生家"北圃学舍"学习，前后凡两年。先生《我的读书生活》云："我们的读书处所，在先生的住宅北边，左右和背面都是旷野。前院相当宽敞，止有三间书屋，一棵白树。后院较小，种着各种菜蔬，因此名为'北圃学舍'。"

案：刘声木《桐城文学渊源撰述考》云："武锡珏，字合之，深州人，河北大学教授，师事张裕钊、吴汝纶、贺涛，受古文法，为入室弟子，淳朴好学，文特醇雅，于文字致力尤深。"

1920 年　20 岁，到北平。

随武锡珏先生到北平，秋回家乡。先生《我的读书生活》云："民国九年，先生以母殁赴京，任总统府翻译处和都门编书局编辑，我们仍随先生攻读，北大及其他学校的学生也常来向先生请教，先生的同门，如吴闿生、梁式堂诸生，也常来和先生谈论诗文，对我们的间接裨益很多。可惜这年华北大旱，秋后同学四散，我也止得回到我的家里。"

1921 年　21 岁，在深县。

任深县高级小学国文教师。先生《我的读书生活》云："民国十年，我以从武合之先生专攻文学的资格，到县城的母校高级小学教国文。"

1922 年　22 岁，在河北深县；暑期至天津。

到天津南开大学暑期学校，听梁启超先生讲"国文教学法"，听胡适先生讲"国语文法"和"国语文学史"，遂对"旧文学"产生绝大兴趣。案：见先生《我的读书生活》。

本年，读梁启超先生《墨子学案》。案：《墨子学案》乃梁任公先生1920 年冬清华学校演讲之讲稿。1921 年由上海商务印书馆初版刊行。其后，多次再版。全书除自叙外共八章，考证墨子生卒年及出生地，叙述其学说渊源与《墨子》一书大要，书后附录有《墨者及墨学别派》《墨子年代考》。罗先生受梁任公《墨子学案》影响甚巨，由此略见一斑。

1924 年　24 岁，在河北保定。

冬，完成《庄子学案》。案：见先生《我的读书生活》及张振江主编《薪火集·河南大学学人传（上册）》。

1925 年　25 岁，在河北保定。

考入河北大学中文系。同时，于中学兼职授课以营生。案：1902 年，清政府于保定设直隶农务学堂，选址西关灵雨寺北。1921 年，直系军阀曹锟盘踞保定，下令将直隶农专、医专合并，增设文、法两科，改为河北大学。1931 年 9 月 20 日，河北省政府决定停办河北大学，农、医两科单独成立学院，文、法两科迁往北平和天津，国文系迁入北平中国学院（《北京农业大学校史》，页 37—38；《保定文史资料选辑》7—8 辑）。据《北京高等教育史料》（第一集），北平大学文学院由北大一院（文科）与河北大学文科合并而成，首任院长张凤举。案：《保定近代教育史略》以为河北大学国文系并入北平师大，当非。

秋，成《荀子学案》。

1926 年　26 岁，在河北保定。

夏，写成《孟子学案》。

冬，托王峰山呈《荀子学案》《孟子学案》于梁启超先生。先生《我的读书生活》云："十五年的冬天，间接的托王峰山先生（相龄）介请梁任公先生指正。"

1927 年　27 岁，在北平。

春，到清华园"晋谒"梁启超先生。案：见先生《我的读书生活》。

7 月，投考清华学校国学研究院。旋为国学研究院国学门录取。

9 月 7 日，入清华学校国学研究院。选择主修"诸子科"，指导老师为梁启超先生。先生《中国文学批评史·自序》云："秋，负笈清华大学研究院。"案：与先生一同招入国学院者尚有王省等 13 人，其中经招生考试正式录取者 11 人，分别是：王省、吴宝凌、叶去非、蒋天枢、葛天民、储皖峰、张昌圻、门启明、蓝文徵、马庆霭等；另有 1925 年录取者裴学海与 1926 年录取者马鸿勋二人，亦准予入学。加上上两届留下来继续进行研究的同仁凡 11 人，即刘盼遂、姚名达、吴其昌、宋玉嘉、颜虚心、刘节、戴家祥、司秋沄、朱芳圃、谢念灰、侯堮等。从 1927 年 9 月至 1928 年 6 月，国学院教师及开课情况如下：

教授梁启超：历史研究法、儒家哲学

教授赵元任：方言学

教授陈寅恪：梵文文法

讲师李济：考古学

讲师林志钧：人生哲学

助教有王庸、梁廷灿、浦江清、赵万里。其间，还曾增聘朱希祖为兼职讲师，梁思永为名誉助教，余永梁为助教。

入学后，受梁启超先生指导。梁启超指导情况，先生《我的读书生活》有描述，云："开学不久，梁先生领导我们拜扫王静安先生的坟墓，在墓前对我们说：静安先生无疑的是一代国学大师，诸君既得登大师之门，便应当努力自奋，对学问有所共享。又说：静安先生的学问的确超类绝群，超类绝群的成就由于他有热烈的情感和冷静的头脑。情感热烈所以学问欲无穷；头脑冷静，所以研治的学问极精。这给我以绝大的鼓励，同时也给我以绝大的启发，使我不敢'妄自菲薄'，同时也得'有所尊依'。"

9月16日晚，参加"研究院同学会"会议，并被选为副干事（见《清华周刊》，总414期，页103）。

秋，始作《管子探源》。《诸子考索》云："此编之作，则造端于一九二七年之秋。于时肄业北京清华大学研究院，从梁任公、陈寅恪诸先生游。诸先生耳提面命，殷殷指导；举凡体例之商榷，考订之去取，受于诸先生者实多。属稿未毕，梁先生遽归道山，全国之恸，不准藐藐小子失所宗仰而已。"

草《尹文子之真伪及年代》，因见《清华学报》第四卷第一期所刊唐钺《尹文和尹文子》与己作大致相同，遂置之箧笥（见先生《诸子考索》，页398）。

又草《战国前无私家著作说》（见先生《诸子考索》，页265）。

1928年　28岁，在北平清华大学国学院与燕京大学国学研究所学习。

2月13日，参加"研究生同学会"本学期第一次常会，被选为主席。会议决意组织"筹办王静安先生纪念事宜委员会"，设委员五人：宋玉嘉、戴家祥、刘盼遂、侯堮、姚名达。议决纪念品二：一，树纪念碑于校内，请名人撰书碑文，并拓印若干份，并赠海内外各学术团体，以留永久之纪念。二，铸金属纪念，镌纪念王静安先生字样，以分赠海内外各有名学术团体。同时，议决速开谢念灰追悼会（《清华周刊》总430期，页221）。后，谢氏追悼会于3月3日举行（《清华周刊》，总431期，页290—292）。

3月，在清华大学国学院及燕京国学研究所（见《诸子考索》，页428）。28日，在清华研究院，成《孟子传论》，并撰写《自序》。案：该书于1932年以《孟子评传》为名由上海商务印书馆出版，删改收入《诸子考索》时名为《孟子传》。

6月，清华国学研究院学习改由陈寅恪先生指导。案：梁启超先生自1928年6月开始，到天津租界休养，罗先生指导老师更换为陈寅恪先生。同时，国学研究院导师亦有巨大变化。[1]

----

[1]　梁启超先生于1928年初，肾病日益严重，医生建议修养，遂于2月中旬向学校提出辞职。至此，几乎未到清华授课。5月初辞去清华国学院教授职务，虽经校方及校长梅贻琦先生挽留而同意愿为通信导师。然而，1928年毕业生的成绩陆续寄往天津家中，却因战事紧迫交通阻隔而未能回邮。推辞掉清华的教务之后，梁先生到天津租界静养，遗憾的是其病情并未因此好转，于1929年1月29日去世，享年57岁。

7月，经学校同意，继续留在清华国学院学习。该月，国学院招考新生录取仅三人，即裴占荣、徐景贤、王静如。罗先生此时与门启明、侯塄、张景圻、葛天民、颜虚心、蓝文徵、蒋天枢、储皖峰、马庆霄等十人，继续留校研究。此时教师及其授课内容如次：

教授陈寅恪：梵文文法（每周二小时）、唯识二十论校读（每周一小时）。

教授赵元任：方言学（第二学期）。

讲师马衡：金石学（每周二小时）。

讲师林志钧：人生哲学（每周二小时）。

讲师李济：考古学（赴美回校后）。

罗根泽先生在清华国学院，勤奋学习，也开始了诸子治学的研究。

为维持生计，罗先生入国学研究院学习后，于1928年夏考入燕京大学国学研究所，因该所每月可提供津贴若干，自能减轻生活压力。燕京大学学习期间，罗先生所学为"中国哲学"，指导老师为冯友兰与黄子通二位先生。先生《诸子考索》云："一九二八年，兼入燕京国学研究所，继续所业。脱稿后，蒙黄子通、冯芝生两先生为改正数事。去年秋，应河南中山大学之聘请，承乏国学教授，取此再加增删，印授学生。"先生《我的读书生活》云："第二年，兼在燕京大学和哈佛合办的东方文化研究所攻读，又得到冯芝生（友兰）先生的指导。"

10月20日，撰成《燕丹子真伪年代考》。案：该文后发表于《中大语历所周刊》第七集第七十八期。《诸子续考》出版时，改题《"燕丹子"真伪年代之旧说与新考》（《诸子考索》同之）。本月，论文《子莫、魏牟非一考》发表于《国学论丛》第一卷第四号。案：《国学论丛》系清华国学研究院院刊，1927年6月推出一卷一期。该文后收入《诸子续考》（即《古史辨》第六册），改题为《子莫考》。

1929年　29岁，上半年在北平清华大学国学院及燕京大学国学所；九月，至河南开封，受聘于河南中山大学，任国学教授。

1月，《宋子及其学说》发表于《仁声》第五期。

3月，《顾实〈汉书·艺文志〉讲疏评议》刊发于《益世报·副刊》三卷二十二、二十四期。

《庄子哲学》刊发于北平尚志学会《哲学评论》第三卷第二期。

4月，《燕丹子真伪年代考》刊发于《中山大学语历所周刊》七卷七十八期。

3日，在北京大学国学研究所，成《"管子"探源》。案：该书由中华书局于1931年出版。

5月，《图书馆中文编目之我见》刊发于《图书馆报》1929年第七卷第三期。案：具体出版日期为5月16日。

本月，至尝无锡，旅途草《战国策作者之推测》。案：见《古史辨》第六册《战国策作者之推测》之《后记三则》。

6月，同时毕业于清华大学国学院和燕京大学东方文化研究所。

《庄子篇章真伪旧闻评录》载北平《全民报副刊》140、144期。

秋，与刘盼遂等人成立学文杂志社，编辑《学文》杂志，被时人称为"北学派"。傅振伦《中国当代社会科学家》之《王重民别传》（第一辑，页8—9）云："一九二九年有三与同学班友孙楷第同志同寓中南海三所，邀集好友刘盼遂、谢国桢、孙海波、庄尚严、齐念衡、罗根泽等和我，成立学文杂志社，编辑《学文》杂志，时人称为'北学派'"。案：据丁顺天、许冰编著《山西近代人物辞典》（页506）"傅振伦"条云："1929年毕业于北京大学后，与王重民、孙楷第、谢国桢、王静如、罗根泽等共同创办《文学》杂志，时称北学派。"

秋，应河南中山大学邀请，任国学教授（见先生《诸子考索》页428）。案：先生《中国文学批评史·自序》云："1927年秋，负笈清华大学研究院。越明年，至开封，任河南大学教授。又明年，移保定河北大学。"案：1927年2月7日，国民政府将开封中州大学、农专、法专三科合并为开封中山大学，又称第四中山大学。1930年9月，再改为省立河南大学（《河南农业大学校史》，页8）。

在河南大学讲《诸子概论》（见《诸子考索》，页266）。案：因授课需要，先生编成《诸子概论》。先生概括其大致内容，云："我所作虽放在我所写的《诸子概论》，且大胆的先叙以孔子为首的儒家，次叙以墨子为首的墨家，然后再叙以老子为首的道家，但没有出版。"（见《诸子考索》，页267）

在河南大学讲授中国文学史。案：先生《乐府文学史·自序》云："十八年的秋天，我答应了河南中山大学之聘，讲授中国文学史及其他的功课。"

秋，作《战国策作始删通考》。

9月，撰《战国策作始删通考》。案：先生《跋金德建先生"战国策"作者之推测》云："我在一九二九年秋，写了一篇《战国策作始删通考》。"

《邓析子之真伪及年代考》，刊发于河南《中山大学周刊》第十四期。

9月19日，在开封，河南中山大学，作《别录阐微》，刊发于《图书馆学季刊》三卷三期。

11月20日，《五言诗起源说评录》脱稿，在河南中山大学。案：该文后刊于《河南大学文学院季刊》一九三〇年六月第一期。

12月，《慎懋赏本〈慎子〉辨伪》发表于《燕京学报》第六期。案：后收入《诸子续考》。

1930年　30岁，在开封，任教于河南中山大学，讲授中国文学史。五月间，至保定，任教于河北大学。

1月，《五言诗起源说评录》刊发于《河南大学文学院季刊》第一期。

3月，《庄子哲学》刊发于《哲学评论》三卷三期。

《〈新序〉〈说苑〉〈列女传〉不作始于刘向考》刊发于《图书馆学季刊》四卷一期。案：有人云刊发于1941年，误。

19日，在河南中山大学（案：本年8月更名为河南大学），任国学教授，增删《管子探源》以印授学生，进而撰成《管子探源·叙目》（见《诸子考索》，页428）。

本月，北平大学女子师范学院院务会议议决设立研究所，聘请当时国文系主任黎锦熙教授为副所长。黎先生邀请先生加入。

本月，《战国策作者考》刊发于《河南中山大学周刊》第十二期。案：该文后改题《"战国策"作始删通考》，刊发于1931年《学文》第一卷第四期，再收入《诸子丛考》。

5月5日，在河南开封中山大学，《乐府文学史》脱稿。见先生《乐府文学史·结论》。

本月，至河北保定，任教于河北大学。先生《我的读书生活》云："十九年到保定，担任母校河北大学中国文学系系务。"

7月30日，访顾颉刚。见《顾颉刚日记》（台北：联经出版公司，2007年）。

8月13日，在北平南城未英胡同一号，改毕《乐府文学史》。案：见《乐府文学史·结论》。

8月30日，访顾颉刚（见《顾颉刚日记》）。

秋，应天津女子师范学院聘。

9月19日，在天津女子师范学院，完成《乐府文学史·自序》。案：见先生《乐府文学史·自序》。

9月30日，在天津女子师范学院，作《乐府文学史·自序》。《乐府文学史·自序》署名云："罗根泽1930年9月30日，天津女子师范学院。"

本月，《孟荀论性新释》一文刊于《哲学评论》第三卷第四期。

11月，《陆贾〈新语〉考证》发表于《学文》第一期。

本月，《〈胡笳十八拍〉作于刘商考》，发表于《朝华》第二卷一、二期。

12月，《〈木兰诗〉作于韦元甫考》，发表于《朝华》第二卷三期。

1931年　31岁，在北平。上半年任教于河北大学；下半年始任教于北平师大。

除夕，在北京，作成《〈墨子〉引经考》。后刊于1932年5、6月《北平图书馆月刊》第三号，后收入《诸子考索》，改题《由墨子引经推测儒墨两家与经书之关系》。

春，返回北平，并与张曼漪女士完婚（《中国文学批评史·自序》）。先生《我的读书生活》云："二十年春，因为结婚，移居北平，逐渐的在北平师范大学、中国大学等校任教。"案：先生具体结婚时间，已不可详考。曼漪女士乃先生学生，亦为先生助手，帮忙整理资料。今南京大学图书馆藏明代胡文焕《诗法统综》即为夫人手钞、先生亲校者，后收入《四库全书存目丛书》。

1月10日，顾颉刚写信来。见《顾颉刚日记》。

本月，《乐府文学史》由北平文化学社刊行，署"罗根泽编述"，由黎锦熙题签。

本月，《战国策作始删通考》发表于《学文》第一卷四期。

2月13日，顾颉刚写信来。见《顾颉刚日记》。

本月，《从史记本书考史记本原》刊发于《北平图书馆月刊》四卷二期。

3月11日，顾颉刚自杭州写信来。见《顾颉刚日记》。

24日，顾颉刚写信来，商谈编印《古史辨》第四册。《顾颉刚日记》云："写何殿英、罗雨亭信。为印《古史辨》第四册事，即到城站寄发。"

25日，作《慎懋赏"慎子传"疏证》识语。

27日，顾颉刚自杭州写信来。见《顾颉刚日记》。

4月12日，顾颉刚自杭州写信来。《顾颉刚日记》："写罗雨亭、何殿英信。"

26日，顾颉刚自杭州写信来。见《顾颉刚日记》。

本月，《管子探源》由中华书局初版，由顾颉刚题写书名。

本月，《战国前无私家著作说》收入该书附录一。《古代经济学中之本农末商学说》收入该书附录二。《古代政治学中之"皇""帝""王""霸"》收入该书附录三。

本月，《荀子论礼通释》刊发于《女师大学术季刊》二卷二期。案：北平大学女子师范学院于1930年3月动议成立研究所并创办《学术季刊》。8月后，研究所开始正常工作，罗先生即于此时任职于此。1931年2月，北平师范大学与北平大学第二师范学院合并组成国立北平师范大学，下分设教育学院、文学院、理学院。据《北京师范大学校史》（页83），1931年7月师大和女师大两校合并，研究所更名为研究院，下设历史学门和教育科学门。1932年6月，研究院主要负责人均辞职。

本月，《〈邓析子〉之真伪及年代考》一文刊发于河北大学《文学丛刊》第五期。案：后收入《诸子续考》，题为《邓析子探源》。

5月，《管子探源》由中华书局出版印行。

6月13日，顾颉刚偕夫人履安来访，夫人在家接待。《顾颉刚日记》："到罗雨亭处，晤其夫人。"

7月2日，访顾颉刚。见《顾颉刚日记》。

秋，在北平，在燕京大学讲授"乐府及乐府史"。草成《何谓乐府及乐府的起源》与《乐府中的故事与作者》两文。前者刊发于《安徽大学月刊》1933年第二卷第一期；后者刊发于《师大月刊》1933年第六期。

8 月 13 日，补充旧稿《诸子概论讲义》，并写成《荀卿游历考》。

9 月，《〈管子探源〉叙目》刊发于《学文》第四期。

《郭茂倩〈乐府诗集〉跋尾》刊发于《国学丛编》一卷三期。

11 月，《慎懋赏〈慎子传〉疏证》，刊发于《国学丛编》一卷四期。

25 日，在北平，《七言诗之起源及其成熟》脱稿。案：后刊发于《师大月刊》，1932 年第 2 期。

12 月 22 日，致信舒新城。云："拙稿《管子探源》，以先生之力得在贵局印行，感激之至。"案：舒新城于次年一月七日收到。

1932 年　32 岁，在北平，任教于师范大学。春，代郭绍虞先生在清华大学教授中国文学批评史，开始中国文学批评史研究。

1 月，在北京师范大学，编成《诸子丛考》，并持之顾颉刚视查。顾氏遂邀请将该书作为《古史辨》第四册出版。按：见顾颉刚《我是怎样编纂古史辨的？》（《古史辨》，上海古籍出版社，1981 年版）云："一九三二年一月，他把编辑的《诸子丛考》给我看，凡辩论诸子书的年代和真伪的文字都罗列了，体例和《古史辨》相类，我就请他加入，列为《古史辨》的第四册。"

本月，作《诸子概论》，经铅印，未出版。

4 月，《乐府文学史》由《中华图书馆协会会报》第七卷第五期刊发。

6 月，《墨子引经考》刊于 1932 年 5、6 月《北平图书馆月刊》第三号，后收入《诸子考索》，改题《由墨子引经推测儒墨两家与经书之关系》。

《中国诗歌之起源》，刊发于《学文》第五期。

7 月 15 日，在北平，校对《管子探源跋》。

8 月 10 日，据旧稿《诸子概论讲义》补充改写成《"孔丛子"探源》。

13 日，补充旧稿《诸子概论识丛》为《荀卿游历考》。按：后收入《诸子丛考》。

《孟子评传》由商务印书馆出版。

编成《诸子丛考》，列为《古史辨》第四册。按：见《历代学者考证老子年代的总成绩》一文。

9 月 18 日，成《老子及"老子"书的问题》一文。文末云："日军占沈阳之周年，在北平。"后收入《诸子丛考》。

10月，《跋金德建先生〈战国策作者之推测〉》，后刊发于《诸子续考》。《〈关于老子年代的一假定〉跋》刊发于《诸子丛考》。

11月，《孟子传论》由商务印书馆（上海）初版，次年八月即又再版刊行。

本月，在厦门，重订《战国策作者之推测》。案：见《古史辨》第六册《战国策作者之推测》之《后记三则》。

1933年　33岁，居于北平，执教于师大。《古史辨》第四册由开明书店出版。

1月1日，作《战国策作于删通考补证》。《古史辨》第六册下编说："本书上编拙撰《新序说苑列女传不作始于刘向考》附有《战国策作于删通考》一文，近陈寅恪师、刘盼遂兄又为发现强有力之佐证。以上编已经印讫，未由增入，为《补证》于此。"《跋金德建先生"战国策"作者之推测》云："我在一九二九年秋，写了一篇《战国策作始删通考》，一九三三年元旦又写了一篇《战国策作于删通考补证》。"

12日，在北京，作《诸子丛考·自序》，后作《古史辨》第四册《诸子丛考·自序》。

14日，访顾颉刚。时顾氏居于旗营。《顾颉刚日记》云："上午起床。罗雨亭来，赠物。"

23日，访顾颉刚。《顾颉刚日记》云："雨亭来。"

2月，《何谓乐府及乐府的起源》，刊发于《安徽大学月刊》二卷一期。

1日，顾颉刚来访。《顾颉刚日记》云："到罗雨亭处。"

13日，顾颉刚来信。《顾颉刚日记》云："写罗雨亭信。"

18日，访顾颉刚。《顾颉刚日记》云："雨亭来。"

4月1日，与许维遹、刘盼遂访顾颉刚。《顾颉刚日记》云："许维遹、刘盼遂、罗根泽来。"

28日，访顾颉刚。《顾颉刚日记》："根泽来。"

6日，《南朝乐府的故事与作者》刊发于《师大月刊》六卷。案：《罗根泽古典文学论文集》编者以为刊发于《师大月刊》一九三六年第六期。

实际是,《南朝乐府的故事与作者》刊发于《文艺先锋》杂志第四卷第四期页 32—35;《南朝乐府的故事与作者》(论著·续完)刊发于《文艺先锋》杂志第四卷第五期页 31—36。又有人云刊发于《师大月刊》1933 年六月第二十五期。

3 日,访顾颉刚。之后,与顾颉刚造访郭绍虞。随后三人游燕农园、蔚秀园。《顾颉刚日记》云:"雨亭、以中来,与雨亭到绍虞处,又伴游燕农园及蔚秀园。"

7 月 15 日,与刘盼遂访顾颉刚。《顾颉刚日记》云:"刘盼遂、罗雨亭来。"

8 月,《初中国文选本》(一至六册)由北平立达书局印行,题署罗根泽、高远公编,黎锦熙校订。案:高远公,曾受教于王国维、梁启超,1934 年至 1937 年间,任教于天津女子学校。

10 月 9 日,访顾颉刚。《顾颉刚日记》云:"罗雨亭来。"

11 月 13 日,与孙道升访顾颉刚。《顾颉刚日记》云:"罗雨亭、孙道升(子高)来谈。"

开始构思撰写《中国文学批评史》。《中国文学批评史·自序》云:"日月遄迈,呆拙濡滞,肇造迄今,忽将十稔。始以讲授清华大学……"

12 月,《高中师范教科书·高中国文》(一至三册)由北平文化社出版印行。编著者:罗根泽、高远公。

本月,罗先生校点明人徐师曾《文体明辨》由北平文化学社初版。

1934 年　34 岁,上半年在北平。秋,赴安庆,任教于安徽大学。

1 月,《校刊〈文体明辨〉序》,载《民大中国文学系丛刊》一卷一期。

3 月 5 日,访顾颉刚。时,顾氏居于旗营。案:《顾颉刚日记》云:"雨亭来。"

5 月,《关于诸子学》刊发于《文化与教育》第二十期。

6 月,《郑宾于著〈中国文学史流变史〉》,刊发于《图书评论》二卷十期。

10 日,中午在半亩园宴请刘盼遂、高步瀛、黎锦熙、吴检斋、唐立庵、顾颉刚等。《顾颉刚日记》云:"今午同席:高步瀛、劭西、吴检斋、盼遂、唐立庵、予(以上客);罗雨亭(主)。"

8 月,《周秦汉魏南北朝文学批评史》,由北平人文书店出版。

秋，赴安庆，任教安徽大学。《中国文学批评史·自序》云："惟一九三四年秋至一九三五年夏，赴安庆，任教安徽大学。"

《关于"诸子学"——张默生先生著先秦道家学说研究序》刊发于《文化与教育》廿期。

9月15日，成《中国文学批评史》卷一《自序》。

10月3日，写成《何谓乐府及乐府的起源》一文，并序言一则，题署云："识于皖垣安徽大学。"

1935年　35岁。上半年在安庆，下半年在北平，执教师大，编《诸子续考》，即《古史辨》第六册。

1月，成《〈商君书〉探源》，后载《北平图书馆馆刊》。

本月，《"文笔式"甄微》刊发于《中山大学文史学研究所月刊》三卷三期。

本月，《中国发现"人"的历史》刊于《清华学报》第九卷第一期。

2月，《〈水调歌〉小考》刊发于《太白》半月刊第一卷第十一期。

3月，月初，得顾颉刚自苏州所寄信。《顾颉刚日记》："写杨昭恕、雨亭、昌群、海波、朝阳信。"

《唐代文学批评研究初稿》，后载《学风》五卷三期。

《唐代史学家的文论及史传文的批评》，后载1935年《学风》五卷四期。

春夏，在安庆，任教安徽大学（见《中国文学批评史》自序）。

《"商君书"探源》发表于《北平图书馆馆刊》第九卷第一号。案：后收入《诸子续考》。

4月1日，《唐代文学批评研究初稿》刊发于本日出版的《学风》五卷三期。

14日，"夜灯下"成《庄子》一文，后刊发于1935年出版之《青年界》第八卷第一期之《我在青年时代所爱读的书》栏目。

7月，《研究中国文学史的计划》，后刊行于安徽大学《文史丛刊》一卷一期。

8月20日，中午，到大美番菜馆赴刘盼遂、张西堂宴，同席者有高亨、侯芸圻、郭绍虞等人。《顾颉刚日记》云："今午同席：罗雨亭、高亨、侯芸圻、郭绍虞、顾颉刚等（以上客）；刘盼遂、张西堂（以上主）。"

28 日，中午，在大美番菜馆宴客，赴宴者有：林宰平、孙人和、黎劭西、高步瀛、张西堂、王了一、钱宾四、何士骥、傅佩青、李顺卿、郭绍虞、侯芸圻、孙道升、顾颉刚等。见《顾颉刚日记》。

10 月，《中国文学起源的新探索》，后刊发于《文哲月刊》创刊号，题名为《中国文学起源新探》。案：今又见《真理杂志》1944 年第一卷第二期，页 149—157。

作《晚周诸子反古考》一文。案：后刊发于《师大月刊》1935 年第二十二期。

6 日，顾颉刚来访。《顾颉刚日记》云："到希圣处、罗雨亭处。"

11 月 27 日，访顾颉刚。时顾氏居于旗营。《顾颉刚日记》云："雨亭来。"

12 月，《晚周诸子反古考》刊于《师大月刊》第二十二期。后收入《诸子续考》。

成《唐代早期古文文论》，后刊发于《学风》五卷八期。

本年末，《佛经翻译论——唐代文学批评研究第六章》，刊发于《学风》五卷第十期。该文前有编者之言，可知该书的流向。

本年，《唐史家的文论及史传文的批评——唐代文学批评研究初稿第三章》，《学风》1935 年第 4 期。案：当是从五卷第二期开始刊登。

年末，《晚唐五代的文学论》，刊发于《文哲月刊》一卷一、二、三期。

1936 年　36 岁。在北平，任教于北平师范大学，编成《诸子续考》。

春，编成《中国戏曲史纲》，油印，未刊行。

1 月 15 日，《五代前后诗格书叙录》刊发于《文哲月刊》一卷四期。

2 月 22 日，晚，赴同和居刘盼遂宴，同席者有冯友兰、谢国桢、陆侃如、顾颉刚等人。《顾颉刚日记》云："今晚同席：芝生、旭生、徐侍峰、刚主、西堂、雨亭、侃如、予（以上客）；刘盼遂（主）。"

23 日，顾颉刚来访。见《顾颉刚日记》。

3 月 22 日，成《尹文子探源》题记。

23 日，胡适来信，谈先秦史研究中的史料收集问题。

4 月，《笔记文评杂录》，刊发于《北平晨报·学园》九二七期。

《笔记杂评新录》，刊发于《北平晨报·学园》九四〇期。

4月1日，顾颉刚来访。见《顾颉刚日记》。

22日，访顾颉刚于旗营寓所。见《顾颉刚日记》。

4月30日，《阮阅诗龟考辨》（字闳休，庐州舒城人）发表于《师大月刊》二十六期。

5月24日，参加禹贡学会成立会。《顾颉刚日记》云："到校务长住宅。开禹贡学会成立大会，选举职员，修改章程。今日到会者：润章、思泊、希白、立庵、宾四、雨亭、洪都、其玉、印堂、伯平、孝通、绍虞……四十余人。"见《顾颉刚日记》。

6月，成《庄子外杂篇探源》一文，刊发于《燕京学报》第十九期。

《凉州曲小考》，后刊发于《北平晨报·学园》九七一期（25日）。

《陆贾"新语"考证》一文发表于《学文》第一期。案：后收入《诸子续考》。

《"庄子""天下篇"的辩者学说》一文发表于《北平晨报·思辨》第四十一期。

16日，《诗句图》发表于《新苗》第四卷。

7月25日，作《两宋诗话辑校叙录》题记，交代主要内容及编写经过，即从1935年秋天动手、到1936年夏天而完成。

8月，成《〈尹文子〉探源》，后刊发于《文史月刊》一卷八期。

10月，成《墨子交利主义》，后刊发于《人生评论》一卷。

成《韩愈及其弟子文学论》，后刊发于《文艺月刊》九卷四期。

10月1日晚，与于思泊、孙海波、唐立庵、谢刚主、张西堂、孙子高等，在同和居宴请顾颉刚及其父亲，为顾父接风洗尘。见《顾颉刚日记》。

10月9日，《由老子籍贯考老子年代》发表于《北平晨报·思辨》第五十六期、五十八期（10月24日）。

10月23日，《由老子子孙考老子年代》发表于《北平晨报·思辨》第五十八期。

11月2日，《由尚贤政治考老子年代》发表于《北平晨报·学园》第一〇三五期。

5日，访顾颉刚。见《顾颉刚日记》。

12月1日，写完《再论老子及"老子"书的问题》，文章的几个部分前已逐步发表。按：后文《诸子续考》第四节。

《由礼教观念考老子年代》刊发于《北平晨报·学园》第一〇五二期。

12月5日，与高希裴同访顾颉刚。见《顾颉刚日记》。

12月10日，《由诸书引老考老子年代》发表于《人生评论》第一卷第三期。

本月，成《历代学者考证老子年代的总成绩》一文，后改写成1938年刊行《古史辨》第六册《诸子续考》自序。按：据《诸子考索》（页279）云："这篇文章本来是《古史辨》第六册《诸子续考》的序文，全书在一九三七年印讫，因抗日军兴，延到一九四〇年才出版。"

本月，成《再论老子及老子的问题》，后刊发于《诸子续考》。

本月，成《〈战国策〉作者之讨论》，后刊发于《厦门图书馆馆声》四卷一、二、三期。

本年，《职业与娱乐》刊发于《青年界》第九卷第一期《我的职业生活特辑》。

本年，《闲里偷忙》刊发于《青年界》十卷一期《暑期生活特辑》栏。

本年，《唐代文学批评研究初稿》刊发于《学风》1935年五卷第三期。

1937年　37岁。七七事变前，在北平，印成《古史辨》第六册。事变后，携妻子至天津，乘船下徐州，再到南京，又北上开封，继而到长安，执教西北联合大学文理学院国文系，任教授。又随西北联合大学，播迁汉上，至于西安。

1月，《两宋诗话辑校叙录》刊发于《文哲月刊》一卷十期。

2月，《历史学者考订老子的总成绩》刊发于天津《益世报·读书周刊》八十七、八十九期。

《跋陈眉公集〈古今诗话〉》刊发于天津《益世报·人文周刊》七期。文中说："两月前，琉璃厂书贾送来陈眉公集《古今诗话》一函十册，心远堂藏板。"

15日，《儒家所谓学与学问》刊发于《经世》一卷三期。

18日，《由老子籍贯考老子年代》刊发于天津《益世报·读书周刊》

第八十七期。

25 日,《由老子籍贯考老子年代》刊发于《天津益世报·读书周刊》第八十九期。

27 日,访顾颉刚。见《顾颉刚日记》。

3 月 4 日,《由老子籍贯考老子年代》刊发于《天津益世报·读书周刊》第八十九期。

4 月 10 日,晚,到东兴楼,赴旭生、子臧、顾颉刚宴。《顾颉刚日记》云:"今晚同席,罗君美、王静如、孙文青、刘厚滋、罗雨亭、陆侃如、刘盼遂、王了一(以上客);旭生、子臧、予(主)。"

16 日,上午及下午两次访顾颉刚。见《顾颉刚日记》。

21 日,访顾颉刚。见《顾颉刚日记》。

5 月 5 日,晚,与张西堂、刘盼遂在新陆春宴请萧一山、马有渔、黎劭西、谢刚主、陆侃如、李戏渔、高亨、顾颉刚。见《顾颉刚日记》。

28 日,《成都存古书局声调谱汇刻跋尾》刊发于《天津益世报·人文周刊》二十一期。

7 月 7 日,卢沟桥事变。其后,颠沛流离之状见于先生《中国文学批评史·自序》。云:"事变后,浮海南来,道出徐、济,南至京师,北返开封,然后西走长安,又随西北联合大学,播迁汉上。"《我的读书生活》云:"卢沟桥的炮火,掀起了民族抗战,也粉碎了安定生活。我丢弃了自己购置的书籍,丢弃了自己搜辑的资料,丢弃了自己撰录的札记,赤手空拳的带着妻子,泛海南来。在河南大学借教一月,还算可以读书。后来随师范大学到西安,和北洋大学、北平大学合组为西安临时大学。开学未久,又迁到汉中,迁到城固,改名西北联合大学。在城固住了二年,乡居无事,本来可以读书,可惜无书可读。"案:抗战爆发,京津内迁之北平大学、北平师范大学、北洋工学院、天津河北女子师范学院与西北大学合并而成西北联合大学。1939 年,西北联合大学复名为西北大学。又案:本年 9 月 10 日国民党《教育部第 16696 号令》云:"以北平大学、北师大、北洋工学院和北平研究员等院校为基干,设立西安临时大学。"该校下设文理、法商、教育、工、农、医等六大学院。1937 年 11 月 1 日,正式行课,地址在西安城三处地方(见《西北大学校史稿》[解放前部分],

页 24—30)。

在开封一月，读《四部备要》。先生《读东坡七集》云："一九三七年，在开封读《四部备要》覆刍斋校本《东坡七集》，觉颇有复重，兹来南京复读……"由此，其《读东坡七集》亦当写于此时前后。

10 月末，致信顾颉刚。见《顾颉刚日记》。

12 月 17 日，《纪念师大与中国教育》一文，收入 1937 年 12 月 17 日出版《国立北平师范大学纪念专刊》。

《李邕墓志铭跋尾》云："一九三七年卢沟桥事变后，与湖北唐祖培节轩，同执教西安临时大学，出示所藏碑帖，有李邕所撰《有唐通议大夫守太子宾客赠尚书左仆射崔公墓志》及李昂所撰《唐故北海郡守赠秘书监江夏李公墓志铭》并序二帧。"

本年，《儒家所谓的学与学问》刊于《经世》第一卷第三期（页 6 ）。

1938 年　38 岁，在陕西，由西安至汉中，执教于西北联合大学文理学院，任国文系教授。

2 月末，由西安出发，往陕南迁徙。案：潼关告急，国民政府令西安临时大学搬迁至陕南。

3 月初，在西安。案：国民政府下令西北联合大学搬至汉中（见《西北大学校史稿》，页 40—45，以下数则俱由此摘引 ）。

10 日，顾颉刚有信来。见《顾颉刚日记》3 月 10 日。

16 日，迁往汉中。西安临时大学正式迁离西安，经宝鸡到汉中。

4 月，随校到达汉中。

3 日，西安临时大学更名为国立西北联合大学。

10 日，西北联合大学本部及文理学院，进入城固县黉学巷贡院旧址。

5 月 2 日，在汉中，参加西北联合大学开学典礼。

1939 年　39 岁，在陕西，执教西北大学。

8 月 8 日，在汉中，执教西北大学。案：国立西北联合大学更名为西北大学。

9 月，《欧阳修的改革文学意见》刊发于《经世·战时特刊》四十七、四十八期。

冬，由陕入川，动身前往重庆。

1940 年　40 岁，至重庆，任教于中央大学，属师范学院文学系。居于重庆北碚柏溪。

1 月，由陕入川，任教于中央大学师范学院，主讲中国文学史及诸子选读。《中国文学批评史·自序》云："闻中央大学自京移渝，载书颇富，遂于一九四〇年一月，由陕入川，重理丛残，际千载复兴之运，述先哲不朽之言，曾曾小子，诚不胜欢忭鼓舞矣！"案：郑文《金城续稿》（页 3）："中央大学由南京迁重庆，诸事草创，而师范学院初设，国文系无人主持，随中文系学生上课，听黄焯（耀先）先生讲基本国文。一日，先生命题作文，堂上二时完卷。余成文约 330 字，先生批曰：'风檐短暑中，遽得有此，始知郑君不易及。'因多往请教，由是得识殷孟伦先生。后先生与殷先生及潘重规先生以反对胡光炜（小石）先生主持中文系而往武汉大学，时函指导，而自孙世扬（鹰若）师来渝，更增亲近。1939 年伍俶（叔傥）师主持国文系系务，讲授历代文选并指导各体文习作。不久，罗根泽（雨亭）师主讲中国文学史及诸子选读，1941 年鹰若师自沪至，主讲文字学、《左传》《汉书》《昭明文选》。"郑文又曰："罗师家住柏溪，过从最多。"（页 4）

2 月，《荀子的人生哲学及政治哲学》刊发于《时代精神》二卷一期。

6 月，《中国文学批评研究导言》刊发于《经世季刊》第一卷第一期。

8 月，《荀子的政治态度》刊发于《时代精神》第一卷。

10 月，《学艺史的叙解方法（上）》刊发于《读书通讯》十二期。案：下部分刊发于该刊 1942 年三十六期。

本年，《读诸子佛书——答张鹤林》刊发于《读书通讯》第十四期。

12 月，《建国期中的文化建设》刊发于《学生月刊》第一卷第十二期（12 月 15 日出版），谈论抗战胜利后的"文化建设"问题。

1941 年　41 岁，在重庆北碚柏溪，任教中央大学师范学院。

3 月 15 日，《三十一位中学国文教员的改革中学国文意见》，刊于当日出版的《中等教育季刊》第一卷第一期。案：此时，罗根泽任中央大学师范学院教授。

《两汉辞赋论》刊行于《经世》季刊一卷二、三期。按：《经世季刊》，乃顾颉刚、张维华等人在成都所成立的经世社和白云社的刊物，1940 年 6 月至 1942 年 4 月。

8 月，《人，中国人，现代中国人》刊发于《民意周刊》第 186 期。案：本年八月，176—190 期合订本第十五卷出版。

10 月，《宋初的文学革命论》（上），刊发于《时代精神》五卷一期。案：本月二十日初版。

12 月，《宋初的文学革命论》（下），刊发于《时代精神》五卷三期。案：本月二十日初版。

1942 年　42 岁，在重庆北碚，任教于中央大学师范学院，开设文学史、文学批评史等课程。居于柏溪。朱东润来，成为好友。

2 月，《王昌龄诗格考证》，刊发于《文史杂志》二卷二期。

作《文艺史的叙解方法（下）》。

8 月，《古诗十九首之作者及年代》刊发于《读书通讯》三十一期。案：《罗根泽古典文学论文集》编者以为刊发于《读书通讯》1941 年第三十一期。当误。

在重庆柏溪中央大学师范学院国文系，开设文学史、文学批评史。按：此据《朱东润自传》之《中央大学前四年》。

10 月 10 日，在中央大学，作《中国文学批评史·自序》。《中国文学批评史·自序》云："一九四二年双十节自序于中央大学。"

12 月，《王充的哲学及教育学》，刊发于《大学》一卷十二期。

本月，《学艺史的叙解方法（下）》刊发于《读书通讯》三十六期。

1943 年　43 岁，在重庆柏溪中央大学。

1 月，《墨子探源》刊发于中央大学《文史哲季刊》一卷一期。

《李邕墓志铭跋尾》，刊发于《图书月刊》1943 年二卷六期。

11 日，访顾颉刚。见《顾颉刚日记》。

15 日，与朱东润在中央大学校园遇携二女散步的顾颉刚。见《顾颉刚日记》。

25 日，参加国文系毕业生宴。见《顾颉刚日记》。

26 日，作《中国文学批评史·记》。《中国文学批评史·自序》云："付印时，以篇辞繁重，分为《周秦两汉文学批评史》《魏晋六朝文学批评史》《隋唐文学批评史》《晚唐五代文学批评史》四册，宋以后亦陆续刊布焉。一九四三年一月二十六日，根泽又记。"

30 日，夫妇俩邀请顾颉刚夫妇至碛口游玩，二时去，四时还。见《顾颉刚日记》。

31 日，访顾颉刚。见《顾颉刚日记》。

2 月，《中国文学批评史自序》刊发于《读书通讯》第六十八期。案：该刊属于半月刊，1944 年 9 月 15 日发行第九十八期。

19 日，与朱东润访顾颉刚。见《顾颉刚日记》。

21 日，访顾颉刚，然后同行至孔家赴汤饼宴。夫人张曼漪亦至。见《顾颉刚日记》。

25 日，上午访顾颉刚，下午顾颉刚来访。见《顾颉刚日记》。

3 月 4 日，访顾颉刚。见《顾颉刚日记》。

7 日，顾颉刚来访。见《顾颉刚日记》。

13 日，顾颉刚来。见《顾颉刚日记》。

16 日，访顾颉刚。见《顾颉刚日记》。

24 日，下午三点，参加中国史学会成立大会，见《顾颉刚日记》。

26 日，参加史学会。晚参加成立会晚宴，同席者有卫聚贤、吴其昌、冯国瑞、刘子建、顾颉刚等人。见《顾颉刚日记》。

28 日，与顾颉刚、卫聚贤夫妇、侯芸圻、吴其昌等人同车至城，中午一起吃饭。见《顾颉刚日记》。

4 月 9 日，访顾颉刚。见《顾颉刚日记》。

11 日，顾颉刚与朱东润同来，探夫人张曼漪病。《顾颉刚日记》云："到东润处，与同到雨亭处，视罗太太病。"

18 日，顾颉刚来。见《顾颉刚日记》。

21 日，访顾颉刚。见《顾颉刚日记》。

23 日，夫妇俩与朱东润散步江边，遇顾颉刚夫妇等人，最后同归。见《顾颉刚日记》。

5 月 2 日，顾颉刚来访，谈于书房。见《顾颉刚日记》。

7 日，顾颉刚来。见《顾颉刚日记》。

14 日，顾颉刚来。见《顾颉刚日记》。

19 日，上午访顾颉刚。下午，顾颉刚来。见《顾颉刚日记》。

25 日，访顾颉刚。《顾颉刚日记》云："中央大学欠予二千七百元，累次往索，皆不付。前得总务长处来书，嘱派人去取，而雨亭奔走数次仍不付，谓须送发单去，而发单则予早报去矣。"

31 日，夫妇同访顾颉刚。见《顾颉刚日记》。

6 月 2 日，顾颉刚妻履安送灵上山，夫妇前往吊唁。见《顾颉刚日记》。

3 日，夫妇同到顾颉刚家。见《顾颉刚日记》。

5 日，与朱东润到顾颉刚家谈。见《顾颉刚日记》。

9 日，访顾颉刚，领编译馆六月份薪水。见《顾颉刚日记》。

10 日，下午三点，顾颉刚来家宿。见《顾颉刚日记》。

11 日，宗甄甫同顾颉刚来访。见《顾颉刚日记》。

12 日，夫妇在张家花园，遇顾颉刚前来买桃。见《顾颉刚日记》。

15 日，访朱东润，并晤顾颉刚。见《顾颉刚日记》。

20 日，《仁义与利欲——孟子七讲之一》刊发于《文化先锋》第二卷第五、六期合刊，出版时间在 6 月 20 日。

7 月 8 日，顾颉刚来宿，朱东润、魏建猷、汪叔棣、赵梦若等来，一同谈话至十一点方就寝。《顾颉刚日记》云："到雨亭处宿，建猷、东润、叔棣、梦若、长之、曼漪同谈。"

8 月，《魏晋六朝文学批评史》由重庆商务印书馆初版。

《抢救国文》，刊发于《国文杂志》第二卷第一期。案：该刊属月刊，创刊号于 1942 年 8 月刊行。故，第二卷第一期，当是 8 月出刊。

19 日，访顾颉刚。《顾颉刚日记》云："赵太太、魏建猷、罗太太等谈。东润来，雨亭来。"

21 日，顾颉刚等人来。《顾颉刚日记》云："到雨亭处，并晤东润。文史社社务会议：魏建猷、赵梦若、张克宽、朱择璞、张曼漪。"

9 月 5 日，顾颉刚来。《顾颉刚日记》云："十一时出，访雨亭及东润。"

10 月 9 日，当选经世学社理事。《徐州文史资料》第 12 辑《萧一山先生生平大事记》（页 8）云："是年（1943）十月九日，经世学社于重庆市国立中央图书馆开成立大会，参加会员五十四人，社会部、教育部派代表，粮食部徐部长堪，交通部曾部长养甫，中宣部刘秘书光炎及各报社记者参加，由先生任临时主席，票选结果：

当选理事廿一人：萧一山、王捷三、顾颉刚、胡秋原、马景常、王文山、李圣三、张忠绂、章友江、蒋复璁、冀朝鼎、简又文、陈逸云、魏元光、蓝文徵、张维华、许德、梅璈、卫士生、章之汶、罗根泽。"

11 月，《隋唐文学批评史》由商务印书馆作为《中央大学文学丛书》之一在重庆初版。

11 月 27 日，《答张默生》收入《诸子考索》，题为《第一次答书》，页 196。

12 月，《老子故事的演变与辨证》刊发于《文化先锋》三卷二期。

27 日，再写《两宋诗话辑校叙录》题记一则，交代补充内容。

本年冬，师范学院国文系并入中央大学中文系。见《朱东润自传》。

1944 年　44 岁，在重庆柏溪中央大学。

1 月 11 日，《致张默生》收入《诸子考索》，题为《第二次答书》。

18 日，有顾颉刚信。见《顾颉刚日记》。

本月，《周秦两汉文学批评史》由北平人文书店刊行。

2 月 1 日，在柏溪。整理与张默生的两道通信为《与张默生先生讨论名墨书》，并于序言详细交代前后因果，云："中央大学《文史哲季刊》第一卷第一期载拙稿《墨子探源》，以抽印本请正友人张默生教授，惠书多所指教，余癖难疗，未能默尔，遂致往复讨论。……时默生在北碚，余居柏溪。"后载《读书通讯》八十四期。

3 月、4 月间，《中国文学起源的新探索》，刊于《真理杂志》本年第一卷第二期。

17 日，张静秋带来顾颉刚信。见《顾颉刚日记》。

5 月 15 日，顾颉刚有信，商谈前日《中央日报》刊登顾颉刚与刘文涛订婚启事事件。见《顾颉刚日记》。

29 日，顾颉刚有信。见《顾颉刚日记》。

6 月，《怎样研究中国文学批评史》载《说文周刊》四期。案：今见《说文月刊》第四卷合刊本，页 777—795。

本月，得朱自清 6 月 24 日信。见朱乔森编《朱自清全集》第十一卷《书信补遗编》，页 161—163。

7 月初，得朱自清 7 月 3 日信。见朱乔森编《朱自清全集》第十一卷《书信补遗编》，页 163。

29 日，顾颉刚有信。见《顾颉刚日记》。

11 月 28 日，顾颉刚自成都有信。见《顾颉刚日记》。

本年，还写成《绝句三源》，直到 1955 年方发表。见《罗根泽古典文学论文集》页 241。

1945 年　45 岁，在重庆柏溪中央大学。

2 月 21 日，顾颉刚与张静秋夫妇来访。又有魏建猷、许绍光来与顾颉刚谈。见《顾颉刚日记》。

24 日，顾颉刚与甄甫来访。见《顾颉刚日记》。

3 月，与康光鉴合著《墨子》，作为《中国历代名贤故事集》丛书第三辑《学术先进》，由胜利出版社（重庆）出版印行。书前附作者小传，云：

罗根泽先生，字雨亭，现年四十三岁，河北深县人。少嗜先秦诸子，稍长，从乡前辈武锡珏先生治经子诗文。嗣入河北大学中国文学系肄业，以所撰"孟、庄、荀三子学案"受知于新会梁任公先生，遂考入清华大学研究院，从任公先生治经史，由是自学术文艺，渐进于关注考据，而学益弘通。历任河南大学教授、河北大学中国文学系主任，师范大学、清华大学、燕京大学、中国大学、西南联合大学等校讲师教授等职。著有"诸子评传""诸子探源"（俱收入所编古史辨第四、六两册）、"孟子传论"（商务）、"墨子探源"（中大文史哲季刊）、"管子探源"（中华）、"乐府文学史""诗歌史""中国文学批评史""周秦两汉文学批评史""魏晋南北朝文学批评史""隋唐文学批评史""晚唐五代文学批评史"（以上俱商务）等。本书旨在阐述墨子之实践精神及墨学要义，由内江康光鉴先生（现亦任教国立中央大学）协同撰成，条理混淆，险述残阙，抉隐发微，尤称详审。末附罗先生特撰"墨子各篇撮要"一篇，将墨子全书要旨意，阐述无遗，尤为初学南针。现任国立中央大学师范学院国文系教授。（案：此处照原标点移录。）

4 月 15 日，顾颉刚有信。见《顾颉刚日记》。

5 月 10 日，顾颉刚有信。见《顾颉刚日记》。

7 月，《晚唐五代文学批评史》由商务印书馆作为《中央大学文学丛书》刊行。

7 月 16 日，致信杨树达。《积微居友朋书札》（页 145）云："遇夫先生有道：承示尊作《曾传》，文质并茂，启迪良多。敝校国文系顷合并于中国文学系，伍叔傥主任嘱函请我公慨践宿诺，余命驾西来，俾两系学生共沐教化，后学亦得遂请益，故尤馨香祝祷。引领东望，不胜翘跂。专肃，敬候裁示。"

28 日，与李炳焕同访顾颉刚。见《顾颉刚日记》。

8 月 2 日，在编译馆，与顾颉刚谈。《顾颉刚日记》："到编译馆，与仰之、雨亭谈。"

9 月 16 日，遇顾颉刚。到蓉香赴李炳焕宴。《顾颉刚日记》："遇罗雨亭回柏溪，同到蓉香吃饭，李炳焕作东。"

11 月 13 日，子罗芄生。

本年，《叶适及其他永嘉学派的文学批评》刊发于《文艺先锋》第六卷三期（四、五期），页 50—59。案：本期杂志编后记，云曾于第二卷第三期《文艺先锋》刊发对于罗著《中国文学批评史》第二三册之评介。

1946 年　46 岁，随中央大学东迁至南京。

1 月，《黄庭坚的诗学方法》刊发于《中苏文化》十七卷一期。

2 月 1 日下午，顾颉刚来访。《顾颉刚日记》云：到罗雨亭处，并晤建猷、光鉴、舒连景、周培智。

2 日，同魏建猷等人至顾颉刚岳母家，即其外兄张雁秋家，访顾颉刚。《顾颉刚日记》云：罗雨亭、魏建猷、管雄、许绍光、郑文、康光鉴来，同吃茶。

3 月，《王安石的政教文学论》刊发刊《文艺先锋》八卷三期。

4 月 1 日，访顾颉刚。见《顾颉刚日记》。

6 月，随中央大学乘船东下南京。见《朱东润自传》。

7 月 4 日，《杨万里的诗学渊源及共享》，载《东南日报》1946 年 7 月

4 日。

10 日，顾颉刚来访。《顾颉刚日记》云："到中央大学，遇黄淬伯，同吃点。访罗雨亭夫妇、陈行素夫妇，并遇之。访昌群，遇其夫人。访朱东润，并晤王达津。遇唐圭璋。"

《两宋诗话存佚残辑年代表》刊发于《读书通讯》——三期。

8 月，《朱熹对于文学的批评》载《中国学术》一期。

9 月，《宋初古文新论》载《文化先锋》六卷三、四期。

10 月 29 日，《李杜地位的完成》刊发于《中央日报》。陈平原主编《20世纪中国学术文存·李白研究》，页 506。

本日，收到顾颉刚于本月 8 日所写信。见《顾颉刚日记》。

1 月 15 日，顾颉刚来访。《顾颉刚日记》："到中大，晤罗雨亭夫妇、吴子臧夫妇、程仰之夫妇。"

23 日，作《读东坡七集》札记，后收入《罗根泽古典文学论文集》。

12 月 14 日，顾颉刚来访。《顾颉刚日记》云："冒雨至文昌桥中大宿舍，访韩鸿庵、管雄、朱东润。又至校本部，访罗雨亭，均遇之。"

本年，《我的读书生活》刊发于《中央周刊》第 8—33 期。

本年，《苏轼的文学方法》刊发于《西北文化月刊》1947 年第二期。

1947 年　47 岁，在南京，中央大学。

1 月 4 日、11 日，《朱熹的道文统一说》刊发于《和平日报》。

2 月 11 日，在中大，顾颉刚来访。《顾颉刚日记》："到罗雨亭处，晤其夫人及郑天叔夫人。"

本月，《苏门弟子的事理文学说》，刊发于《中国杂志》创刊号。案：此创刊号于 2 月 15 日出版发行。

本月，上海商务印书馆印行《魏晋六朝文学批评史》。

本月，上海商务印书馆印行《隋唐文学批评史》上海初版。

本月，上海商务印书馆印行《晚唐五代文学批评史》上海初版。

3 月，《荀卿年代补考》一文刊于《东方杂志》第四十三卷第五号。

4 月 23 日，在编译馆与顾颉刚等谈。《顾颉刚日记》云："到中大，访吴子臧。同出，遇刘士能。到编译馆宿舍，与王泽民、萧从方等谈民众读物事。到编译馆，与赵吉云、罗雨亭等谈。"

6 月 9 日，顾颉刚来访，然已入睡。见《顾颉刚日记》。

《宋学三派》刊发于《中央日报》。

13 日，在编译馆，与顾颉刚等人谈。《顾颉刚日记》："到编译馆，取教科书约。晤吉云、步青、叔傥、雨亭、向辰等。"

21 日，在编译馆，遇顾颉刚。见《顾颉刚日记》。

9 月，《论三苏的思想——宋议论派的立意达辞文学说第一节》刊发于《学识》1947 年第十期。案：该刊由 16 日初版。

11 月，《文学与文学史》载《文艺先锋》十一卷五期。

15 日，致信。该信全文如次：敬启者，中国文学系三五级学生张鹏法（？）（学号八五四五）毕业论文为《老子思想之分析》，经评阅。

12 月，得朱自清 12 月 6 日所寄信。见朱乔森编《朱自清全集》第十一卷《书信补遗编》，页 164。云："前奉惠书并大著及拙文，敬悉。谢谢。尊编《文史》颇有佳稿，甚佩！承嘱作书评，本拟动笔，迄因事冗，未能如愿。容稍暇或可作一短评。晚唐五代以后各册，已具稿否？或已有付印者，甚愿知之。出版后倘荷惠赐，俾得先睹，尤感！先生近来尚拟编著别种书否？并念。弟北来后只偶作短文，不能定心写长篇论文。旧稿印成《诗言志辨》，已嘱明寄奉一册，乞教，为幸！"

9 日，顾颉刚来信。见《顾颉刚日记》。

22、29 日，《宋文学家黄裳的性理文学说》（上、下）刊发于《中央日报》。

1948 年　48 岁，在南京中央大学。

1 月 12 日，在编译馆，顾颉刚来，晤之。见《顾颉刚日记》。

16 日，在中大，顾颉刚来访。见《顾颉刚日记》。

21 日，访顾颉刚。见《顾颉刚日记》。

2 月 16 日，《宋浙东派楼钥的文学意见》刊发于《中央日报》。

27 日，在编译馆遇顾颉刚。见《顾颉刚日记》。

3 月 11 日，《王柏的正气说》刊发于《中央日报》。

3 月 22 日，《魏了翁的学文合一说》刊发于《中央日报》。

4 月，《陆九渊派的文心说》，刊发于《学原》一卷十一期。

10月24日，购吴梅《曲选》。李福眠《天钥书屋散札》（江苏教育出版社，2001年，页50）云："国立中央大学丛书之一——商务印书馆版，吴梅选录的《曲选》，一九九六年七月二十四日酷暑之中，我淘书得于上海长乐路新文化服务社。价十二元。衬页有钢笔直签：'卅七年十月廿日购于南京夫子庙。有破损。罗根泽（白文篆印）。'"

12月14日，访顾颉刚。见《顾颉刚日记》。

18日，夫妇及郑厉俭访顾颉刚。《顾颉刚日记》："罗雨亭夫妇及郑厉俭来，为写卢作孚信。"

1949年　49岁，在南京中央大学。

年初，曾携家人短暂赴台湾。案：据先生哲嗣罗芃先生、罗兰女士回忆。

6月末，与顾颉刚通信。据《顾颉刚日记》，顾颉刚本月20日有来信。

8月8日，在南京大学。案：是年八月八日，正式更名为国立南京大学。

9月2日，跋马廉《短篇小说》讲义。潘建国《古代小说文献丛考》（中华书局，2006年，页309）云："今藏南京大学图书馆，乃已故著名学者罗根泽的旧藏，铅印三册，首有罗根泽亲笔跋语：'此十余年前购于故都头发胡同小市，盖马隅卿先生师大所讲授也。去年运书南来，此居然不失。卅八年九月二日记于南京。'"

1950年　50岁，在南京中央大学。

1月，在南京。见《顾颉刚日记》1月31日所载丁山之信。

1951年　51岁，在南京大学。

2月18日，《李白爱祖国爱人民的一面》刊发于《文汇报》。

4月，《实验主义批判》刊发于《新中华》1951年第7期。案：《新中华》为中华书局所办半月刊，1951年12月停刊，共计出版14卷。

5月，学生王尧辞别。王尧《我与西藏学》见（张世林主编《家学与师承：著名学者谈治学门径》第三卷，页248）云：1951年5月初，我奉调离宁，告别了母校南京大学，拜辞了胡小石、罗根泽、汪辟疆、方光焘、张世禄诸位师尊（如今都已作古了，思之泫然）和同学（中有周勋初、包忠文、顾黄初、郭维森诸位卓有成就的学长，如今已在各自学术领域发挥长才，而郭恬兄却过早谢世，令人惋惜），只身北上，来到北京。

7月13日，在南大，顾颉刚来访。《顾颉刚日记》云："到南大宿舍，访罗雨亭、韩鸿庵，长谈。"

15日，参加新史学研究会成立会。《顾颉刚日记》云："出席新史学研究会成立会，讲话。""今日上午同会：韩儒林、罗根泽、王栻、徐益棠、王绳祖、王可风、黄淬伯、贺昌群、罗尔纲、蒋百幻、王以中、刘继宣、钱亚新等约三十人。"

9月，所写《云山战场》一诗，刊发于南京诗联红旗诗丛编审委员会《红旗诗丛·正气的伸张》（第二辑），由正风出版社初版。

1952 年　52 岁，在南京大学。

本年，《中国文学发展史纲》以南京大学中文系讲义形式印行交流。

1953 年　53 岁，在南京大学。

1954 年　54 岁，在南京大学，写成《魏晋南北朝文学史》。

4月26日，《木兰诗产生的时代和地点》发表于《光明日报》。

7月18日，《木兰诗产生的时代和地点的讨论》发表于《光明日报》，该文乃是针对江西吉安师范的郭明忠对《木兰诗产生的时代和地点的讨论》的怀疑而作。

8月，《陶渊明诗的人民性和艺术性》刊发于《人民文学》第11期，后收入《古典文学论文集》。罗先生后来在《三论陶渊明诗》说："一九五四年，我写了一篇《陶渊明诗的人民性和艺术性》，发表在该年八月份的《人民文学》……"

草成《先秦散文选注·序言》。

9月，改《绝句三源》并加入《三点补充》，后收入《古典文学论文集》。

24日，顾颉刚有信来。见《顾颉刚日记》。

12月，《批判胡适的文学观点和治学方法》载于《光明日报》，后收入《胡适思想批判》（第一辑，页203）。

本年，写成《魏晋南北朝文学史》，见该书1957年铅印交流本题记。

1955 年　55 岁，在南京大学。

1 月，《古奴隶社会的奴隶谣谚》，刊发于《南京大学学报·人文》1955 年第一期。又见《1949—1980 中国古典文学研究论文索引》，页 101、147。

9 月，《先秦散文发展概况》刊发于《文学遗产·增刊》。案：《罗根泽古典文学论文集》以为发于 1955 年四月增刊第一辑。

9 月 25 日，《略谈鲍照》刊发于《光明日报》。后又收入《中国古典文学参考资料》（第一辑）。

9 月 30 日，作《中国古典文学论集·后记》。

10 月，《古典文学论文集》由五十年代出版社出版，收入《古奴隶社会的奴隶谣谚》《绝句三源》《陶渊明诗的人民性和艺术性》《李白爱祖国爱人民的一面》《古诗十九首的作者及年代》《木兰诗产生的时间和地点》等论文六篇。案：《罗根泽古典文学论文集》编者在《绝句三源》后说《古典文学论文集》出版于 1954 年 9 月。

1956 年　56 岁，在南京大学。

7 月，修改完成《先秦散文选注·序言》。

12 月 16 日，发现肝硬化。

本年，校勘整理《西京杂记》。中华书局 1985 年版《西京杂记》之《出版说明》云："《西京杂记》的整理，最初于一九五六年由罗根泽先生做了校勘、断句的工作。罗先生以明程荣校《汉魏丛书》本作底本，参校明嘉靖孔天胤刊本、李栻《历代小史》、吴琯《古今逸史》、商浚《稗海》、毛晋《津逮秘书》、清人卢文弨《抱经堂丛书》、马俊良《龙威秘书》和张海鹏《学津讨原》诸本，改正不少讹脱衍误之处，均已写入校记。"

1957 年　57 岁，在南京大学。

1 月，《试谈〈庄子〉的思想性》载《文学研究》一期。

9 日，作《魏晋南北朝文学史》题记。又，据目录后所附说明，此时罗先生正在医院治疗，因此不能花工夫校对，以致书中有一些错别字。

2 月 9 日，成《潘辰先生试论"战国策"的作者问题商榷》一文，后刊行于《光明日报》。

28 日，在南京大学，作《诸子考索·自序》；作《历代学者考证老子年代的总成绩》跋。

3 月 10 日，《读〈诗品〉》刊发于《光明日报》。

5 月，《〈试论战国策的作者问题〉商榷》，刊发于《光明日报》。

7 月，《魏晋南北朝文学史》作为"南京大学交流教材"印行。

8 月，《先秦散文选注》，由作家出版社刊行。题署：罗根泽编，戚法仁注。

10 月 28 日，作《中国文学批评史·新版序》，在南京大学。

本月，《中国文学批评史》由上海古典文学出版刊行。

本月，编写南京大学教务处交流教材，《中国历代文学理论批评文选》上册。

本月，编写南京大学教务处交流教材，《魏晋南北朝文学史》。

本月，《党领导着中国古典文学研究走了正确的道路——兼斥右派分子对中国古典文学阵地的进攻》刊发于《文艺报》1957 年第 36 期。

1958 年　58 岁，在南京大学。

1 月，成《曹雪芹的世界观和"红楼梦"的现实主义精神及社会背景》，刊发于《人文杂志》1958 年第一期。

2 月，《诸子考索》由人民出版社出版第一版。

《曹雪芹的世界观和"红楼梦"的现实主义精神及社会背景》刊发于《人文杂志》1958 年第一期。

根据高等教育部《中国文学史教学大纲》完成分派的《陶渊明》一章，题名《陶渊明的生平、思想及其作品的现实主义与艺术价值》，刊发于《江海月刊》该年第二期。

8 月 9 日，《光明日报》当日刊发瞿新珉《文艺批评的标准问题——简评罗根泽著〈中国文学批评史〉》。

8 月 17 日，作《中国文学批评史·重印本序》。

1959 年　59 岁，在南京大学。

3 月 15 日，《三论陶渊明诗》刊发于《光明日报》。

4 月，《现实主义在中国古典文学及理论批评中的发生和发展》，刊于

《文学评论》第四期。

18日，先生夫妇下榻北京和平宾馆，顾颉刚来访。《顾颉刚日记》云："到何迥程先生处，导之至东单公园。出，到和平宾馆，访罗雨亭夫妇及夏瞿禅，并晤唐圭璋、王季思。"案：是日下午三点，人大会开幕。

12月20日，草成《苏轼的文学思想》。

本年，罗先生被定为"拔白旗"对象。案：见于罗茜、罗兰、罗芃《路漫漫其修远兮——怀念父亲》。

1960年　60岁，在南京大学。

1月7日突患脑溢血。《顾颉刚日记》云："得刘起釪信，悉罗雨亭（根泽）于一月七日在南京大学系会议席上中风，发生脑阻塞现象，经鼓楼医院急救，神志已正常，惟左半身不良于动，闻之殊念。"又，《路漫漫其修远兮——怀念父亲》云："一九六○年初，那天父亲按习惯一大早起床，冒着寒气练了一通太极拳，上午在系里开会，突发脑溢血。不久便永远离开了我们。"

1月31日，《洛阳伽蓝记试论》刊发于《光明日报》。

3月30日晚逝世。终年60岁。《顾颉刚日记》4月4日云："归来接罗雨亭凶报，渠已于三月卅一日在鼓楼医院逝世，朋从又弱一个，更加惆怅矣。"本月14日记云："得自珍来信，悉罗雨亭以犯病太多（肺病、心脏扩大、高血压、肝癌、血管硬化），不堪其苦，医院已无法治疗，于上月底跳楼自杀。悲哉！"

（作者为杭州师范大学国学院副教授）

张恒寿先生年谱 ①

杜志勇

    张恒寿（1902.3.24—1991.3.7），字月如，又写作越如、樾如，山西平定人。先后毕业于北平师范大学历史系（1932）、清华大学中文研究院（1937）。与石评梅、关其侗并称为"平定三杰"。民国期间，曾任辅仁大学、华北文法学院、北平国立艺专副教授。新中国成立后，历任中央美术学院、河北天津师范学院副教授，河北北京师范学院副教授、历史系副主任，河北师范学院教授，中国科学院哲学研究所兼任研究员。中国民主同盟盟员，曾任民盟河北省委员会第三、四届委员，河北省政协第四届常委。社会兼职有中国哲学史学会顾问、中华孔子研究会顾问、中国史学会理事、河北省社科联副主席、河北省历史学会第一至三届会长等。先生治学专于中国古代史、中国古代思想史，书法亦别具一格。与著名哲学史家张岱年先生相交莫逆、学术互相支撑。著有《庄子新探》《中国社会与思想文化》《韵泉室旧体诗存》等。先生逝世之后，所有藏书捐赠给河北省图书馆。

1902 年（清光绪二十八年壬寅） 1 岁

    出生于山西省平定县赛鱼村（属村观沟村）。父张士林，字墨卿。内行醇

---

    ① 本年谱记述张恒寿先生主要经历及著述概况，编纂过程中参阅了若干公开发表的记述张恒寿先生不同时期学行事迹的文章，其中凡时间、事件、学行事迹有不同记述者，均以笔者所见张恒寿先生1950年钢笔手书清稿《张恒寿自传》为准，本文中所言"《张恒寿自传》"，即指此本（张恒寿先生曾多次尝试写自传，其弟子王俊才教授整理有《自传》一文，所据与笔者所见清稿本不尽相同，凡引此文则标"整理本《自传》"，以示区别。后者收入《张恒寿先生纪念文集》，河北教育出版社1993年版）。

笃，重然诺，尚气节，不重虚名。参加保矿运动，组织平定公会，获得当局褒奖。

张恒寿《先君墨卿公行述》："光绪末，英商福公司，与山西巡抚胡某，私相结纳，盗据矿产，全晋大哗。平定民性素文弱，少敢首先发难者；先君独奋起纠合同志，组织平定公会；抗疏力争，遥为声援，且相约誓死不售地外人。……民国八年秋，平定省议士，陈其事于省当局；当局奖以'急公好义'匾额。褒文至日，先君阅之，竟；徐置案头曰：'姑置之可耳。'……十四年春，始悬诸亭。"

先生共有兄弟三人，其排行第三，伯兄张鸿寿，仲兄张同寿。

《张恒寿自传》："我弟兄三人，长兄比我大得多，早年出继到另一门，我十岁左右，他便死了。他有三个儿子，大侄子1924年少亡，二侄现在石门开设小文具店；三侄在平定当小学教员。二哥现在石门做小摊贩，他有四个儿子，都很年幼。"

1906 年（清光绪三十二年丙午） 5 岁

生母逝世。童年所受教育，主要来自父亲墨卿公。

《张恒寿自传》："我的生母，在我四五岁上便故去了。我从小长在父亲的身旁。父亲没有功名，但很爱读书；我未上学时，由父亲口授，认识了好多字，知道好多历史故事，也记下若干'锄禾日当午，汗滴禾下土'的格言诗。父亲颇能实践那时的封建道德，痛恨于大家族中子弟们的腐化、堕落，举以为戒，我一生受教育最深、怀念最深的是我的父亲。"

1907 年（清光绪三十三年丁未） 6 岁

开始在私塾兼小学的学校读书，对历史文学发生兴趣。

整理本《自传》："我六岁至十岁时，在私塾兼小学的学校读书，一面念《三字经》《四书》，同时也念国文、算学等科。当时的国文修身教材是学部编译图书馆的课本。书上讲的故事多有插图，读起来很有兴趣。加上此前父亲口授过的一些短诗与历史朝代顺序等。这些课本知识和口说结合起来，培养了我爱读历史文学的兴趣。"

1912 年（民国元年壬子） 11 岁

继续在学校读书，获得老师奖誉，志趣转深。

整理本《自传》："记得辛亥革命第二年春，小学教师出了'民国论'的题目，自己已能道听途说地写出什么'天下者，人人之天下，非一人之天下也'的语句，因而得到先生的奖誉，确定了爱学文学的志趣。"

1913 年（民国二年癸丑） 12 岁

到离家三里远的第五高小读书。

1916 年（民国五年丙辰）15 岁

高小毕业后，请王西庚先生为家塾老师，教读古书。

整理本《自传》："高小毕业后（1916 年夏，因先是春季始业，后改为秋季始业，多念半年），在家里跟一位老先生学读《左传》、古文、唐诗等书，一共念了四年。在塾师的教读下，对于写作文言文和旧体诗方面有初步练习，而其他方面毫无知解。"

1919 年（民国八年己未） 18 岁

五四运动爆发，在家博览群书。

《张恒寿自传》："1919 年左右，开始泛览群书，想成一个学问家。这时对于社会问题，了无所知，但父亲常谈到城里绅士们帮同衙门对于乡民的欺压，也时常听到村里的'五道爷'放高利贷，'折扣'人土地的故事，因此亦有些不平之感。"

1920 年（民国九年庚申） 19 岁

结第一次婚。

《张恒寿自传》："我于 1920 年结第一次婚，由父母主婚，但感情甚好，1927 年便病死了。"

入太原第一中学，学业优秀，对哲学的兴趣最浓。

《张恒寿自传》："到太原第一中学升学，开始爱看《新青年》杂志一类书；中学读书的前二年，规矩用功，常考第一，功课外亦常读些古书新书。第三年学校闹风潮，赶校长，学生分正反两派，我也站在反校长的这方面，给他们做告校长的呈文，参加到教育厅请愿；由于学校闹风潮，几月不上课，反给我好多广泛看书的时间。"

1921 年（民国十年辛酉） 20 岁

在太原一中读书，思念家乡而作诗《一九二一年在太原一中读书，春尽未见一花，因忆吾家有作》。

听梁漱溟讲演《东西文化及其哲学》，深感哲学对于人生之重要性。在《平定留省学生季刊》发表《评东西文化及其哲学》。

《张恒寿自传》："梁漱溟曾到太原讲演，我颇受他的感动，但不完全赞成他的主张，作了一篇《评东西文化及其哲学》，长万余言，登在《平定留省学生季刊》上，从此在同乡中似乎有了所谓'文名'。"

1922 年（民国十一年壬戌） 21 岁

受科玄论战的影响，开始对唯物史观有了认知，并感到了学习西方哲学的必要性。

《张恒寿自传》："1922 年，中国思想界有科玄论战，我开始对科学思想，有较清楚了解，读了吴稚晖《箴洋八股之理学》一文，才打破我注重思想而不注重物质的迷梦。《科学与人生观论战》印出后，我读了胡适之、陈独秀两序文的分歧意见，由陈序中，才开始知道一点唯物史观的粗浅理论。"

写作《文瀛湖雨晴早望》诗。

1923 年（民国十二年癸亥） 22 岁

结识高长虹，受其影响，开始接触鲁迅作品。

《张恒寿自传》："1923 年，在太原图书馆与高长虹相识，他的魄力和文学，在那时对我颇有影响，我开始知道鲁迅，由于他的介绍。"①

1924 年（民国十三年甲子） 23 岁

中学毕业，休病在家，暇时读新文学刊物与英文哲学书，并为考大学做准备。

《张恒寿自传》："1924 年，中学毕业，那时受朋友高长虹的影响，对

---

① 《张恒寿自传》原件与整理本《自传》记载有异，前者称与高长虹相识于1923年，而后者则称相识于1922年，"1922年在太原认识了高长虹，引起了我对鲁迅作品的爱好。"本文以先生手书之《张恒寿自传》为准。

大学资格不很热心，同时因病，在家里停了一年。……那年长虹在北京寄给我一些《语丝》《莽原》等刊物，石评梅代我买回一本英文罗素的《哲学问题》，开始能看英文哲学书。"

整理本《自传》："1924 年中学毕业，我本拟到北平升学，不幸那年春末，在家里帮我父亲理家的大侄壮年夭亡，父亲很伤感，我不愿马上离开，以避免增加父亲的惦念。同时因受长虹的影响，认为升大学读书，不比自修更有效益，于是留在家里，买了一些报刊书籍，专心学习有关文史哲的理论问题。另外也为考大学做些准备。"

在《山西省立第一中学校校友杂志》（1924 年第 3 期）发表《近年来学潮迭起而一般学子似群趋于废学之一途其症结安在有无根本救济之道》《新学制自小学至大学毕业须十八周年而生活程度日高中产以下之子弟小学教育卒业后虽有英才亦无再行深造之力学制如何改善方能使贫富子弟有同等求学之机会》。

在《石言》（第二卷第二期，1924 年 6 月平定留学生会印行）发表《现代学潮问题》《学制改善之管见》《考试问题商榷》《八十年来中国的思想》。[1]

1925 年（民国十四年乙丑） 24 岁

考入北平师范大学预科班。加入《山西周报》社，并在周报发表文章《人们的耳朵和我们的骨头》。

整理本《自传》："1925 年夏，到北平考入师范大学预科班。学校的课程，我除英文学习较有进步外，其他方面收获不大。校外的朋友，较多来往的还是评梅和长虹。这一年，山西留京的知识界人士常乃惪[2]、张友渔、陈显文、侯外庐、高长虹等发起了一个《山西周报》，以反对阎锡山为主要目的。我由高长虹介绍，参加其中，开了几次会，并在报上写过一篇短文（题目是《人们的耳朵和我们的骨头》），批评一些对此报有误解的人。"

1926 年（民国十五年丙寅） 25 岁

继母病故、父亲病重，先生由京返回山西。

----

[1] 参见王俊才《张恒寿先生著述简目》，收入《张恒寿文集》，北京：中国文史出版社2005年版。

[2] 惪，原书误作"惠"。

《张恒寿自传》:"1926 年,我的继母病故,父亲也得重病,正当大革命时代,我很平淡而庸俗地在家里呆了好多日。"

1927 年(民国十六年丁卯) 26 岁

春,先生第一任妻子病故。因处理家事,先生任教平定县立中学,教国文。初冬,父病故。先生作《先君墨卿公行述》,并于 1930 年在北京排印。

《张恒寿自传》:"二七年春,前爱人病死,父亲病已危险,因正太路不通,在平定县立中学担任了一个多月国文教员,学校因反对校长罢课,父亲也于冬初病故。"

1928 年(民国十七年戊辰) 27 岁

春,离开家乡到太原,寻觅借读机会。后经同学郝秉让引荐,成为国民党太原市党部的干事。两个月后,又毅然离开太原到北师大复学。

《张恒寿自传》:"二八年春到太原,打算找一借读的机会,在山西大学朋友处住了二月,看见山大的腐败情形,这个意思打消了。有一天,在书店里买书,遇到中学时同学郝秉让,他在国民党省党部工作,约我到他那里闲谈。那时陈公博在《贡献》上发表了一篇《国民革命的失败和我们的错误》,又出版《革命评论》,主张恢复中山先生革命的三民主义,我见郝同学时,详谈了这一问题,他说他们现在正要实行这个改革运动;谈过这一次后,我便回了平定。那时国民党太原市党部正式重新成立,他是宣传部长,发展我为该部干事。其实我那时并非国民党员……在市党部的主要工作,是搜集报纸,每周编一栏实事概述,这时举行太原市(国民)党员总登记,做些整理记录的工作。工作了一个月后,看到内部人物大都平庸,并无革命精神,同时《革命评论》所主张的恢复革命的三民主义之号召,也日趋暗淡,变成官僚空谈,于是我决计离开,正太京汉车一通,便到北平了。"

与甄华[①]一同由平定到北平,同住一起。先生的革命情感和社会意识,受到甄华深刻的影响。

---

① 甄华(1908—1994),又名甄梦笔,中共党员,大校军衔,山西省平定县(今阳泉市)人。甄华积极投身革命,曾任晋察冀军区政治部部长等职。新中国成立后,历任兰州大学副校长、山西大学校长等职。

整理本《自传》："那时，另一位最要好的朋友是甄华同志（他当时名甄梦笔）。他是我在县第五高小时的同学，在平定中学读书时秘密加入组织，建立了本县第一个地下共产党支部，后升入太原三晋高中，也是该校首先建立中共支部的一员。1927 年山西国民党'清党'时，他被开除学籍，离校返家。那时我正因父病在家，他即找我商谈到北京升学的计划。1928 年我到北师大复学，他也随同来京准备升学。在京四年中，我们先后同住了三年左右。""他常谈些政治文艺思想与参加革命的经过，不知不觉形成了我自己的革命感情和社会意识，他的精神、毅力给我影响也很大。"

先生到北平后，中学同学张隽轩邀其编辑《三民半月刊》，先生坚决拒绝。

《张恒寿自传》："二八年刚到北京时，中学同学张隽轩（即现任山西省民政厅长）几次拉我到他替阎锡山办理的《三民半月刊》，我坚决拒绝，以后私交的关系亦渐疏远了。"

9 月，石评梅逝世，先生在北师大以亲属身份参加石评梅追悼会，并以月如之名发表《评梅的死》，收入《石评梅纪念刊》（蔷薇社编辑，《世界日报》1928 年 12 月印行）。

1929 年（民国十八年己巳） 28 岁

从英文系转入历史系。不喜上课，而愿泛读杂文。

整理本《自传》："我回师大先在英文系念了一年，由于课程没有思想内容，而我的听说能力又差，第二年遂转到历史系。由于我当时的哲学兴趣非常浓厚，对历史系的课程仍不满意，所以上课的时候非常少，而愿自己泛读杂文。由于盲目泛读，时或有彷徨求索之感。"

1930 年（民国十九年庚午） 29 岁

以越如之名在《三民半月刊》第四卷第十一期发表《罗素论转形期中的家庭与国家》。此文为译作，翻译罗素名著《婚姻与道德》中的一篇，原名《家庭与国家》。

1931 年（民国二十年辛未） 30 岁

与张岱年结识于张申府"现代哲学"课上。由于共同的性情和爱好，二人投契最深，相交莫逆。

整理本《自传》："到第三学年时，认识了同学张岱年同志。他是我大学时代、也是我一生最接近的朋友（我先由高长虹认识了张申府先生，申府先生告诉我，他的三弟在师大教育系读书，这以后彼此相识，成了志同道合的朋友）。我们在思想、学问、性格、志趣等方面都很投契。我们都对现实不满，都不长于社会活动，而偏好理论思维，我们都喜读中国古代哲学中的先秦诸子和宋明理学，也旁及其他文史论著。我们都推尊唯物史观，也兼涉西方的其他思想，诸如罗素一些人的论著、实在论派的观点。不论在东西方哲学哪一方面，季同仁棣的修养和理解，都比我深厚，在他的影响下，我的学习有相当进益，才把以前偶尔出现的彷徨和孤独情绪安定下来。"

张岱年《怀念老友张恒寿同志》："约在 1931 年，我在北平师范大学听吾兄申府讲'现代哲学'课程，在课后休息时间，有一位也在听讲的同学前来谈论，他就是历史系的张恒寿同志。因为在此以前他曾到我家访问吾兄申府，所以有些面熟。当时谈得很投契，从此定交，成为挚友。恒寿字越如，彼此以字相称。"

与刘桂生女士结婚。

《张恒寿自传》："1931 年，与现在爱人刘桂生结婚，那时在女一中念书，后因心脏病未能升大学。"

"九一八事变"后，与同乡甄华、郭绳武等发起组织"平定青年奋进社"，举行演讲，创办杂志，成立通俗图书馆，在当时的太原城掀起一阵新文化和爱国主义的飓风。

《张恒寿自传》："'九一八'给我很大刺激，也想对国家人民，有所贡献，但并想不出积极救国的方法。于是和甄华及郭绳武等几位同乡，在平定组织了一个平定青年奋进社，假期中对小学教员中学生等举行讲演，又成立了一个通俗图书馆，出版了《奋进》和《平定评论》两个刊物，主要目的，是提倡救国思想，反对本地绅士的帮同衙门搜刮地皮。也许那时一部分青年，多少受点影响。"

发表《中国现状和中国青年》《论罗素哲学》《科学在自由教育中的地位》等文章。

1932 年（民国二十一年壬申） 31 岁

在北京师范大学历史系毕业，拟在平定办一所私立中学，因家庭财务状况不佳而作罢。

《张恒寿自传》："一九三二年，师大毕业，我想继续完成那个空想的社会事业，打算在平定办一私立中学。那时我家东北的商业，已因'九一八事变'而停顿，但还未结束。我想将我应分的一份残余收回来，作为创办中学的经费。亲自乔装商人，到东北一行，不料到彼后，才知商店完全垮台，产不负债了。"

1933 年（民国二十二年癸酉） 32 岁

先后在山西大学预科、私立平民中学、私立成成中学等校教书，密切关注时局动向，同时专门学问的思想更牢固了。

整理本《自传》："我自己在同乡、同学和亲戚的介绍下，先后在山西大学预科班、私立平民中学、私立成成中学等校教书。我还保持着注意政治而不参加活动的作风，但我当时很希望有一个进步思想的抗日势力出现。所以福建人民政府成立时我非常兴奋，但不久被蒋介石打败，又使我非常失望。于是研究专门学问的思想，很强烈、更牢固，决心不在太原继续读书了。"

在私立平民中学任教时，结识刚从清华大学西语系毕业赴太原任教的常风，从此订交终生。

常风《六十年的友情》："1933 年我从清华大学毕业后回到太原，经朋友介绍担任了平民中学高中英语教师。上课后我认识了高中二年级的语文教师张越如先生。""张先生下了课常到我的房间里闲谈，他和我中学同班同学狄景襄、焦国鼎在北平师范大学读书时是同学，我和他就感到亲近了许多。""越如准备报考研究生。他向我问询了清华中文系和研究院的许多情况，决定报考清华大学中文系研究生。"

1934 年（民国二十三年甲戌） 33 岁

考入清华大学中文研究院，师从刘文典先生，开始从事"庄子研究"的考证工作。

整理本《自传》："1934 年夏，看到报上有清华大学研究院招生的广告，注明报考中国文学系的可以考一门英文欧洲文学史代替第二外国语考试，我怀着对国家前途焦忧的心情报了名。实际上我更想念的是哲学系，所以考入中文研究院后便选取了介在文、哲之间的《庄子》作为研究题目。导师是刘文典先生。刘先生长于校勘学，我也就先做起了'庄子研究'的考证工作。"

张恒寿《庄子新探·序言》："我最初从事《庄子》研究时，导师是刘文典先生，刘先生是校刊《庄子》专家，曾指导我从《吕氏春秋》中发掘考证《庄子》的材料，可惜论文完成时即'七七事变'前夕，已来不及向导师汇报。日本投降后，刘先生又没有返回北京，未能得到他的审查，深感遗恨。"

1935年（民国二十四年乙亥） 34岁

撰写《六朝儒经注疏中之佛学影响》一文，作为修陈寅恪先生"佛教翻译文学"课的学年论文。后收入《中国社会与思想文化》。

夏，由王瑶介绍，结识赵俪生。

赵俪生《回忆张恒寿先生》："记得1935年夏天，有一天王瑶兄忽然对我说：'我带你去看一个朋友。'出了西校门向西南方向走，越陌度阡，到达一个半市镇、半村庄的所在，我知道这地方叫成府，顾颉刚先生的《禹贡》社就设在这里。恒寿先生一家人租住着一个小院落。"

常风举家迁往北平，与张恒寿先生过从紧密。

常风《六十年的友情》："1935年我考就北平艺文中学之聘，离开太原，桂生也在这时转学到了北平。我在西四北小拐棒胡同租了房子，我全家也迁到北平。越如进城看桂生，往往先在西四牌楼下车到我家里坐坐，有时桂生生病他须留在城里，他就在我家凑合住一下。越如和我的母亲、我的妻也就都熟了。"

1936年（民国二十五年丙子） 35岁

以越如之名在《清华周刊》第四十四卷第十期发表译著《印度哲学所需要的新转变》（P.T.Raju）。

撰写《共工洪水故事和古代民族》，作为修闻一多先生"中国古代神话研究"课程的学年论文。后收入《中国社会与思想文化》。

10月，参加毕业考试。

章玉政、刘平章《刘文典笔下的日本》："10月2日，（刘文典）先生至清华大学图书馆，与朱自清、陈寅恪、杨树达、闻一多、王力、浦江清、冯友兰、郑奠等出席清华大学研究院文科研究所中国文学部为张恒寿举行的毕业考试。"

1937 年（民国二十六年丁丑） 36 岁

春，先生被推举为《清华学生周刊》总编辑。

《张恒寿自传》："《清华学生周刊》是由前进派主持，三七年春，举我为总编辑。我因毕业论文忙，担任名义，由王瑶执行事务。去年王瑶同学说：'你是当时清华园内的"社会贤达"。'这句似誉非誉的评语中，说明了我不是一个革命斗士。"

6月，提交《读〈世说新语〉札记》，作为修陈寅恪先生"《世说新语》及魏晋哲理文学"课程的报告。陈先生对此文十分满意，给出87分的成绩，并用毛笔眉批："李慈铭校《世说》，已言及。鄙意临川实采辑两种不同之材料，故《文学》一篇，前后性质不同也。"此文后收入《中国社会与思想文化》。

同月，作《庄子考辨》论文，十余万字。受清华大学中文系聘，授大一国文。

《张恒寿自传》："一九三七年六月，研究期满（作《庄子考辨》一书，长十余万言，主要是考证《庄子》书内何篇较古，何篇较晚，已确定当时思想反映中之社会分野）。学校留我在中文系教大一国文，聘书接到后一个月，七七事变了。"

离京前的7月20日，曾与常风拜访朱自清和闻一多先生。

常风《六十年的友情》："七七事变后北平局势暂时平静，越如进城了解情况。我说打算到清华拜访朱自清先生和闻一多先生。越如也要和朱先生、闻先生谈谈他的论文。我们两人商议好7月20日上午去清华。越如在清华园汽车站接上我，我们两人先到北院朱自清先生家。朱先生正在写讲义。谈到七七事变，朱先生说不知道还会发生什么事情。我请朱先生把他的文章早日写好以便8月15付印。越如接着向朱先生报告，他的论文已写完，准备再修改后送请朱先生看看。我们三人又谈了些闲话，越如和我就向朱先生告辞。我们从朱家又循来时的路出了清华园到顶南端的新南院拜访闻一多先生。闻先生一见我就说，他答应写的论宫体诗的文章尚未定稿，他打算三两天后回武昌去看看，在武汉写好文章就给我寄来，他要在开学前回来。说起北平的局面，闻先生感到严重，可是也预料不到近期会有什么变化。越如向闻先生请教他在重新考虑的关于庄子的一些问题后，我们就向闻先生告别到成府燕京大学东门外越如家里。"

8月，携妻子与甄华等平定老乡返回原籍。

整理本《自传》："正在准备论文答辩之际，即发生了震撼民族存亡的卢沟桥事变。事变突然发生，北平岌岌可危，平汉路很快断线，人们纷纷从津浦路、海路南下，学校的前途未定。那时，甄华刚从日本回国，到清华大学找我。我们遂相偕从清华园站乘平绥路车，经大同到太原。"

1938 年（民国二十七年戊寅） 37 岁

先生被扫荡日寇带走，途中逃入一旧煤矿内，因寒湿留下终身腿疾。后以腿部受重伤为辞，推拒伪县政府的威胁和邀请，到小村中暂避，与外界不通消息。

《张恒寿自传》："日寇陷太原后，回军搜索村落，将我带去，在向阳泉路上的一个村里，我乘伊等不注意的机会，逃到煤窑里，住了两夜，从此腿部受寒湿，致成宿疾，至今未愈。这时敌伪县政府知我在家，用恐吓信，诱我到县里办他们的所谓'教育'，我告以腿部受重伤，不能行动，随即逃到附近的小村子里，从此有我受伤及已死的传说。"

夏，因汉奸告密，欲投奔甄华而未成行。因不与伪县政府合作，遂决定寻机返回北京。

《张恒寿自传》："这时伪县政府又派人来，嘱我给伪前县长作一颂德碑，我平生无一长处，只学会有一点操守坚定的精神，所以托辞不在家，先躲到小村里，随即乔装商人，（曾留胡子）潜行到北京（因为我说了一句可写'遗臭万年'四字，已传至汉奸耳中，伊甚为激怒，所以非走不行）。"

1939 年（民国二十八年己卯） 38 岁

冬初，携妻子刘桂生来到北京，住在老友常风家里。致函朱自清先生，询问清华情况。由于西南联大朱自清先生和晋西北甄华同志的消息都没有等到，只好在厌苦而又留恋的北京定住下来。

整理本《自传》："来京后附住在朋友常风家里，知道一些内地的消息，便给朱自清先生寄去一信，询问清华的情况，这样就决定暂时安心住下。一面给爱人诊治疯疾，一面等候各方（西南联大朱自清先生和晋西北甄华同志）的消息，再定久远的行止。回音都没有等到。不久'珍珠港事件'发生，由海路去昆明的希望也归破灭，我和爱人遂在这个厌苦而又留恋的北京定住下来。"

1940 年（民国二十九年庚辰）39 岁

2 月，朱自清致信常风，邀请先生赴昆明以完成研究论文，并安排教职。考虑到自己的健康状况，先生决定留在北京，潜心究学，并修改关于庄子的研究生论文。

常风《六十年的友情》："我 1940 年 2 月初收到朱自清先生从昆明来信，西南联大在昆明成立之后，朱先生还担任清华大学中文系主任。朱先生让我想法子告诉张越如尽快到昆明完成他的研究论文的结束工作。朱先生还说安排越如在中文系任助教，不必担心到昆明后的生活。我立即照朱先生信中所说写信告诉了越如。过了 20 来天越如、桂生从平定老家到了北平。……他们考虑到自己的健康情况和长途行路颠沛之苦，决定暂时先在北平住下。"[①]

冬，作《王庄靖先生〈悟道诵〉题词》（又名《莽苍山民跋语〈悟道碑〉》，"莽苍山民"为先生在七七事变后常用之号）。

1941 年（民国三十年辛巳） 40 岁

与张岱年、翁独健、王森、韩镜清、成庆华、王葆元等人组建三立学会，研讨学术，不与日伪合作，直至 1945 年。

《张恒寿自传》："这时与张东荪先生有来往，与王桐龄先生（前师大时教授，在校时不熟，四五年住一胡同）、邓以蛰先生，亦是这时才相熟，他们都是不和敌伪合作的前辈。"

---

① 关于此事，常风在《六十年的友情》中记为先收到朱自清先生的信，张恒寿先生后到北平，盖为误记。

整理本《自传》："在悲愤的处境中，时时有研讨学术、渴望复国的要求。那时有几位困在北京而不甘为敌人驱使的朋友，成立了一个三立学会，成员有张岱年、王森、翁独健、张遵骝、韩镜清、成庆华、王葆元等同志，每隔二三周相聚一次，谈一些哲学思想和政局消息等问题，虽没有大的贡献，但总算是一个保留民族气节、促进哲学研究的集合。大约成立了四年左右，直至日本投降后，各人都有了正式工作，无形中趋于解散。"

1945 年（民国三十四年乙酉） 44 岁

日本战败投降，南京政府公布《收复区中等以上学校甄审办法》，要求甄审学生，先生著文抨击。

由常风介绍到北平临时大学第八班，担任一班国文课。时第八班主任为前清华大学教授邓以蛰先生。

1946 年（民国三十五年丙戌） 45 岁

年初，第八班改为国立北平艺术专科学校，徐悲鸿先生任校长，先生留任国文讲师，后升为副教授。

由冯友兰先生介绍，到私立北平文法学院，兼任中国哲学史副教授。

以越如之名发表《庄子与斯宾诺莎哲学之比较》（1935 年修冯友兰先生"中国哲学史研究"课程的学年论文，本年发表于《文艺与生活》上。[①]

参加清华大学校友会。

整理本《自传》："1946 年清华大学开校友会，遇到在军调部《解放报》的同学李乐光、于光远、郑继侨等人，详谈了解放区的情形，我对中共的认识才较为明确。"

1947 年（民国三十六年丁亥） 46 岁

在国立北平艺术专科学校任教，兼任教于北平文法学院。

---

① 张恒寿先生记为："于一九四六年，由李濂先生约稿，在《文艺与生活》第二、三期上发表过。"（《中国社会与思想文化》，第449页）。经笔者核查原刊，《庄子与斯宾诺莎哲学之比较（续）》发表在《文艺与生活》第2卷第1期上，该文其他部分当在此前发表。

1948 年（民国三十七年戊子） 47 岁

在国立北平艺术专科学校任教，兼任教于北平文法学院。

张申府新著《我们的出路》出版，并赠张恒寿先生阅。

朱自清先生逝世，先生作《挽朱自清先生》："清华园里突损文星妙笔隽新叹无匹，广济寺前怅望冷雨遗容寂寞恨未瞻。""十载亲承音旨未登堂奥愧游夏，一朝神归道山空仰文章媲韩欧。"

10 月，由陈寅恪先生介绍，兼任私立北平辅仁大学讲师。

张恒寿《回忆陈援庵老师的一件小事》："一九四八年，我在中央美术学院教语文，没有研究文史的环境，清华大学的陈寅恪老师，主动介绍我到辅仁大学教课，这才正式和陈援庵校长接谈。当时辅仁大学的大一国文课，不归中文国文系，而是由陈校长直接领导。用的是陈校长自选的课本，内容多是先秦（两汉）的历史名篇，和后来的历史文选差不多。"

1949 年（己丑） 48 岁

在国立北平艺术专科学校任教。

1950 年（庚寅） 49 岁

在国立北平艺术专科学校任教。

是年，被派送到"华北革命大学"学习，直到 1951 年冬学习结束。

1951 年（辛卯） 50 岁

在中央美术学院（前身即国立北平艺术专科学校）任教，兼任教于辅仁大学国文系。

秋，经美学家蔡仪教授、法国文学研究专家沈宝基教授介绍加入中国民主同盟。

自 1951 年冬至 1952 年 7 月期间，先生曾担任中央美术学院教务科长。

线天长《恩师难忘》："在中央美院，先生和吴作人教授、常任侠教授交往甚厚。吴作人教授那时是教务长，又多了一层和先生工作上的联系。徐悲鸿院长，重德重才，聘任先生副教授，委派先生教务科长，并负责教职工的理论学习。"

1952 年（壬辰） 51 岁

先生妻子刘桂生女士过世。①

7月，张岱年先生致信时任天津河北师范学院中文系主任温公颐教授，举荐张恒寿先生。

张岱年荐信称："张越如兄系师大史学系毕业，对于中国史有相当研究，讲授中国通史及有关中国史课程，定能胜任。……头脑清晰，口齿亦清楚，故教学成绩颇佳。兹据实奉答，即希鉴照！"②

8月，受天津河北师范学院院长杨秀峰聘，任该校历史系专任副教授。

1956 年（丙申） 55 岁

先生看到胡如雷先生在《历史研究》发表的《论武周的社会基础》《唐代均田制研究》两篇文章，向河北天津师范学院历史系领导鼎力推荐，将胡如雷先生从河北邢台师范调到河北师范学院历史系。

胡如雷《怀念张老纪念张老》："我是 1956 年从河北邢台师范调到河北天津师院历史系任教的。从此开始同张老接触，但此前已经发生了工作关系。事情的原委是这样的：当时正值高等学校大发展，周总理又作了关于知识分子问题的报告，'向科学进军'的呼声震耳欲聋。正是在这种情况下，《历史研究》发表了我的两篇文章，而河北天津师范学院也正壮大教师队伍，目光自然也及于中学，所以张老看过我的论文后，即向历史系的领导力荐，我才终于调到了该系。"

《揭露并批判胡适标榜"反理学"的历史渊源和反动本质》在《哲学研究》1956 年第 2 期发表。

冬，代天津哲学会请哲学家贺麟到天津做报告。

1957 年（丁酉） 56 岁

《关于中国哲学史中唯心、唯物主义斗争和阶级斗争的关系问题》在1957 年 2 月 4 日的《人民日报》发表。

---

① 关于刘桂生女士过世时间，常风《六十年的友情》误记为1945年冬，现以张恒寿先生记录为准。

② 原件藏河北师范大学档案馆。

《论中国接受实用主义影响的社会基础和思想联系》在《河北天津师院学报》1957年第2期发表。

《试论两汉时代的社会性质》在《历史研究》1957年第9期发表。

赵俪生《回忆张恒寿先生》："1957年春，恒寿先生写过一篇大论文，是关于汉代社会性质的。在我看来，这也应该是恒寿先生一生中的一件大事。文章发表在《历史研究》1957年9月号的头篇，文长三万三千字。但据后记说，原稿六万余字。""这是一篇支持郭说最有份量的一篇，也是不同意郭说诸家对之较少异议、很少反感的一篇。因为恒寿先生在这篇文章里显示了他史料的功力和马克思主义理论的功力。须知当时，有些史料派对哲学理论修养不足，有些理论派对史料功底又短少些，所以写出文章来不是左腿跛就是右腿跛，总是给人一种印象：一拐一拐的偏偏斜斜。只恒寿先生这篇文章不拐，在'史论结合'方面做到了好处。"

中国科学院哲学研究所曾调先生到该所任研究院，河北天津师范学院只同意先生兼任该所研究院，先生遂任中国科学院哲学研究所兼任研究员。

1958年（戊戌） 57岁

随同河北天津师范学院文史两系，合并到河北北京师范学院。

1959年（己亥） 58岁

被评为河北北京师范学院先进工作者，并出席北京市教育界先进工作者会议。

《批判傅斯年在哲学、史学上的反动观点和谬误考证》在《劳动与教育》1959年第9期发表。

是年，先生本有机会调到南开大学哲学系，但终未去成。

温公颐《悼张恒寿同志》："1959年冬，南开大学要创办哲学系，组织又把我由京调回天津。那时天津是河北省省会，而南开大学与天津大学由中央下放给河北省。我本来是学哲学的，创办哲学系总算是归队。省委同时也调恒寿同志来南开大学，不过他可以次年来南开，我却要当时立刻即走。次年中央把天大、南大两校收回。因此，恒寿同志就来不了。"

1962 年（壬寅） 61 岁

《关于中国封建土地所有制讨论中的若干问题》在《历史研究》1962
年第 2 期发表。

1963 年（癸卯） 62 岁

开始整理《庄子考辨》旧稿。

高淑娟《张恒寿先生传略》："因时间关系，延至 1963 年初，开始将原
来用文言写成的'内篇考证'部分，改写成语体文，又增加了一部分评庄
子内篇关于汉代的辩论，写成《论〈庄子〉内篇的真伪和时代》一文，并
继续改写外篇部分。至 1964 年冬，完成原稿'外篇'全部和杂篇中的《天
下》一篇的改写工作。"

1965 年（乙巳） 64 岁

《评海瑞〈泰伯论〉中的反动思想》在河北北京师范学院院刊《思想战
线》1965 年第 3 期发表。

高淑娟《张恒寿先生传略》："在批判《海瑞罢官》之始（1965 年冬），
主持者还没有亮出发动批判的真正意图，人们对吴晗还可以称同志。因为
先生曾浏览过《海瑞集》，于是从学术研究的角度，写下了《评海瑞〈泰
伯论〉中的反动思想》一文，表达了对海瑞反民主思想的意见。"

1969 年（己酉） 68 岁

河北北京师范学院迁出北京，搬到河北省张家口市宣化区。因先生在
北京留守处有住房，并不常住宣化。

1971 年（辛亥） 70 岁

秋，下放到河北省张家口宣化瓷厂劳动。先生作诗《七一年秋末在宣
化瓷厂劳动时漫作》，有"我来瓷厂才九天，情趣新鲜意盎然。昔惭两手不
沾泥，今欣劳动非旁观"之句，可见先生劳动热情不减。

1978 年（戊午） 77 岁

先生晋升为教授，当选为河北省政协常委。

11 月，参加山东大学文科理论讨论会。先生感叹"浩劫过后，禁区初开，

会上畅所欲言，意趣殊快"，作诗《参加山东大学文科理论讨论会作》《又寄山大文科理论讨论会》。先生意气风发，把全部精力又投入到了学术研究当中，著述如雨后春笋，不断涌现。

1979 年（己未） 78 岁

《论〈庄子〉内篇产生的时代及其篇名之由来》在《文史》第七期发表。

《论春秋时代关于"仁"的言论和孔子的"仁说"——驳关锋的春秋时"仁"的三种类型说》在《哲学研究》1979 年第 12 期发表。

1980 年（庚申） 79 岁

《二十年代山西的一位女作家——纪念高君宇的战友石评梅同志》在《山西师院学报》1980 年第 2 期发表。

撰写《孔丘》一文，收入《中国古代著名哲学家评传（第一卷）》（辛冠洁主编，齐鲁书社 1980 年版）。后又收入《近四十年来孔子研究论文选编》（中国孔子基金会学术委员会编，齐鲁书社 1987 年版）。

张立文《消与长范畴的纵贯与横摄——为张恒寿教授纪念集而作》附记："张恒寿先生在'文革'前，我已闻其名，惜无交往。'文革'后，我们几个人编辑《中国古代著名哲学家评传》时，觉得孔子评传是一重头人物，写好与否关系此套评传的质量和声誉。因此，孔子由哪位学者来写，很费斟酌。曾提出几个方案，最后选定由著名学者张先生来写。"

《论子产的政治改革和天道、民主思想》，收入《哲学史论丛》，吉林人民出版社 1980 年版。

《论〈庄子·内篇〉的真伪和时代》，收入《中国哲学史研究集刊》第一辑，上海人民出版社 1980 年 7 月出版。

《论〈庄子〉外篇中〈秋水〉以下六篇的特点和时代》，收入《中国哲学史论文集》第二辑，山东人民出版社 1980 年 9 月出版。

《论〈庄子·天下篇〉的作者和时代》，收入《中国哲学》第四辑，三联书店 1980 年 10 月出版。

1981 年（辛酉） 80 岁

河北师范学院由张家口宣化南迁，先生随校迁往石家庄。

《论〈庄子·庚桑楚〉篇的特点及其与〈老子〉书的关系》在《河北师院学报》1981 年第 2 期发表。

11 月，参加在杭州召开的宋明理学研讨会，提交论文《略论理学的要旨和王夫之对理学的态度》。

1982 年（壬戌） 81 岁

先生开始承担招收研究生任务，前后共招收三届研究生。除开设思想史课程，还给研究生开设"唐代文学研究"课。

胡如雷《怀念张老纪念张老》："张老不但专门研究思想史，而且对文学、史学也都能兼顾。他曾用数年的时间研究韩愈和柳宗元，虽未形诸文字，但一再同我谈起，他是从两人思想、文学、官履等各个方面考虑问题的。"

11 月，到湖南省衡阳市参加"王船山学术思想讨论会"。

《"县令"小考》在《河北师院学报》1982 年第 1 期发表。

《略论理学的要旨和王夫之对理学的态度》在《中国社会科学》1982 年第 3 期发表。

1983 年（癸亥） 82 岁

11 月，先生游西安，作诗《游西安林园》《游西安兵马俑秦墓》。

《庄周述略》收入《中华民族杰出的历史人物丛书》，中国青年出版社 1983 年版。

《〈中国史哲论丛〉自序》[①] 在《河北师院学报》1983 年第 4 期发表。

《庄子新探》由湖北人民出版社在 1983 年 9 月出版。《庄子新探》是张先生历时半个世纪的扛鼎之作，是在刘文典、闻一多等名家研究的基础上，从 20 世纪 30 年代跨越到 80 年代庄子研究的桥梁，代表了当时研究的最高水平。

《张恒寿自述》："1937 年写成的《庄子考证》，原文是文言文，1962 年整理时先将内篇部分改写成语体文，又增加了评论内篇出于汉代说的部分，

---

① 张恒寿先生《中国社会与思想文化》一书原打算在齐鲁书社出版，拟名为《中国史哲论丛》，后转由人民出版社出版，遂定为今名。张先生将《〈中国史哲论丛〉自序》予以扩充，作为《中国社会与思想文化》的自序。

总名为《论庄子内篇的作者和时代》(即今《庄子新探》书中第一、二章),
于 1963 年夏提交北京史学会作为年会论文。以后陆续整理其余部分,直至
1965 年开始评《海瑞罢官》时尚未整理完毕。接着是十年动乱,又复中断。
直至十一届三中全会后,才全部写完(即今《庄子新探》的前四章)。"①

商聚德《考证精当见解新颖——读张恒寿著〈庄子新探〉》,《河北学刊》
1988 年第 5 期。

1984 年(甲子) 83 岁

被评为石家庄市劳动模范,受到党和政府嘉奖。

应湖南衡阳船山学社之邀,为船山草堂题词。

致信中国社科院衷尔钜先生,向中国哲学史学会提议召开颜李学派讨
论会。此提议顺利通过,会议于次年召开。

到太原参加"全国首届傅山学术研讨会"。

1985 年(乙丑) 84 岁

1 月,指导研究生马新爱完成硕士论文《吕坤与理学》。

4 月,指导研究生梅兴柱完成硕士论文《欧阳修思想初探》。

4 月 20 日,写成《张恒寿自述》。

张恒寿未刊手稿:"1980 年夏,接太原《晋阳学刊》编辑部函,嘱我
为该部编辑的《中国当代社会科学家评传》写一自传,并承列入第一辑计
划之中,接信后,感到惭愧而不安,觉得自己没有什么值得列入传略的事
迹可写,就一直推诿下去。直到第一辑已出版,尚未着手,按照惰性习惯,
认为时效已过,不必再写了。83 年编辑部来访,仍希望年内写出。84 年到
太原参加傅山学术讨论会,主编高德增同志又加督促,并说编辑《评传》
的目的,主要是为了对青年学子的参考,最好写出思想进展的线索,在该
同志的敦促下,我才从青年学子参考的角度出发,写一点回忆。"②

日本汉学专家池田知久教授专程拜访先生,回国后积极向同行介绍《庄

---

① 《张恒寿自述》,收入高增德、丁东编《世纪学人自述》(第二卷),北京十
月文艺出版社 2000 年版。

② 据笔者所存手稿照片。

子新探》。

《庄子新探》获得"河北省社会科学优秀成果一等奖"。

《章太炎对于"二程"学说的评论》在《中国哲学》第十三辑发表。

1986 年（丙寅） 85 岁

给历史系研究生李燕捷、杜来锁、宋大川等人开设"唐代文学研究"课程。

10 月，中国社科院哲学研究所等单位联合为贺麟教授举行庆祝教学科研六十周年纪念会。先生接到请柬，因事未能赴京参加，作诗《赠贺麟同志》，以表贺忱。

《试论〈溇江诗〉的思想和风格》在《河北师院学报》1986 年第 1 期发表。

《论宋明哲学中"存天理、去人欲"说》在《哲学研究》1986 年第 3 期发表。

《评一部有学术价值的新著——〈王通论〉》（与马涛合作）在《晋阳学刊》1986 年第 6 期发表。

先生旧体诗七首，收入降大任、张成德选编《唐风集》，北岳文艺出版社 1986 年 8 月版。

1987 年（丁卯） 86 岁

3 月，河北师范学院举行"张恒寿先生从事学术活动五十周年座谈会"。赵光贤、王树民、漆侠、胡如雷、常林炎、萧望卿等先生予会祝贺，张岱年、贺麟、王瑶、赵俪生、常风、滕大椿等老友以不同形式表示祝贺。

5 月，参加中共山西阳泉市委为庆祝阳泉解放 40 周年召开的党史座谈会。

《顾宪成学术思想散论》在《河北师院学报》1987 年第 2 期发表。

12 月，先生《对董仲舒思想的一些看法》，收入《董仲舒哲学思想研究》，河北人民出版社 1987 年版。

1988 年（戊辰） 87 岁

1 月，指导研究生王俊才完成硕士论文《陆世仪（桴亭）简论》。

3 月，中国社科院历史所姜广辉先生致函张先生，言与上饶师专合作创办《朱子学刊》，约先生为该刊顾问，并请先生题词。10 月，先生为该刊题词《题〈朱子学刊〉创刊号》，以示祝贺。与老友张岱年先生题词共同发表在《朱子学刊》第一期上。

《王孝鱼先生〈老子微〉序》在《河北师院学报》1988 年第 2 期发表。

《也淡二程思想的异同》在《中州学刊》1988 年第 5 期发表。

1989 年（己巳） 88 岁

《王船山天人学说探微》在《河北师院学报》1989 年第 1 期发表。后收入《传统文化的综合与创新》，中华孔子学会编辑委员会编，教育科学出版社 1990 年 3 月版。

《对董仲舒思想的一些看法》，收入《董仲舒哲学思想研究》，河北人民出版社 1987 年版。

先生将多年来的单篇论文结集为《中国社会与思想文化》，由人民出版社 1989 年 8 月出版。

周乾溁《读张恒寿著〈中国社会与思想文化〉》，《晋阳学刊》1990 年第 5 期。

1990 年（庚午） 89 岁

2 月，在先生与王树民先生共同指导下，研究生赵艳霞完成硕士论文《先秦赵国疆域变迁》。

3 月，在先生与陈慎同、尹协理共同指导下，研究生吴德义完成硕士论文《宋初"三先生"思想简论》。

3 月 25 日，中华孔子学会第一次扩大会议推举先生任该会顾问。

4 月，在先生与陈慎同、尹协理共同指导下，研究生韩立森完成硕士论文《论陈确的思想及其与理学的关系》。

夏，先生赴京，陈来曾往拜望。

陈来《论朱熹淳熙的心说之辨》附记："1990 年夏先生来京，我前去拜望，恒寿先生赠我新著《中国社会与思想文化》及诗集。我因素仰先生墨迹，即请为书一条幅。先生还家不久，即为书王阳明诗'铿然舍瑟春风里，点也虽狂得我情'。"

《严复对于当代道学家和王阳明学说的评论》在《河北师院学报》1990

年第 1 期发表。

《读〈薛文清文集〉中两篇书信的感想》在《运城师专学报》1990 年第 1 期发表。

《评〈明清实学思潮史〉》（与马涛合作）在《哲学研究》1990 年第 4 期发表。

《回忆老同学王瑶同志》，收入《王瑶先生纪念集》，天津人民出版社 1990 年 8 月版。

《周庆义先生辑〈薛瑄文选〉序言》，稿本，未见收录。

《韵泉室旧体诗存》，花山文艺出版社 1990 年 3 月版。

1991 年（辛未） 90 岁

《薛瑄散论二则》在《河北师院学报》1991 年第 1 期发表。

3 月 7 日晨 6 时逝世，享年 90 岁。

杨向奎《论仁》："著名史学家张恒寿先生今年三月，曾有诗集相赠，余曾有信致张翁表示感谢，并有诗云：'诗与春秋俱，身怀举世才。七十年往事，历历巧安排。逝者如斯夫，光辉在未来。'信与诗寄去后而张先生的讣文至。"

马涛《张恒寿与中国思想史研究》，《孔子研究》1991 年第 4 期。

马新爱《论张恒寿研究中国思想史的特点及贡献》，《河北学刊》1991 年第 4 期。

《哲人虽逝令誉永存——四教授笔谈〈张恒寿先生纪念文集〉》，《河北师范学院学报》1995 年第 1 期。

先生逝世后著述出版情况：

《回忆长虹》，收入《高长虹研究文集》，北岳文艺出版社 1991 年 4 月出版。

《从爱因斯坦谈人生说到孔子儒家的性与天道》在《河北师院学报》1992 年第 1 期发表。

王俊才、秦进才主编《张恒寿先生纪念文集》，河北教育出版社 1993 年 12 月版。此书除收入先生生前好友、门人弟子的纪念文章外，还收录了先生所写《先君墨卿公行述》《自传》《王庄靖先生〈悟道诵〉题词》《论宋明哲学中的"存天理去人欲"说》（续）、《读〈薛文清文集〉的一些感想》等文章及未收入《韵泉室旧体诗存》的旧体诗二十二首。

《张恒寿自述》收入高增德、丁东编《世纪学人自述》（第二卷），北京十月文艺出版社 2000 年版。

王俊才编《张恒寿文集》，中国文史出版社 2005 年版。此书将张恒寿先生《庄子新探》《中国社会与思想文化》《韵泉室旧体诗存》等悉数收录，可以说是先生著述全集式的总结。

《张恒寿论庄子》收入胡道静主编的《十家论庄》，上海人民出版社 2008 年版。

参考文献

［1］张恒寿：《先君行述》，1930 年排印本。

［2］张恒寿：《张恒寿自传》，先生 1950 年钢笔手书清稿本。

［3］张恒寿：《庄子新探》，武汉：湖北人民出版社 1983 年版。

［4］张恒寿：《中国社会与思想文化》，北京：人民出版社 1989 年版。

［5］张恒寿：《韵泉室旧体诗存》，石家庄：花山文艺出版社 1990 年版。

［6］王俊才、秦进才主编：《张恒寿先生纪念文集》，石家庄：河北教育出版社 1993 年版（文中所引张岱年《怀念老友张恒寿同志》、常风《六十年的友情》、胡如雷《怀念张老纪念张老》、温公颐《悼张恒寿同志》、赵俪生《回忆张恒寿先生》、线天长《恩师难忘》、张承铭《怀念我的三祖父》、高淑娟《张恒寿先生传略》、杨向奎《论仁》、张立文《消与长范畴的纵贯与横摄——为张恒寿教授纪念集而作》、陈来《论朱熹淳熙的心说之辨》等友朋纪念文章皆出此书）。

［7］张恒寿：《张恒寿自述》，见高增德、丁东编：《世纪学人自述》（第二卷），北京：北京十月文艺出版社 2000 年版。

［8］王俊才编：《张恒寿文集》，北京：中国文史出版社 2005 年版。

［9］章玉政、刘平章：《刘文典笔下的日本》，合肥：合肥工业大学出版社 2012 年版。

（作者为河北师范大学文学院副教授）

王重民教授生平及学术活动编年 ①

刘修业

编　例

一、本编年主要是根据下列已出版有三传略及有关记述他的文字。

（一）刘修业编、杨殿珣校订《王重民教授著述系年》。载《吉林省图书馆学会会刊》，1980 年 2 期、3 期。

（二）傅振伦撰《王重民教授别传》。已收入《中国当代社会科学家》第一辑。北京图书馆《文献丛刊》编辑部编，1982 年 5 月出版。

（三）崔文印撰《王重民传略》。载《晋阳学刊》1983 年 1 期。

（四）李剑雄撰《关于〈中国善本书提要〉》。载《社会科学战线》1984 年 3 期。

二、在编写过程中，还参考了重民在法国、美国，及回国后外出时给我写的信；以及他和陈垣、梁家勉、胡道静等诸师友通信。在这些信件中，凡有述及他的生平及学术活动等，均摘要按年编入。至于这些论学信件，因限于篇幅，未能收入《冷庐文薮》的附录中。拟将来重编较为详尽的年

---

① 　该文据《冷庐文薮》（上海古籍出版社1992年出版）后附录的《王重民教授生平及学术活动编年》录入，此文较《图书馆研究》1985年第5期所载《王重民教授生平及学术活动年表》更为详实完善。王媛《〈王重民教授著述目录〉补遗》（《图书情报工作》2003年第5期）称《王重民教授著述目录》自写成至1992年《冷庐文薮》出版，前后凡修改五次，可见刘修业先生对王重民教授著作整理之认真负责、呕心沥血，更不难推知其所编《王重民教授生平及学术活动编年》也应是反复修改而成。

谱时，附录于年谱后。

三、本编年中重民出生的日期及他从北京师范大学毕业的年代，与以前我编的《王重民教授著述系年》不同，因以前只按我的记忆所写，不免有误。这次则检出他在法国写给我的信，据其中有关自述改正。

四、本编年附《王重民著述目录》[①]，故他的著作，只个别特殊的专著及散佚未经出版者，则在编年中详及；其余论著已在报刊上发表及已出版单行本者，则见《目录》中。

五、1947 年至 1975 年，重民在北京大学图书馆专科（后改为系）工作情况，由他的早期学生郑如斯同志（副教授）编出大纲。但重民业余在家中整理海外搜集的敦煌遗书等资料，以及辑校《徐光启集》，到后来又撰出《徐光启》传记等著作的情况，因恐郑如斯同志不知其详，故有这些书编写的经过，仍由我加以补充。

六、本编年重在叙述重民生平大事及在学术上活动，其他情况则不详。

七、本编年得以编成，承郑如斯同志帮助编写重民在北大系中工作及讲课大纲。写成后，又承杨殿珣、程金造、马蹄疾诸同志校阅提出宝贵意见，乃重加修订。《编例》及《后记》写出后，又蒙崔文印同志，加以润饰，统此致谢。

刘修业记于北京大学燕东园
1983 年 4 月 16 日

王重民教授是我国著名目录学家、文献学家、敦煌学家，九三学社社员。名重民，字有三，曾化名鉴，生于河北省高阳县西良淀村一个务农大家庭。他的两个叔叔，均务农为生。父王步霄则是乡村塾师，因爱看医书，便自修成中医，在村中行医；逐渐积储家资，买地雇工耕种或出租，家境稍好转。母亦姓王名娟，主持家务，生二男二女，有三排行第三，大姊名文，二姊名考。弟新民，曾在保定五金公司任职，现已退休。有三从小由他父

---

① 限于本书编纂体例，不再另附著述目录。

亲教他读书识字，稍长入高等小学读书，家中方析居。今将有三生平及有关学术活动编年如下：

1903 年　1 岁

于清光绪二十八年（壬寅）十二月初五日（公元为 1903 年 1 月 3 日）生。

1904—1913 年　2 岁—11 岁

在童年时，因他的母亲晚年得子，特别宠爱，遇到事多迁就他，就养成他脾气很倔强。至长大读书，乃慕古人刚直不阿，不愿逢迎有权势者，致他虽勤奋一生，努力搜集祖国古典文献，热爱祖国文化遗产；拳拳之心，始终如一，但终不能发展其抱负，十年动乱中，终被"四人帮"迫害，赍志以殁（详见本编年 1975 年下）。

1914 年　12 岁

入高阳县高等小学求学。

1920 年　18 岁

高等小学毕业，考入保定（今河北省）第六中学。他是时方成年，即由父母之命，被迫与邸氏女名巧者结婚。

1921 年　19 岁

他的大儿子王化一在 10 月 1 日生。

1922 年　20 岁

在中学肄业时，他对语文、数学、理化等基础课无不刻苦钻研。课余喜读《新青年》《新潮》及《努力周报》等进步刊物。因之受"五四"新文化运动和苏联十月革命影响，在校期间与同学邓仲强、杨景山等一同成立了学习马列主义书刊的小组织，提出："仅随主义走，不随任何人走"的口号。他对他与邸巧的由父母包办的婚姻，感到不满，开始反抗。

1923 年　21 岁

在北京，经杨景山介绍，他加入中国社会主义青年团。回保定后，在第六中学筹备成立团支部，因邮寄的文件被直系军阀曹锟部下发觉，遭通缉，他被迫离校，潜逃北京。

1924 年　22 岁

重到北京，他自名重民，考上北京高等师范学校（后改名师范大学）。他的父亲早已向他声明，可考取速成班或是官办学校，毕业后可以做官，早些赚钱。但有三受了新文化思潮的熏陶，早就不把"做官"看得很重要，并认为"求学问可以赚大洋的观念是不对的"，这样便违背了他父亲的期望，又因为当时他家是个大家庭，经济的关系复杂，不能继续供给他的求学费用。他因之经济上感到了困难，便借写文章在《学生杂志》上发表，得些微薄的稿酬以自给。从他所发表文字，可以窥见他在青年时代的思想和生活态度之一斑。他在《我的生活态度》一文（载《学生杂志》11 卷 3 期，1924 年 3 月）中，感慨地说：

> 我的家庭是大家庭，财产还够不上小康，现在竟得有求高等知识的机会，岂不是不幸中之"大大幸"？但这个"大大幸"，哼！每个细胞都是用悲哀和烦恼织成的啊！家庭对我中学毕业的希望，不是增加经济收入的责任，便是入个什么二、三年毕业的官办学校，早些出来赚个钱。

从上所引，可见他的父亲是不愿负担他上学的费用，此后他还在《学生杂志》发表几篇文章，（因后附的《著述目录》中不载他青年时期写的文章）今列举其篇名如下：

一、《最后一课》（11 卷 5 期）。

二、《中学毕业升学问题的研究》（11 卷 6 期）。

三、《与一些朋友谈谈国文》（11 卷 12 期）。

可是所得稿酬过于微薄，故有三又在《益世报》谋得了一个兼职编辑，又一度兼作家庭教师，得些工资，以维持他求学的费用。

他在求学期间，北海图书馆（后并入今之北京图书馆）的馆长袁守和（同礼）在师范大学讲授目录学，有三从他受业。有三的刻苦力学和困难处境，得到了袁同礼的同情，便介绍他在课余到图书馆工作，从此他即踏上一生为之致力研究的目录学的里程。

当有三在师大时还从陈援庵（垣）先生受业，亦深受陈援老的赞赏。

陈垣先生当时有北方及门弟子三人，号"河北三雄"，他居其一。此外还有杨遇夫（树达）、高阆仙（步瀛）、黎劭西（锦熙）、钱疑古（玄同）诸先生都很赏识他。有三尝自号其书斋为"冷庐"，钱玄同先生亲为其书斋题名，有三非常喜爱这手迹，常挂在书斋中，今仍珍藏家中。

1925 年　23 岁

他当时"风华正茂"，遇到赏识他的几位老师，就如鲸之吸水，巨饮狂吞，而他的学识，就在不知不觉中日益广博。后因黎邵西先生在教育部编审处任职，告以年来出版杂志甚多，可编索引以纲领之。有三在暑假中就走访北京各图书馆。后在历时 4 个月中，见杂志 59 种，乃编为《国学论文索引》，完成了五巨册初稿。至 1928 年经过几次的增补，共得杂志 82 种，论文三千数百余篇，印行出版。成为当时研究国学极重要的工具书。自后国人乃知索引之利于科研，于是各大学及各种定期刊物，亦渐开始从事各种专门索引的工作。

一面在师大求学，一面在北海图书馆工作，读到更多的书，面对丰富的知识宝库，从事目录学的研究，他开始编《老子考》，原是仿朱彝尊《经义考》、谢启昆《小学考》的体例编撰的，但朱、谢二书，只注明所著录书的存佚，不涉及版本。而他编的《老子考》著录有关《老子》的著作近五百种，对于尚存者，记其何种刻本或丛书本，于未见、未刊者皆予注明。这是他肯虚心向当时许多学者如陈垣、杨树达、傅增湘先生及一些收藏丰富的藏书家请教之结果。同时期，他在《学生杂志》发表了 3 篇文章：

一、《论读书方法》（12 卷 2 期）。

二、《一个大学生访问记——访问一个学政治课的同学》（11 卷 3 期）。

三、《求学与择业》（13 卷 7 期）。

在这些文章中，均可见他求学的志愿及对政治的思想和态度。

1926 年　24 岁

在师大求学时，他还到故宫博物院图书馆工作，又和许多知名学者接触，更增加钻研目录学的兴趣，逐渐把热情移到对祖国文化遗产的研究上来。他热爱祖国，对祖国民族文化遗产深沉而执着的爱，在他一生中是始终不渝的。

在《学生杂志》13卷12期发表《论眼光》一文，文中说："人的思想要永远追上时代思潮。"

1927年　25岁

他在师大求学时，又开始整理杨守敬观海堂遗书，迻录了杨守敬群书题跋不见于《日本访书志》者，共得46篇，辑成《日本访书志补》，他仍随时增补，直至1930年才出版。此外还辑录杨守敬《史略校勘札记》，次年发表。

在故宫图书馆，他看到方略馆乾隆帝敕令馆臣抽毁的《四库全书》的清缮本，开始编《四库抽毁书提要》（详见《著述目录》1930年下）。

撰写《论我国妇女再嫁与离婚》一文，在《妇女杂志》13卷5期发表。这是他从古代史料中，证明"妇女从一而终"的贞操思想，是由宋代道学家才开始提倡的。

他帮助梁启超纂修《图书大辞典》。这时，有三还是未毕业的大学生，在课外能做出这么多的整理古籍的成绩，其勤奋可以想见。

杨景山在本年4月6日被直系军阀逮捕下狱，28日与李大钊同志同为革命牺牲。这给有三很大的打击，他一度陷入苦闷、迷惘、彷徨之中。他只好更努力埋头于故纸堆中，以寄托他热爱祖国之心情。但他一生始终念念不忘这惨痛的回忆，我们结婚后，他不时述及。到全国解放后，杨景山遗孀和一个女儿还住在北京，他和我常去慰问她们，并为杨景山烈士写文叙述其牺牲经过，请当时妇联负责人刘清扬同志作证明，为杨景山遗属申请得抚恤金。以后由中央人民政府批准，还在保定烈士陵园建立一座杨景山的纪念碑。

1928年　26岁

是年，在清朝末年筹建的"京师图书馆"基础上成立了"国立北平图书馆"，至8月，又与"北海图书馆"合并成为新的"国立北平图书馆"。有三原在北海图书馆工作，故他在8月前移居北海庆霄楼去住，他充分利用这有利条件，夜以继日的学习和工作，经常翻阅各种古籍到深夜。

1929年　27岁

是年在师大毕业，一度到保定河北大学任国文系主任，仆仆往来道路之上；三天在保定，三天在北平。不久，因过于劳累，即专在北平图书馆工作。

当时，在黎锦熙、钱玄同诸先生领导下成立了"大词典编辑处"，从事编辑字典及词典等工作。因有三对目录有研究，乃以重修《小学考》之事委托他。从此他开始编《续修小学考》一百卷，《谢氏小学考校勘记》五卷，《增辑小学考简目》十卷，《清人文集札记中文字说总索引》十二卷，《清人字说选录》第一辑五卷（以上各种辑著均见《中国大辞典编辑第五次总报告》中）。但这些文稿因想随时增补，未即出版。原稿大概存于中国辞典编辑处，钱、黎二先生均已先后逝世，稿亦散佚。

北平图书馆在这一年春，迁至中海居仁堂，有三亦搬到居仁堂西四所与孙楷第同住。他们在师大读书时，同受业于傅增湘先生；乃相约从事诸子校勘训诂之学。有三任辑校《列子》，孙楷第撮录刘子《新论》。至是年，他们编成《西苑丛书》出版（中海在明时为西苑，故以《西苑》命编）。

又与孙楷第邀好友刘盼遂、傅振伦、谢国桢诸同志成立《学文》杂志社；编辑《学文》期刊，时人称为"北学派"。

有三在学术上虽很努力，但精神上常感到空虚，他对父母的包办婚姻，早已感到不满，感到非常痛苦。曾与一同情他的女友相恋，有三鼓起勇气向他父亲提出与邱巧离婚的要求。但为他父亲拒绝。他父亲甚至私自写信辱骂有三的女友，因此，与女友关系即告断绝。

1930 年　28 岁

有三在图书馆编目科工作，整理图书，能很好完成任务，常撰写目录学论著在《北平图书馆馆刊》上发表。被任北平图书馆编纂委员会委员兼索引组组长。

他拟编《清代文集篇目分类索引》，乃留意清人文集的编纂，先编出《越缦堂文集》十二卷出版，后编有未出版的《杏花香雪斋诗》二集十卷（见他撰的《李越缦先生著述考》中）及《越缦堂文集补遗》若干卷。可惜后两种稿本已散佚。

此外他辑录有关清代人掠美的著作若干种，拟编为《清代掠美集》，但尚未出版，稿本散失，只发表《清代掠美集发题》一文于是年《中华图书馆协会会报》5 卷 6 期（因有三在 1934 年曾被派到法国国家图书馆工作，直至 1947 年才回国，他的藏书和旧稿稿本均藏于北平亲友家，回国后，稿本散佚很多）。

1931 年 29 岁

北平图书馆各部迁入北海西侧文津街新址，索引组仍留中海居仁堂西四所，直至 1934 年有三被派赴法，才合并到新馆中。索引组在他领导下，开始编《清代篇目分类索引》，他要求参加工作的人员细读梁启超《清代学术概论》《书目答问》和《四库全书总目提要》著录的清人文集之部，了解清人文集全貌，以及各种版本的价值，作充分的准备工作。在清代学者中，他最推崇章学诚之校勘学，使他以后到国外访书及撰写《中国善本书提要》的工作有一明确的指导思想。

1932 年 30 岁

他留意清代学者的辑佚工作，撰写《清代两个辑佚书家评传》，还拟编辑《辑佚书目》，为辑佚书进行一次总结，《书目》写定后，因想再行增补，未即出版，现已遗失。

他又留意清代学者集外集的编辑，辑《孙渊如外集》五卷，次年出版，还有未出版的《陈奂集》及《陈仲鱼集》的原稿，今亦散佚。

索引组除已出版的"国学""文学"两种索引及继续编"续编""三编"外，还编有《石刻题跋索引》《清耆献类征索引》《碑传集、续集、集补索引》，《国朝先正事略索引》等工具书，其中有的已正式出版。

自 1929 年关于有三的婚姻，他的父母最后同意他的要求，他终于与邸巧在高阳县县政府办妥离婚手续，并于 4 月 11 日在北平《晨报》及《世界日报》登了离婚启事。

但他原来的女友因感情与政治上的不投合，亦离他而去。

笔者这一年到北平图书馆索引组工作，在有三领导下，编《文学论文索引》续编及《国学论文索引》三编。

1933 年 31 岁

有三对中国地方志也有研究，他的方志学的观点，是继承章学诚之遗绪，他除了撰《永吉县志》和《无极县志》外，在这年曾与傅振伦、孙楷第二先生两次致函河北省通志馆馆长瞿宣颖，商榷具体修志办法（载《河北月刊》1 卷 4 期）。

1934 年　32 岁

当时北平图书馆和欧美各大图书馆，订有学术交流的协议，袁同礼先生派他和向达到英法等国进行学术考察。又与法国国家图书馆达成互换馆员的契约。因有三对敦煌遗书有研究兴趣，就派他到法国巴黎去编被伯希和劫去的《敦煌卷子》目录。后来，他编出《伯希和劫经录》，收入《敦煌遗书总目索引》（详见《著述目录》1962 年下）。

他到了巴黎，巴黎如画的风光和繁华的生活，都没有使他陶醉，最吸引的，还是被劫去的祖国瑰宝——敦煌遗书。他是热爱祖国文物的学者，在国外见到这些被伯希和、斯坦因盗劫敦煌卷子，以及旧中国政府的束手无策，非常感愤，激励着他和其他研究敦煌的学者，去探索钻研，要与外国汉学家争高低，使我国的敦煌学研究，放出更加灿烂的光辉。所以，他把全部精力和心血都倾注在这些写本上。他除了展阅卷子和编目外，还选出较有价值卷子，摄制缩微胶卷（制胶卷的经费，由北平图书馆和清华大学联合提供）。工作之余，他钻研了王国维撰的《观堂集林》和罗振玉《雪堂校刊群书叙录》等书中有关敦煌卷子的题记，在继承前人之基础上，他与向达、姜亮夫诸同志一同努力把我国敦煌学的研究推向新的阶段。

到巴黎一年后，他辑出敦煌遗书中有关四部书的资料，写成《巴黎敦煌残卷叙录》，陆续在天津《大公报·图书副刊》上发表，至 1936 年，共发表了 41 篇，结集出版，为第一辑。

同时，他还拟编《敦煌群书校记》及《校补》两稿，但材料未及齐全，因第二次世界大战爆发，他离开巴黎，计划遂搁置。

他当时因写文章需要，托我乘编"国学""文学"论文索引之便，为他提供国内有关研究敦煌学及太平天国的资料，因此我们逐渐通信起来了。

他在国外，所计划研究的重点有四端：（一）搜集敦煌遗书的材料。（二）录叙明、清间来华天主教士译著的书稿。这方面情况他撰著的《海外希见录》《罗马访书记》等作了记叙。（三）搜集太平天国史料，他除了在法国图书馆搜集外，还乘暑休，到英、德各大图书馆搜集。（四）寻访古刻旧钞四部书罕传本。在欧美各图书馆看到大量的古旧善本书籍，撰成善本书提要六千多篇。其中四千四百多篇的提要，已收入《中国善本书提要》中（这部书是有三逝世后，才由笔者整理其遗稿，在 1983 年 8 月由上海古籍出版社印行的）。

1935 年　33 岁

夏天，他乘休假，到德国柏林普鲁士图书馆看书，搜集中国古书罕见本及太平天国文献，撰《柏林访书记》。

继续在法国国家图书馆工作，搜集敦煌遗书中有关四部书的资料。撰《金山国坠事零拾》一文，这是一篇利用敦煌文献，补史、证史的重要作品。集部中，他写成《敦煌本东皋子残卷跋》等文，在子部中他发现唐、五代时流行一时的童蒙读本《太公家教》卷子，便加考定并撰写了题跋，又撰写《敦煌本日历的研究》等论著。在文学方面，搜集有关变文、曲子词，可以补《全唐诗》残卷的佚诗等，这些工作是他由这一年开始的，直至他离开巴黎才停止。有的文章当时即寄回国内期刊上发表，有的则回国后才整理出来发表。一部分资料辑校成单行本，另行出版（详见后附《著述目录》）。由这些论著及辑校的单行本，可窥见他的治学态度与特点：读书广博，思考深邃，联想丰富，能融贯群书，旁通曲证，探索隐微，发挥创见。

在伯希和劫去敦煌卷子中，他还发现韦庄的作品《秦妇吟》卷子四种，并把这些卷子摄出寄给笔者。我因之撰成《秦妇吟校勘续记》（因英国汉学家翟理斯（L.Giles）已作有《秦妇吟校勘记》，故此篇名为《续记》）。

1936 年　34 岁

因蒋介石不抵抗主义，日本帝国主义侵略中国东北后，又企图变华北五省为"第二个东北"。本年春，在日本军阀控制下，成立了敌伪政权"冀察政务委员会"，华北五省名存实亡。在这种情况下，当时北平图书馆为了保护珍本秘籍，将所有善本书，分装 300 箱，运往上海，寄存在原法租界亚尔培路的科学社图书馆，后又转移到吕班路震旦博物馆，即在上海成立一个驻沪办公室。笔者父母适住上海，我即写信与有三商量想乘此时离开北平去上海。

有三在不断和我通信中，对我发生了情感。5 月中，他写了一封长长的回信，向我说明，过去他父母为他包办的婚姻，已在 1932 年经高阳县政府批准离婚了，至今仍孤身独处。他邀请我赴法帮他抄写敦煌资料，如我还想进修，他可资助我去伦敦大学附设的图书馆专科学习，并可以征得袁同礼馆长同意，用馆中派出国的名义赴法。我读了这封信很激动，也很同情他。我对他在学术上的成就也很敬重，在学术上，如可以助他一臂之力，亦是我的愿望。征得我的父亲同意后，便决心赴法。

8 月 28 日乘意轮赴法，在意大利威尼斯登陆。有三来接笔者，同游罗马名胜，并到梵蒂冈图书馆阅读明清之间来华天主教士的译著书籍。在这里，他著录出所有书目，还撰写了若干提要，加上以前他前在英、法、德等国各大图书馆所著录的书目，编成《欧洲所藏明清之间天主教士译著述书录》（见有三《罗马访书记》。但此稿现已散失，在 1961 年，有三拟与张静庐先生合编《近代东西学译著书目综录》，当时可能将旧稿交与张静庐供他参考，存于他处。说详见 1961 年下）。

有三好友傅振伦 1935 年被派往伦敦参加中国艺术国际展览会工作，后乃游历欧洲各国，回国道经巴黎，有三介绍他会见法国汉学家伯希和（P.Pelliot）等，并一同参观东方文化艺术博物院（Mussée Cetnusch），鲁渥尔博物院（Mussée du Louvre）及法国档案馆等。有三对凡与图书馆有联系的学术情况，都很留心考察。

1937 年　35 岁

我初到巴黎，帮助抄写敦煌卷子中的诗词，这些材料在回国后，整理出来，辑为《敦煌曲子词集》及《补全唐诗》等（详见《著述目录》1950 年及论文的 1963 年下）。

4 月 10 日，我们在巴黎中国餐厅申江乐园，举行婚礼。8 月后，我去英国伦敦大学附设图书馆专科进修。有三仍留巴黎，编伯希和劫去敦煌卷子的书目，是用法文写的，现家中还藏有他的手稿。《叙录》第二辑写成，1941 年出版。

1938 年　36 岁

因得到中华教育文化基金董事会资助，有三与向达同赴英国伦敦，阅读藏于伦敦博物院图书馆的被斯坦因（A.Stein）劫去敦煌卷子，撰成《伦敦所见敦煌卷子群书叙录》一文，1947 年才发表。

大儿王黎敦 6 月 4 日生于巴黎。

1939 年　37 岁

第二次世界大战爆发，7 月 3 日英、法对法西斯德国宣战[①]，8 月中，我们决定去美国，转渡太平洋回国。但到了美国，因华盛顿国会图书馆远东部藏有一批中国善本书，该部主任恒慕义（A.W.Hummel）邀请有三鉴定这批书，便留了下来。

当时中国在浴血抗战中，有三面对国家民族的危亡，忧心如焚，归心似箭，本拟早日回国参加抗日救亡工作，但他的老师袁同礼馆长去信劝他安心留在美国，把藏在国外中国善本书著录下来，也是祖国所需要的文化建设工作，要他等到工作完成再回国。所以他就改变了计划。

有三在美国享受专家的待遇，但他没有醉心于西方的物质的享受，而是把精力倾注在鉴定整理祖国的善本古籍上。他手不停挥，翻阅和著录出这一大批古书，撰成提要一千六百多篇，取名《美国国会图书馆所藏善本书录》，因在美国不能排印中文图书，未得出版。后来，到 1947 年他回国时，将稿带回，准备出版（原稿摄制有缩微胶卷，留在该馆远东部）。在北平，有三曾请北大出版组将此《书录》排印，但只印至八册半而中止，美国国会图书馆远东部后将缩微胶卷放大，请袁同礼校订。但袁校订时将有三提要中所记板框尺寸及从原书辑录的前人题记、重要序跋全都删去，然后再请人清抄，于 1975 年影印成书。有三带回之原稿，后亦编入《中国善本书提要》（详见《著述目录》1983 年下）。

1941 年　39 岁

1936 年，北平图书馆将所有的善本书，寄存在上海法租界吕班路震旦

---

①　七月三日：疑应作"九月三日"。1939年9月3日上午9时，英国向德国发出最后通牒，要求德国在上午11时之前提供对波兰停战的保证，否则英国即将向德国宣战。午时，法国也向德国发出类似的最后通牒，其期限为下午5时。德国对此置之不理，英法两国于当天向德国宣战。

博物馆中。至是由于法国被希特勒德国占领，危及上海法租界，这批善本书亦受到威胁，袁同礼乃求助于当时中国驻美大使胡适。胡适请有三潜赴上海，看情况将书运出，寄存美国。

2月5日，有三冒着生命危险，去抢救在上海这三百箱的善本书。可是他到沪后，海关已在日人监视之下，不易通过。他乃在三周时间内开箱择出其中最尤者两千七百二十余种，装成一百箱，以便抢运。但当时国民党政府腐败，轻视祖国文化遗产，迟迟不办出关手续。有三不得已，于5月底回美国，想与胡适商量办法。后来终由袁同礼设法，将此二百箱书籍经美国驻沪领事秘密运出上海 ①（详情见上海中华局出版的《胡适来往书信选》909号及917号），暂存美国国会图书馆远东部。

从此，有三又开始鉴定这批善本书，每书均摄制缩微胶卷，并撰写提要。这批书的胶卷已带回，现存于北京图书馆。这一百箱善本书若不及时运出上海孤岛，恐将像北京猿人头骨那样，到现在都不明其下落了。

1942年　40岁

黎敦已3岁，送托儿所。我开始到国会图书馆帮助有三将他在法国搜集抄录的敦煌残卷的唐诗，与《全唐诗》互校一过。

不久我正式参加国会图书馆工作，为远东部所藏中国铅印书分类编目，同时又为有三撰过提要的善本书，写书名及著者的腊板卡片，以备作为分类检查。

1943年—1944年　41—42岁

继续在国会图书馆摄制北京图书馆寄存的善本书，并撰成提要，为保存祖国的珍贵古籍，作了不懈的努力。到回国时，寄存古书二千七百二十余种的提要全部写成，稿已带回。后亦编入《中国善本书提要》中。

在我整理这批遗稿时，起初发现有散佚，其北平图书馆寄存美国善本书部分，只存一千九百余种，因急于发稿，未及再找，所以上海古籍社1983年8月出版的《中国善本书提要》中尚缺一部分，八百余种。1983年春，

---

① 二百箱：应为一百箱之误写。一百箱是概称，实际是一百〇二箱。

我从旧居朗润园十公寓搬到燕东园，重新整理有三遗稿、书籍时，却发现了所缺之稿，编成《补遗》以备出版。

有三在撰提要时，还为一部分为人忽视的著者、编者撰写传记，题名为《显微录》以发表，但稿未全部写出，且有未发表者，我编有三《冷庐文薮》，俱收入《文薮》中。

1945 年　43 岁

是年 8 月 15 日，日本宣布投降，从南京撤军，有三知道抗战胜利，非常高兴，即着手准备回国。他念念不忘的是寄存在远东部那批的善本书，他向恒慕义要求制作新木箱以便将书装箱运回中国。但是恒慕义要求袁同礼先办好接收手续，才能将书运出。但这批书大部摄出显微胶卷，写出提要，有三只得将胶卷先行带回。

1946 年　44 岁

有三完成了摄制图书显微胶卷及写提要的扫尾工作。

我们虽希望早日回到祖国的怀抱，但是当时太平洋上因日本军人布下不少水雷，一时不能通航，我们只得再加等待。

冬天，有三又去普林斯顿大学葛思德东方图书馆，鉴定该馆所藏的善本书，次年 1 月再去，共撰一千种提要。但因未将他们所藏善本书全鉴定完，所以把所写原稿留在该馆中，以供续作者参考之用。后来，这批中国古籍由中国学者屈万里先生在有三原稿基础上，增订补写，完成整理工作，于 1957 年出版《普林斯顿大学葛思德文库东方图书馆中文善本书志》，其中即有有三当年的劳动成果。

1947 年　45 岁

1 月初再去普林斯顿大学葛思德文库工作，月底回华盛顿。

袁同礼函促有三回国代理馆务，以便他去美接洽运回寄存善本书事，有三于是托中国驻美使馆代为订购初次通航的船票回国。

2 月底，我们到上海，小住，旋即北上，有三任北平图书馆参考组主任。

有三回国前，已计划办一个图书馆学专科，回到北平，就向当时北京大学校长胡适提出此一建议。胡适接受了建议，图书馆学专科办在北大，由有三主持，但当时只招收北大中文系、历史系毕业的，成绩在 75 分之上的学生。到 1950 年，共办了两次。

有三始在北大中文系讲授"敦煌俗文学"，他半天到北大任教，半天到北平图书馆办公（当时北京大学的校址在城内沙滩红楼内，与图书馆相距不远）。

6 月间，他到故宫博物院，作《述美国国立档案馆》的报告，讲演稿收入 1949 年世界书局出版的《图书与图书馆学论丛》。

继续阅读北大图书馆所藏善本书，撰写提要近六百种。当时他有一宏伟计划：他撰写北大图书馆及故宫图书馆馆藏善本书提要各一千五百种，北平图书馆馆藏善本书提要两千种，以后再到南方各大图书馆阅读善本书，撰写提要，争取达到一万种左右，大致可反映中国善本古籍的面貌。可是人事沧桑，他未能如愿以偿，仅完成五六千种。且未刊出。

袁同礼携眷赴美，有三代理北平图书馆馆务。[①]

1948 年 46 岁

是年，中国人民解放军解放东北全境，北平处在解放前夕，有三全力以赴，保管馆中大量图书，以待交给人民。

1 月 3 日，在北平历史博物馆办"海外文物照片特别展览"，有三作了有关展览敦煌书的解说，解说文后收入《图书与图书馆论丛》中，后又收入《敦煌遗书论文集》（1984 年 4 月中华书局出版）。

次男王平在 8 月 30 日生于北平。

1949 年 47 岁

1 月 31 日，北平宣告和平解放。北平图书馆由军管委员会王冶秋同志

---

① 按，此处著录有误。袁同礼不是在1947年赴美，王重民代理北平图书馆馆务的时间也不在是年。1948年12月20日，袁同礼从北平飞往南京，馆务交由王重民代理。当日致全体同人函："同人公鉴，同礼奉中央来电，入京述职。在离平期间，馆务由王重民先生代理，亦经部核准。王先生与本馆关系最深，在此非常时期得其主持，凡我同人均应拥戴，通力合作。俾馆务进行，不致停顿。不胜企盼之至。专此顺候公绥。"1949年初，应美国国会图书馆之聘，携眷赴美。参见李文洁《袁同礼年谱简编（1895—1949）》，《袁同礼纪念文集》，国家图书馆出版社2012年。

接收，有三即被中央人民政府任命为北京图书馆副馆长。

北京之解放，有三的激动和兴奋是无法形容的，他觉得开始得到新生，虽然还是在北京图书馆工作和北京大学讲课，但他感到全被赋予了新的意义，对他这个曾经信仰马列主义的旧知识分子来说，应如何更有效地建设新中国图书馆的事业，这是摆在他面前迫切需要解决的问题。他决心倾注全部精力，改革图书馆及教育中种种旧的不良措施，以表示对新中国的热爱。

当时由柳亚子出资，请谢国桢增辑《晚明史籍考》，有三为之专辟一间研究室，并组织"明季史料讨论会"，支持、帮助谢先生工作。

在北京大学正式成立图书馆专科，以有三为主任。此后，开始招收中学毕业生。

图书馆学专科成绩卓著，受到北京大学领导上的重视，11 月 1 日，由文学院召开讨论进一步办好这专科的讨论会，由他主持开会。

1950 年　48 岁

与国内图书馆界专家刘国钧、李小缘、贺昌群等通信，征求对编写专科教材与教学方法的意见。对他自己所撰计划，作了认真的修改。

计划开设"中国书籍制度史""中国图书目录学史""版本校勘学"等课程。

开始讲授《中国工具书使用法》，前四章系统介绍：（一）字典、辞典、百科全书，（二）日历、年表，（三）地理志、地图、图谱等不同类型的工具书的特点与使用法。后四章结合图书馆专业的具体特点，分别介绍整理公文、档案，整理期刊、日报、小册子、图片的工作方法。

6 月底，朝鲜战争爆发。10 月中国人民志愿军赴朝参战。有三与向达同志一起，参加北京市图书、博物、文物工作者抗美援朝、保家卫国工作委员会，起草《北京市图、博、文物工作者抗美援朝保家卫国的宣言》，积极参与声援工作。撰成《论美国劫购我国古书》一文在这年《文物参考资料》上发表。

业余时间，有三将他从巴黎国家图书馆及伦敦博物院图书馆所搜集的敦煌卷子中的诗词，逐渐整理出来，先编成《敦煌曲子词》由商务印书馆出版。

1951 年 49 岁

在 2 月 21 日，教育部召开北大图书馆专科与博物馆专科座谈会，有三任课改小组的召集人。会议提出从 8 月起准备逐渐改专科为系，学制四年，报告由有三撰写。

他为开设"中国目录学概论"课，开始编写讲义。

他聘请刘国钧、舒翼翚、耿济安等先生来专科任教，以加强教学的新阵容。

5 月底他去沈阳参观东北图书馆。

他将在国外所搜集的有关太平天国史料辑出十种编入中国史学会主编《太平天国》中。

1952 年 50 岁

他与朱天俊、张荣起两位同志将"中国工具书使用法"的讲义，改编为"参考书与参考工作"讲义。

为三年级学生讲授"目录与书刊评介"。

7 月底，参加中央人民政府南方老根据地访问团闽、浙、赣分团，到江西瑞金等地参观访问。谢老觉哉任团长，有三担任副团长，并兼任第二分队的队长。9 月底，返回北京。

有三认为北京图书馆是国内藏书最丰富的综合性图书馆，在国际上享有盛誉，故他提出收购当时流散全国的善本书，并扩大馆址，增加阅览室，以便容纳更多的藏书，供给更多学者研究的建议。但未获采纳。又因院校调整，燕京大学并入北大，北京大学校址迁往西郊，有三即向文化部提出辞去兼任副馆长之职，专任北大图书馆专科主任。十一届三中全会后，党中央决定于 1984 年在紫竹院公园北侧，为北京图书馆建立新馆址，占地 7.12 公顷，可以想见有三以前的计划还是有远见的。

1953 年 51 岁

继续在图书馆学专科二、三年级讲授"目录学"及"参考资料与参考工作"课程，并指导学生的实习。其间：一、撰写《列宁在书籍中的研究与注释》一文；二、到中国科学院（即后来之中国社会科学院）近代史研究所，作"目录学"的专题报告；三、主持成立"目录学""参考工作"教学小组，准备开设"图书常识"的课；四、指导 1951 年级学生，到中国科学院近代史研究所，进行整理古籍的实习。有三一贯主张研究目录学，不可忽视对书目工作的实践，所以他讲授之后，必带学生去图书馆参加工作实习。五、重视图书评论在教学中的作用，经常与出版总署、出版事业管理局、阅读科、并与《光明日报》编辑部联系，设法使学生课余多有一些写书刊评介文字的机会，促进他们的学习效果。

1954 年　52 岁

北京大学图书馆学专科拟由四年制改为五年制，由有三制订教学计划草案。

文化部社管局同北京图书馆及北大图书馆专科联合举办第一届公共图书馆工作人员的训练班，有三为之编写《普通目录学》教学大纲，作为教材。

1955 年　53 岁

为改图书馆专科为系，有三作了大量的计划准备工作。

编写《普通目录学》的讲义。编写"社会政治书籍目录学"教学大纲和讲稿。

制订"历史书籍目录"大纲。

完成了科研论文《清代末年报刊上书刊评介的进步意义》及《新目录学工作者应该怎样学习苏联》等文。

课余，将在国外所阅读的中国医学书籍罕传本提要，编成《善本医籍经眼录》，收入商务出版之《四部总录·医药编》后之附录（详见《著述目录》论文 1955 年下）。

1956 年　54 岁

教育部决定北京大学及武汉大学正式改图书馆专科为图书馆学系，有三任主任。

有三创办图书馆学的函授班。使各省图书馆职工有机会业余自学。

中国图书馆学会成立专业期刊编纂委员会，有三任常委。

讲授"历史书籍目录学"课。

编写"社会政治书籍目录学"讲义。

六月，国务院科学规划委员会召集全国科学规划工作，制订1957年至1969年的十二年远景规划与设想（后在1967即完成了这个规划）。有三是图书馆学小组召集人。6月14日毛主席、周总理和其他党中央领导人，在中南海接见了参加这次全国会议的科学家，并合影留念。

编成敦煌卷子中《全唐诗》佚诗初稿。

与向达等五位同志，编辑《敦煌变文集》，他极为勤奋，常常深夜孤灯，丹黄杂下，校勘敦煌变文中的俗字（以上两种工作详见本书附录二《王重民教授著述目录》）。

1957年　55岁

在北大系务中完成的工作有二：

一、编写《中国目录学史》讲义纲要。

二、参加文化部社管局及北大、武大图书馆学系联合在南京举办的第一届全国省、市图书馆工作人员进修班，担任教学工作。其《普通目录学》为进修班讲义，此讲义后印出铅印本，他逝世后，又由朱天俊修订，在中华书局正式出版。

是年，他和向达同志等辑校的《敦煌变文集》出版。他又撰成《敦煌变文研究》一文，曾在北大中文系作过报告，后由笔者整理在《中华文史论丛》1981年2期发表，并收入《敦煌遗书论文集》。

这年，党中央发出发动群众，邀请党外民主人士帮助党整风，有三在党召开的民主人士鸣放座谈会上发言，对当时主管图书馆事业工作的领导提出意见。后又在北大党委召开的鸣放座谈会上，对学校党委不关心图书馆教育工作，提出过一些意见，其言辞有一些过于偏激之处，因而在反右扩大化中他遭到错误的处分，八月中被错划为右派，撤消了系主任之职。

1958年　56岁

留校任教，他的工作有：

一、编写《中国目录学史》讲义，"版本学"的讲义。

二、完成科研论文：《阿英目录学工作述评》。

1959 年　57 岁

他借调到中华书局参加《永乐大典》的整理工作。撰成《永乐大典的编纂及其价值》论文初稿，1962 年修改，原想随时增订，致未发表。后由笔者整理，在《社会科学战线》1980 年 2 期发表。

同时又为商务印书馆编《敦煌遗书总目录索引》，但因当时纸张供应紧张，直至 1962 年才出版，由他撰写《后记》。附在《索引》后。

1960 年　58 岁

回北大任教，即为图书馆学系三、四年级中文系古典文献专业讲授《中国目录学史》的课。

这年是纪念敦煌遗书发现 60 周年，他在北大历史系作《敦煌学六十年》的报告。但只写出第三部分《敦煌四部书六十年提纲》。他还计划继续写出关于敦煌艺术、宗教、佛经等方面的论文。但因忙，只写出《敦煌写本的佛经》未定稿，他逝世后，笔者请周一良同志校订，亦收入《敦煌遗书论文集》中。

1961 年　59 岁

他继续在北大图书馆学系四年级讲授"目录学文选"和《中国目录学史》；为中文系古典文献专业 1960 年级学生讲授"中国目录版本学"。

4 月，与张静庐先生通信，讨论如何合编《近代东西学翻译书目综录》，后因张静庐逝世，合作未果（参看本编年 1936 年下）。

11 月 22 日，到中国佛学院作"目录学史料"的报告。

1962 年　60 岁

他因工作成绩卓著，摘掉"右派"的帽子。他的授课有：

一、为图书馆学系四年级学生，讲授"中国目录学史和版本学"。

二、为中文系古典文献专业讲授《书目答问》及《书目答问补正》。

三、与向达同志等主持"敦煌学六十年讲座"，给中文系及历史系学生讲授。

编《中国目录学史》讲义。课余，编辑《徐光启集》，常和陈垣和梁家勉两先生通信。现家中还珍藏他们来往信件。

9 月 2 日，陈援庵先生在《光明日报》发表一篇文章，疑《徐氏庖言》之庖字是"厄"字之误（因《四库抽毁书目》误作《徐氏厄言》），当天有三即致援老一信，提出不同意见，以为"庖言"是越俎代庖之意（因巴黎国家图书馆藏有明刻本《徐氏庖言》，曾由徐光启裔孙徐宗泽将这本书照成相片，又为整理排印行世，这书照片现藏上海图书馆）。援老即接受他的意见，另写一文，在 6 月 9 日《光明日报》上再发表，改正他前一篇的说法。后有三又撰《关于徐氏庖言》一文，在《光明日报》8 月 25 日发表，此文已收《徐光启集》附录中。

《徐光启集》由中华书局上海编辑所出版，由胡道静先生任审稿的编辑，故有三常与他通信，他们在通信中讨论了不少古代农业及科技史的问题。

1963 年　61 岁

《徐光启集》是年才正式出版，集后附录有两种资料：一为《徐光启传记》，二为《徐集参考资料》。因之，上海人民出版社请他撰徐光启的传记。初稿完成后寄与出版社审阅，由于"文革"而中止出版。他逝世后，由何兆武同志修订印行，1984 年 4 月被中国史学会评为优秀"爱国主义通俗历史读物"，并给以奖状。

经多年辑校的《补全唐诗》已编成，在他初编此稿时，就请教精于目录、版本及诗词学的王仲闻同志，帮助他校订真伪，商讨字句；他又请朋友俞平伯、刘盼遂等校阅后，才正式在《中华文史论丛》上发表。

他对章学诚的目录及校勘的思想加以研究，撰成《论章学诚目录学》，在是年《文史》上发表。又将章学诚的《校雠通义》加以注解，取名《校雠通义通解》，由上海古籍出版社出版。

在系中的工作有：

一、为图书馆学系四年级讲授《中国目录学史》。

二、指导毕业生写论文。

三、编辑"中国目录学史参考史料"。

四、他自觉已渐老迈，乃注意培养接班人，招收《中国目录学史》研究生，由他指导。

1964 年　62 岁

自去年 11 月去高碑店农村参加"四清"，1 月因病回北京入北京医院住院治疗，月余转愈，但他从此得了肺气肿的后遗症，并患冠心病，常感心绞痛，哮喘不止。故此年他没有写作，可是他不断和病魔搏斗，在他逝世前陆续整理出许多他在国外搜集的资料，继续撰写《中国目录学史》讲义，但只写至元代，元代以后他撰有若干短篇论文如《〈明史艺文志〉与补史艺文志的兴起》《论〈永乐大典〉和〈四库全书〉》等，后由笔者搜集整理编成《中国目录学史论丛》，付中华书局，在 1985 年 4 月出版。

1965 年　63 岁

这时常和中华书局潘达人先生通信，讨论《永乐大典》整理及标点等问题，并撰成《永乐大典纂修人考》一文，在《文史》上发表。

他与胡道静先生通信中，曾计划为张之洞《书目答问》作校注，现家中还藏有《书目答问》校注本原稿。

清华大学教授张子高撰《中国化学史稿》(1964 年科学出版社铅印本)。有三读到《史稿》，在 3 月 23 日写信给张子高先生，讨论了"雌黄防蠹""唐拓本""丹乐纸"等问题。

有三就在 1957 年以后，他开始注意搜集有关中国古代科学技术史的材料，曾撰写《徐光启在我国科学史上的成就和贡献》及《我国北方播种水稻的历史》等论著。这几年他与胡道静先生通信中，也多是讨论有关这方面的问题。

1966 年　64 岁

我因患关节炎行动不便，于 5 月 1 日退休。

6 月，"文革"浩劫开始，有三不再能从事学术的研究。

1967 年　65 岁

十年动乱，广大知识分子都遭到不同程度的打击和迫害，他是从国外回来的老知识分子，当然也免不了受到冲击。但在初期，他的遭遇比较起来还算不坏，虽被抄家，图书及稿件没有被毁掉，也没有被游斗，只被迫到"黑帮"大院劳动。

1968 年　66 岁

因查不出有三有什么"罪行"，他被允许回家。在家仍不时整理他的旧稿，他念念不忘是他心爱的学术研究。

1969 年—1970 年　67 岁—68 岁

有三除了正常校内教学和科研工作之外，他常与师生到四季青、周口店、平谷、鱼子山等处，在深入农村与农民同吃同住同劳动的密切接触中，增强了他对广大人民的情感，使他更下决心为人民服务，由于这种精神的鞭策，使他虽在严重支气管炎和冠心病中，仍看到了自己的前途。

曾到通县图书馆，参加整理图书，准备通县图书馆的开馆工作，由此可见他在劳动锻炼中，没有丧失对图书馆事业的热情。

1971 年—1972 年　69 岁—70 岁

北京大学开始正式上课，他参加系中教学工作。

1973 年　71 岁

又开始为学生讲课，他认真编写讲义。他的工作有二：

一、参加图书馆学系"中国工具书使用法"教学小组，担任部分讲义的编写工作。

二、为中文系古典文献专业 1972 年级学生讲授《中国目录学史》。

1974 年　72 岁

系领导委托他与郑如斯同志同办图书馆在职干部古籍整理的进修班，以一年为期，有三主要是讲古籍目录、版本、校勘等课程。他又领导这个班同学编出《法家著作书提要》，这个《提要》是由同学集体完成草稿，由有三、郑如斯、王文湛、侯忠义诸同志一起加工，修改成为初稿。此外的工作有：

一、为图书馆学系 1972 年级学生讲《中国目录学史》。

二、为中文系古典文献专业学生讲"古籍、版本、校勘"专题。

三、编写《中国书史》讲义。

四、参加中文系科研项目，标点《管子》。

六月，江青在天津"儒法斗争史报告会"上，宣布"又发现了一部李卓吾（贽）的《史纲评要》，现正准备出版"，这是"四人帮"出于搞政治影射的需要而提出的。不少专家怀疑这部书是托名李卓吾的伪书。为镇住众人，"四人帮"在北大、清华代理人想让有三从目录学上予以正面的鉴定，借助于他在目录学上的威信肯定这部书。但有三从学术上研究后，认为是伪书，不肯说出卖良心的话。因此遭到忌恨。有一次他们发着火指着有三问道："你说这部书是伪书，对你有什么好处？"完全撕去科学的伪装，赤裸裸加以利诱和威胁。这伏下了后来他被诬蔑迫害致死之祸机。

不久，有三因工作过于劳累，冠心病曾复发，在家调养，月余才稍好转，他又坚持去上班，我虽劝他去医院疗治休养，但他惦念所办的那个训练班，说要等这批学生毕业后才休息，我无法阻止他抱病去讲课。

1975 年　73 岁

他继续审定《法家书目提要》，对法家所取范围较为严格，而不是适应"四人帮"当时所搞政治影射的需要，因此更为"四人帮"在两校的代理人所不满。他在编写提要时，时常要检查参考书，因家中藏书还丰富，他多在家写，但因心脏病稍愈，易于感到劳累，他每从书架上取一部书下来，又不能放回原处，因而搭一个帆布床，把所取书堆在床上。他以极大的毅力，克服严重的支气管炎及冠心病的折磨，想尽可能把他对版本、目录学的学识，传授与青年的学生。

4 月 15 日下午 2 时，"四人帮"北大代理人，在学校礼堂召开全校批斗大会上，以不点名的方式，说他以资产阶级思想腐蚀党员干部，会后系领导人又请他谈话，问他对会上讲话的体会，这对有三真如晴天霹雳，震动很大。

他本很坚强，这时他竟委屈得哭了，系中请人护送他回家。他见了我又流泪，冠心病复发，颜色苍白，声音微弱。我问他为什么，他恐我听不清，写了一字条说："校中副政委听信坏人的话。"

我托护送回来的职工，请系中领导来做他的思想工作。晚上，来了一个工人师傅（因"文革"中学校是由工人来领导）。但他却要有三自我作资产阶级思想检查，有三立即用微弱的声音回答，不能再作思想检查，但来人不顾他的病情，说完就走了。

有三一夜一直不能入睡，没到次日清晨，他说觉得胸中气闷，想下楼散步。我即和以前一样和他下楼，至楼下，他摆脱我扶他的手，很快跑走。我追不上，一瞬之间不见其背影。

我报告系中，托人各处寻找，到深夜，才发现他竟步王国维先生的后尘自尽在颐和园长廊上。

他临走前还在他书桌上，放下他常用的一块手表及一本《李卓吾评传》，我事后细想，他所以放下《李卓吾评传》是有深意，一则因他不肯迎"四人帮"的意旨，为托名李卓吾所撰伪书作伪证，次则李卓吾也是以七十稀龄，被明末当道诬蔑，自尽于狱中，明有自况之意。

1976年10月，"四人帮"垮台，有三的沉冤，在1978年5月30日全系大会上获彻底昭雪，他的学术上的名誉得到恢复。6月2日在北京八宝山革命公墓礼堂，举行了骨灰安放仪式的追悼会，有不少好友及学生从中华书局、北京图书馆、北大图书馆及学系等单位，来参加追悼会。

1979年1月17日，中共北京大学委员会又发出为有三在1957年错划为右派的决论改正的通知，至2月6日，经北京市委批准，并在《人民日报》上发表了声明。对有三的一生做出了公正的评价，现在他的遗稿大部分已正式出版。

有三之赍志长逝，未能亲见党的十一届三中全会后，我国学术界蓬勃发展的盛况，他不能躬逢盛世，以发展他一生对祖国文化遗产，深沉热爱的抱负，言念及此，令人痛裂肝肠。

我现所以扶病整理他的遗稿，是为了完成他遗愿。但惭愧的是限于学力，所整理出的书稿，恐未免有误，希读者予以指正。且有三的优秀学生遍于祖国各地，他们定能继续在研究目录版本学及整理祖国古典文献的事业上，做出贡献，补充我所未及。

后 记

我自有三在1975年4月16日深夜逝世后，直到在八宝山革命公墓礼堂向他的骨灰告别，无时不想到他的冤屈，终身伴侣，一旦永诀，令我肝肠俱裂，无以名状。

　　真是物在人亡呵，在他去世近十年里，每见到他生前穿过用过的衣物，都使我无限伤情，勾起对往事的无尽的回忆：30 年代在法国巴黎及英国伦敦图书馆和他一起抄敦煌卷子的情景，40 年代在美国国会图书馆和他一起工作，帮他抄录中国善本书题记和写卡片的情景，及我们回国后，他在家里书房中工作的情景，又一幕幕浮现在眼前。是呵！有三何时停止过工作？在海外的花花世界，他没有享受过"西方繁华的物质生活"，而埋头于书堆之中；回国以后，尽管经历有些坎坷，但他几十年如一日，手不释卷，手不停挥，很少有休息时候，为此我还疑心他对我冷漠，抱怨他说："你就爱书……"现在，我整理他的遗稿，才体会到他那颗始终如一的拳拳之心，我以忏悔的心情常喃喃自语："有三，是我错怪了你……"

　　因怕伤感，我虽极力避免对往事的回忆，但是为要编好有三的生平和他的学术活动编年，我还是毅然找出了他早年写给我的大量信件，以做参考。我想，只要能把有三对祖国、对民族、对民族文化的热爱和他在学术上的贡献，用《编年》的形式表达出来，我再多流些伤心的眼泪，也是甘心的。

　　可是我很惭愧，我所编的这个《编年》是不成熟的叙述，未能表达出有三渊博学识和正直品格的万一，仅供读者参考，并谨以这《编年》献给有三，作为他去世十周年的纪念。

刘修业记于有三逝世十周年纪念日

时公元 1985 年 4 月 16 日

（作者为已故中国社会科学院历史研究所研究员）

雷海宗年谱简编

马瑞洁　江　沛

1902 年　出生

生于河北省永清县。父亲雷鸣夏，是当地基督教中华圣公会牧师。

1910 年　8 岁

入基督教会兴办之蒙学堂读书，字伯伦。

1917 年　15 岁

入北京崇德中学读书。此校前身为英国中华圣公会创办于 1874 年的崇德学堂。

1919 年　17 岁

因成绩优异，受教会资助转入清华大学高等科，插班进入二年级学习。

同年 5 月，参加"五四"学生运动中的反日学生游行，自陈此为关注现实政治之始。

1922 年　20 岁

从清华学校毕业，获得公费赴美留学资格。

9 月，入芝加哥大学历史系，主修历史，副科学习哲学。

1924 年　22 岁

9 月，入芝加哥大学研究院历史学研究所攻读博士学位，导师是詹姆斯·汤普逊教授。

在美期间一心读书，同校中国留学生称之为"今之古人"，多次获得奖学金及荣誉褒奖。

与清华校友如刘绍禹、何运暄、闻亦传、张景钺等人交游较多。除芝加哥大学清华同学会外，还参加过两个中国留学生社团，前者主张推行民主政治、反对外力干涉，后者则以"谈话会"的形式议论国是。曾在"谈话会"上做过"八十年国耻小史"的报告。

留美期间，其父雷鸣夏病逝。

1925 年　23 岁

五卅运动爆发后，作时事评论文章《"五卅"的功臣》，未发表。

1926 年　24 岁

在《留美学生季报》上刊出时事评论文章《强权即公理说》。

4 月，在上海《圣公会报》上刊出宗教历史文章《元代基督教输入中国纪略》。

在《圣公会报》上刊出宗教历史文章《安第斯山耶稣之铜像》。

1927 年　25 岁

1 月，在《留美学生季报》上刊出《"五卅"的功臣》，此为原作的一部分。

6 月，依托法文资料、以英文撰写完成的博士学位论文《杜尔阁的政治思想》顺利通过答辩，获哲学博士学位。

同年归国。

8 月，入中央大学历史学系任教，为副教授。

1928 年　26 岁

3 月，在《时事月报》上刊出《评汉译〈世界史纲〉》一文。文章认为，人类历史并非一体，从时空两种维度考量，应为若干文化区域各自独立的发展演变。因此所谓"世界通史"要么是"一部结构精密不合事实的小说"，要么是"前后不相连贯的数本民族专门史勉强合成的一本所谓世界通史"，汉译《史纲》是威尔斯"鼓吹世界大同的一本小说杰作"，"本身无史学价值，我们不可把它当作史书介绍与比较易欺的国人"。《汉译〈世界史纲〉》由梁思成等五人译述，梁启超等十人校订，商务印书馆出版。

1929 年　27 岁

任中央大学历史学系主任。

应邀为金陵女子大学兼课。

开始为《时事月报》撰写有关国际局势动态的文章。

1930 年　28 岁

与张景莆结婚。张景莆是雷海宗清华学校及芝加哥大学校友、植物学家张景钺的胞妹。

12 月,《评汉译〈世界史纲〉》在中央大学历史学系主办的《史学》创刊号上转载。雷海宗在附言中解释再刊原因——"无论普通的读者或中学大学的学生仍多以此书为有权威的世界史。所以现在将原评转登在《史学》上,盼望国人将来能少走不通的路。"

《史学》同期刊出雷海宗译作《克罗奇的史学论——历史与记事》。此译作为意大利哲学家克罗奇的名著《史学的理论与实际》的第一章"历史与记事",雷海宗在说明中强调,"克氏的议论虽不免有过度处,但以大体言之,他的学说颇足以调剂我们中国传统史学偏于'记事'的弊病",可以"促进中国史学的发展"。

1931 年　29 岁

生一女,名崇立。

受聘金陵女子大学历史系教授及中国文化研究所研究员。

9 月,辞去中央大学历史学系教职,入武汉大学,为史学系、哲学教育系合聘教授。讲授欧洲通史和中国哲学史课程。今存于武汉大学的《欧洲通史(二)》铅印授课提纲,经增补整理后逾 20 万字,共计五编五十一章,每章末开列相关外文文献,共计 300 余种。提纲体系完整、条目清晰,打破国别界限和王朝体系,抓住重大的社会政治变革和文化思想变迁,以宗教、哲学、科学、文学、市民社会之诞生等历史变革为主线,串联整个欧洲特别是西欧的历史,最后一节更由西洋文化普及全球,预言"人类命运之打成一片"。

在武汉大学《文哲季刊》第 2 卷第 1 号发表《殷周年代考》一文,引起学界广泛关注。该文吸取相关学科的研究成果,根据温带人类的生理和平均寿命来推断殷周的年代。现提出"按温带人类生理，普通四世当合百年"，以中国历朝各世君主在位的总年代做出统计，加以证明；然后再根据已知周代君主的世数推定周室元年当为公元前 1027 年；最终考证出盘庚迁殷为公元前 1300 年、周室元年为公元前 1027 年的记载是可靠的。这一论断至今渐成学界共识，著名史学家何炳棣认为，应称之为"雷海宗的年代"。

1932 年　30 岁

5 月，金陵大学《金陵学报》第二卷第一期刊载长文《孔子以前之哲学》。该文以西周春秋思想为主要研究对象，借鉴法国学者马斯伯劳的《中国古代史》（1927 年版）研究思想，提出孔老并非中国最早的哲学家，此前已有区别于宗教的哲学思想的发展。"孔子是史官思想的承接者"，"老子或《老子》作者是筮人思想的承继者"。

7 月，辞去武汉大学教职。

9 月，进入清华大学任教，为历史学系教授。适逢此时清华大学历史系主任蒋廷黼正推行"历史学和社会科学并重，历史之中西方史与中国史并重，中国史内综合与考据并重"，力求使清华历史系与国际一流大学接轨。雷海宗讲授中国通史、中国上古史、西洋史、史学方法等课程。汇编了近90 万字的《中国通史选读》，串联史学原典，亲撰简明评述，体现其注重时代文化的总体特征、不拘于朝代更迭的治史风格。

1934 年　32 岁

1 月，《清华学报》第 9 卷第 1 期发表《书评：Thompson, History of Middle Ages》。认为该书是研习中古史的最佳入门读物，并向学生推介了该作者的其他几本专著。

10 月，在《清华学报》第 9 卷第 4 期发表《皇帝制度之成立》一文。文章以皇帝成立的事实为主，兼涉帝王论，提出"皇帝制度本身到西汉末年可说已经完全成立，制度的本质与特性永未变更"的结论。

1935 年　33 岁

10 月，在清华大学《社会科学》第 1 卷第 1 期发表《中国的兵》一文。该文另辟蹊径，并未将着力点放在兵制考察上，而以"兵的精神"为主要观察对象，从当兵的成分、兵的纪律、兵的风气和兵的心理等方面来考察中国的兵，由之探究中华民族盛衰的轨迹和原因。认为"汉代的问题实际是中国的永久问题，东汉以下兵的问题总未解决"，中国"长期积弱局面的原因或者很复杂，但最少由外表看来，东汉以下永未解决的兵的问题是主要的原因"。

1936 年　34 岁

1 月，在清华大学《社会科学》第 1 卷第 2 期发表《书评：Hecker, Religion and Communism》。该书论及俄国革命后俄国民众宗教观的改变，雷海宗认为此书态度客观，是英文同类书中难得的一本。

4 月，在清华大学《社会科学》第 1 卷第 3 期发表《书评：Jaspers, Man in the Modern Age》。认为该书是西方反思现代社会思想浪潮的产物，虽有瑕疵，仍值得一读。

7 月，在清华大学《社会科学》第 1 卷第 4 期发表《无兵的文化》一文，从政治制度之凝结、中央与地方、文官与武官、士大夫与流氓、朝代更替、人口与治乱、中国与外族等七个方面阐述中国文化的主要特征"就是没有真正的兵，也就是说没有国民，也就是说没有政治生活"，初步形成对中国文化结构的批判性认识体系，是"中国封建社会长期停滞"说较早的提出者之一。

10 月，在清华大学《社会科学》第 2 卷第 1 期发表《断代问题与中国历史的分期》一文，提出欧西文化和希腊罗马文化"推其究竟，是两个不同的个体"，"无论由民族或文化重心来看，都绝不相同"。该文在理论方法上受斯宾格勒（Oswald Spengler）"文化形态史观"的影响明显，认为每个高等文化在诞生前先有酝酿时期，其后分为形成、成长、成熟、大一统和衰亡五个发展阶段。但又在与世界文化发展比较的基础上，提出中国文化独具两个周期的"中国文化二周说"。

前述系列论文，以"民族前途"为根本问题意识，以"世界文明"为观瞻点，秉承了"五四"新文化运动对国民性的批判精神，以斯宾格勒"文化形态学"为母体，将近代中国的命运与全球经济一体化的世界大势紧密关联，从中西比较的历史考察中"眺望"中华民族在 20 乃至 21 世纪全球竞争中的前途。既打破了传统史学研究的王朝体系，又冲破了近代西方中心论的叙事樊篱。因其视角独特，眼界宏阔，创新迭出，在引发争议的同时，也使得雷海宗在中国史学界声名日益显著。

12 月，在《清华周刊》第 45 卷第 7 期发表《第二次大战何时发生》。认为第二次世界大战必将发生，但应在 1960 年代左右。提出国内需要加紧解决工业化、军备自给和粮食问题。

1937 年　35 岁

4 月，在清华大学《社会科学》第 2 卷 3 期发表《世袭以外的大位继承法》。

7 月，在清华大学《社会科学》第 2 卷 4 期发表《中国的家族制度》，纵论大家族和小家庭制度各自优劣以及它们与国家兴亡之间的内在联系。

8 月，抗战开始后，告别妻女，随校迁往长沙。

11 月，北大、清华、南开三校联合的长沙临时大学正式开学，因长沙校舍不足，文学院暂设南岳。雷海宗接替刘崇铉任长沙临时大学历史学系教授，并就任"临大"历史社会学系教师会主席。

年底，南京陷落，临时大学决定迁往昆明。雷海宗随文学院先迁还长沙，后与金岳霖、叶公超、吴有训等各系负责人一道赴广州、香港购买书籍和仪器，为入滇办学做进一步的物质准备。

1938 年　36 岁

2 月，发表《此次抗战在历史上的地位》（《扫荡报》1938 年 2 月 13 日），部分修正了自己过去专注于批判中国文化的做法，肯定了"中华民族的坚强生力"，表达了高亢的爱国热情——"但愿前方后方各忠职责，打破自己的非常纪录，使第三周文化的伟业得以实现"。

5 月，任新成立的国立西南联合大学历史学系教授、系主任。此后几年，开设"中国通史""秦汉史""西洋（欧洲）中古史""西洋近古史（16—18世纪）""罗马帝国制度史""西洋文化史""西洋史学史"等七门课程，并兼任师范学院史地系主任、西南联大教授会代表、新生资格审查委员会委员、一年级学生课业指导委员会委员等若干职务。

同年，与林同济参与由钱端升主持的《今日评论》的编辑工作。与陈雪屏轮流主编《当代评论》杂志。

年底，开始着手整理《中国的兵》等文章，增撰《建国——在望的第三周文化》和两篇总论，汇编《中国文化与中国的兵》一书。

1939 年　37 岁

1 月，在昆明《今日评论》第 1 卷第 4 期发表《君子与伪君子——一个史的观察》。从历史的角度强调武德的重要性，认为"凡在社会占有地位的人，必须都是文武兼备，名副其实的真君子。非等此点达到，传统社会的虚伪污浊不能洗清"。

1940 年　38 岁

2 月，《中国文化与中国的兵》交由商务印书馆出版。此书分为上下两编，上编侧重对中国文化的批判及展望，下编则是雷海宗对于中日战争在中国文化发展史、中国近现代历史上举足轻重地位的分析，集中体现了雷海宗所借鉴"文化形态史观"的独特理论方法、"中国文化二周论"的文化思想及敏锐的社会批判意识，是其作为"战国策"派核心人物的代表作品。

该书细数自春秋、战国直至东汉时代的兵制，指出中国古代军队的构成由贵族、良民到贫民、流民，再到囚犯、外族，乃至"想用法术一类的把戏去打仗"，终于陷入"兵匪不分，军民互相仇视的变态局面"。认为无兵的文化导致"外族的势力根深蒂固，无从斩除；中国内部的病势过于沉重，难以根治"，外族入侵不断使社会时常陷入大动乱，全凭汉文化对游牧文化的优势勉强应付。至清末，面对文化上更先进的西洋外族，不再拥有文化优势的中华民族终于不得不面对前所未有的严重挑战。他由是断言"这种长期积弱的原因或者很复杂，但最少由外表来看，东汉以下永未解决的兵的问题是主要的原因"。

"无兵的文化"观点既出，学界褒贬不一、争鸣不断。张其昀以两千年来中国兵役与兵制的常态提出质疑，也不少文化人表示赞同。梁漱溟并撰文指出，雷海宗触动了中国古典文化的一大症结：中国"无论其积弱之因何在，总不出乎它的文化。看它的文化非不高，而偏于此一大问题，少有确当安排，则调用之'无兵的文化'，谓其积弱正坐此，抑有何不可？"

4 月，与云南大学林同济教授、西南联大外文系教授陈铨等，在昆明共同创办《战国策》半月刊。刊名源于雷海宗以文化形态史观推演出当今世界乃是古代中国"战国时代的重演",创办者们希望以积极入世的态度,纵论时局,为国家、民族之"策士"。

6月,在《战国策》半月刊上发表《张伯伦与楚怀王——东西一揆?》以楚怀王类比英国首相张伯伦,批评其面对德国法西斯犹疑彷徨导致被动。

9月,在《战国策》半月刊上发表《历史警觉性的时限》,批评只重考证训诂的历史之学,提出"历史的了解,虽凭借传统记载的事实,但了解程序的本身是一种人心内在的活动,一种时代精神的哲学表现,一种整个宇宙人生观应用于过去事实的思维反应。生于某一时代,若对那一时代一切的知识、欲望、思想,与信仰而全不了解,则绝无明瞭历史的能力"。

1941 年　39 岁

1月,在《战国策》半月刊上发表《中外的春秋时代》。

3月,在昆明《中央日报》上发表《全体主义个体主义与中古哲学》,此文后来稍加改动,在北平《周论》第 1 卷 15 期重刊。

4月,在清华大学《社会科学》第 3 卷 1 期发表《古代中国的外交》,此文后以《春秋外交与战国外交》为题在重庆《大公报》1942 年 7 月 23 日第 3 版、7 月 24 日第 3 版连载。

7月,因"空袭频仍,印刷迟缓,物价高涨"等因,出刊 17 期的《战国策》宣告停刊。在昆明《当代评论》第 1 卷第 1 期发表《抗战四周年》,着重讨论抗战期间社会生活、社会风气以及社会心理的变化。认为目前已经走到了长期战的晚期,并提醒执政者"接受过去的教训,不要等胜利到来时而毫无迎接胜利的准备"。

9月,在昆明《当代评论》第 1 卷第 9 期发表《海军与海权》。

11月,在昆明《当代评论》第 1 卷第 18 期发表《论欧洲各国请英美善意保护》,预言战后"国际间必会产生以英美为重心的一个超然政府,一个赋有维持国际秩序的责任的政府","我们中国对于欧美这种新的局面,无论是处在合作、对立或中立的地位,我们对它的关系,一定只有比过去更要复杂"。

12月,自当月 3 日始《大公报》"战国"副刊正式出刊。此为雷海宗等学人与该报合作的周三副刊专版。

雷海宗在此先后发表了《战国时代的怨女旷夫》《历史的形态——文化历程的讨论》《三个文化体系的形态——埃及·希腊罗马·欧西》《独具二周的中国文化——形态史学的看法》等文章。

除上述报刊外，雷海宗参与编辑的《今日评论》，陈铨主编的《民族文学》及《军事与政治》也是战国策派学人发表论著的主要园地。另有一些与他们观点接近的学人，如贺麟、何永佶、陶云逵、沙学浚、沈从文、公孙震、吴宓、王赣愚、冯友兰等也常在这些刊物上发表观点，彼此回应。这些学者在改造国民劣根性、反对国民党政治腐败、坚持抗战等问题上与战国策派观点一致，但在战时文化重建这一关键问题上又各有见解。由此可见，"战国策"派实际上只是对一个松散的学术集合体的笼统称呼，台湾学者王尔敏先生甚至认为"'战国策学派'一词，乃形容我国抗战期间关心世界大局且具威望警觉之学者言论。……但凡有强烈民族主义意识，从而自世界列强现势而作学理与形势探讨者，即被人目为'战国策学派'"。

抗战的危局、国民党的内部纷争、英美等为战争建立的危机政府以及德意日法西斯国家的暂时得势，促使雷海宗等人强调战时"民族至上""国家至上"，甚至认为战时中国应该有"英雄崇拜"，先以集权御外侮，后以民主行建设——这些观点在当时引起了众多争论，特别是受到了中共南方局领导的一些文化人的批判。近代中国救亡与启蒙的两难，观念与现实的纠缠，在战国策派学人的思想中具有明显的体现。

1942 年　40 岁

2 月，在重庆《大公报》"战国副刊"第 10 期发表《历史的形态——文化历程的讨论》；在第 13 期发表《三个文化体系的形态——埃及·希腊罗马·欧西》。

3 月，在重庆《大公报》"战国副刊"第 14 期发表《独具二周的中国文化——形态史学的看法》。

雷海宗在《大公报》"战国副刊"发表的系列文章，均以文化形态史观为导向，认为文化发展可以分为封建时代、贵族国家时代、帝国主义时代、大一统时代和政治破裂与文化灭亡的末世等五个阶段。世界上如埃及、印度等多种文化依此分析均告灭亡，中国文化则因外来文化因子的融入而获得新生并进入第二个发展周期。雷氏"战国时代重演"的观点，引起了学术界极大反响，"战国策"派的称呼因此不胫而走。

春天，应林同济邀请，赴云南大学讲演历史周期论。

7月，在昆明《中央日报》当月10日、11日连载发表《近代战争中的人力与武器》。在昆明《当代评论》第2卷第5期发表《战后世界与战后中国》。重庆《大公报》"战国副刊"结束出刊，共计出版31期。

1943年　41岁

1月，经姚从吾、王信忠介绍，加入国民党。当月31日，在昆明《当代评论》第3卷第9期发表《平等的治外法权与不平等的治外法权》。

3月，在昆明《当代评论》第3卷第15—16合刊上发表《战后经济问题座谈会上发言及总结》。

8月，在昆明《当代评论》第3卷第23期发表《大地战略》。

10月，在昆明《当代评论》第3卷第24期发表《欧洲战后人的问题》。

11月，在昆明《生活导报周年纪念文集》发表《循环之理》。

12月，在昆明《当代评论》第4卷第1期发表《四强宣言的历史背景》。

以上在《当代评论》发表的文章，均为时评政论。雷海宗认为盟国必胜、美苏将走向抗衡，主张中国战后应该在欧美各国之间保持平衡立场，并"用革命的手段"发展经济。

雷海宗婉拒洛克菲勒基金委的访美邀请，坚持留在国内参与抗战。此邀请的背景是，时任美国驻华使馆文化官员的费正清与清华大学美籍教授温德联名给洛克菲勒基金会写信，反映中国学者在战争中的艰难处境，呼吁基金会予以援助。基金委因此决定邀请"不但著名而且最有创造力"的中国教授赴美研修。雷海宗名列首批名单，同批学者还有闻一多、费孝通、冯友兰、梁思成、罗常培等人。然而，雷海宗却婉拒不就。梅贻琦校长曾亲自动员雷海宗接受邀请，但他答复说学校正在最困难的时期，自己不宜出国。

为配合美军训练中国军队、中美协同反日的计划，西南联大和战地服务团成立昆明译员训练班，培训军事翻译人员。雷海宗无偿为其授课，教授英国史、南洋与中国、印度史、英文四门主要课程，参与了全部九期培训，直至 1945 年 8 月抗战结束。

1944 年　42 岁

1 月，出任国民党西南联大区分部执委。

2 月，在昆明《当代评论》第 4 卷第 8 期发表《战后的苏联》。

为《云南民国日报》（1944—1945）、《昆明中央日报》（1945—1946）、昆明广播电台（1945—1946）等国民党或三青团媒体撰写时评和社论。

1941—1946 年间，在校内外做了约 40 次公开演讲。

1946 年　44 岁

2 月，在《反苏宣言》上签字，参加在重庆举行的"反苏大游行"，在"东北问题讲演会"等若干集会上发表演讲，发表《东北问题的历史背景》，后刊载于昆明《再创》杂志。

3 月，蒋介石视察昆明，雷海宗与姚从吾等 7 位西南联大党部委员受到召见。雷海宗直言物价通胀，建议增加学生公费。

5 月，与林同济合著的《文化形态史观》出版（上海：大东书局），收录了雷海宗在《战国策》杂志和《大公报》"战国副刊"上发表的 4 篇论文。

6 月，在上海《智慧》第 4 期发表《时代的悲哀》。

7 月，闻一多遇害。雷海宗任"丧葬抚恤委员会"委员，并在 7 月 24 日的追悼会上宣读祭文、报告生平，并保管了由闻一多遗体内取出的子弹头。

清华开始复员北上，雷海宗和家人从昆明乘飞机抵达重庆。为等飞机，在重庆盘桓一月。后改飞南京，再由上海乘船到塘沽。雷海宗临时接替一名教授，组织数百名学生乘船北上，途中遇大风浪。最终克服困难，井井有条地将大队人马带至北平。

8 月，清华大学在北平复校。任清华大学历史学系教授、主任，后代理文学院院长。

9 月，在南京《广播周报》复刊第 3 期发表《举世瞩目的阿拉伯民族》。

10 月，在上海《观察》第 1 卷第 9 期发表《和平与太平》。

1947 年　45 岁

夏，为胡适主编的《独立时论》（北平）撰稿。

7 月，在《北平时报》发表《近代化中的脑与心》。

10 月，在清华大学《社会科学》第 4 卷第 1 期发表学术论文《春秋时代的政治与社会》，从士卿、君子观念、士族渐衰、平民渐兴、大革命开始等五个方面加以阐释，认为"春秋时代已不是纯粹的封建时代"，"战国时代各国的国君，是中国历史上最早的专制独裁的国君"。秦制"在根本上是战国时代已经成熟的现成制度"。

在《北平时报》发表《史实、现实与意义》。

11 月，在北平《北方杂志》第 2 卷第 5 期发表《自强运动的回顾与展望》。

1948 年　46 岁

1 月，受国民党北平市党部主任吴铸人之托，以"经费独立"，"不用党费"为前提，创办《周论》，出任该刊主编。

年初，入选中央研究院院士初选名单，此为学术声誉获得学界认可的标志。

3 月，在南京《中央日报》发表《本能、理智与民族生命——中国与英国民族性的比较》。

4 月，在《独立时论集》第一集，发表《航空时代、北极中心与世界大势》《伊朗问题》《两次大战后的世界人心》。

年中，列入国民政府"挽救北方学人"计划名单，陷入去或是留的彷徨。

10 月，在《天津民国日报》发表《国际和平展望》。在清华大学《社会科学》第 5 卷第 1 期发表学术论文《东周秦汉间重农抑商的理论与政策》。

11 月，主编的《周论》停刊。该刊自 1948 年 1 月 16 日创刊，至同年 11 月 19 日终刊，共计 43 期。撰稿人几乎全是清华北大知名学者，雷海宗本人除为其撰写全部六十篇社论外，还在该刊发表《如此世界　如何中国》《论中国社会的特质》《人生的境界（一）——释大我》等十篇署名文章。《周论》重视个人自由和个性价值，主张以宪法法律和适度干预的市场经济为社会基础；强调社会秩序，主张以渐进的方式推进社会改良；视宽容为社会生活重要价值标准。该刊在当时的京津教育界中颇有影响，但也充满争议：

既有读者视之如理性思想的甘澧，也有读者斥之为"反动"的政府帮凶，更有许多读者谓其"立场不明"。最终中国共产党军管会文化接管委员会将该刊确定为"应予没收"的匪刊。

12月11日，时任教育部长的陈雪屏12月11日致信北大秘书长郑天挺，再次敦促若干关键人物早日南下，其中亦特别提及雷海宗。

12月底，最终拒绝国民政府南下台湾的邀请，选择留在北平。

1949 年　47 岁

9月，辞去清华大学历史学系主任职务。仍为清华大学历史系教授。

1950 年　48 岁

开始系统学习马克思主义。

春季，到北京郊区参加土地改革运动，并提交《参加土改总结与一年学习总结》和《我的思想转变》两篇参加土改运动及学习的总结汇报。《光明日报》分别在3月29—30日刊出。

3月，办理反动党团分子登记，随后被宣布为管制对象。

8月，完成论文《古今华北气候与农事》，探讨古书中所见古代华北的气候与农业，指出其后逐渐发生的变化，并对今后华北的气候状况和农业发展提出了自己的意见，既具有重要的学术价值，又具有现实意义。

1951 年　49 岁

3月，赴西北地区参观土地改革运动。

4月，北京市公安局宣布对其解除管制。

在《大公报》《进步日报》和《历史教学》发表了一系列批判教会的文章，如《耶稣会——罗马教廷的别动队》《耶稣会的别动队活动》《中国近代史上宗教与梵蒂冈》《20世纪的罗马教廷与帝国主义》和《近代史上梵蒂冈与世界罗马教》等，将稿费全部捐献给国家。

1952 年　50 岁

3月1日，思想检讨经群体大会讨论通过。

秋，清华大学历史学系在院系调整中被取消，雷海宗奉命移砚南开大学，任世界史教研室主任。与之境遇近似的还有被誉为"北大舵手"的明清史专家郑天挺。雷、郑二位史学领军人物同调南开，从此开启了南开大学历史学科的崛起与繁荣期。

开设"世界现代史"必修课。此课是教育部参照莫斯科大学历史系的教学计划要求设立的。因国内全无基础，北大、北师大等知名高校都无法立即执行此新计划，但雷海宗在南开如期开课。雷海宗认为苏联教材对现代历史时段的划分并不符合东方国家的史实，是苏联中心论的产物，不能照搬到我国的教学中。于是他采用专题教学法，按历史次序讲授系列专题，在参照俄文材料的同时，尽可能地采用英文文献，从而大大深化了课程内容和思想性。

1953 年　51 岁

出任《历史教学》编委，分管世界上古史部分。并亲自撰写了《关于世界上古史一些问题及名词的简释》《世界史上一些论断和概念的商榷》《基督教的宗派及其性质》《读高中〈世界近代现代史〉上册》《历法的起源和先秦的历法》《欧洲人的"教名"及一般取名的问题》《关于公元纪年各种西文名词的意义及中文译名问题》等文章。此类深入浅出的阐释、纠谬对当时的高校青年教师和中学教学产生了很大帮助。

在家中为青年教师讲授两周秦汉史，王玉哲和杨志玖先生也来旁听。

1956 年　54 岁

加入九三学社。

按教育部计划，在全国率先开设"物质文明史"课程。他从生活和服装的变迁反观民族历史的发展，如讲到游牧的塞其提人由于骑马征战，穿绔、长靴、马褂、风帽；后来由于绔御寒不足，就加上腰，成为开裆裤；再以后演变成合裆裤。一条裤子的演变绝不是对历史无聊细节的穷究考据，而是延续了他从文化形态史观观察物质文明推演的治史思路。明清史专家冯尔康先生认为，这门课当时给了他很大启发，乃至潜移默化地影响到他后来对社会史的关注。

受教育部委托，编写《世界上古史讲义》。他对当时普遍采用的分区分国教学法提出了不同意见，认为这种授课方式容易让学生产生各国兴衰循环的错觉，很难形成对世界历史的整体观感。他采用"综合年代教学法"

编写世界上古史，并于当年率先实践，获得了巨大的成功。后被教育部定为全国高校交流讲义。

发表《上古中晚期亚欧大草原的游牧世界与土著世界》。

1957 年　55 岁

发表《世界史分期与上古中古史中的一些问题》一文。认为人类的历史依生产工具而论，可分为石器时代、铜器时代、铁器时代和机器时代。从社会性质来说，石器时代属于原始社会，铜器时代属于部民社会，铁器时代包括古典社会和封建社会，机器时代包括资本主义社会和社会主义社会。奴隶制只存在于雅典和罗马，应被视为封建社会的变种发展。这种人类社会形态发展中奴隶社会与封建社会差别不大的观点，后被批判为"反对马列主义社会发展的基本规律"（详见《人民日报》，1957 年 6 月 5 日）。

4 月，参加天津市委工作会议及《人民日报》召开的座谈会。这两次均是关于"百家争鸣"的座谈会。在会上，雷海宗主要谈发展社会科学问题。他指出，社会科学是随资本主义产生而产生和发展的，因为中国历史上没有经历资本主义，因此中国社会科学一直非常薄弱。马克思、恩格斯是在资产阶级社会科学的基础上，用新方法和新观点为无产阶级建立了新的社会科学。"马克思理论自恩格斯 1895 年逝世后即停滞了发展"，列宁等人只是"在个别问题上有新的提法"。我们不应该认为他们已解决了一切问题，社会科学不能再发展了，而应当利用新材料、新解释把 1895 年到现在六十二年的课补上。这不是那一个个人的问题，而是整个社会主义阵营的问题（详见《天津日报》，1957 年 5 月 22—23 日）。

6 月 22 日，在天津市史学会讲演"关于世界史的分期问题"。

夏，在天津市反右大会后，被补划为"右派分子"，遭到全国点名批判，勒令停止一切教学与科研活动。精神遭受严重打击，开始便血。

秋，开始翻译斯宾格勒的《西方的没落》部分章节。

奉命校对新编亚非拉历史教材。虽无资格参编亦无资格署名，仍一丝不苟查对英文资料、修补文稿疏漏，为两部书的出版付出了辛勤劳动。

1958 年　56 岁

3 月，中共南开大学党委、整风办公室确认，雷海宗的问题"按右派予以结论"。在待遇上保留教授职务，由二级降至五级，撤销其一切职务。

1960 年　58 岁

经检查，患有慢性肾炎。

1961 年　59 岁

年末，被摘除"右派分子"帽子。

1962 年　60 岁

3 月，抱病重上讲堂，讲授外国史学名著选读、外国史学史两门课程。虽严重贫血，全身浮肿，行走困难，仍亲笔拟就"外国史学史讲义提纲"，又让助教用三轮车带他到教室上课。

委托助教王敦书先生从图书馆借出全套的《诸子集成》，打算研究先秦诸子，写作有关著述。

11 月底，病至无法行动，课程被迫停止。

12 月 16 日，因尿毒症发作，送医院抢救。

12 月 25 日，因尿毒症及心力衰竭等因，病逝于天津。

（作者：马瑞洁，南开大学文学院副教授；江沛，南开大学历史学院教授。）

冯至年谱[①]

周　棉

　　冯至（1905—1993），是 20 世纪中国著名的作家、学者和国际文化名人。曾任北京大学西语系主任，中国作家协会副主席，国际笔会中国中心副主席，中国社会科学院外国文学研究所所长，中国外国文学学会会长等，是五四时期"浅草社""沉钟社"的代表作家。20 世纪 30 年代，鲁迅誉之为"中国最为杰出的抒情诗人"；40 年代，朱自清称其《十四行集》为"新诗的中年"；90 年代，季羡林又说当代能与他"比肩的散文家没有几个"。他学贯中西，博通古今，其《杜甫传》打破了中国古典文学研究传统的三套路数（注释、考据、欣赏），受到毛泽东的两次称赞；其《论歌德》是国内独一无二的著作。他获得过很多国际性的荣誉："歌德奖章""格林兄弟文学奖""国际文化交流艺术奖"、德国"大十字勋章""弗里德里希——宫多尔夫外国日耳曼语言学奖"等，还是瑞典、德国、奥地利等国研究院、科学院的院士。但是由于冯至远离世俗，泊于名利，一般人对其生平、成就知之甚少。笔者十年考究，钩沉稽核，探幽索隐，编成《冯至年谱》，于《徐州师范学院学报》（哲社版）1992 年第 3、4 期，1993 年第 3 期发表。此文是冯至最早审看、删补的

　　① 　原连载于《徐州师范学院学报（哲学社会科学版）》1992年第3、4期，1993年第2期。

年谱①。下面为当时发表的原文。

1905 年（清光绪三十一年） 1 岁

9 月 17 日，生于直隶涿县（今河北省涿州市）城内一败落的盐商之家。乳名立群，学名承植，字君培。在中学时有感于大家庭的庸俗，不愿承受他们的培植，受庄子《逍遥游》中"至人无己"的启发，自名为"冯至"，通用至今。

祖居商埠天津，世代经营盐业，家境颇富，"大约是从祖父的祖父一辈迁居涿县。从祖父起开始衰落，到父亲这一辈已欠下许多债务"。

祖父冯学锐，受过私塾教育，辛亥革命前订阅当时进步的《浙江潮》《民报》《国粹学报》等，书架上有严复的译作《天演论》《群学肄言》等。但民国成立后，他的思想反而趋于保守。

父亲冯文澍，性情温和，淡泊宽容，有思想，有主见，但并非雄心勃勃振兴家业的男子。家业破产后，为了子女不得不到四方奔走衣食，在外边的机关或学校里做些文牍之类的工作，但经常失业。

母亲陈蕙，安徽望江县人，温良贤惠，有一定文化，能读书写信。她与冯文澍的婚姻是外祖父在涿县为一小官时所定。

姐冯承荥，时年 5 岁，有残疾，后终生未嫁。兄冯承棨，时年 4 岁。

1908 年（光绪三十四年） 4 岁

弟冯承楸生。开始记事。

----

① 这是笔者1981年以来冯至研究的成果之一，其中1—80岁部分完成于1986年夏。冯至先生在做了白内障手术还不能正常阅读的情况下，从是年秋到翌年初，用了近半年的时间审看，剔误补缺。《河北师大学报》原拟1987年刊出并做了技术处理——拙文《静默与崇高》（《人物》1991.4）中提到的"河北省一同志"，即该刊编辑王嗜学先生，"《冯至年谱》的编者"即笔者。为期待新资料的发现等，我抽回了此文。此后，特别是在撰写《冯至传》期间，我又陆续发现和得到一些新的资料，还考证出传主从未披露过的某些生活经历并得到认可。据此，将"年谱"增补并延续到87岁（1991年）。原稿有十多万字，因版面所限作了浓缩；更兼冯先生的人生之路尚在延伸，所以，此年谱还要延续。先行刊出，以应学界之需，并求匡正补遗——笔者注，1992年4月。

1909 年（清宣统元年） 5 岁

开始在家人教导下看图、识字、读书、描红。未进私塾的原因是：经济困难，家中有人辅导。

1910 年（宣统二年） 6 岁

继续在家学习。

1911 年（宣统三年） 7 岁

继续在家学习。

1912 年（民国元年） 8 岁

下半年，在叔祖父冯学彰办的私立养正小学就读。

1913 年（民国二年） 9 岁

由于养正小学停办，2 月，进涿县县立小学。因有基础，插入初小三年级，暑假后升高小一年级。4 月，生母病故，年仅 35 岁。从此，家庭彻底败落，饱尝了白眼和奚落，开始认识人生。

1914 年（民国三年） 10 岁

暑假后升高小二年级。

1915 年（民国四年） 11 岁

父亲续娶，继母姓朱，北京人，未生育，对前房子女很是慈爱。
暑假后升高小三年级。

1916 年（民国五年） 12 岁

夏，在涿县县立小学毕业。秋，考入北京市立第四中学（原名顺天府立中学堂，建校于清末，是清朝废除科举制、实行新学制后最早建立的中学堂之一。辛亥革命后改为京师公立第四中学校），并在继母的支持下，到北京读书。前三年住在堂舅朱受豫家中。舅父在当时的参谋部工作，业余从事绘画。从他那里，冯至学到不少有关中国画的知识。

当时中学的学制是 4 年。对冯至产生较大影响的是国文老师潘云超和施天侔，他们对冯至的思想和后来从事文学事业，起到了启蒙和桥梁作用。

1917 年（民国六年） 13 岁

秋，升入中学二年级。

文学革命的讨论已经开始，俄国十月革命爆发……但四中校园内静如止水，冯至仍按部就班地读书。

1918 年（民国七年） 14 岁

秋，升入中学三年级。

1919 年（民国八年） 15 岁

五四运动爆发。四中校园内也贴满了标语，成立了学生会，学生参加罢课游行。看到别的同学自由地参加各种活动，在校内外进进出出，经过努力，从舅舅家搬到学校居住。

夏，开始不断地阅读宣扬新文化的刊物。最早接触的是《新青年》6卷 5 期（马克思主义专号），上面有鲁迅的《药》和鲁迅化名唐俟的随感录，在同学戴昌霆的介绍下认真地读了，深为吸引。从此，每有鲁迅作品问世，从不放过。五四以前的《新青年》，也被找来补读。

秋，升入中学四年级。

潘云超因在《益世报》发表一系列支持学生运动、抨击军阀政府的署名社论被捕，其学生施天俸继任。原使冯至对数学产生兴趣的黄自修老师调出，继任者不擅教学，冯至对数学又恢复了迟钝，而施天俸年青大胆，思想解放，介绍西方文学流派，讲解庄子，深得冯至信任，并从此解决了"学文乎？学理乎"的问题。

12 月，寒冷的一天，得到一份《晨报周年纪念特刊》，在上课时含泪读了上面鲁迅的《一件小事》。

1920 年（民国九年） 16 岁

寒假后，和同学陈展云、戴昌霆等创办了《青年》杂志，共出四期。在出版了二期后，因发现与开封二中曹靖华等办的刊物同名，更名为《青年旬刊》。

暑假，中学毕业，但未能进大学，回到故乡涿县城内，郭沫若、田汉和宗白华的通信集《三叶集》成了忠实的伙伴，由此知道了什么是诗，知道了歌德的名字。还读了郭沫若的《凤凰涅槃》《天狗》和当时其他新诗人的诗。

1921 年（民国十年） 17 岁

3 月，继母病故，又一次受到感情的折磨。

4 月 21 日，在胡同中见到一个邮递员，有所感触，写下了正式的第一首诗《绿衣人》。

夏日某夜，北京大学举行送别英国思想家罗素的集会，闻讯前住北大挤在人群中倾心静听罗素演讲。

暑假后，考入北京大学。当时学制为六年，预科 2 年，本科 4 年。先在预科学习，开始大量阅读文学研究会、创造社等文学社团的书报，也读中国古典诗歌（特别是唐宋词）和外国诗歌，还读莫泊桑、都德、屠格涅夫、施托姆、契诃夫、显克维支等外国作家的小说，受郭沫若译的歌德的《少年维特之烦恼》之影响尤大。读得更多的是新诗，特别是《女神》，开阔了视野。

1922 年（民国十一年） 18 岁

由同乡卢伯屏介绍，开始与当时在济南第一女子中学任教的顾随（字羡季）通信。顾多才多艺，擅长旧诗词。冯至送新诗给顾，顾送旧诗词给冯，彼此得到不少鼓励和启发。

下半年，进预科二年级，认识了国文系教授张定璜（字凤举，后移居美国），经常向他请教，送去诗作请评阅。

12 月 27 日，作诗《问》《我这样的歌唱》。

1923 年（民国十二年） 19 岁

1 月 21 日，作诗《满天星辰》。28 日，回涿县度寒假，至 3 月 7 日。在假期中，写了一组总题为《归乡》的诗 16 首。

3 月，上旬，返京后作诗《初春暮雨》《畅观楼顶》《初春之歌》等。19 日，《归乡》《绿衣人》等 23 首诗被张定璜加评语后寄上海《创造季刊》编辑部。

3 月下旬至 6 月中旬，作了总题为《残余的酒》诗 11 首。

5 月 4 日，作叙事诗《吹箫人的故事》。

春末夏初，张定璜教授选送的诗在《创造季刊》2卷1期发表，引起了浅草社成员的注意，应邀参加了浅草社。

暑假开始时，参加在京的浅草社成员十余人在北京中央公园（今中山公园）后河沿举行的茶会，认识了北大同年级英文专业的同学陈炜谟，并由林如稷介绍，开始与当时在复旦大学学习的陈翔鹤通信。"二陈"后来与冯至都成了挚友。

7月，作散文《交织》《狰狞》和《禅与晚祷》（按：这是冯至自己的看法，鲁迅认为是小说，并把它收入《中国新文学大系·小说二集》）。

暑假，与通信结识的诗友顾随相聚于北京。临别时作诗《别K》（后改为《别友》）。

8月，16日，诗《一个青年的命运》发表于浅草社编《文艺旬刊》第5期。28日，对《残余的酒》作最后修改。

暑假后，入本科德文系一年级，同时，开始到国文系听鲁迅讲《中国小说史略》。

9月25日，译诗《归乡集》（海涅）第9首发表在《文艺旬刊》第9期，署名君培。

10月，15日，散文《质铺门前》发表于《文艺旬刊》第10期。18日，为拜识郁达夫，混在经济系同学中听课，课后，随他进了教员休息室，自我介绍，从此相识，交往渐密。25日，诗《宴席上》、散文《沾泥残絮——读苏曼殊〈燕子龛诗集〉》发表于《文艺旬刊》第12期。

在张定璜教授家里结识杨晦，从此成为终生挚友。

12月，组诗《残余的酒》，散文《蝉与晚祷》《交织》《狰狞》（署名君培）刊于《浅草》季刊1卷3期。17日，诗《昆仑山飞来的赤鸟》刊于《北京大学廿五周年纪念刊》。23日晚，用了三个钟头时间写诗体剧《河上》。

1924年（民国十三年） 20岁

1月，6日，译诗歌德的《箜篌引》《迷娘》，复高孤雁信，刊于《文艺旬刊》18期。18日，诗《残年》，致王怡庵信，刊于《文艺旬刊》19期。下旬，回涿县度寒假，致杨晦信，称要改变自己的一切。

2月，10日，海涅译诗《抒情插曲》刊于《文艺旬刊》第21期，未载完部分由《文艺旬刊》改成的《文艺周刊》第22期（26日出版仍为浅草社编，刊期连续）刊出，署名均培。18日，致信杨晦，"悲哀是可爱的，悲惨是可怕的"。

3月，10日，致信杨晦，愿"精神上为之分忧"。25日，诗《愁云》刊于《文艺周刊》第26期。

春，创作诗《春的歌》。

4月，将北京大学德籍教授卫礼贤受《小说月报》委托撰写的《歌德与中国文化》一文中引用的歌德组诗《中德四季晨昏杂咏》14首，译为中文。15日，诗《秋千架上》刊于《文艺周刊》第29期。22日，选译的海涅《归乡集》中部分诗作刊于《文艺周刊》30期；歌德译诗《魔王》刊于《文艺周刊》31期。

5月27日，诗《赠》《夜饮》，歌德译诗《我的》刊于《文艺周刊》35期。

6月，10日，散文《好花开在寂寞的园里》《梦及梦之前后》，歌德译诗《拜月词》刊于《文艺周刊》37期。17日，诗《偕翔鹤夜步》（亦作《寄纺轮的故事》）刊于《文艺周刊》38期。

应友人顾随（此时已任教于青岛胶澳中学）之邀，赴青岛度暑假。22日，到达济南后，致信杨晦。在此与顾随游玩了近10天。

7月，3日，致信杨晦，告知已到青岛。13日，又致信杨晦，述及海滨见闻，赞美东洋西洋女子的冲淡坦荡。19日，致信杨晦，述说陶醉于大自然的感受。27日，致信杨晦，告知用一天时间写成了一独幕剧。29日，诗《海滨》、信《历下通信》刊于《文艺周刊》44期。

8月，5日，评论《读〈春的歌集〉》和诗《墓旁》刊于《文艺周刊》45期。上旬，致信杨晦，感叹"为艺术，为生活的艺术化太难"，并告之又写了一篇童话剧名《鲛人》。12日，诗《雨夜》《故园》刊于《文艺周刊》46期。13日，致信杨晦，告知翌日晚将离开青岛。在青岛期间，还作诗《孤云》《琴声》《青岛绝句》（二首）、《在海水浴场》《帷幔》等。21日，在天津堂叔家致信杨晦，抒发别离及人生感慨。

弟承楸因不堪忍受族人的白眼，离家出走。

9月，1日、3日、7日、11日、16日、下旬，在涿县致信杨晦，述说在故乡的感受。月底返北京。

暑假后，升本科德文系二年级，又一遍听鲁迅讲《中国小说史略》。

10 月，3 日，致信杨晦，告知抵京已经 5 天，买了几本好书：Zarathustra（希腊传说）、荷马字典、《大唐西域记》《浮生六记》《影梅庵忆语》。中旬（约 13—17 日），致信杨晦：星期天访张定璜先生，对自己以前的诗作表示不满。19 日，致信杨晦："鲁迅给我们讲厨川白村的《苦闷的象征》，比小说史有味的多了。"22 日，致信杨晦，谈对杨晦《夜幕》的感受；下星期将搬"中老胡同 23 号"；"努力在时间下留些痕迹。努力搜集可以纪念的物品吧！喜的固好，悲的更好，对着这些纪念品发呆，真是至高无上的赏玩。"

11 月，1 日、15 日、19 日、20 日、30 日 5 次致信杨晦，诉说自己对浪漫派小说的喜好，剖析自己性格的弱点，表示将努力自拔。30 日午后遇郁达夫，应邀到其家小饮。这年多次与陈翔鹤、陈炜谟到郁曼陀家看望郁达夫。

12 月，10 日、14 日、23 日 3 次致信杨晦，述说自己抑郁的心态。

此年与诗人柯仲平相识，听他讲述云南的风土人情，夜晚常相伴到陶然亭一带去散步。

1925 年（民国十四年） 21 岁

1 月，3 日，致信杨晦：为写东西回故乡一周，述及《夜巷》受霍普特曼的《汉呐尔升天》的影响等情况；告知写了一篇散文，名《长至节杂记》："我深感觉，我的幸福很真实地刊在海市蜃楼中。"决定明天回校。26 日，又致信杨晦：回家又一周，在混沌中度除夕，为父兄的劳顿困苦叹息，反复谈读佐藤春夫《黄昏的梦》之感受，发出"上帝，指给我一条路吧"的感叹。

2 月中旬回京后，致信杨晦，表明处友之道："两三个人，有味些，再多，就是魔鬼了。"谈近期写作设想。21 日，致信杨晦：仍闭门读书，想把德文根基弄深一点；为北京一些无聊的报刊感叹。本月，《浅草季刊》第 1 卷第 4 期出版，刊有冯至的诗体剧《河上》、叙事诗《吹箫人的故事》。

3 月 16 日，下旬，两次致信杨晦，说总爱读西方启蒙者浪漫色彩的东西。

4月，3日下午，听鲁迅讲课，课间送《浅草》1卷4期1册。此事鲁迅记入日记。4日，致信杨晦：因读了西洋文艺，"怀疑了我的周围"，"怀疑了我的'才能'，怀疑我的'文字'"。19日，致信杨晦，坦陈"混"与"奋"之矛盾；"西洋的文艺园中，只要是一草一木都引起我望洋兴叹之感，这是我时时动了出洋念头的最大原因。"说德国文学中"make your strong"的文字虽多但对自己产生不了影响，"我爱的还是那几位薄命诗人"。下旬，致信杨晦，抄旧日诗词两首：《减字木兰花》《鹧鸪天》，凄切哀怨，为见诗集中夹的残花而作，仍为命运而感叹，"可怜我不是一个强者，但是弱者所需以生的东西，我一点都没有。上帝啊，怎样才能给我换一个铁石的心肠，一个人稳稳地走上孤独的路呢？"本月作历史小说《仲尼之将丧》。

夏，与杨晦、陈翔鹤、陈炜谟在北海公园讨论办刊物的计划，提议为"沉钟"，为大家所赞同。

9月，入本科三年级。20日，致信杨晦：自己"初期的诗太幼稚，只有《浅草》第3期的我读起来不很讨厌……每每听到有人批评新诗，我总忿忿不平"。"十分希望作几首惊人一点的诗"，"渴望这比渴望女人还厉害的多"，"不能不注意形式，又不能太注意了"。下旬，回故乡看望了从德国回国省亲的堂叔冯文潜。冯文潜研究哲学、美学，从他那里，首次知道了诗人里尔克与史推芳·格欧尔格的名字，了解了他们的一些情况；还听叔叔讲解了荷尔德林的《命运之歌》，感到很兴奋，当夜便梦到德国。27日，致信杨晦，介绍在叔叔处的见闻。这天，买了西班牙的《吉色德先生》和霍夫曼的名著。

秋，开始与杨晦、陈翔鹤、陈炜谟编印《沉钟》周刊。"周刊"共出10期，自己组稿、编辑，并把编好的稿子送北大印刷厂排印，自己校对，印好后，自己把一部分包扎好寄往外地，把另一部分送到东安市场书摊和大学的传达室寄售。它同下半年的《沉钟》半月刊一样，在文艺界默默无闻，但也被少数人注意，尤其得到鲁迅的热情鼓励。自"沉钟"出版，世人皆称为"沉钟社"。

10月，4日，致信杨晦，述说中秋节冷落之况，对考试表示厌恶。10日，《沉钟》周刊第1期出版，短文《从深谷里》刊于其上。同日致信杨晦，说第1期不怎么美，需改善。次日，又致信杨晦，悔寄10日信。16日，致信杨晦，表明《沉钟》的方向是"望完整、纯粹的方面努力，除了广告以外，不同旁的周刊发生文字以外的关系……要在为人所不注视的寂寞中，自己弄出一点甜味来"。17日，《沉钟》周刊第2期出，《仲尼之将丧》刊于其上。24日，《沉钟周刊》第3期出版，诗《别友》、散文《秋暮》刊于其上。31日，《沉钟》周刊第4期出版，诗《遥遥》刊于其上。

11月，3日，致信杨晦，为《沉钟》走上"无人旷野"而感叹，埋怨李小峰把前四期存放屋角，表示已拿回，将自己发行。7日，《沉钟》周刊第5期出版，散文《记克莱思特的死》刊于其上。18日，致信杨晦。下旬，再致信杨晦，对刊物的前途表示担忧，表示不到山穷水尽，决不停刊，嘱快寄一期印刷费来。28日，《沉钟》周刊第5期出版，叙事诗《绣帷幔的少尼》刊于其上。29日，致信杨晦，再次表示把《沉钟》办下去的决心，对《语丝》有所误解。

12月，5日，《沉钟》周刊第8期出版，散文《夜巷的三部曲》刊于其上；译荷尔德林的诗《Hyperion的运命歌》。12日，《沉钟》周刊第9期出版，诗《郊原》刊于其上。

本年还作有诗：《我是一条小河》《怀友人小Y》《蚕马》等。

1926年（民国十五年） 22岁

1月底，回家过春节。

2月上旬，在家致信在京诸友人，勉励大家振奋精神。本月，《沉钟》周刊停刊。

4月10日，在《语丝》上看到鲁迅为《沉钟》写的《一觉》一文，"欢喜得好象过了一个小年"。下旬，致信杨晦：用一周时间写了1万字的散文《Petöfi Sándor》。

5月1日下午，和陈炜谟首次拜访鲁迅，以后，多次到鲁迅家，听他谈文学、社会和人生，一直到鲁迅离开北京赴厦门为止。

暑假，收到鲁迅让陈翔鹤转赠的莱蒙托夫的《当代英雄》德文本。鲁迅有意让冯至翻译成中文，后来冯至为辜负鲁迅的嘱托而长期遗憾。

本年暑假或上一年暑假，写过一篇数百行的叙事诗《窦娥之死》，未发表，也未收入不久出版的诗集《昨日之歌》，后遗失。

8月，在鲁迅的支持下，《沉钟》半月刊创刊，由北新书局出版，前6期的封面由鲁迅请陶元庆绘制，冯至参与编辑前12期。11日，《沉钟》半月刊第1期出版，叙事诗《寺门之前》刊于其上。25日，第2期出版，诗《最后之歌》、散文《Petöfi Sándor》刊于其上。

9月，升本科德文系四年级。11日，《沉钟》半月刊第3期出版，梦幻剧《鲛人》（署名"琲琲"）刊于其上。13日，在涿县致信杨晦，为精神不能振作、身体衰弱、做人难而叹惜。22日，致信杨晦：在家过节，只觉得纷杂疲倦。25日，《沉钟》第4期出版，诗《默》刊于其上。26日，致信杨晦。30日，致信杨晦："我只想低下头去，工作工作，许多的闲愁闲恼（使）我越来越觉得不是于我们'穷人'有份的。"

秋，读到里尔克的《旗手》，觉得是一种意外的奇异的收获；开始追求E君，写下了一些情真意切的诗什。

10月，7日，致信杨晦，告诉晚8时抵京。14日，致信杨晦："整天地彷徨犹豫"，"第一个问题是怎样地生活"，"真理是完全的错误，康健是完全的病"。咳嗽厉害。10日，《沉钟》半月刊第5期出版，译诗《掘宝者》，诗《"晚报"》（署名"琲琲"）、散文《火》刊于其上。25日，6期出版，诗《在阴影中》《可怜的人》刊于其上。

11月，10日，《沉钟》半月刊第7期出版，散文《乌鸦——寄给M弟》、诗《风夜》刊于其上。26日，第8期出版，小说《Cassiopeia》刊于其上。

12月，11日，《沉钟》半月刊第9期出版。小说《望》、诗《迟迟》、散文《H先生》刊于其上。26日，第10期出版，莱瑙译诗《芦苇之歌》（4首）、小说《"北上"杂笔》刊于其上。

冬，晚上常和陈炜谟到景山东街未名社门市部，找韦素园、台静农谈文艺。

本年还作有诗《蛇》《无花果》《湖滨》《我只能》《桥》《雪中》《什么能使你喜欢》等。

1927年（民国十六年） 23岁

1月，23日，致信杨晦，为将出版的《沉钟》半月刊12期上自己的诗而难过，认为"人生境界的改变，似乎都有一定的过程"。借张清独学费钱。26 日，诗《冬天的人》及与杨晦、陈翔鹤、陈炜谟共同署名的"沉钟社启事"，刊于《沉钟》半月刊第 12 期。因北新书局总店移沪经营，《沉钟》半月刊中断。

3 月 1 日，致信杨晦：又病了几天；表示对李小峰的厌恶："中国人总是这般浅。"

4 月，第一部诗集《昨日之歌》作为"沉钟"丛刊的一种由北新书局出版，收入 1921—1926 年上半年的诗，分上下两卷，上卷为 48 首抒情诗，下卷为 4 首叙事诗，诗集的命名多少有与过去告别的含义。

5 月 9 日，写信给在广州中山大学任教的鲁迅，把陈炜谟对自己诗的看法：缺少时代气息，未摆脱旧诗词格调的影响，作为自己的意见，告诉鲁迅，请批评。并表示毕业后愿到广州去工作，同时寄上《昨日之歌》一册。

6 月，4 日，致信杨晦，感觉到做工作的需要，"忍耐"的必要。7 日，致信杨晦，嘱为《昨日之歌》作广告式的说明。14 日，致信杨晦：对都市反感，渴望自然，想去青岛，告知已接到鲁迅信，为不能到广州遗憾。

7 月 10 日，《沉钟》特号（霍夫曼和爱伦·坡专号）出版，评论《谈 E·T·A·Hoffmann》、译作《Arthur 厅堂》刊于其上。

上半年作的诗还有《饥兽》《希望》等。

暑假，在北大德文系毕业，辞谢了北京孔德学校负责人的约请，听从杨晦的劝告，决定到遥远的哈尔滨一中工作，以认识社会，锻炼自己。

9 月，赴哈尔滨，杨晦等到车站送行。途中百感交集，感情脆弱，留心所见所闻。抵哈后，雨倾如注，瘦马悲鸣，倍感凄凉。在一中教国文。

10 月，6 日，致信杨晦，对此处环境不适应，不想久待于此。7 日，致信杨晦，买了一部《歌德全集》。

11 月 11 日，致信杨晦：近年自省，"怀疑近来的痛苦可能是因在学生时代太优游了"，自责自己逃避生活与痛苦："我终日惶惶……我非常引为自危的，我在这里太清洁了……每月为了一百元同这些人在一起，我非常，我非常伤心，我生怕我一旦回到北京，你们看我的脸上就充满了俗气。"表示寒假后将不回这里。

12月31日，致信杨晦，对自己能否教书表示怀疑，对周围的人反感，"半年内不知老了多少，揽镜自照，欲泣不能"。

1928年（民国十七年） 24岁

1月，1—3日，利用三天假期，以愤激之心情写了500多行的长诗《北游》，倾吐了半年中郁积的块垒；收到鲁迅托未名社寄给冯至译的《小约翰》。8日，致信杨晦，告诉10日回京。不几日，放寒假，带着《北游》底稿回北京过春节。22日晚（阴历丁卯除夕），和陈翔鹤、陈炜谟、冯雪峰聚集在北京杨晦住的公寓里评诗。大家认为《北游》的风格较前有了变化。

春节后，仍回哈尔滨一中。陈炜谟也一同前往一中任教。

夏，辞别哈尔滨，回到北京。在杨晦家中第一次见到了北平女师大学生、后来的终身伴侣姚可崑，但互相未讲话。

暑假后，在北京孔德学校教国文，同时兼任母校北大德文系助教。

11月27日，致信杨晦："我的文章总是那样浮浅，完全是不读书之过。""现在真是一个危险的时代，我应如何警惕，在这落脚就是污泥的景况中保持一种清洁度过去呢？"

这时，杨晦编《新中华报副刊》，11—12月间，冯至在上面发表的作品有《拜访》（11月30日），《祈祷》（12月4日），《旅行》（12月8日），《雪夜》（12月17日）。

1929年（民国十八年） 25岁

1月，散文《一九二九》《鸦片》分别发表于1日、30日《新中华报副刊》。长诗《北游》在6日至27日的《华北日报副刊》连载，署名鸟影。

2月，14日，杨晦、郝阴潭生日，与姚可崑等应邀参加了宴会。但仍未对话。此后至5月底，每逢星期六或星期天，他们双双被邀请到杨家去玩，但冯至从不曾直接与姚可崑攀谈。为此，受到杨晦的批评。21日，在《华北日报副刊》发表一首法国诗人Aruers的译诗，诗后有18日写的"附记"，隐现出对姚可崑的相思。

3月底，在《华北日报副刊》发表诗《月下欢歌》、散文《黄昏》等。

5月初，编诗集《北游及其他》，9日，为诗集作序。24日上午，与杨晦、陈炜谟看望来京省亲的鲁迅，约到中央公园午餐，至下午5时方散。

从 3 月到 5 月，在《华北日报副刊》上发表的诗作还有《暮春的花园》《思量》等十几首。这些诗有希望，也有绝望；有追求，也有放弃，有进有退，大都是写给姚可崑的情诗。

6 月 6 日，第一次给姚可崑写信。60 多年后姚可崑称"这封信文字优美，情深义重，我读了又读，犹如咀嚼橄榄，滋味无穷"。自此以后，与姚可崑书信往返。最初姚可崑称他为先生，随后戏称为"师叔"（姚是杨晦的学生），最后直呼君培。后来几乎每星期都到女师大去找姚可崑一次。星期日常约好到公园去玩，边走边谈，说古论今，背诵诗词，彼此心领神会，宛如一人。

7 月，在《华北日报副刊》发表历史小说《伯牛有疾》、散文《西郊遇雨记》（7 月 13 日作）。

8 月，第二本诗集《北游及其他》以北平沉钟社名义，作为"沉钟"丛刊之六自费出版，印 1000 册，封面是借用日本版画家永濑义郎的作品《沉钟》，卷 5 首有"呈给慧修"（杨晦的字），第一辑"无花果"，收 1926 年下半年到 1927 年上半年的诗作，系追求 E 君而作。第二辑为"北游"；第三辑为"暮春的花园"，收抒情诗 17 首，译诗 8 首，是 1928 年暑假回北京后到 1929 年夏，初识姚可崑之后所作，大多是写给姚可崑的情歌。

10 月 8 日，致信杨晦，告诉昨夜给姚可崑写信出门时摔破眼镜、碰破前额的小事，戏称希望留下伤痕，别人会以为上过战场而报之一笑。

11 月 25 日，在《华北日报》副刊发表散文《若子死了》。

冬，考取河北省教育厅公费留学名额，但因河北省经费拮据，出国时间后推。

1930 年（民国十九年） 26 岁

2 月 24 日，在《华北日报副刊》发表诗《昨晚我倚着桥栏》。

春，废名与冯至商量办一小型文艺刊物，废名提议为"骆驼草"，刊头题字是沈尹默。

5 月，与当时任北大助教的梁遇春开始交往。12 日，《骆驼草》周刊第 1 期出版，诗《送》《发》刊于其上。19 日，诗《晚餐》刊于第 2 期。29 日，散文《老屋》刊于第 3 期。

6月，2日、26日，分别在《骆驼草》第 4 期、第 6 期发表诗《日落》、散文《蒙古的歌》。

7月，7日，在《骆驼草》第 9 期发表诗《星期五的夜晚》《等待》。14 日、21日、28日，分别在第 10 期、11 期、12 期发表《塞尔维亚民歌》一首、散文《父亲的生日》《C 君的来访》。

8月18日，在《骆驼草》第 15 期发表诗《夜半的园林》《酒醒》。

7、8月间，留学之事有了确切的消息，准备出国。

9月12日晚，由北平乘火车启程赴德国。与清华大学教授吴宓、清华高材毕业生陶燠民，河北省公费留学生王庆昌结伴同行。姚可崑和冯至的几个朋友为之送行。行前，把《沉钟》半月刊包好，存放友人处。

前进途中，曾在哈尔滨小停候车。在途经西伯利亚时，作散文《赤塔以西》。后经莫斯科、柏林，于月底抵达德国海德堡大学（冯至译为海德贝格）。这是德国一所最古老的大学，学习的内容：正科：德语文学；副科：哲学、美术史。在此，经常诵读荷尔德林的作品，并以极大的热情阅读里尔克的诗、书简、小说、戏剧，主要的教师有著名文学家宫多尔夫教授，存在主义哲学大师雅斯贝尔斯，著名文学教授阿莱文、布克教授，古德语教授潘采尔，美术史教授戈利塞巴赫。课后，常在夕阳西下时坐在海德堡的涅卡河畔的长椅上观赏、思考。

抵达海德堡的当天上午，在一个小学教员家里租了一间有家具设备的房子。这里还住着一个姓戴的正在读中学的中国学生。听他说还有同胞在这里学习，一个学文，姓徐；一个姓蒋的，学医。

第二天下午，到涅卡河南岸的一个小巷里，拜访徐君。此君名琥，经常和鲁迅通信，别名很多，鲁迅以"诗荃"相称，后来以"徐梵澄"的名字定下来。从此，交往渐多，成为多年的好友。

冬，开始写作散文《礼拜日的黄昏》。

12月，14日，致信杨晦、陈翔鹤：开始学习拉丁文；欧洲学术自由。23 日、31日，散文《礼拜日的黄昏》（一）（二）发表于《华北日报副刊》。

1931 年（民国二十年） 27 岁

1月16日，致信杨晦、废名：学习紧张，为里尔克的做人态度而震动，

《礼拜日的黄昏》羞得写不下去了。20日，致信杨晦，深刻地剖析自己。24日，《礼拜日的黄昏》(三)发表于《华北日报副刊》。

2月，致信杨晦，说沉醉于里尔克的诗文之中，称赞宫多尔夫教授。

2、3月间，诗人梁宗岱来此，一起谈诗论文，受到启发。

3月15日，致信杨晦，赞美里尔克的诗文。

4月10日，致信杨晦，评述里尔克的诗文。

在听宫多尔夫课期间，与F君相识，从他那里首次知道西方两个著名的论战家：丹麦的基尔克郭尔和奥地利的卡尔·克劳斯。前者后来对冯至产生很大影响。还认识了维利·鲍尔，后来成为好友。

5、6月间，北大老师张定璜从法国来此小住。

7月12日，宫多尔夫教授在课堂上猝然逝世，非常悲痛，致信维利·鲍尔，告知这一噩耗。25日，致信杨晦、陈翔鹤，为宫多尔夫的死而惋惜，决定转学到柏林大学。

8月，到柏林大学，受到在此学经济的北大同学朱偰和学图书馆学的蒋复璁的欢迎，并通过他们认识了研究美术的滕固，还认识了陈铨。在柏林，遇到了一位名麦耶尔的报纸专栏作家，谈雷马克的小说《西线平静无事》。

9月27日，致信杨晦，谈《Duino哀歌》的翻译。

10月13日，致信杨晦，打算从宗教与思想上研究俄国。

12月19日，致信杨晦，谈庞大的学习研究计划。

1932年（民国二十一年） 28岁

1月11日，致信杨晦等，告知学习了一点法文。

3、4月间，由朱偰介绍，由城内迁到郊外，一个名叫爱西卜的居民区，与之为邻。

5月，徒步旅行，从柏林至撒克逊邦入捷克边境。原拟访里尔克的故乡布拉格，因旅费不足而返。

6月6日，致信杨晦，主张姚可崑来德；重新认识了歌德。15日、16日，致信杨晦夫妇，告知游撒克逊群山。18日，致信杨晦，请求同意姚可崑来德。

夏，朱自清路过柏林，邀约到住处。几天后又陪他到波茨坦的无忧宫游玩。

某日，李健吾来访。

约在 8 月，到吕根岛旅行，排遣梁遇春之死的哀思。

9 月，作散文《塞纳河畔的无名少女》，后发表于 10 月 15 日复刊的《沉钟》半月刊第 13 期。

10 月 17 日，到威尼斯迎接姚可崑。从此，经常在一起散步，留下了终生美好的印象。译文片断《布拉格随笔》（里尔克著）刊于《沉钟》半月刊第 14 期。

11 月 15 日，译诗《豹》（里尔克著）刊于《沉钟》半月刊第 15 期。17 日，致信姚可崑，谈《沉钟》、自己以前的诗、读歌德的体会和与姚可崑相处等情况。

12 月 30 日，译文《论山水》（里尔克著）刊于《沉钟》半月刊第 18 期。

1933 年（民国 22 年） 29 岁

2 月，13 日，致信杨晦，谈基尔克郭尔。15 日，译文《Sören Kiérkegaard 语录》刊于《沉钟》半月刊第 21 期。

6 月 6 日，与姚可崑买了两朵玫瑰，四两饼干，面对面地订婚。

8 月，访问宫多尔夫遗孀，受到了友好的接待，宫多尔夫遗孀赠送了一幅她在瑞士摄制的里尔克的照片，随后把这次拜访的情形写信告诉正在巴黎的鲍尔。

10 月 1 日，致信杨晦，谈在国外的空虚及博士论文准备情况。到海德堡后，参加继任宫多尔夫讲座的阿莱文教授的研究班学习一学期，最后与他商定博士论文的题目，是关于里尔克的《布拉格随笔》的，为此阅读了大量资料。在写出博士论文提纲，正要与阿莱文教授商讨时，因阿莱文是犹太人被撤职，受到很大打击，想去弗莱堡，经德国同学劝阻（为了听雅斯贝尔斯的课）未付诸行动，指导教师改为布克教授，论文题目改为《自然与精神的类比作为诺瓦利斯作品的文体原则》。

12 月 15 日，致信杨晦，告诉博士论文题目变换的情况。

1934 年（民国二十三年） 30 岁

1 月 15 日，诗《情歌》、译文《画家梵柯与弟书》刊于《沉钟》半月刊第 31 期。

2 月 28 日，诗《夜》（一、二）、《海歌》《雪后》刊于《沉钟》半月刊第 34 期（《沉钟》半月刊最后一期）。

5 月 6 日，到布克家，讨论博士论文情况。从此全力研究诺瓦利斯，即使到外地休假，也带上 4 卷本的《诺瓦利斯集》和一部打字机。

暑假，与姚可崑到瑞士东南的特精省逻迦诺乡村度假，与德国友人鲍尔夫妇共租湖边小房一栋。

本年还作有诗《歌》等。

1935 年（民国二十四年） 31 岁

5 月 27 日，论文交布克审阅。

6 月，参加博士论文答辩。22 日、26 日分两次进行。第一次主考为布克和潘采尔；第二次主考是雅斯贝尔斯和戈利塞巴赫。答辩通过，获得博士学位。

为回避国内庸俗的婚礼，决定在巴黎结婚后回国。冯至为此与在巴黎的老师张定璜联系，获得了热烈的赞成和欢迎。

7 月，上旬的一个清晨，离开海岱山前往巴黎，约在 10 日左右抵达，受到张定璜的热烈欢迎。在与张商定了结婚事宜后，即在巴黎参观，到了克吕尼博物馆、沙特勒的哥特式大教堂，14 日，欣赏了法国国庆节的巴黎烟火。20 日，在巴黎的一座中国餐馆山东饭店举行了有八、九个人参加的婚宴，张定璜为主婚人、证婚人，还代表家长。婚后约四五天，去意大利游玩，到了米兰、罗马等地，最后由威尼斯乘船回国，途经孟买、科伦坡、新加坡等地时，都下船转一转。

7 月至 8 月，朱自清编选《中国新文学大系·诗集》，选冯至《我是一条小河》等诗 11 首。

9 月初，抵达上海。当晚，即受到好友杨晦的告诫："不要做梦了，要睁开眼睛看现实。"约在 10 日，与杨晦、夫人姚可崑一起看望了鲁迅，在内山书店附近的一座小咖啡馆谈了一个下午，获得了不少教益。不几日，回到北平。

12 月，任中德学会常务干事。

本年写有散文《两句诗》，当时未发表，20世纪40年代，收入散文集《山水》。

1936年（民国二十五年） 32岁

3月2日，鲁迅在《中国新文学大系·小说二集导言》中称冯至是"中国最为杰出的抒情诗人"，集中收入冯至的小说《仲尼之将丧》和散文《蝉与晚祷》（鲁迅认为是小说），称之为"幽婉的名篇"。

6月，长女姚平生。

7月，离北平去上海吴淞，任同济大学教授兼附设高中主任。

10月，戴望舒创办《新诗》月刊，邀约冯至、卞之琳、孙大雨、梁宗岱为编委。22日下午，与杨晦、姚可崑参加鲁迅的出殡行列。

11月，作悼念文章《里尔克——为十周年祭日作》，发表于12月10日《新诗》1卷3期"里尔克逝世十年特辑"，同时发表的还有译作里尔克诗6首。

本年还作有散文《画家都勒》。

1937年（民国二十六年） 33岁

1月1日，在朱光潜编《文学杂志》8卷1期"新诗专号"发表《尼采诗抄》6首。

2月10日，在《新诗》1卷5期发表译诗《玛利浴场哀歌》（歌德作）。

5月，1日，作《里尔克〈给一个青年诗人的十封信〉的译序》。16日，译诗《尼采诗抄》5首发表于《译文》3卷3期。

春夏，作散文《怀爱西卡卜》《逻迦诺的乡村》，先后发表于《西风》杂志上。

6月，悼念友人梁遇春，作《给秋心》诗二首。

8月，12日，"八·一三"事变即将爆发，仍在吴淞处理公务，时街上已空无一人，直到全部处理完毕才离开。下午，乘黄浦江上的一快艇，离开吴淞往上海法租界家中。到家时，只见万家灯火，闸北已响起枪炮声。14日，在阳台上看中国空军第一次轰炸黄浦江上的日舰，兴奋得忘了吃饭睡觉。

9月，随同济大学及附设高中内迁至浙江金华，住李清照歌咏过的"双溪"附近。

年底，随校离开金华向江西撤退。

1938 年（民国二十七年） 34 岁

年初，经江西万安到达赣县，与在同济任教的德国朋友维利·鲍尔相逢。鲍尔赠送了一本宫多尔夫关于里尔克讲演的全文，以作为他们结交和重逢的纪念。途中作《赣中绝句》4 首。

8 月，译著《给一个青年诗人的十封信》（里尔克著），由长沙商务印书馆出版。

暑假，由于同情进步学生，与杨晦受到迫害。

10 月，随校离赣县经湖南到广西桂林，在此和八步小住半月多，将书分别寄给长沙的徐梵澄和成都的陈翔鹤。

11 月，得北平来信，知父亲逝世，不胜哀悼。上旬，在桂林上了一只民船经阳朔到平乐，又乘一辆汽车经柳州、南宁、龙州，又取道越南河内乘滇越铁路列车，于 12 月下旬到达昆明。经同济大学学生吴祥光介绍，住大东门内报国寺街。初来时，物价还便宜，后来，日趋高涨，被迫卖掉了从德国带回的照相机、留声机和外国朋友送的儿童玩具。

年底，茅盾路过昆明，文艺界抗敌协会昆明分会宴请茅盾，应邀出席，第一次与茅盾见面。

1939 年（民国二十八年） 35 岁

上半年，接待路经昆明的朋友梁宗岱。

8 月 22 日，应吴祥光的邀请，参观其父在离昆明 15 里的杨家山经营的林场，并接受吴的美意，把林场中的茅屋作为躲避空袭和写作的住所。这里松林茂密，从茅屋前走下有一股清泉，夜里松涛阵阵，白天松香四溢，对冯至产生了神奇的魅力。从此时到 1940 年 9 月底，每逢周末就到那里去一次，住两、三天，享受山林野趣，有时也邀朋友们去玩。这种特殊的自然环境，为他后来创作十四行诗和散文《山水》提供了可能。

暑假后，辞去同济大学的教职，接受西南联大外文系的聘请，任德语教授，一直到 1946 年 7 月，历时 7 年。在此期间，与李广田、卞之琳等经常谈文学问题；与陈逵、夏康农、翟立林等常谈些社会现象和政治问题。与朱自清、杨振声、罗常培也有较多的交往。转教西南联大后，移家东城节孝巷内怡园巷，巷口对面是闻一多、闻家骃兄弟的寓所。

1940 年（民国二十九年） 36 岁

3 月，《福兰阁教授的〈李贽研究〉》发表于重庆《图书季刊》第 1 期。

9 月 30 日，日本飞机首次空袭昆明，与闻一多、闻家骃兄弟一起躲入防空洞。

10 月 1 日始，为躲避空袭，以林场的茅屋为家，至 1941 年 11 月 4 日，每星期进城两、三次，回来就在此读书，读杜甫和陆游的诗，读歌德的著作，读刚出版的《鲁迅全集》，也读尼采、基尔克郭尔和里尔克的著作。

10 月 19 日，应联大学生社团冬青文艺社杜运燮的邀请，作纪念鲁迅逝世 4 周年的演讲，开始与学生社团接触。

1941 年（民国三十年） 37 岁

年初的一个下午，望着几架银色的飞机在天空飞翔，想到古人的鹏鸟梦，随着脚步的节奏，信口说出一首诗，回家写在纸上，正巧是一首变体的十四行诗（即后来《十四行集》中的第 8 首），由此产生了一个要求，把生命的体验写成诗篇，开始了有意识的创作，一年内写了 27 首，在昆明、桂林、重庆的刊物上发表，后编为《十四行集》，交给桂林明日社的友人陈占元，1942 年 5 月出版。

2 月 22 日，写《一个对于时代的批评》，介绍丹麦思想家基尔克郭尔，后发表在 7 月 20 日《战国策》第 17 期。

春，在茅屋里开始翻译俾德曼编的《歌德年谱》，详加注释，并以年谱为纲，读 40 卷本的《歌德全集》，并参照《歌德书信日记选》《歌德与爱克曼的谈话》《歌德谈话选》等，研究其生平和思想，为撰写歌德研究文章作准备。与此同时，完成了论文《歌德的晚年》，后在《今日评论》上发表。

作散文《一棵老树》。

秋，应罗常培之邀，老舍来昆明住二、三个月。在欢迎老舍的一次聚会后，与闻一多同住教员宿舍，晤谈至深夜，闻一多称赞冯至的《一个对于时代的批评》。

9 月 30 日，中午，偕夫人姚可崑到龙头村，访问了罗常培、罗庸和来昆明作客的老舍。

有一天，在学生壁报上看到老舍来昆明的讲演稿：抗战时文人应为抗战而作文，深感内疚，后悔自己未直接为抗战而写作。

下半年，不断生病，大病之后，背上又患痈疽，后到云南大学附属医院做了手术。

11 月 4 日，友人翟立林在大西门内钱局街敬节堂巷为冯至租了房屋，从此，又回到城里居住，偶尔到茅屋去住一、二天。因为环境变换，较多地接触了现实，对社会逐步有所了解，为后来创作杂文提供了条件。

1942 年（民国三十一年） 38 岁

2 月，开始翻译席勒的《审美教育书简》，约一年内译完，很不满意，未交出版社。四十年后，由学生范大灿校阅并加诠释，作为二人合译于 1985 年由北京大学出版社出版。

9 月 20 日晚，应冬青社学生刘北汜、王铁臣之邀，与卞之琳、李广田到南照街晚餐。

冬，因读到里尔克著卞之琳译《旗手》，想到中国古代的伍子胥，开始写历史小说《伍子胥》，翌年春完成，分章在桂林《明日文艺》、重庆《民族文学》发表，昆明《世界文学季刊》1 卷 1、2 期全文发表；还曾一度列入林元在桂林编的"文聚丛书"的出版计划，标题为《楚国的亡臣》。

本年还作有散文《一个消逝了的山村》《人的高歌》。

1943 年（民国三十二年） 39 岁

1 月 28 日，在联大文史学会作《〈浮士德〉里的魔》的讲演。

6 月 25 日，历史系学生丁名楠将所买得的仇注杜诗，转让给冯至。据此书一首首反复研读，做了大量的卡片，为写《杜甫传》作准备。

本年起，昆明民主运动复苏，出现了《生活导报》《春秋导报》《自由论坛》《独立周报》等小型周刊，应编者之邀，开始为他们写了些杂文和散文。

夏，为歌德《维廉·麦斯特的学习时代》译本写序言。

8 月，为《生活导报》"五分钟广播"栏写杂文《一个希望》。

9 月，作杂文《空洞的话》《认真》，批评不负责任马马虎虎的学习态度和工作作风，还作散文《山村的墓碣》。散文集《山水》由重庆国民出版社出版，收入作品 10 篇。

10 月，作杂文《忘形》，这是一篇有关死亡的文章，反映了冯至在存在主义哲学思想影响下形成的独特的死亡观。

11 月，作杂文《书店所见》《读书界的风尚》。

本年还作有论文《工作而等待》《两种态度》；诗《歧路》《我们的时代》、旧诗《报纸盛传今年将为胜利感赋》等。

1944 年（民国三十三年） 40 岁

1 月，作杂文《传统与颓废的宫殿》。

4 月，联大爱好新诗的同学组织了新诗社，时常应邀参加该社组织的讨论会、朗诵会，与闻山、秦泥等交往较多，后成为朋友。以"鼎室随笔"为笔名，作杂文《自慰》《外乡人与读书人》《替将来的考据家担心》《小学教科书》等。

5 月，作杂文《逐求》《问与答》等。8 日，在联大的新校舍草坪上，聚集了 3000 多师生，举行延期了的五四文艺晚会，与闻一多、朱自清、卞之琳、沈从文等应邀讲演。

9 月 2 日，在昆明哲学编译会上讲《从〈浮士德〉里人"造"人略论歌德的自然哲学》。

冬，写《伍子胥》后记。

本年还写有杂文《诗与事实》《一首陆放翁的诗》《这中间》《阿果尼》《简单》等；文艺杂论《论历史的教训》；散文《动物园》《忆平乐》；辑录诗论《关于诗》；还产生了写《杜甫传》的企图。

1945 年（民国三十四年） 41 岁

3 月，作论文《尼采对于将来的推测》，后发表于《自由论坛》第 20 期，就国内对尼采政治思想的某些曲解进行辩诬，认为在尼采的思想里并没有人云亦云的鼓吹日耳曼人统一世界的观点。这是国内至今罕见的为尼采正名的文章。

8 月 10 日，日本宣布无条件投降，抗战胜利结束。当晚听到这一喜讯，冒雨前往街头庆贺，并写下了《八月十日灯下所记》一文，追怀"八·一三"抗战的见闻。同月，还写下了《纪念死者》一文，提醒人们不要因为抗战胜利而忘了死去的英雄们。

本年还作有论文《杜甫和我们的时代》，论述杜甫所处的时代与"我们"现在面临的时代之异同，提倡要用杜甫对待现实的执着精神和乐观态度，对待"我们"今天所处的现实；还在《我想写怎样一部传记》一文中，谈了想写杜甫传的"大胆的想法"。

还作有《歌德与人的教育》《教育》等文。

12月，昆明发生了震惊全国的"一二·一"惨案，为之震惊。次日清晨，脱口说出《招魂》一诗，写在一张从江西赣县带来的竹纸上，送到四烈士灵前。后来镌刻在"一二·一"四烈士墓前石壁上，至今还在。

冬天，还写有《读缪弘遗诗》一文。

1946 年（民国三十五年） 42 岁

2月，次女冯姚明生。

5月，西南联大宣布复员，原各校员工将回原校，放假3个月。

6月，携妻女离开昆明，在重庆等候飞往北京的飞机近一个月。在此期间，与老友杨晦会晤，并新结识了诗人何其芳、小说家沙汀。"李、闻"惨案发生后，和一些进步人士签名抗议，声讨特务的暴行，倡议开追悼会。

7月，回到阔别十年之久的北平，住中老胡同，任教于北京大学西语系，一直到1964年9月。至1949年，业余主要从事《杜甫传》的写作和歌德研究。

9月，中篇历史小说《伍子胥》，被巴金收入"文学丛刊"第八集，由上海文化生活出版社出版；写历史故事《两个姑妈》——《杜甫传》的副产品之一。

10月，写历史故事《公孙大娘》——《杜甫传》的副产品之二，后发表于北平《经世日报》。

11月，作杂文《沙龙》，刊于上海《观察》杂志，对京沪等大都市一些无视民族苦难的官僚、政客、学者、作家予以严肃的抨击。

冬，写散文集《山水·后记》，反映了冯至自成其趣的"山水"观念和美学风格。

1947 年（民国三十六年） 43 岁

2 月，译诗《歌德格言短诗》（20 首）刊于天津《益世报·文学周刊》。

3 月，《伍子胥》再版。

5 月 4 日，北京大学举行文艺晚会，与朱自清等应邀前去讲演，有感于当时严峻的现实，运用新的文艺观点，抨击了抗战前象征派晦涩难懂的诗作，且言辞激烈。在回家的路上，朱自清对其方式提出了委婉温和的批评，深为其诚恳厚道所折服。

本月，散文集《山水》被巴金收入“文学丛刊”第 9 集，由上海文化生活出版社再版，新版本增加了 1942 年后写的 3 篇，并附上了后记。

新诗《那时……一个中年人述说五四以后的那几年》可推断为本月作，缅怀五四以后那几年的景象，批评当时的现实，表达了对光明和新中国的向往。该诗发表在《大公报·星期文艺》上。

6 月，《杜甫传》第五章《杜甫在长安》刊于《文学杂志》2 卷 1 期。

8 月，论文《决断》刊于《文学杂志》2 卷 3 期。

9 月，译文霍夫曼斯塔尔的《德国的小说》刊于《文学杂志》2 卷 4 期。

11 月，论文《歌德的〈西东合集〉》刊于《文学杂志》2 卷 6 期。

12 月，写论文《批评与论战》，评介西方两个重要的思想家基尔克郭尔和尼采，并比较批评与论战的异同，是国内较早的比较文学论文。

冬，作散文《郊外或闻飞机声有感》，对内战，对外国飞机运送弹药支持中国内战，表示极端的愤慨。此文发表在“中国社会经济研究会”办的《新路》杂志上，延安的新华社电台曾予以广播，产生了较为广泛的社会政治影响。在此之前，曾应友人邀请，参加了“中国社会经济研究会”，但是并不怎么感兴趣，不参加什么活动。

本年还作有《关于调整大学中外文二系机构的一点意见》，此文是冯至难得的关于中外文教育思想的文章，到晚年他仍坚持文中的观点。

从本年起至次年，为天津《大公报》编过一年的文艺副刊“星期文艺”栏。

1948 年（民国三十七年） 44 岁

年初，在“星期文艺”第 62 期《新年献词》中强调，文学要“和一切的生存者息息相关，没有修饰，没有浮夸"。还把 6 篇有关歌德的文章辑成一书，并附上《画家都勒》一文，题名为《歌德论述》，由朱光潜主持的南京正中书局出版。书中的序文写于 1 月 18 日，介绍了自己 40 年代研究歌德的经过。

2 月 8 日，《KierKegaard 杂感选译》刊于天津《大公报·星期文艺》；15 日，译海涅游记《哈尔茨山游记》，在上海《文讯》8 卷 2 期开始连载。

3 月 5 日，作《十四行集·序》。28 日，在天津《大公报·大公园地》发表"向儿童说我童年的故事"第一篇《彩色的鸟》。以后，在 4 月份发表《表里的生物》《猫儿眼》。

4 月，作文艺杂论《从前和现在——为新诗社四周年作》。

5 月，《批评与论战》刊于《中国作家》第 1 卷 3 期；《杜甫传》第六章《安史之乱中的杜甫》刊于《文学杂志》2 卷第 12 期。

7 月 4 日，到清华大学看望朱自清。这是最后一次见到朱先生。本月，《杜甫传》第八章《从秦州到成都》刊于《文学杂志》3 卷 2 期。

8 月，朱自清逝世。14 日，作《给臧克家信》，悼念朱自清。以后，又写《忆朱自清先生》，追怀与朱自清的交往，为"未来的新中国"失去了朱自清而深深惋惜，此文刊于《中建》杂志 3 卷 6 期（20 日）。《杜甫传》第二章《杜甫的童年》刊于《文学杂志》3 卷 3 期。

9 月 15 日，《给臧克家信》刊于《文讯》9 卷 3 期。

10 月，《杜甫传》第九章《草堂前期》刊于《文学杂志》3 卷 5 期。

11 月，《杜甫传》第十章《杜甫在梓州·阆州》刊于《文学杂志》3 卷 6 期。本年还写有《鲁迅先生的旧体诗》等文。

1949 年　45 岁

1 月，《十四行集》由上海文化生活出版社再版。

2 月 3 日，人民解放军举行入城式，北平各界列队欢迎，与袁翰青、费青、楼邦彦、闻家驷等教授走在北大欢迎队伍前列，参加游行。

7 月 2 日—19 日，出席全国第一次文艺工作者代表大会，任北京代表团副团长。在会上当选为全国文联委员，文艺工作者协会（即后来的全国作协）理事。

12 月 1 日，《杜甫传》第一章《杜甫的家世与出身》刊于《小说》杂志 3 卷 3 期。

1950 年　46 岁

1 月 29 日，在北京大学哲学讨论会上作一报告，试图从歌德所处时代的政治背景、科学成就等方面来探索歌德的思想渊源，同时也感到准备不足，"过于冒险"。

3 月 30 日至 6 月 7 日，参加中国人民代表团访问苏联、东欧诸国。

3 月 30 日，乘飞机抵达莫斯科。

4 月，1 日，到匈牙利首都布达佩斯。3 日，出席匈牙利人民政府为庆祝解放 5 周年举行的大会；4 日，参加匈牙利解放 5 周年纪念活动；7 日，在匈牙利参观访问；10 日，飞回莫斯科，在红场附近住了约 20 天；29 日，飞到原民主德国首都柏林；30 日，乘汽车到德累斯顿参加"五一"群众大会。

5 月，1 日，在柏林参加原民主德国"五一"庆祝活动；4 日，到捷克斯洛伐克首都布拉格，参加庆祝解放 5 周年活动；8 日，到玛利亚浴场；26 日，重回柏林，参加德国青年节活动；27 日—28 日，出席全德青年保卫和平大会。

6 月，1 日，游波茨坦；4 日，飞回莫斯科；7 日，离开莫斯科回国，历时两个多月的友好访问到此结束。

从访问开始到回国之初，写下了《莫斯科》《在斯大林时代里》《加利阿山顶与玛利亚浴场》《一部电影与一出歌剧》《五一前夕在德累斯顿》《青年与新生》《波茨坦纪游》《黑暗的窟窿》《马铃薯甲虫与蜜橘》《爱情诗与战斗诗》《伏契克〈绞刑架下的报告〉》《新中国在东欧》等 12 篇散文。

10 月初，把访问散文结集为《东欧杂记》；8 日，写《〈东欧杂记〉后记》。

11 月，《东欧杂记》由北京新华书店出版，这是冯至的第二个散文集，其中《莫斯科》等文曾选入 20 世纪 50 年代的中学课本。

这年，还作有《爱人民爱国家的诗人杜甫》，刊于《中国青年》总 55 期。

1951 年　47 岁

1 月—6 月，完成了《杜甫传》并以新名《爱国诗人杜甫传》在《新观察》杂志 2 卷 1 期至 12 期连载，每章的题目有所改动。

6 月，论文《关于处理中国文学遗产问题》刊于《长江文艺》4 卷 6 期。

下半年起，开始担任北京大学西语系主任，一直到 1964 年。

7 月，赴柏林参加第三届世界青年与学生和平友谊联欢节。会后在原民主德国逗留近 2 个月。

作散文《国界》。

9 月，25 日，由新西北利斯飞抵伊尔库茨克；26 日，经乌兰巴托抵京，在机场遇见原民主德国女作家——《第 17 个十字架》的作者安娜·西格斯。

10 月，作散文《安娜·西格斯印象》，刊于《文艺报》。

11 月，散文集《东欧杂记》由人民文学出版社再版。

12 月，到江西进贤参加土改工作。

1952 年　48 岁

2 月 15 日，在江西进贤作叙事诗《韩波砍柴》——这是新中国成立后冯至所作新诗中受到较多称赞的一首诗。

4 月，离开江西进贤回北京。

6 月，作诗《我的感谢》。

7 月 15 日，写《杜甫传·前言》。

暑假期间，全国高等院校院系调整，北京大学由沙滩迁至海淀区原燕京大学校址，继续担任西语系主任。

秋，写《杜甫诗选·前言》。《杜甫诗选》由冯至编选，浦江清、吴天五合注。

11 月，《杜甫传》由人民文学出版社出版，不久再版。该书是作者多年来研究杜甫的主要成果，打破了中国古典文学研究传统的三套路数：注释、考据和欣赏，是我国学术界最早的古代文学家传记。

12 月，参加以宋庆龄、郭沫若为首的中国代表团，赴奥地利首都维也纳参加世界人民保卫和平大会。8 日，作诗《布达佩斯》；9 日，作诗《奥地利边境》；12 日，出席大会开幕式。

12 月，《东欧杂记》由人民文学出版社三版。

1953 年　49 岁

1 月，离开奥地利回国，途经苏联，在莫斯科、列宁格勒作短期访问。3 日，作诗《列宁格勒的劳动保护研究所》；4 日，作诗《列宁格勒的孤儿之家》；11 日，在西伯利亚车中作诗《给潘长有》，还作有诗《一辆铁甲车》；中旬，回到北京。

8 月，修改叙事诗《韩波砍柴》。

11 月，与朱葆光合译的魏斯科普夫的短篇小说集《远方的歌声》，由人民文学出版社出版。

9 月，23 日，出席中华文艺工作者第二次代表大会；25 日，在会上发言，题为《我们怎样看待和处理古典文学遗产》。

10 月，《我们怎样看待和处理古典文学遗产》刊于《光明日报》；文艺评论《杜甫》刊于《解放军文艺》。

12 月，影评《从斗争中认识真理——〈牧鹅少年马季〉观后》，刊于《大众电影》第 24 期。

1954 年　50 岁

2 月，与作家吴组缃、肖殷、戈扬等到钢都鞍山参观访问。作诗《歌唱鞍钢》《鞍山街头素描》《老英雄孟泰》《访张明山》《王崇伦的车间》等。

3 月，文艺短评《一首好诗》刊于《文艺学习》第 3 期。

6 月，与诗人田间访问原民主德国和罗马尼亚，曾与安娜·西格斯、贝歇尔、布莱希特、魏斯科普夫等作家晤谈。译著海涅的《哈尔茨山游记》，由作家出版社出版。

7 月，报告文学《张明山和反围盘》由工人出版社出版。这是一部不成功的作品，多年后冯至也不愿提起。10 日晚，在莱比锡举行的田间诗朗诵会上，介绍了中国新诗的情况。会后，由魏斯科普夫陪同到国际旅行社访问了著名诗人、民主德国文化部长贝歇尔。

8 月，作《一根麻绳——德意志民主共和国农村里的一个故事》，《一个罗马尼亚的农夫》。

9 月，作诗《北京莫斯科中间的飞行》。中旬，参加第一届全国人民代表大会。

10 月 15 日,《为了不辜负人民的希望》一文刊于《文艺报》第 19 号。

编选《冯至诗文选集》。

12 月,论文《论〈儒林外史〉》在《文艺报》23、24 合期上发表。

1955 年　51 岁

元旦,写《冯至诗文选集·序》。在当时文艺界"左"倾思想的影响下,"序"对《十四行集》作了不公允的评价。

3 月,《一根麻绳——德意志民主共和国农村里的一个故事》刊于《新观察》第 5 期。

4 月,《一个民族找到了自己的祖国——德意志民主共和国散记之一》刊于《人民文学》第 4 期。

5 月,《纪念世界文化名人席勒》一文刊于《新观察》第 9 期。

6 月,当选为中国科学院哲学社会科学学部委员。5 日,论文《胡适怎样"重新估定"中国古典文学》一文刊于《光明日报》。中旬,以全国人大代表身份到郑州、洛阳、陕县等地视察。20 日,作诗《黄河两岸》《三门峡》《中流砥柱》。在《新华月报》第 6 期发表《"建立自由庙宇"的伟大诗人——纪念席勒逝世 150 周年》。

7 月 15 日,《豫西观感》一文刊于《文艺报》1955 年第 13 号。译诗布莱斯特的《赞美学习》刊于《译文》第 7 期。

9 月,《冯至诗文选集》由人民文学出版社出版。

10 月 1 日,参加国庆游行,节后作诗《国庆日游行》。

本年中,有一次在北京市作协开会后,应老舍之邀到他家吃晚饭,饭前欣赏老舍珍藏的齐白石的画,羡慕不已,托老舍请白石老人为之作画。数月后,老舍送来一幅装裱精致的齐白石的画。画面约三尺长,挺拔的枝条下画着 3 个大小不一的藤黄色的匏瓜,匏瓜上有一鲜红的小甲虫,俗称"红娘子",下款是"九十三岁齐白石"。

1956 年　52 岁

1 月,诗《给格罗提渥总理》刊于《新观察》第 1 期。春,修改《杜甫诗选前言》。

4 月,译海涅诗 7 首,刊于《人民文学》。

5月，文艺评介文章《海涅的〈西里西亚的纺织工人〉》刊于《文艺学习》，译作《海涅诗选》由人民文学出版社出版。

6月22日，加入中国共产党。

7月，与美学家朱光潜、民间文学专家钟敬文、小说家张恨水、画家周怀民等开始访问陕西、甘肃。作诗《登大雁塔》；18日，在西安作诗《在半坡村》；23日，在铜川作诗《煤矿区》；29日，在延安作诗《给韩起祥》；30日，在延安作诗《鸡的故事》。

8月，1日，作诗《杜甫》；2日，作诗《宜君县哭泉》；3日，在铜川作诗《铜川别泪》。在陕西省参观访问后，接着到甘肃参观。8日，在兰州作《刘家峡之歌》；12日，于戈壁滩上作诗《戈壁滩上》；13日，于清水车站作诗《在建设中》；17日，离开西安回京，在西安机场遇徐迟，作诗《西安赠徐迟》。18日，在京作诗《人皮鼓》，系根据一传说而写。

19日，参加中共"八大"会议文件的翻译工作，会议期间曾为毛泽东主席做翻译。当毛泽东主席得知是冯至时，热情地谈起他读《新观察》上连载的《杜甫传》的感受，称赞冯至"为人民做了一件好事"。后来得知，毛泽东主席与胡乔木谈话时，也曾肯定过《杜甫传》。

9月，12日，诗《西北故事杂咏》刊于《人民日报》；15日，作诗《在外文印刷厂》。

11月7日，作诗《我们高呼》，刊于10日的《光明日报》。文艺论文《海涅的讽刺诗》刊于《文艺学习》第11期。

12月，诗《鸡的故事》刊于《新港》杂志；《杜甫诗选》由人民文学出版社出版。

1957年 53岁

1月，《西北诗抄》（包括《煤矿区》《给韩起祥》《刘家峡之歌》《西安赠徐迟》《人皮鼓》）刊于《诗刊》创刊号。

2月，诗《在外文印刷厂》（包括《我们在校对一个文件》《我想到两部印刷机器》）刊于《诗刊》第2期；诗《西北杂记》（包括《半坡村》《戈壁滩》）刊于《人民文学》第2期；为纪念歌德逝世125周年，在《译文》第3期发表译诗歌德的《普罗米修斯》《掘宝者》和歌德的长篇小说《维廉·麦斯特的学习时代》(摘译)。

4月下旬，开始以全国人大代表身份赴南京、上海视察。

5月，诗《在建设中》(外一首，包括《铜川别泪》)刊于《人民文学》第5期。

8月，把1949年以来的诗编为《西郊集》，写《西郊集·后记》，后刊于《诗刊》第9期。

10月，作《歌颂这个伟大的节日——纪念十月社会主义革命四十周年》，后刊于《光明日报》11月7日。

12月22日，写《略论资产阶级文学里的人道主义和个人主义》，后刊于《北京大学学报》1958年第1期。

本年，在反右的政治形势影响下，也写了3篇有关批判右倾的文章：《从右派分子窃取的一种武器谈起》，刊于《人民日报》11月21日；《论艾青的诗》刊于1958年的《文艺研究》第1期；《驳艾青的了解作家尊重作家》，刊于1958年的《文艺报》第2期。后来多次在内心反省。

1958年　54岁

3月，诗集《西郊集》由作家出版社出版，收辑了1949—1957年间新诗50首，共分四辑：第1辑："我们的西郊"17首；第2辑：《我的感谢》11首；第3辑：收15首；第4辑："旧的和新的故事"收小型叙事诗7首。

4月29日，作《对于〈约翰·克利斯朵夫〉的一点意见》，刊于《读书》杂志第5期；

5月，《谈谈如何向古典诗歌和民歌学习》刊于《诗刊》第5期；《漫谈新诗努力的方向》刊于《文艺报》第9期；《一定要把社会主义的红旗插在西语教学和研究的阵地上》一文刊于《西方语文》2卷3期；为北京出版社出版的《北京的诗》作序；为北京大学学生会的墙报"五四"专号作《决心和信心》。

6月25日，《学点外国语》刊于《北京日报》。

7月，诗《在飞机场》刊于《诗刊》；诗《我们用一切力量》刊于《新观察》第15期；作诗《给阿拉伯人民》。

8月，主编的《德国文学简史》由人民文学出版社初版；到12月又重印。这部书是在当时特定的情况下以冯至的讲稿为基础编撰而成，资料缺乏，时间紧促。虽然满足了当时教学的需要，产生了一定的影响，但成书以后，冯至长期为此而遗憾。

9月，译诗集海涅的《西里西亚的纺织工人》由人民文学出版社出版。

1959年 55岁

1月，《新诗的形式问题》刊于《文学评论》第1期。

4月，《我读〈女神〉的时候》刊于《诗刊》4月号；《继承和发扬"五四"以来翻译界的优良传统》刊于《世界文学》第4期。

5月，论文《五四时期俄罗斯文学和其他欧洲国家文学的翻译和介绍》（与人合著）刊于《北大学报》第2期。

8月，为庆祝新中国成立10周年，重新编订《西郊集》，略有增删后，更名为《十年诗抄》，5日，写《十年诗抄·前言》。从此以后，直到20世纪80年代才重新写作新诗。

9月，《十年诗抄》由人民文学出版社出版；作《中国文学里的现实主义和浪漫主义》（后收入《诗与遗产》）；作《〈布莱希勒选集〉后记》；《漫谈读书》由《北大青年》第9期刊出；《略谈德国现代文学的介绍》刊于《世界文学》第9期。

10月，与成仿吾赴民主德国参加莱比锡卡尔·马克思大学成立550周年纪念活动。之后，又单独参加席勒诞辰200周年纪念活动。

1960年 56岁

2月，《学习毛泽东思想，进一步明确外国文学研究工作的方向》一文，刊于《世界文学》第2期。

7月下旬，参加全国第二次文代会。

8月1日，在中国作协第三次理事扩大会上发言，题为《关于批判继承欧洲批判的现实主义文学问题》，刊于《文学评论》第4期。

9月，根据当时上级的指示，与几个教师带一些学生到北京十三陵的泰陵，与农民同吃同住同劳动，了解到了农民极端艰苦的生活。至第二年2月才结束。

1961年 57岁

2月，从农村返回北京大学。

3月，开始参加中共中央宣传部和教育部组织的全国高等院校文科教材编写工作，受命负责中国语言文学组，主持编写了《中国文学史》《中国历代诗歌选》等教材，并实际主持了后来影响很大的《欧洲文学史》的编纂工作。这工作一直持续到1963年，是新中国成立后冯至全力以赴负责的一件较重要的工作。当时编的这套中外文教材一直沿用至今。

5月20日晚，作《和中学生谈外语学习》，刊于《中国青年》第12期。

1962年　58岁

春节，作关于杜甫的论文《人间要好诗》，刊于2月23日《人民日报》。春，作历史故事《白发生黑丝》，以杜甫和苏涣的交往写成。当时受到一些称赞，"文革"中受到不公正的批判。

4月17日，在首都纪念世界文化名人——中国大诗人杜甫诞生1250周年大会上做报告，题为《纪念伟大的诗人杜甫》，刊于第二天的《人民日报》。

夏，《诗史浅论》（后改题为《论杜诗和它的遭遇》）刊于《文学评论》第4期。

11月，把1949年以来主要的文艺论文编辑为《诗与遗产》。15日，为之写序言。香港友人赠陆丹林编《郁达夫诗词抄》，30日，在书中空白处写了一首旧诗《题〈郁达夫诗词抄〉》。

1963年　59岁

1月，论文集《诗与遗产》由作家出版社出版，该书收集了作者28篇文章，内容较深地打上了这一时期政治形势的印痕。

1964年　60岁

1月中旬到2月初，与远千里访问古巴。在此期间作旧体诗《古巴纪行》15首，后发表于《诗刊》第3期。

2月初，回国。

4月，《是批判地继承还是盲目地崇拜》一文刊于《文艺报》第4期；散文《吉隆滩和多宝湖》刊于《世界文学》4月号。

暑假，参加中共北京大学党委为贯彻当时"左"的路线、召集党员干部集中学习的会议。

9月，调任新成立的中国科学院外国文学研究所所长。同月，还未来得及开展工作，就到安徽寿县搞"四清"，一直到翌年5月。

1965年　61岁

5月28日—31日，作旧体诗《皖西绝句》四首。

6月初，由安徽回北京。

9月下旬，和尹达赴缅甸访问。途中经昆明停宿一夜。

10月上旬，由缅甸回国，途经昆明时，受到了老朋友、云南大学校长李广田的热烈欢迎。往返昆明，都未能重游旧地，有所遗憾。

是年，十年动乱的序幕已经拉开，开始在紧张不安的气氛中生活，正常的工作渐渐地已无法进行。

1966年—1969年　62—65岁[①]

1966年6月，参加亚非作家会议。会后，十年浩劫开始，所内大乱，狂热的造反派开始揪反动"专家"，揪所谓走资本主义道路的当权派，揪所谓资产阶级反动学术权威。初期，冯至白天被批斗，过了一阶段，即被长期搁置，"靠边站"，原因是所内院内的造反派头头"趣味在全国"，目标指向中央，指向党和国家领导，"看不起我们"（冯至语）。但麻烦和苦恼的是要应付接连不断的外调人员。他们阴谋整人，往往迫使人按照他们的需要去讲，不实事求是，妄图指鹿为马，否则，则纠缠不休。在老舍遇难不久，白石老人送的一幅画以及其他珍贵的艺术品被红卫兵以破四旧为名毁坏。

1969年，"工宣队""军宣队"住进了中国科学院。冯至和哲学社会科学学部的人先是被集中在办公室住，六、七人至九、十人一间。每天早晨练操，上下午和晚上则分班"学习"，接受"再教育"。过一阶段，冯至等年老体弱的被"照顾"回家住，白天仍"学习"。

---

① 《冯至年谱》（续二）摘要：正在《冯至年谱》因版面原因暂停连载之时，传来了冯至先生不幸逝世的噩耗。为了纪念这位五四时期成长起来的杰出的诗人、散文家、学者和教育家，在此特续载《冯至年谱》（续二），记述的是冯至先生从1966年夏—1993年春之间的主要活动。冯至先生1966年夏之前的主要活动见本刊1992年第3、4期。

1970 年　66 岁

7 月 12 日，到河南省息县中国科学院哲学社会科学学部的干校劳动。行前，决定从北大燕东园搬出。杨晦嘱咐"好好干"。到干校后，一开始连住的房子都没有，借住在老乡家。先是接受所谓劳动改造，后参加农村工作队，帮助生产队搞整顿。

1971 年　67 岁

夏，随干校迁至河南省明港。任务是学习，实际上也就是围绕"左"的运动中心，谈体会，表决心。

1972 年　68 岁

3 月，因年老体弱，提前回京。

有时到诗人臧克家家中小坐，谈些文艺上的问题。

本年至翌年，作旧体诗九首。反映了思想上开始反思。有"存书尚许十年读，美酒仍能一夕倾。拂去案头尘土易，难于平静是精神"之句。

本年开始参加所内名存实无的领导工作小组。

1973 年　69 岁

以愤激的心情翻译了海涅的长诗《德国——一个冬天的童话》，并为此写了一首绝句："当年海涅成风尚，罗累莱歌舟子情。重展旧编新耳目，齐鸣万箭射毒鹰。"

1974 年　70 岁

6 月，访鲁迅故居。在陈漱渝的陪同下，参观与鲁迅有关的处所，如教育部旧址、女师大旧址、宣武门内小市、绍兴会馆等。

1975 年　7l 岁

11 月，作旧体诗《但丁与曹雪芹》："封建衰亡观世变，红楼神曲两相招；流离阅尽人间苦，没落深惭吾辈骄。笔下萌芽仍隐约，眼前万木已萧条；著书应似游地府，怯懦犹疑一概消。"

1976 年　72 岁

7 月 9 日，作《笑谈虎尾记犹新》一文，追忆当年拜访鲁迅先生的情景。

从 1972 年至此时，虽参加所内的领导工作小组，但处在极其为难的地位。违心的事，如评法批儒等，要去应付；贯彻周恩来总理等领导人的正确指示，在反击所谓右倾翻案风时，又受到责难，所谓"领导小组"又被撤销。

1977 年　73 岁

恢复外文所所长职务。5 月，写《四人帮"古为今用"剖析》，载 5 月 31 日《光明日报》。

6 月，与《世界文学》编辑部的几个同志一起，拜访茅盾，请他为即将复刊的《世界文学》撰文。17 日，作《〈德国——一个冬天的童话〉译本》前言。

7 月下旬，为何其芳追悼会事再访茅盾。

8 月 25 日，《论洋为中用》脱稿，刊于《世界文学》1977 年第 1 期内部版。

秋，随同对外友协代表团访问北欧五国：冰岛、瑞典、挪威、芬兰、丹麦。这是粉碎"四人帮"后冯至第一次出访。

9 月，14 日，到达莫斯科；17 日，到冰岛；24 日，作诗《冰岛养羊歌》；二十五日晨，于冰岛作旧体诗《小广寒》。25 日—10 月 10 日，在瑞典近两星期，结识作家米尔达，汉学家马悦然教授等。

10 月 10 日—23 日，在挪威。11 日下午，参观挪威灵淮博物馆，以后，于挪威作旧体诗《秋林》。23 日—30 日，在芬兰。25 日，于芬兰作《怀乡曲》。30 日—11 月 4 日，在丹麦，结识伦贝克教授。13 日，作旧体诗《西兰岛的诞生》。

11 月 14 日，飞往罗马尼亚，住五天后回国。

回国后，作散文《感情真挚的诗歌画》《想象与实际》。

1978 年　74 岁

1 月，被选为第五届全国人民代表大会代表；译著《德国——一个冬天的童话》由人民文学出版社初版。

2 月，在中国科学院召开的批判四人帮座谈会上发言，题目为《大·洋·古是罪吗》。

5 月 25 日，写《拨乱反正，开展外国文学工作》一文，作为即将举行的文联全国委员会第三次扩大会议上的发言，刊载于《世界文学》1978 年第 1 期。

5 月 27 日—6 月 5 日，出席中国文联三届三次会议，做了发言。

6 月，著名诗人、史学家郭沫若同志逝世；18 日，出席了追悼大会。

秋，徐迟主编的《外国文学研究》（季刊）在武汉创刊，冯至等应聘为顾问。

8 月 15 日，作《鲁迅与沉钟社》一文，回忆鲁迅对沉钟社的扶持和帮助，刊载于上海文艺出版社出版的《鲁迅回忆录》第二辑与《中国现代文艺资料丛刊》第四辑（1979 年 10 月）。

11 月，19 日，作《歌德的格言诗》。24 日，赴广州参加中国社会科学院外国文学研究所召开的全国外国文学研究工作规划会议，对全国性的外国文学研究工作作出了有深远意义的规划，筹备出版"外国文学研究资料丛书"。在冯至的领导下，外文所后来成立了"丛书"编辑部。大会于 25 日开幕，12 月 6 日结束。冯至作了闭幕词，并当选为这次会议期间成立的中国外国文学学会会长。

12 月 8 日—18 日，与夫人姚可崑在从化，住温泉宾馆，会见了在此疗养的散文作家曹靖华。回广州后，于 22 日返京。此时，中共十一届三中全会刚好闭幕。冯至思想从此产生了明显的变化。

1979 年　75 岁

3 月 20 日，为《陈翔鹤选集》作序。陈翔鹤是冯至的好友，曾任《文学遗产》主编，1969 年逝世。

4 月 26 日，中国社会科学院外国文学研究所正式成立学术委员会并举行第一次会议，被一致推举为主任委员。

5 月，4 日，与邓颖超、茅盾等出席中国社会科学院在人民大会堂召开的纪念五四运动六十周年老同志座谈会。5 日，写《杜甫传》重版说明。8 日，出席与周扬、茅盾等联合发起成立的"鲁迅研究学会"第一次筹备会议。

6 月，随中国社会科学院代表团访问联邦德国。7 日，至法兰克福，访问基尔、汉堡后，13 日至西柏林，晚上在文学评论家布赫家中与一些作家会谈。14 日，访柏林自由大学，与雷梅尔教授谈文学史问题。15 至 18 日，在慕尼黑，访问了一些大学和作家协会。19 日下午，到图宾根市，晚上与作家、教授严斯会谈。翌日，参观作家荷尔德林和美学家、哲学家黑格尔学习过的神学院。20 日下午至海岱山（即海德堡），重访 30 年代住此留学时的旧居。翌日与思想家噶达梅晤谈。下午，至波恩。23 日，至特列尔参观马克思博物馆。29 日，回到北京。出访期间，文艺理论家、作家王任叔追悼会在京举行，与周扬、巴金等送了花圈。

7 月 19 日至 9 月底，在黄山避暑。

8 月，为江苏徐州师范学院《中国现代作家传略》一书写自传。

9 月，写论文《浮士德·海伦娜悲剧分析》。

10 月 9 日，在北京写《冯至诗选·序》。30 日至 11 月 11 日，参加全国文联第四次代表大会和全国作家协会第三次会员代表大会。在会上，被选为全国作协副主席、全国文联委员。

1980 年　76 岁

3 月，被瑞典皇家文学、史学、文物研究院选为外籍院士；《杜甫传》由人民文学出版社重版。12 日，收到茅盾送的条幅。

7 月，到北戴河度假。

8 月，《冯至诗选》由四川人民出版社出版；《浮士德·海伦娜悲剧分析》由《外国文学研究集刊》第二辑刊出。1 日至 8 日，在莫干山讨论《中国大百科全书·外国文学卷》条目，冯至为该卷编委会主任。

10 月初，偕同夫人姚可崑教授赴瑞典参加瑞典皇家文学、史学、文物研究院的学术会议，在会上作《杜甫与歌德》的学术讲演。9 日，到瑞典文化名城乌普萨拉访问。13 日晚，由斯德哥尔摩飞达丹麦的奥尔胡斯，应格兰教授邀请在她家里住一星期，并与伦贝克教授会晤。

11 月，19 日，到云南昆明参加中国当代文学研究会。21 日上午，与宗璞由作家李乔引导访问西南联大旧址和抗战时住过的旧居。23 日下午，飞往成都，参加外国文学学会第一届年会。29 日下午，首次访问杜甫草堂。

12 月 2 日，年会闭幕后，翌日在杜甫草堂与成都的杜甫研究者座谈，写《祝〈草堂〉创刊》。

1981 年　77 岁

3 月，8 日，作《纪念鲁迅要扩大鲁迅研究的领域》。本月还作有散文《涅卡河畔——忆旧逢新散记之一》。

在中国外国文学学会第一届年会上的报告《继续解放思想，实事求是地开展外国文学工作》，发表于《外国文学研究》1981 年第 1 期。

4 月，作散文《乌普萨拉——忆旧逢新散记之二》；任茅盾治丧委员会委员，写悼念茅盾的文章《无形中受到的教诲》。20 日，出席中国作协主席团扩大会议。

7 月，作散文《一夕话与半日游——忆旧逢新散记之三》。

秋，河南人民出版社编辑出版的《文学知识》创刊，与王朝闻、韦君宜等文艺界著名人士应聘为顾问。

9 月，2 日，作散文《歌德像册里的一个补白——忆旧逢新散记之四》。13 日，作读书札记《鸽子的佳话——〈读鲁迅"题三义塔"〉笔记》。

除夕，作《从〈古文观止〉谈中国散文的特点》。

本年还作旧体诗《自题旅游杂记》。

1982 年　78 岁

2 月，24 日，作《浅释歌德诗十二首》。本月，中国作协外联部召开中外文学交流座谈会，与朱子奇主持会议。

3 月 22 日，在首都歌德逝世一百五十周年纪念会上做报告：《更多的光》，阐述了歌德一生的主要活动，论述了歌德临终遗言"更多的光"的深刻意义。

《译歌德诗十二首》，刊载于《世界文学》第 2 期。

4 月，作《读歌德诗的几点体会》，刊于《文艺研究》1982 年第 4 期。

5 月，以冯至为主任委员的《中国大百科全书·外国文学》卷出版。这部卷帙浩繁的辞书 360 万字，包括了世界各国各地区各领域文学发展的历史和现状，著名作家的生平和作品、重要文学思潮，流派的形成等，是国内介绍外国文学最完备最详尽最系统的工具书。25 日，作旧体诗《不落的樱花》。

6 月，应母校海岱山大学邀请，访问联邦德国，参加海岱山大学举办的《歌德与中国》学术讨论会。在会上作《读歌德诗的几点体会》的发言；与汉学家德邦教授及德籍华人夏瑞春教授会晤。21日至马尔巴赫，参观文学馆。下旬，被美茵茨科学文学研究院聘为通讯院士。25日、26日，参加该院的学术会议。28日，返回北京。

7月7日，开始到大连度假，至8月5日结束。在大连期间，为老友《李广田文集》写序。

10月22日，赴西安参加中国外国文学学会第三次理事扩大会议，冯至主持了这次会议，在次日的开幕式上，致开幕词。这次会议讨论了外国文学研究规划草案，提出了至1990年前三年和后五年的重点研究项目。

冬，为四川人民出版社拟出的《冯至选集》编选自己的诗文。

本年，因年高由外国文学研究所所长改任名誉所长。

1983年 79岁

1月，当选为第六届全国人大代表。20日，出席中国现代文学思潮流派问题学术讨论会。29日，写完《诗文自选琐记》，作为《冯至选集》的代"序"。

3月上旬，参加中国作协组织的第一届新诗评奖工作。冯至称之为"还乡"。22日，联邦德国驻华大使修德代表慕尼黑学院授予冯至歌德奖章。

4月，4日，作《还"乡"随笔——读十本诗集书后》，载《诗刊》第五期。15日—23日，中国社会科学院外国文学研究所和北京大学联合举办"歌德学术讨论会"，冯至作了开幕词。19日，在会议期间与夫人姚可崑看望老友杨晦。在20日成立的中国"德语文学研究会"上，当选为会长。同日作《衷心的愿望——纪念〈世界文学〉创刊30周年》，刊于《世界文学》第3期。

编好《冯至选集》，稿交四川人民出版社。

5月14日，挚友杨晦逝世。

6月，开始出席六届全国人大会议。

7月12日，写怀念文章《从癸亥年到癸亥年》，追念与亡友杨晦六十年的友谊。刊于《文艺报》第8期。

8月27日，写回忆散文《谈梁遇春》。追忆才华横溢而不幸早逝的散文家梁遇春，刊于《新文学史料》1984 年第 1 期。

本年中有一次与丁玲见面，告诉了她有关韦丛芜的一点情况。

1984 年　80 岁

2 月 10 日，为《田间诗选》写序《擂鼓与赶车》。20 日，写《诗文自选琐记·补记》。本月，由杨武能编选，冯至、钱春绮、杨武能译的《海涅抒情诗选集》由江苏人民出版社出版。

3 月 28 日，写席勒《审美教育书简》译本序。该书原系冯至 40 年代的旧译，后由范大灿补译加注。

4 月，8 日，为广东花城出版社出版的《花城袖珍诗丛》写总序。22 日，撰写《新文学初期的继承与借鉴——纪念五四运动六十五周年》，刊于 5 月 10 日的《文学报》。

6 月 5 日至 20 日，与周扬、艾青、冯牧、艾芜、田间等文艺界著名作家、评论家到珠江三角洲及珠海、深圳特区参观访问。抚今追昔，感慨万分。14 日下午，在珠海特区登上开往深圳的汽船到达蛇口，途中经过因文天祥而闻名的零丁洋。15 日，香港的一些作家赶来相会，席间香港的一位朋友提议冯至写"南游"。在访问途中，写了一首旧体诗赠广东作协的陈残云同志，其中两句是"策马先鞭云海阔，岭南人物最多情"。

7 月 15 日，在 6 月 14—16 日草记的基础上，热情洋溢地撰写了《银湖夜思》一文，谈在珠海、深圳特区的感受，激动之情，溢于言表。载《文艺研究》第 5 期。

8 月 1 日至 9 月 20 日，与夫人姚可崑在青岛度假。整理论歌德的文章，准备出专集。

8 月，14 日，写《一首朴素的诗》，论述歌德的《漫游者的夜歌》。27 日，受陈子善嘱托，写回忆散文《相濡与相忘》，追忆老师郁达夫，刊于《散文世界》1985 年第 1 期。

9 月，5 日，作回忆散文《仲平同志早期的歌唱》，谈与柯仲平同志的交往，并论他早期的诗，刊于《文艺报》第 12 期。29 日，写《祝杜甫纪念馆成立 30 周年》一文。

10 月，15 日，为《骆驼草》影印本写序。24 日，出席《人民文学》创刊三十五周年庆祝会。

11 月，中国外国文学学会和外文所决定成立中国外国文学函授中心，与季羡林、卞之琳等为顾问。23 日，出席《文艺报》创刊三十五周年庆祝会。28 日，出席丁玲、舒群主编的大型文学双月刊《中国》创刊招待会，并讲了话。30 日，出席《诗刊》社全国青年诗歌刊授学院开学典礼并讲了话，兼任该院的校务委员。

12 月 9 日，出席北京四中校友会成立大会，代表老校友讲话，并即席赋诗，被推为名誉会长。29 日参加全国作协第四次代表大会。

1985 年　81 岁

1 月 5 日，会议结束，继续当选为全国作协副主席。10 日，患肺炎，住中日友好医院治疗，31 日出院。

3 月 6 日至 16 日，在停止新诗创作 26 年之后，又开始歌唱，创作了《新绝句十首》，刊《诗刊》第 5 期。

4 月，写完论文集《论歌德》的"代序"：《论歌德的回顾、说明与补充》。

5 月 8 日，《论歌德》书稿整理完毕，寄上海文艺出版社。晚，双足被开水烫伤，11 日送安定门医院治疗。

6 月 2 日出院。

7 月，21 日，写《回忆〈沉钟〉——影印〈沉钟〉半月刊序言》，刊于《新文学史料》第四期。26 日，为 27 日举行的纪念《世界文学》的前身《译文》杂志创刊五十周年座谈会撰写书面发言，提出应重视鲁迅译介外国文学的研究，刊《世界文学》第 5 期。

8 月，6 日，为石琴娥编《当代北欧短篇小说集》写序，题为《北欧和〈当代北欧短篇小说集〉》，刊于《读书》杂志 1986 年第 2 期。27 日，因病住协和医院。

9 月 14 日，出院。

9 月—10 月中旬，写回忆散文《昆明往事》，记述抗战期间在西南联大的生活、工作和研究等。刊于《新文学史料》1986 年第 1 期。

10 月 6 日，为陈建根所著日文版《诗人杜甫》写序。31 日，为《北京晚报》"居京琐纪"栏写随笔《乐趣与没趣》。谈半个世纪以来逛书店的两种感受。

11 月，13 日，民主德国授予冯至 1985 年"格林兄弟奖"。"格林兄弟文学奖"设立于 1979 年，以德国语言学家和童话作家格林兄弟的姓命名，每年颁发一次，授予对德国文学做出杰出贡献的德国学者和外国专家。冯至因健康原因未能赴柏林参加。19 日，为《北京晚报》"居京琐记"栏写随笔《红樱桃与红娘子》，怀念著名作家老舍和他请齐白石大师为自己作《鲍瓜》的经过。20 日，收到老友陈展云之子来信，得悉老友已于 13 日逝世，立即发电吊唁。

11 月，出席中国作协主席团四届三次会议，大声疾呼社会有关部门应注意文学书籍和理论书籍的出版发行。

12 月与范大灿合译的席勒的《审美教育书简》，由北京大学出版社出版。12 日，收到四川人民出版社出版的二卷本《冯至选集》。

这年还收到日本的中国现代文学研究者佐藤普美子来信，告知《北游及其他》封面《沉钟》木刻作者永濑义郎夫人永濑照子询问有关情况。

1986 年　82 岁

1 月 5 日，《红樱桃与"红娘子"》刊于《北京晚报》。

3 月，12 日，写回忆散文《记陈展云》，追念与老同学、天文学家陈展云的友情。后发表于《北京晚报》10 月 24—25 日。17 日，出席老朋友朱光潜教授的遗体告别仪式。3 月还收到永濑照子来信并复信，此后又收到永濑照子寄赠的其丈夫永濑义郎生平创作的总集一部。

4 月，13 日，写《我在四中学习的时候》，以纪念北京四中建校 80 周年。后刊于《北京四中建校八十周年纪念册》。17 日，写诗《梦中书话》；19 日，写《梦中月语》；21 日，写《梦中闹剧》，总题为《记梦诗》，刊于《诗刊》第 7 期。21—26 日，中国翻译工作者协会第一次全国代表会议在京召开，与钱锺书等当选为顾问。

7 月初，白石老人幼子齐良末托人送来两轴画，其中一幅画是鲍瓜，有题词，另一幅与樱桃有关。

8 月 2 日，参加齐良末画展，遇老舍夫人胡絜青，告知为冯至画了一幅画。过了一天，由其女儿送到，画的是鲍瓜，也有题词。

9月,《论歌德》由上海文艺出版社出版。上卷收 40 年代旧作《歌德论述》,下卷收 1978—1984 年间的论文八篇。前面有长篇代序,叙述自己研究歌德的历史并对歌德作了必要的补充论述。

9月—10月,写诗《独白与对话》(10 首)。后发表于 1987 年 3 月号《诗刊》。

10月 6 日,在家里接待了永濑照子,畅谈甚欢。后接到永濑照子回日本之后的信,又写了几行小诗。14 日,在《中国旅游报》发表 1976 年在黄山写的三首七律《黄山三唱》。

11月,30 日,写文艺评论《欣慰与"困惑"》。后刊于次年《文艺研究》第 1 期。本月,《中国大百科全书·中国文学》卷出版,内有冯至撰写的《杜甫》词条。

12月冬至日,写《文艺因缘两则》,后发表于 1987 年《光明日报》2月 22 日。

本年,被奥地利科学院聘为通讯院士。

1987 年　83 岁

2月 23 日,写完《外来的养分》。后发表于《外国文学评论》1987 年第 2 期。

应《世界文学》编辑部之约,对外国文学的介绍编辑提出了《看法和意见》,刊于 1987 年第 1 期。

5月 20 日至 22 日,为德国作家格奥尔格·毕希纳逝世一百五十周年,外文所与联邦德国德意志研究会在京联合举办"毕希纳学术讨论会"。作了其生平和创作的长篇发言,后刊于《世界文学》1987 年第 4 期,题为《纪念毕希纳一百五十周年》。

6月初,应联邦德国国际文化交流协会邀请,与夫人姚可崑教授在外文所韩耀成副研究员的陪同下,赴联邦德国接受该交流协会授予的国际交流中心艺术奖,奖金一万马克。在那里,波恩市市长把一张灌有贝多芬交响乐曲的唱片,赠送给了冯至。五十多前年授予他博士学位的海岱山大学校长重新给他一张"金色的证书"。5 日,受到联邦德国总统魏茨克接见,双方进行了友好的交谈。6 日至 10 日,第三次重访海德堡。14 日,应奥地利科学院之邀请访问了维也纳。18日，应原民主德国高教部之邀，访问了魏玛、柏林。

7月，在京写《海德贝格记事》，追忆30年代在德国海岱山大学学习时情况，并记述了重访时的感受。

9月，7日—15日，应意大利蒙代罗文学奖基金会之邀，率领中国作家代表团赴西西里，参加授予王蒙特殊奖的仪式。即席朗诵了自己四十年代的一首十四行诗，受到了热烈的欢迎。9日—12日，写诗《西西里浮光掠影》，后刊于《诗刊》翌年第1期。

9月15日，由北京大学世界文学研究中心、中国社科院外文所等十三家单位发起的"北京国际海涅学术讨论会"在北大开幕。因出访意大利，于7日寄去了贺信，夫人姚可崑教授出席了会议。

《新文学史料》自本年第3期开始连载杨铸整理的《沉钟社信选》。

10月，14日，与夫人姚可崑教授离京去武汉，住武汉大学。18日去广州，参加在中山大学举行的德语文学研究会第三届年会。23日，用联邦德国国际交流中心奖给的一万马克奖金，设立"冯至德语文学奖"，授予在德语文学研究领域做出成绩的、年龄在45岁以下的中国学者。每二年评选一次，每次评选出一等奖一人，二等奖二人。

11月8日，编完《冯至学术精华录》，写"自传""自序"。27日至12月4日，出席在江苏南京师范大学举行的外国文学学会第三届年会。

12月12日，联邦德国驻华大使韩培德代表德国总统授予冯至联邦德国最高荣誉的"大十字勋章"。这是我国文化界人士首次获得。颁奖仪式相当隆重，外交部、中国社科院、全国作协、北京大学、北京外国语学院等单位的有关人员和部分在京的德国专家，出席了仪式。韩大使高度评价了冯至为德中友谊做出的贡献，称赞冯至是"一个昨天和今天，在逆境和顺境中为发展德中两国和两国人民之间的联系孜孜不倦、坚韧不拔地工作的人"。在授勋仪式上，冯至作了答词，后发表于《世界文学》1988年第1期。

《华夏诗报》第18期刊发冯至《答编辑部问〈诗人的自白〉》。

1988年 84岁

1月，担任第三届全国新诗评奖委员会委员。11日，为北京大学成立九十周年纪念作《"但开风气不为师"——记我在北大受到的教育》一文，后收入北京大学出版社出版的《精神的魅力》一书。14 日，中国第一个诗歌日，与卞之琳、臧克家、艾青应邀一起参加由中国作协、诗刊社和北京市青年宫联合举办的"诗歌一日"活动。冯至代表四老作了富有诗情的发言。

2 月，8 日，出席中国作协、文联在人民大会堂举行的迎春联欢会。26 日，写《读魏斯科普夫的小说〈诱惑〉》一文，后发表于本年《译林》杂志第 3 期。

3 月，修改去年 8 月写的《海德贝格记事》初稿，后发表于本年的《新文学史料》第 2 期。

4 月，23 日，《文艺报》报道，我国将出版现代德语文学丛书，冯至任主编。24 日，为《中外文学名著读本》作序，后发表于山东《青岛大学学报》第 1 期。26 日，写《现代德语文学的特点》，后发表于《译林》第 4 期。

6 月，6 日—16 日，作《杂诗四首》(《我痛苦》《我不忍》《剪彩》《我敬重》)，刊于《星星》第 9 期，后收入《立斜阳集》。19 日，为诗歌散文集《立斜阳集》写"引言"。本月，《冯至学术精华录》作为鲍霁主编的"中国当代社会科学名家自选学术精华丛书"之二，由北京师院出版社出版。上卷收入有关中国文学的文章二十篇，下卷收入关于外国文学的文章十九篇。另有"自传"和"著译目录"。

8 月 31 日，写《从王安石〈读史〉诗谈起》，后发表于《海内外文学》1989 年第 3 期。

9 月，6 日，出席全国作协四届主席团扩大会议。17 日，出席《诗刊》编辑部组织的海峡两岸诗人的会见与座谈，与台湾诗人张默、洛夫、辛郁等合影。24 日，为台湾大雁书店重印散文集《山水》写序，后发表于《新文学史料》1989 年第 2 期。本月，为《冯至诗集》日文译本写序言。

10 月，12 日，在《科技日报》发表《振兴教育、刻不容缓》一文，系在一次座谈会上的发言。

12 月，15 日，为《世界文学》新辟栏目《中国诗人谈外国诗》写《我和〈十四行诗〉的因缘》，后刊于《世界文学》次年第 1 期；31 日，为祝贺《文艺报》的《世界文坛》专栏一百期，写《善于取景》一文，后发表于次年 2 月 11 日《文艺报》。本月，还根据 1979 年所写的"自传"予以改写，后刊发于 1989 年 10 月的《涿州文史资料》第 3 辑《涿州人物录》。

1989 年　85 岁

1 月，27 日，写诗《我同情杞人忧天的人》；31 日，修改 1987 年 6 月 16 日的诗《维也纳一天的日记》。

2 月，2 日，写诗《蛇年即兴》。后以《放言三首》为题连同上月写的诗刊于《诗刊》1989 年第 5 期。28 日，答吕桂申信《关于〈朱自清先生〉》。刊于《语文学习》1989 年第 8 期。

4 月 6 日，出席由《诗刊》社组织的在京诗人、评论家座谈会，所做的发言以《从"五四"到新的诗歌》为题刊于《文艺报》4 月 15 日。

5 月 6 日，致《南渡记》作者宗璞信《〈南渡记〉读后》刊于《文艺报》。

6 月 25 日，纪念五四运动七十周年的短文《抚今追昔》刊于《世界文学》第 3 期。

7 月，诗歌散文集《立斜阳集》由工人出版社出版。

8 月 1 日，因病住院。

9 月 5 日，出席周扬的遗体告别仪式，并献了花圈。

10 月中旬，基本痊愈，出院回家。但到年底还要吃药。自谓"这一年是我最没有成绩的一年"。

1990 年　86 岁

1 月 23 日，为《民间诗律》第二集写《序》。该书由北京大学出版社出版。

2 月 23 日，在《人民日报》发表《希望更好地介绍歌德》（致杨武能信）。

3 月，写诗歌评论《诗的呼唤——读赵瑞蕻〈八行新诗习作〉一百五十首》，刊于《香港文学》3 月号和《读书》1991 年 4 月号。

7 月 11 日，为台湾诗人张错诗集《飘泊》写《序》。刊于《香港文学》9 月号和《四海》1991 年 1 月号。

8 月初，为庆贺老朋友卞之琳八十寿辰，写诗《给之琳》，先后发表于《光明日报》和《天津日报》。

8 月 18 日，写散文《怀念羡季》（羡季即顾随，是冯至 20 世纪 20 年代相交甚深的老朋友）。发表在《河北大学学报》1990 年第 4 期。

9 月 29 日，为《吴宓学术讨论会论文选集》写《序》，后以《我所知道的吴宓先生》为题在 1992 年 5 月 2 日《光明日报》发表。

10 月 22 日作《浅淡奥地利文学》的讲话，刊于《外国文学评论》1991年第 3 期。

1991 年　87 岁

3 月 15 日，写诗《自传》，刊于香港《诗》双月刊"冯至专号"，1991年 7 月 1 日。

6 月 1 日，写散文《手握旧卷，倍觉情深》，刊于《文汇读书周报》1991 年 7 月 6 日。

7 月，为《文化老人话老年》一书写《时间与寂寞》，先后发表于 1992年 2 月 15 日及 22 日的《光明日报》。

8 月，6 日，参加季羡林先生 80 寿辰纪念会，做了发言。25 日，参加北京艾青作品国际学术讨论会，做了发言。31 日，写完"文坛边缘随笔"四则：《选诗"妙"法》《繁简纠纷》《写序志感》《千虑一失》，先后发表于《文汇读书周报》1991 年 9 月 14 日、28 日、10 月 12 日、11 月 9 日。

9 月，20 日，参加中华文学基金会举行的海伦·斯诺荣获"理解与友谊"国际文学奖庆祝会，代表全国作协和中华文学基金会发言。24 日，出席在京举行的鲁迅诞辰 110 周年纪念大会。

10 月，选译里尔克《致奥尔弗斯的十四行诗》八首，发表于《世界文学》1992 年第 1 期。

12 月 24 日，写散文《书海遇合》，发表于《文汇读书周报》1992 年 1月 18 日。

1992 年　88 岁

2 月，21 日，参加《外国文学评论》编辑部召开的纪念《讲话》与外国文学座谈会。发言的题目为《加强外国文学的评论》，后刊于本年第 2 期《外国文学评论》。22 日，写散文《儿时的庭院》，发表于《西北军事文学》散文专号，1992 年。24 日，应北京大学图书馆之约，写《我和北大图书馆》，先以《怀念和感谢》为题，发表于《文汇读书周报》1992 年 5 月 20 日。

3 月 30 日，参加唐弢学术讨论会发言，题为《刻苦耘耕，尽瘁终生》。31 日，写"文坛边缘随笔"之五《梦游书店》，发表于《文汇读书周报》6月 27 日。

4月10日，译完布莱希特反法西斯诗十首。

5月15日，写《读弼猷先生诗》。

6月9日，出席老友蔡仪学术讨论会，发言题为《两段回忆》，后发表于《人民日报》1992年8月7日，有删节。14日，写信给诗人周良沛，评《中国新诗库》第三辑，发表于《诗刊》1992年第9期。

7月8日，写散文《这样的一个小学生》，发表于《光明日报》1992年10月10日。

8月19日，写诗《梦》。29日，写"文坛边缘随笔"之六《回忆空壳》，发表于《文汇读书周刊》1992年9月26日。

9月14日，德语文学会第五届年会暨"冯至德语文学研究会"颁奖仪式在上海举行。因身体不好未能出席。17日，写诗《重读女神》，发表于《诗刊》1992年第11期。29日至11月11日，因小便出血住协和医院，经检查，肾上有阴影。

10月9日。写"文坛边缘随笔"之七《少女面膜》。发表于《文汇读书周报》1993年1月2日。

10月27日，写散文《肃然起敬》，发表于《济南日报》1992年12月26日。

11月6日，写"文坛边缘随笔"之八《病友赠书》。

1993年　89岁

1月26日，身体再度转坏。住协和医院。起初诊断为心力衰竭、肺炎。两星期后病情恶化，不能进食，渐渐进入昏迷状态。

2月中旬，病情日趋恶化，发现癌细胞。中宣部、中国社科院、国家劳动人事部、全国作协、北京大学、诗刊社等部门的负责人、同事、朋友、学生以及外地的文艺工作者王蒙、王忍之、汝信、季羡林、邹荻帆、李瑛、邵燕祥、朱子奇等不断前来探望。22日20时，呼吸停止。

此后，《文汇报》《文艺报》《光明日报》等陆续登出了冯至逝世的消息，中央电视台、《人民日报》播发了新华社关于冯至生平的长篇介绍。巴金、季羡林、余光中、辛笛、李国豪、佐藤普美子、永濑照子、G·泰伍斯、郝克曼、迪克·W·贝内克、迈耶等海内外著名人士以及很多单位发来了唁电唁函，深切悼念这位不趋时附俗、成就卓著的文化名人。

3月2日下午，冯至遗体告别仪式在北京八宝山殡仪馆举行。中共中央组织部、国家人事部、中央宣传部办公厅、国务院学位委员会、中国社科院、全国文联、全国作协、北京大学、清华大学、北京外语学院、鲁迅博物馆、国家技术监督局、国家自然科学基金委员会、中国文化报社、文汇报社、人民文学出版社、外国文学出版社、作家出版社、上海文艺出版社、中国外国文学学会、欧美同学会、丹麦驻华使馆、瑞典皇家文学、史学文物研究院等100多个单位部门送了花圈。丁关根、赵东宛、钱锺书、刘国光、郑必坚、贺敬之、胡绳、王忍之、郁文、王蒙、巴金、冯牧、陈荒煤、冰心、何东昌、林默涵、闻家驷、吴树青、王汉斌、楚图南、夏衍、袁翰青、朱光亚、绿原、刘大年、任继愈、王佐良、卞之琳、陈翰笙、张洁、韦宜君、梁光弟、孟伟哉、吕叔湘、屠岸、袁可嘉、马悦然等中外人士200多人送了花圈。胡绳、王忍之、朱光亚、汝信、林默涵、臧克家和丹麦王国驻华大使等中外人士约600人参加了告别仪式。以后，季羡林等写了一些追悼文章。

（作者为江苏师范大学留学生与近代中国研究中心主任、教授）

张岱年先生年谱简编

杜运辉

1909 年（清宣统元年）

公元 1909 年 5 月 23 日（夏历四月初五），先生生于北京西城酒醋局。祖籍河北省献县杜生镇小垛庄（20 世纪 50 年代划归沧县）。

先生之父张濂（1872—1934），字中卿、众清，号悟虚，行六，1902 年中光绪壬寅补行庚子、辛丑恩正并科举人，1903 年中癸卯科进士，改庶吉士，入进士馆肄司法政。1907 年从进士馆毕业，受职翰林院编修并加记名遇缺题奏。1914 年以道尹交政事堂存记，后得同乡冯国璋荐举，先后在天津、南京任职，出任沙河县和枣强县的县知事，1918 年应选为众议会议员。

先生之长兄崧年（字申甫，一字申府），大姊张敬，二姊张敏，二兄崇年。

1912 年（中华民国元年） 3 岁

先生随母亲回乡居住，过田园生活。

1915 年（民国四年） 6 岁

5、6 岁时，入族人私塾，读《三字经》《百家姓》。后随表兄卢先生读《四书》。

先生自述：母亲经常教诲他要努力"要强"，要做个好人。乡村的质朴、母亲的勤勉，对先生产生深远影响，他一生从未沾染上任何不良嗜好，乃至垂垂老矣而仍然像年轻时一样保持勤奋的做人准则，尽可能勤勉地读书写作，乐以忘忧。

1920 年（民国九年） 11 岁

夏初，母亲病逝后，先生随父返京，居西城劈柴（今称辟才）胡同南半壁街 16 号。门口对联云："大林容豹隐，原野听龙吟。"先生住南屋，父亲书一联云："醴泉无源，芝草无根，人贵自立；户枢不蠹，流水不腐，民生在勤。"

秋，由大兄张申府安排，先生与二兄到北京师范学校附属小学读高小一年级。国文课本中《达尔文传》的"物竞天择，适者生存"两句，给他以深刻印象。

1923 年（民国十二年） 14 岁

暑期，先生以第四名的成绩自小学毕业，考入北京师范大学附属中学试验班。

1924 年（民国十三年） 15 岁

初中二年级，同学庄镇基（维石）喜老庄哲学，引起先生对于史学、哲学的兴趣。学校五月七日国耻节的教育活动，激发了他的爱国热情。开始读《老子》《新解老》及《哲学概论》一类的书，常常独自沉思天地万物之本原、人生理想之归趋，养成致思的习惯。

1925 年（民国十四年） 16 岁

初中三年级，附中主任林砺儒讲康德的"三大律令"，从此，"要把每个人都看作目的，不要看作工具"这一律令深深印在先生的头脑之中。

作《史学绪论》《考史法》《史学书目》，未刊。

1927 年（民国十六年） 18 岁

春，先生考入高中班，开始学习中国哲学课程。始知长兄张崧年（张申府）是中国新实在论的重要代表。

作《评韩》，后发表于《师大附中》月刊。

1928 年（民国十七年） 19 岁

3 月 1 日—5 日，《关于列子》连载于北京《晨报》副刊（1 日、2 日、3 日、5 日）。这是先生在报刊上发表的第一篇文章，当时甚为欣喜。

暑假，因成绩优异，先生免试直接升入北平师范大学，但慕清华之名报考清华大学并被录取。暑假后，因不愿意受国民党军官的军事训练又转入北平师范大学教育系。

1930 年（民国十九年） 21 岁

张申府在北师大开设现代哲学课程，先生在课上认识历史系张恒寿，结为莫逆之交。

1931 年（民国二十年） 22 岁

6 月 11 日，作《关于老子年代的一假定》，连载于《大公报·文学副刊》1931 年第 181、182、183 期。该文后收入罗根泽《古史辨》第四册。先生视此文为其学术生命的正式开端。

与同学傅继良合译杜威《看作一种科学的教育》，发表于《师大教育丛刊》第 2 卷第 2 期。此后兴趣转向中国哲学史。

20 世纪 30 年代初，先生大量阅读先秦诸子、魏晋玄学、宋明理学以及清代学术著作，读梁启超《论中国学术思想变迁之大势》及《清代学术概论》、胡适《中国哲学史大纲》上卷。此外，常到文津街北京图书馆看英文哲学杂志，从中了解当代西方哲学思想的情况。

1932 年（民国二十一年） 23 岁

8 月，与傅继良合译的杜威《教育科学之源泉》（ *The Sources of A Science of Education* ）由北平人文书店出版。

9 月 10 日、17 日，《先秦哲学中的辩证法》连载于《大公报·世界思潮》第 2、3 期。该文在中国现代哲学史上较早地论述了中国哲学中的辩证思想，认为"讲中国的辩证法，切忌随便引用西洋辩证法的种种来附会。对中国辩证法与西洋之同与异，必须同等重视"。21 日，对谢扶雅《人生哲学》一书的评论《高中师范科教本：人生哲学》，发表于《图书评论》第 1 卷第 3 期。

10 月 15 日，《唯我论》发表于《大公报·世界思潮》第 7 期。17 日，作《哲学概论》，发表于《清华周刊》1932 年第 3 期，系对张如心《哲学概论》之评论。22 日、29 日，译英国浩格本（Hogbon）《苏俄的哲学》发表于《大公报·世界思潮》第 8、9 期。27 日，作《"问题"》，发表于《大公报·世界思潮》第 10 期。此文颇得金岳霖之赏识。

11 月 12 日、19 日和 12 月 15 日，《秦以后哲学中的辩证法》连载于《大公报·世界思潮》第 11、12、16 期。11 月 26 日，《斯辟诺萨三百年诞生纪念》发表于《大公报·世界思潮》第 13 期。本月，《评冯著〈中国哲学史〉》发表于《新月》1932 年第 4 卷第 5 期"书报春秋"栏目。

12 月 1 日，《胡适的新著：〈淮南王书〉》发表于《图书评论》第 1 卷第 4 期。22 日，《知识论与客观方法》发表于《大公报·世界思潮》第 17 期。24 日，作《辩证法与生活》，发表于《大公报·世界思潮》第 18 期。

先生深喜自学，读西方哲学名著，因学分不足而未能毕业。

熊十力看到先生发表的文章后，对其兄张申府说："我想和你弟弟谈谈。"《十力语要》卷一载《答张季同》一篇、《与张季同》一篇及《与张君》三篇，共五篇。《与张君》第一篇云："昨承枉过，深觉贤者有笃厚气象，至为欣慰。"

1933 年（民国二十二年） 24 岁

1 月 1 日，《哲学七则》发表于《图书评论》1933 年第 1 卷第 5 期。19 日，译石黎克（M.Schlick）《哲学的将来》发表于《大公报·世界思潮》第 21 期。《斯辟诺萨与庄子》在同期发表。本月，作《哲学的前途》，发表于《前途》杂志 1933 年第 1 卷第 3 号，认为"将来的哲学便是新唯物论与科学的哲学的结合"。

2 月 14 日，作《颜李之学——李恕谷逝世二百年纪念》，发表于《大公报·世界思潮》第 26 期。《万物一体》在同期发表。

3 月 1 日，《维也纳派的物理主义》发表于《大陆杂志》第 1 卷第 9 期。同日，《哲学十一则》发表于《图书评论》第 1 卷第 7 期。5 日，作《辩证法的一贯》，发表于《大公报·世界思潮》第 28 期。认为辩证法的概念即"反"与"变"、原则是对立统一，"对立的综合不是对立体之单纯的融合，而是一个新事物的出现，中含新的要素，为更高的发展之起始"。24 日，作《谭"理"》，发表于《大公报·世界思潮》第 31 期。指出中国哲学的"理"至少有"形式""规律""秩序""所以""至当"或应当的准则等五项意谓，否定在"具体世界"之外另立"共相世界"。

4月27日,《关于"新唯物论"》发表于《大公报·世界思潮》第35期。认为"新唯物论或辩证的唯物论,实为现代最可注意之哲学",其宇宙论精义有"宇宙为一发展历程之说""宇宙根本规律之发现""一本多级之论";知识论精旨是"从社会与历史以考查知识""经验与超验矛盾之解决""以实践为真理准衡";"欲综众'见'而不以辩证法,而又必成庸俗的折衷论";"辩证法与逻辑解析法,必结为一,方能两益"。文章强调:"吾人对于任何学说皆应保持批评的态度,对于马克思主义哲学又奚独不然?盲信与盲诽,皆背乎批评者也。"

5月1日,《姚舜钦著八大派人生哲学》发表于《图书评论》第1卷第9期。同日,先生《哲学十一则》发表于《图书评论》第1卷第9期。6日,作《相反与矛盾》,发表于《大公报·世界思潮》第37期。19日,作《论外界的实在》,发表于《大公报·世界思潮》第39期。

6月8日,《批评的精神与客观的态度》发表于《大公报·世界思潮》第41期。认为"如真有诚心求真理,如真有诚心努力于学,批评的精神与客观的态度是第一必要的","有批评的精神,有客观的态度,则必精细谨慎,广大宽容,常要作审慎的考察,精密的分析、虚心的体会"。15日,《世界文化与中国文化》发表于《大公报·世界思潮》第42期,主张运用唯物辩证法来分析文化问题。

7月6日、17日,和8月17日、31日,译德摩斯(R.Demos)《论"无"(Non-Being)》连载于《大公报·世界思潮》第45、48、51、53期。

8月1日,《哲学五则》发表于《图书评论》第1卷第12期。3日,《道德之变与常》发表于《大公报·世界思潮》第49期。10日,《中国哲学中之非本体派》发表于《大公报·世界思潮》第50期。31日,《中国元学之基本倾向——"本根"概念之解析》发表于《大公报·世界思潮》第53期。

夏,补一年学分后,先生自师大毕业,导师为邱椿。毕业论文是《怀悌黑的教育哲学》。不久,先生由冯友兰、金岳霖推荐,梅贻琦校长批准,被聘为清华大学哲学系助教。

9月1日,《哲学五则》发表于《图书评论》第2卷第1期。2日,作《爱智》,发表于《大公报·世界思潮》第54期。

10 月 1 日，《哲学五则》发表于《图书评论》第 2 卷第 2 期。5 日，《科学的哲学与唯物辩证法》发表于《大公报·世界思潮》第 56 期。

11 月 2 日，译胡克《辩证唯物论的主要原理》发表于《大公报·世界思潮》第 58 期。30 日，《逻辑解析》发表于《大公报·世界思潮》第 60 期，主张一种以解析法为基础的"方法论上的多元主义"，结合逻辑解析与哲学慧观、"辩证的解析"及"辩证的综合"。

12 月 1 日，《哲学六则》发表于《图书评论》第 2 卷第 4 期。11 日，作《辩证唯物论的知识论》，发表于《大公报·世界思潮》12 月 14 日第 61 期。

秋，先生在清华大学哲学系开讲哲学概论，以 D.S.Robinson 的 *An Introduction to living Philosophy* 为教材，又增加西方古代及近代哲学的材料；特别是较详细地讲述辩证唯物论哲学，称之为当代最伟大的哲学。张荫麟（字素痴）与先生定交。在张荫麟陪同下，贺麟前往清华大学访问了先生。

1934 年（民国二十三年） 25 岁

1 月 25 日，《中国思想源流》发表于《大公报·世界思潮》第 64 期。

2 月 1 日，《哲学六则》先发表于《图书评论》第 2 卷第 6 期。17 日，《辩证唯物论的人生哲学》连载于《大公报·世界思潮》第 66、67 期。

3 月 4 日，先生的父亲众清公去世。大家庭濒临解散，大兄（申府）、二兄（崇年）与先生分居。

4 月，《中国知论大要》发表于《清华学报》1934 年第 9 卷第 2 期。

5 月 31 日，先生的大学毕业论文《怀悌黑的教育哲学》，由傅继良协助发表于《师大月刊》第 12 期。

暑假，先生因父丧忧伤影响健康，辞去清华大学教职。

1935 年（民国二十四年） 26 岁

1 月 21 日，先生与冯友兰之堂妹冯缠兰结婚。结婚证书上以尚秉和为证婚人，汪震、贺麟为介绍人，张崧年、冯友兰为主婚人。婚礼在清华大学乙所冯友兰家举行，由梅贻琦为证婚人。婚后住劈柴（辟才）胡同二条二号南院。开始撰写《中国哲学大纲》。

3 月 5 日，作《关于中国本位的文化建设》，发表于《国闻周报》3 月 18 日第 12 卷第 10 期。文章提出："兼综东西两方之长，发扬中国固有的卓越的文化遗产，同时采纳西洋的有价值的精良的贡献，融合为一，而创成一种新的文化，但不要平庸的调和，而要作一种创造的综合。"28 日，作《论现在中国所需要的哲学》，发表于《国闻周报》4 月 8 日第 12 卷第 13 期。认为中国现在所需要的哲学最少须能满足四条件：能融会中国先哲思想之精粹与西洋哲学之优长以为一大一系统；能激励鼓舞国人的精神，给国人一种力量；能创发一个新的一贯大原则，并能建立新方法；能与现代科学知识相应合。在内容方面，须具有唯物的、理想的、对理的、批评的四个性征。本月，叶青编选的《哲学论战》由上海辛垦书局出版，收入先生所作《辩证法与生活》《相反与矛盾》《论外界的实在》《辩证唯物论的知识论》《辩证唯物论的人生哲学》五篇文章，在所有作者中为最多。

4 月 27 日，《冯著〈中国哲学史〉的内容和读法》发表于《出版周刊》1935 年新 126 号。28 日，作《西化与创造——答沈昌晔先生》，连载于《国闻周报》第 12 卷第 19、20 期。文章认为："一切文化都有其内的对立、内的矛盾。文化总有许多相互矛盾的成分，互相排斥、互相融会、相激相荡，以形成一个总体；然而总体之中仍有分裂。""我们不要全盘西化，我们要有选择而深入的西化。""创造的综合即对旧事物加以拨夺而生成的新事物。一面否定了旧事物，一面又保持旧事物中之好的东西，且不惟保持之，而且提高之、举扬之；同时更有所新创，以新的姿容出现。凡创造的综合，都不止综合，而是否定了旧事物后出现的新整体。创造的综合决非半因袭、半抄袭而成的混合。"

5 月 4 日，《冯著〈中国哲学史〉的内容和读法（续）》发表于《出版周刊》新 127 号。

1936 年（民国二十五年） 27 岁

4 月 13 日，先生向"中国哲学会"第二届年会提交论文《生活理想之四原则》，全文发表于《文哲月刊》第 1 卷第 7 期，主张"理生合一""与群为一""义命合一或现实理想之统一""动的天人合一"或"天人协调"。28 日，完成《哲学上一个可能的综合》，发表于《国闻周报》第 13 卷第 20 期，主张"今后哲学之一个新路，当是将唯物、理想、解析，综合于一"，"对于西洋哲学方面说，可以说是新唯物论之更进的引申；对于中国哲学方面说，可以说是王船山、颜习斋、戴东原的哲学之再度的发展；在性质上则是唯物论、理想主义、解析哲学之一种综合"。

6月29日，《评叶青〈哲学问题〉及〈哲学到何处去〉》发表于《国闻周报》第13卷第25期。

7月，完成《中国哲学大纲》初稿，副题为《中国哲学问题史》，约50多万字。

9月15日，作《人与世界——宇宙观与人生观》之"后记"。

12月，作《老子补笺》，发表于《哲学评论》第7卷第2期。

本年，先生由冯友兰推荐，回到清华大学哲学系任助教。《中国哲学中之活的与死的》发表于《世界动态》第1期，后收入《中国哲学大纲》作为该书之"结论"。

1937年（民国二十六年） 28岁

年初，冯友兰与张荫麟审阅《中国哲学大纲》后提出建议，先生完成修改。由冯友兰介绍于商务印书馆，当即决定付印，但时值抗日战争爆发而未果。

7月末，哲学系助理申荆吴协助先生于夫人避居城内，暂住大姊家，后迁至白米斜街3号冯友兰寓所内。时冯已随校南行。

1938年（民国二十七年） 29岁

迁居后门东煤厂，闭户读书。

1939年（民国二十八年） 30岁

4月14日，先生在日记中云："晨起念及将来中国情形之可能的变化，深觉颇难以自处，为之忧虑久之，最后决定：无论至何情形，当为真理而奋斗，为理想而奋斗，生死穷达置之度外。"

本年，迁居南长街二条二号，房东是王桐龄之妹贺太太。

1941年（民国三十年） 32岁

12月，太平洋战争爆发。先生坚信抗日战争胜利有望，满怀希望的心情开始撰写论著。

冬季，迁居西城小沙果胡同8号。

1942 年（民国三十一年） 33 岁

1 月 10 日，开始写作《哲学思维论》，约用时 3 个月完成。

本年，由王锦第介绍，私立中国大学校长何其巩及哲教系主任童德禧邀请先生到该校任教。

1943 年（民国三十二年） 34 岁

春节前后，写成《事理论》。

秋季，到私立中国大学任教"中国哲学概论"课程。作为讲义，《中国哲学大纲》第一次排印。

本年，写成《知实论》，收入《文集》第 3 卷、《全集》第 3 卷。作《文化通诠》，发表于《艺术与生活》1946 年创刊号。认为文化有正德、利用、厚生、致知、立制五要素，及生产事业、群制、学术三层次；而"历史可谓人之宰物以厚生、致知以行义之历程"。

应冯友兰来函相邀，和夫人又搬到冯先生在白米斜街的旧寓暂住。

1944 年（民国三十三年） 35 岁

写成《品德论》。在中国大学任副教授。

1945 年（民国三十四年） 36 岁

1 月 23 日，子尊超出生，由名医林巧稚接生。

8 月 15 日，先生回忆：听到日本投降的消息"是平生感到最大快乐的第一次"。

1946 年（民国三十五年） 37 岁

1 月 23 日，冯友兰致函梅贻琦："兹谨推荐任华、张岱年二先生为本校哲学系教授，自三十五年度起。附呈任、张二先生履历及著作目录，请查核。"

5 月，作《孔学平议》。

8 月，重回复校后的清华大学任哲学系副教授。冯友兰赴美讲学后，先生代讲"中国哲学史"课程，同时讲"哲学概论"与"孔孟哲学"。

1947 年（民国三十六年） 38 岁

4 月 5 日，《评〈十批判书〉》发表于《大公报·图书周刊》1947 年第

14 期第 6 版。

6 月 11 日，《中国哲学中之名与辩》发表于《哲学评论》第 10 卷第 5 期。

8 月 3 日，作《评〈新知言〉》，发表于《大公报·图书周刊》第 29 期第 6 版。本月，修订《哲学思维论》。

本年，修订《事理论》《知实论》《品德论》。

1948 年（民国三十七年） 39 岁

夏，作《天人简论》。

12 月，清华园解放。国民党空军对清华园投掷了炸弹，据先生自述："一天下午，我正在工字厅前树林的道路上行走，有一架飞机向工字厅附近扔了炸弹，炸了一个大坑，距离我仅有二丈多远，我毅然无所惧。"

迁居清华旧西院甲 14 号，仍讲"中国哲学史"课程。

1949 年 40 岁

年初，应学生们要求、学校同意，先生开讲"辩证唯物论"课程，听者甚众。后因"难以联系实际"而在 50 年代初停课。

5 月 24 日，参加第一次新哲学座谈会。

本年，先生回忆："解放初，清华开'大课'，第一次大课是金岳霖先生和我讲的。金先生讲唯物论，我讲辩证法。嗣后我又讲了几次新民主主义。"

1950 年 41 岁

2 月 12 日，参加中国新哲学研究会座谈会，讨论日丹诺夫关于哲学史的定义。

5 月，参加中国新哲学研究会座谈会，讨论哲学史课程问题。

12 月 28 日，作《从哲学方面藐视美国》，收入《新时代文丛·从堕落到反动的美国文化》。

本年，移居清华新林院 41 号西半。作《关于哲学的统一战线》《唯物观点的应用》《论哲理科学的意义》，均未刊。

1951 年 42 岁

1 月 29 日，在南河沿金钩胡同中国社会科学各研究会联合会办事处参加会议。

本年，任清华大学教授。当时参加审查评议的雷海宗、王亚南都高度肯定先生之学术水平。

1952 年　43 岁

6 月 29 日，参加院系调整后的北大各系教师联欢会。

本年，清华哲学系并入北大，先生调任北大哲学系教授，专门讲授中国哲学史。移居中关园平房 16 号。

1953 年　44 岁

本年，开设马列著作宣读的课程。据先生回忆："1953 年北大也聘请了苏联专家，讲'马列主义基础'，由我和黄楠森担任辅导，讲'马、恩、列、斯著作选读'。"仍执着于中国哲学史研究。据先生回忆："一九五三年我写过关于墨子思想的论文，无甚新意。"（《张岱年自传》）

1954 年　45 岁

3 月 7 日，参加哲学系师生活动，参观长辛店机车车辆厂。24 日，《墨子的阶级立场与中心思想》发表于《光明日报》副刊《哲学研究》创刊号。

8 月 30 日，作《认识·实在·理想》之"后记"。

10 月 6 日，《王船山的唯物论思想》发表于《光明日报·哲学研究》第 3 版，此为《王船山的世界观》一文的摘编。据先生回忆："一九五四年撰写了《王船山的世界观》，内容比较深刻，是解放后第一篇关于船山哲学的专论，详细分析了船山的唯物论学说和辩证法思想。教研室开了讨论会，邀请贺麟同志参加评议，贺先生说，我原来认为王船山哲学是客观唯心论，看了这篇文章，我同意船山是唯物论。当时金岳霖先生担任《光明日报》的《哲学》专刊主编，提议在专刊上发表此文，因原稿较长，仅发表了其中讲唯物论的部分，题为《王船山的唯物论思想》。"

11 月 24 日，参加哲学系"批判胡适资产阶级哲学思想报告会"。

1954—1955 年度，先生开始讲授新观点的中国哲学史课程，讲汉唐至明清部分。

1955年 46岁

3月，《张横渠的哲学》发表于《哲学研究》创刊号。

9月15日，《关于张横渠的唯物论与伦理政治学说——答邓冰夷同志与吕世襄同志》发表于《哲学研究》1955年第3期。

11月5日，参加全校大会，听取国务院副总理李富春关于第一个五年计划的报告。本月，出席哲学系批判詹姆士实用主义的讨论会。

开始编写《宋元明清哲学史提纲》。

1956年 47岁

1月6日，参加由冯友兰主持的中国哲学教研室会议，讨论中国哲学史教材的编写。7日，参加中国哲学教研室会议，负责编写中国哲学史教材中宋至鸦片战争部分，另有孙长江、汪毅参加。18日，哲学所中国哲学史组会议，讨论孔子问题。

6月6日，先生完成《中国伦理思想发展规律的初步研究》初稿。27日，《11世纪卓越的唯物主义者张载的哲学思想》发表于《光明日报》。30日，作《孔子》，发表于《中国青年》第14期。

10月18日，冯友兰主持中国哲学教研室会议，讨论先生的《中国伦理思想发展规律的初步研究》。本月，《对"张横渠是一个唯心论者"一文的答复》发表于《哲学研究》1956年第4期。《张载——十一世纪中国唯物主义哲学家》由湖北人民出版社出版。

11月2日，《"老子"中的唯物主义思想》发表于《学习》1956年第11期。11日，参加冯友兰主持的中国哲学教研室会议。会议决定1957年暑期召开中国哲学史座谈会。

12月14日，作《道德的继承性与阶级性》，发表于《新建设》1957年第1期，后收入《中国哲学史问题讨论专辑》。

本年，商务印书馆编辑吴泽炎发现《中国哲学大纲》旧纸型，决定付印。

1957年 48岁

1月3日，《荀子的唯物主义思想》发表于《学习》1957年第1期。13日，《如何对待唯心主义》发表于《人民日报》第7版，收入《中国哲学史问题讨论专辑》第2辑。22日，《关于中国唯物主义思想的几个问题》

发表于《人民日报》第 7 版，后刊登于《中国哲学史问题讨论专辑》。28 日，为《中国哲学大纲》作《新序》，副题为《对于过去中国哲学研究的自我批判》。22 日—26 日，参加冯友兰主持的北京大学哲学系中国哲学史讨论会。

3 月，《中国唯物主义思想简史》由中国青年出版社出版。

4 月 15 日，《中国古典哲学中若干基本概念的起源与演变》发表于《哲学研究》1957 年第 2 期。20 日，

改定《中国伦理思想发展规律的初步研究》，本年 12 月由科学出版社以单行本出版。

5 月 10 日—14 日，出席冯友兰主持的"中国哲学史工作会议"。17 日，出席中国哲学史教研室工会小组会，发言说："我三反、肃反，我都积极参加，但觉得也有问题。清华搞三反运动，反贪污反浪费反官僚主义，完全是正确的；但让一些老教授作思想检查，如冯友兰先生、潘光旦先生等，检查了三次才通过，未免伤了老知识分子的感情。肃反运动我也拥护，本系开了批判王锦第的批判会，后来宣布，经调查，王锦第的问题早在解放初期已经交代过，没有新问题。为什么不先调查后讨论呢？不先调查调查却先开批判会，这不合适。"

6 月 28 日，作《关于哲学思想的阶级性与继承性》，发表于《新建设》杂志 1957 年第 8 期。

7 月，《宋元明清哲学史提纲》开始在《新建设》杂志连载。同月，《中国哲学史问题讨论专辑》由科学出版社出版，收入先生所作《关于中国哲学史的范围问题》《关于哲学遗产的继承问题》。

8 月，《中国古典哲学的几个特点》发表于《北京大学学报》1957 年第 3 期。同月，《宋元明清哲学史提纲》续载于《新建设》第 8 期。

9 月，突然被划为"右派"，遭受了"平生第一次严重的厄运"，先生自述："到 9 月初，系里忽然开会对我进行批判，认为我反对'三反'、反对肃反，宣扬资产阶级的思想自由。于是被划为资产阶级右派，当时我完全陷入迷惘之中。在批判会上，一些人深文周纳，给我加上许多罪名，剥夺了我的教学权利。……教研室派给我的工作是参加《中国哲学史资料汇编》的资料选注工作。"同月，《宋元明清哲学史提纲》续载于《新建设》

第 9 期续载。

10 月，北京大学工会哲学系委员会、中国哲学史工会小组多次召开"帮助右派分子张岱年"会议。同月，《宋元明清哲学史提纲》续载于《新建设》第 10 期。

11 月，《宋元明清哲学史提纲》续载于《新建设》第 11 期。

12 月 11 日，参加全校教职员大会，听江隆基关于大力精简机构、减缩编制、下放干部的报告。24 日，

参加全校教职员大会，听陆平关于知识分子参加劳动生产、支援其他单位的报告。本月，《宋元明清哲学史提纲》续载于《新建设》第 12 期。

1958 年　49 岁

1 月 8 日，参加全校师生大会，听江隆基做关于处理"右派"问题的报告。29 日，参加全校师生大会，听冯定关于处理"右派"分子及大辩论的总结报告。本月，《宋元明清哲学史提纲》续载于《新建设》1958 年第 1 期。

2 月 1 日，参加全校师生大会，听陆平关于处理"右派"分子的报告。本月，《宋元明清哲学史提纲》续载于《新建设》1958 年第 2 期。

3 月 10 日，参加全校师生反浪费、反保守运动誓师大会。

4 月 2 日，参加全校师生大争大辩大整大改动员大会。本月，《中国哲学大纲》上下册由商务印书馆出版，署名"宇同著"。

5 月 30 日，参加全校师生大会，听江隆基做中共八届二次会议精神的传达报告。

6 月 10 日，参加全校师生"大跃进"动员大会。30 日，参加全校师生大会，听陈伯达做《在毛泽东思想的旗帜下》报告。

8 月 23 日，参加全校师生下放誓师大会。25 日，被下放到北京郊区大兴区卢城乡黄村参加劳动。

1962 年　53 岁

7 月 14 日，在哲学系开讲《张子正蒙注》课程。

1963 年　54 岁

秋，为北京大学中文系古典文献专业讲授中国哲学史课程。

本年，《〈物理论〉和〈傅子〉是否"一家之言"？》《朱熹写过〈正蒙解〉么？》发表于中华书局《文史》1963年第3辑。

1964年　55岁

3月，作《研思札记》（1—10）。

1965年　56岁

4月，作《研思札记》（11—14）。

5月，作《研思札记》（15—22）及附记。

本年，参加北京郊区的社会主义教育运动。

1966年　57岁

9月初，哲学系五年级一帮学生由助教庄印带队到先生家搜查，抄走了日记及笔记卡片等。

1967年　58岁

6月1日，哲学系"文革"领导小组宣布：张岱年、黄楠森、汤侠声、叶朗、吴天敏五人检查得较好，予以解放。从此不再每天扫地、抄大字报。

1969年　60岁

8月初，哲学系"文革"领导小组勒令先生从原住16号换住一间半的小房间，地点在二公寓的211号。

9月末，到江西鲤鱼洲"五七干校"劳动。据先生回忆："初到鲤鱼洲，也参加运石子、编草帘、插稻秧等劳动，因年已六十，遂编入老年组，同组还有王宪钧、周先庚、桑灿南、吴天敏、李长林等，从事种菜劳动。"又："八连常让老年人值夜班，夜间坐在草棚外守望，我经常值夜班，夜阑人静，万籁俱寂，一片宁静，颇饶静观之趣。"

1970年　61岁

10月3日，从江西启程回京。据先生回忆："一九七〇年十月，八连领导宣布，石坚、张岱年、汤侠声等回校，于十月三日起程北归，回到北京。在鲤鱼洲整整一年。"

1972 年　63 岁

本年，受命参加两卷本教材《中国哲学史》的编写，负责其中宋元明清部分。

1973 年　64 岁

本年，迁居蔚秀园 16 号公寓。"评法批儒"运动开始后，先生奉命为哲学系学生讲解儒法两家的历史资料。

1977 年　68 岁

7 月 8 日，作《关于张载的思想和著作》，载中华书局 1978 年 8 月出版的《张载集》，是先生"文革"后重新发表著作之始。

12 月 29 日，作《关于中国封建时代哲学思想上的路线斗争——批判"儒法斗争贯穿两千多年"的谬论》，发表于《哲学研究》1978 年 4 月第 4 期。

1978 年　69 岁

3 月 30 日，作《中国古代唯物主义的发展与自然科学的联系》，发表于吉林人民出版社 1979 年《中国哲学史论文集》。

5 月，北大哲学系重新招收硕士研究生，先生任导师组组长，录取程宜山、王德有、陈来、刘笑敢、李中华、陈战国、吴琼、鲁军、袁德金、陈小于十人。

秋季，为研究生讲授"中国哲学史史料学"课程，由刘鄂培接送。

本年，担任北京大学哲学系中国哲学教研室主任。

迁居蔚秀园 26 号公寓，住房两间半，号为三居室。

1979 年　70 岁

1 月，北大党委宣布：1957 年张岱年被划为"右派"属于"错划"，"予以改正"。本月 23 日—2 月 5 日，作《论〈易大传〉的著作年代与哲学思想》，载三联书店《中国哲学》第 1 辑。

2 月，《荀子新注》由中华书局出版，收入先生所作《荀子年表》等。

春季，为研究生讲授"中国哲学史方法论"课程，由刘鄂培接送。

5 月，参加纪念"五四"运动六十周年会议。

10 月 15 日—17 日，出席在太原召开的全国中国哲学史讨论会，当选为新成立的全国中国哲学史学会首任会长，同时任《中国哲学史研究》杂志顾问。

1980年　71岁

6月12日，与陈来等十位硕士生谈话："日知其所无，月无忘其所能，此可谓好学也矣，这是子夏的话，顾炎武因有《日知录》，做学问也要这样"，"做学术工作，应当学有中心，一专多能"，"写论文要谨严，没有充分根据不下结论，结论不超过材料证明的限度。戒穿凿，也要戒肤浅。"（陈来《追忆张岱年先生》，《社会科学论坛》2006年第1期）。

6月26日—28日，出席在密云召开的《中国哲学史研究》编辑部夏季学术研讨会。本月，应邀担任新成立的中国伦理学会的理事。

11月7日，为北大哲学系1978级2班学生讲课。提出："研究哲学要有追求真理的热忱，按照中国传统学术的说法就是首先要'立志'；要坚持唯物论，尊重辩证法；要多了解现代哲学思想的动态，实事求是，解放思想。"（景海峰《张岱年先生教我'学'史料》，《不息集》第371—372页）。

本年，兼任中国社会科学院哲学研究所研究员。

1981年　72岁

4月，《孔子哲学解析》发表于《中国哲学史论》（山西人民出版社）。主张对于孔子思想进行全面的辩证的解析：述古而非复古；尊君而不主独裁；信天而怀疑鬼神；言命而超脱生死；标仁智以统礼乐；道中庸而疾必固；悬生知而重闻见；宣正名以不苟言；重德教而卑农稼；综旧典而开新风。

5月，《张载评传》发表于齐鲁书社《中国古代著名哲学家评传》第三卷上册。

10月8日，国务院学位委员会第三次会议任命先生为首批博士生导师，1982年开始培养博士生。

12月，《中国哲学发微》由山西人民出版社出版。

1982年　73岁

4月，参加全国古籍整理出版规划小组会议。

春末夏初，应方克立邀请，到南开大学哲学系讲授张载的《正蒙》。

6月，《中国哲学史史料学》由三联书店出版。

8月，《中国哲学大纲》修订版由中国社会科学出版社出版。同月，《扬雄评传》发表于齐鲁书社《中国古代著名哲学家评传（续编一）》。

12月23日—25日，出席在北京举行的中国哲学史学会第二届理事会，继续当选为会长。

本年，招收陈来、刘笑敢为博士生。

1983年　74岁

2月，应邀担任《中国大百科全书·哲学卷》中国哲学史编写组主编。

4月21日—25日，参加曲阜孔子学术讨论会，25日在大会的发言以《关于孔子哲学的批判继承》为题收入《中国哲学史论丛》（福建人民出版社1984年版）。

5月，与任继愈、汪子嵩同赴安徽大学哲学系讲学。14日在安徽大学哲学系讲演，后以《先秦儒学与宋明理学》为题发表于《中州学刊》1983年第4期。在合肥哲学史讲习会讲演，后以《中国哲学中的本体观念》为题发表于《安徽大学学报》1983年第3期。至泾县，在黄山疗养。22日在黄山作《治学经验谈》，后发表于《文史哲》1983年第5期。又游齐山、桐城，历时约一个月。钱耕森建议编辑先生的全集。先生应邀担任《戴震全集》顾问及《戴震全书》主编。

10月，《中国哲学史方法论发凡》在中华书局出版。

12月30日下午，北大哲学系在勺园举行庆祝冯友兰从教60周年、先生从教50周年茶话会。

本年，迁居中关园48号公寓103号。加入中国共产党。招收生王中江、庞万里为博士生。

1984年　75岁

1月26日，作《论研究范畴的重要意义》，收入《中国哲学史主要范畴概念诠释》（浙江人民出版社1988年版）。

3月6日—13日，出席并主持在地安门7号中纪委招待所召开的《中国大百科全书·哲学卷》中国哲学史编写组第二次集体审稿会议。

5月，出席"中国《周易》学术研究讨论会"。

6月19日—23日，参加《中国哲学史研究》编辑部在天津蓟县召开的第五次夏季学术研讨会，即"中国哲学史上的唯物主义传统"讨论会并发言。

9月22日，中国孔子基金会成立，先生任副会长，并任基金会学术委员会顾问。28日，在北京参加并主持由中国哲学史学会举办的纪念孔子诞辰2535周年座谈会。

11月，参加"魏晋南北朝哲学思想讨论会"并发言，后以《魏晋玄学的评价问题》为题发表于《文史哲》1985年3期。

1985年 76岁

5月，从北京大学退休，受聘为清华大学任思想文化研究所首任所长。

6月10日，出席中华孔子研究所成立大会并任所长。

8月，《玄儒评林》由湖南人民出版社出版。

9月，《求真集》由湖南人民出版社出版。

本年，《中国古代哲学源流》发表于《河南师范大学学报》（哲社版）1985年第1期，其中隋唐佛教哲学一节由方立天起草。

1986年 77岁

1月20日，所作《如何分析中国哲学的人性学说》发表于《北京大学学报》1986年第1期。同月，所作《中国古代哲学中历史观的主要问题》发表于《中国哲学史研究》1986年第1期。

4月12日—14日，出席中国哲学史学会第三届理事会，再次当选为会长。28日，应刘宏章邀请，在中央党校做学术报告，由范学德、范鹏整理为《中国传统文化的分析》，发表于《理论月刊》1986年第7期。

7月，先生长兄张申府去世。先生学术思想之形成，深受张申府之影响。

8月2日，参加在青岛举行的"中西文化讲习研讨班"，讲话由姜广辉整理为《中国文化的历史传统及其更新》，在中央人民广播电台《星期演讲会》节目播出。18日，作《学识渊博 风范长存——悼念张申府同志》，收入《全集》第八卷。

9月22日，出席在石家庄召开的全国董仲舒哲学思想学术讨论会，并受聘为"董仲舒思想研究会"名誉会长。发言以《董仲舒的历史地位》为题发表于《河北学刊》1987 年第 1 期。

10 月 20 日—25 日，出席在宁波召开的国际黄宗羲学术研讨会并组学术报告。

1987 年　78 岁

4 月 21 日，作《真与善的探索》附记，阐述四十岁前学术思想之要旨：（1）学术基本倾向与基本观点：①唯物论与分析方法的结合；②外界的实在；③理在事中；④对立统一；⑤存在即是历程；⑥物本心用，物原心流；⑦当代最进步的哲学与古代优秀传统的结合；⑧分析与综合的统一。（2）推崇八个哲学观点：①真知必属有谓，有谓在于有验；②本至非一而相关；③物统事理，理泛在于一定事物；④矛盾为变化之源，和谐为存在之基；⑤生存即争取生存，人的生存即争取人的生存；⑥人生之道在于充生以达理，胜乖以达和；⑦群己一体，与群为一；⑧以兼和易中庸。

5 月 10 日，《孔学评价问题》发表于《红旗内部文稿》1987 年第 9 期。13 日，《马克思主义在中国的传播与中国传统哲学的背景》发表于《中国社会科学院研究生院学报》1987 年第 3 期。

6 月 1 日，作《儒学发展过程中的统一与分殊》，系 1987 年在曲阜儒学国际学术会议上提交的论文。

12 日，中华孔子研究所在山东济宁召开第二届年会暨学术讨论会，先生作主题报告，正式提出"文化综合创新论"。报告由刘鄂培根据发言整理，经先生审定，以《综合、创新，建立社会主义新文化》为题发表于《北京日报》1987 年 7 月 10 日。文章批判"全盘西化"论和文化保守论，认为社会主义新文化既要继承和发扬自己的优良文化传统，又要汲取西方在文化上的先进贡献而逐步形成一个新的文化体系，"这个新的文化体系，是在马克思列宁主义原则的指导下，以社会主义的价值观来综合中西文化之所长而创新中国文化。它既是传统文化的继续，又高于已有的文化。这就是中国的、社会主义的新文化"。"文化综合创新论"提出后产生了重大而深远的影响，成为马克思主义文化综合创新学派的理论旗帜。

本年秋，中华孔子研究所先后在北京教育科学出版社会议室组织两次座谈会，有陈岱孙、季羡林、陈元晖、金克木、邓广铭、虞愚、杜任之、赵光贤、石峻等参加，广泛征求对"文化综合创新论"的意见。

12月25日—28日，出席在中央党校召开的中国现代哲学史首届全国学术讨论会。

1988年　79岁

3月25日，所作《坚持唯物论，发展唯物论》发表于《内蒙古社会科学》（汉文版）1988年2期。

6月，《真与善的探索》由齐鲁书社出版。该著以20世纪40年代撰写的《哲学思维论》《天人简论》等为基础。据先生回忆："这些论稿，《哲学思维论》《知实论》写于一九四二年，《事理论》写于一九四三年，《品德论》写于一九四四年。其中生活日趋艰窘，就无力写作了。……这些论稿写作于抗战时期，不可能随时发表，胜利后又因故拖延下来，直至一九八八年，连同历代的思想札记，以《真与善的探索》为题由山东齐鲁书社出版，已在写成之后四十多年了。"

7月，《文化与哲学》由教育科学出版社出版。

8月19日—24日，出席中国哲学史学会第四届年会并致开幕词，发言以《中国文化发展过程中偏倾与活力》为题发表于《内蒙古社会科学》（汉文版）1988年5期。

9月1日，作《"百家争鸣"与"定于一尊"》，发表于《群言》1988年第12期，认为一个时代的学术思想既要有其最高原则，又要容许不同学派的存在。

1989年　80岁

3月6日，作《论孔子的崇高精神境界及其历史影响》，后发表于《孔子诞辰2540周年纪念与学术讨论会论文集》。

4月15日，参加在中央党校举行的纪念五四运动七十周年学术讨论会，在发言中指出："五四"开辟了中国历史的新纪元，是中国文化史、学术史第三阶段之开始。16日，作《探索孔子思想的真谛——六十年来对孔子思想的体会》，发表于《孔子研究》1989年第3期。26日—28日，出席在北京爱智山庄召开的中国哲学史学会第四届理事会，被推举为名誉会长。本月，刘鄂培主编的《张岱年文集》第 1 卷由清华大学出版社出版。冯友兰、楚图南作序，欧阳中石题写书名。

5 月 20 日，清华大学举办庆祝先生八十寿辰盛会。24 日，中国周易研究会在济南成立，先生任名誉会长。

本月，所著《中国伦理思想研究》由上海人民出版社出版。

12 月，《中国古典哲学概念范畴要论》由中国社会科学出版社出版。同月，先生主编的《中华的智慧——中国古代哲学思想精粹》（副主编方立天，程宜山、刘笑敢、陈来参加撰写）由上海人民出版社出版。

1990 年　81 岁

1 月 7 日，作《儒学奥义论》。文章批判"儒学复兴论"和"儒学否定论"，认为儒学既有维护等级制度的浅层思想，也有更深邃的、具有相对"普遍意义"的深层思想或奥义，这主要有"天人合一""仁智合一""知行合一""义命合一""以和为贵""刚健自强"等方面。

2 月，与姜广辉合著、王丹彦改编的《中国文化传统对话》由中国广播电视出版社出版。

3 月 9 日，作《人伦与独立人格》，发表于《北京大学学报》1990 年第 4 期。

7 月，与程宜山合著的《中国文化与文化论争》由中国人民大学出版社出版。

11 月 26 日，冯友兰病逝于北京友谊医院，享年 95 岁。27 日，作《深切悼念冯友兰先生》，发表于《人民日报》1990 年 12 月 7 日第 8 版。29 日，作《哲人其萎　遗范常存——沉痛悼念冯友兰先生》，发表于《群言》1991年第 2 期。同月，作《冯友兰先生〈贞元六书〉的历史意义》，发表于《中州学刊》1991 年第 2 期。

12 月，在北京图书馆出席由中国文化书院与中国国际文化交流中心主办的"冯友兰哲学思想国际学术研讨会"并讲话。同月，《张岱年文集》第二卷由清华大学出版社出版，收入《中国哲学大纲》一书。

1991 年　82 岁

3 月，挚友张恒寿去世。一年后，先生作《怀念老友张恒寿同志》，文章的第一句："老友恒寿同志逝世已将一年，缅怀几十年的友谊，感慨系之！"可见先生怀念之深。

4月，弟子程宜山因积劳成疾而病逝，先生十分悲痛，参加追悼会。

6月27日—29日，出席由中国伦理学会、首钢研究与开发公司联合主办的"新时期道德规范研讨会"并发言。本月，参加在南京召开的"中国传统思想文化与21世纪"国际学术研讨会，并提交论文《中国文化的改造与复兴》。

11月8日，在北京图书馆参加由中国哲学史学会和自然辩证法学会联合举办的"《周易》学术研讨会"并发言。

12月20日，《我为什么信持辩证唯物主义》发表于《高校理论战线》1991年第6期。文章认为："马克思主义必须与中国的优秀传统相结合，才能在中国土地上生根，生根然后才能真正开花结果。中国的文化传统也必须与马克思主义的普遍真理密切结合，才能提升到更高的水平。……马克思主义的普遍真理与中国的优秀传统中的基本真理必将融为一体，共同构成社会主义中国新文化的理论基础。这是我的信念。"

1992 年　83 岁

5月，《张岱年文集》第三卷、第四卷由清华大学出版社出版。

7月20日，作《中国哲学关于终极关怀的思考》，发表于《社会科学战线》1993年第1期。同月，到四川德阳参加中华孔子学会举办的"儒学及其现代意义国际学术研讨会"并致开幕词。

9月，《思想·文化·道德》由四川巴蜀书社出版。此为先生在1987年至1989年三年之中应学会会议或期刊杂志之约，撰写的关于中国哲学的伦理道德学说与价值学说及文化问题的系列文章。

11月25日，《论中国哲学史上的学派论争》发表于《中国哲学史》1992年创刊号。

12月2日，在清华大学思想文化研究所讲话，以《中国哲学史的方法论问题》为题发表于《清华大学学报》1993年第2期。

1993 年　84 岁

1月10日，作《我的哲学观》，发表于《江海学刊》1994年第1期。

2 月 23 日，作《中西文化之会通》，发表于《北京社会科学》1993 年第 2 期。24 日，先生所作《中国古典哲学中的优良传统》发表于《高校理论战线》1993 年第 1 期。

4 月 8 日，参加在国家教委逸仙堂举行的"高校理论战线杂志创刊五周年座谈会"，发言以《在四项基本原则之下展开百家争鸣》为题发表于《高校理论战线》1992 年第 3 期。12 日—14 日，参加在开封召开的"宋代哲学与中华文化国际学术研讨会"并作学术报告，以《宋代哲学的历史地位》为题发表于《中州学刊》1993 年第 4 期。

6 月 29 日，致信何祚榕，以《关于内在价值与外在价值——致何祚榕》为题发表于《人文杂志》1993 年第 5 期。本月，作《中国唯物论史》后记，指出"多年以来，我曾再三强调在中国哲学中有一个唯物论传统，自古及今，唯物论思想代有传人，这是中国哲学史上的一个优秀传统，是值得弘扬的"。

8 月 9 日—12 日，出席在北京召开的第八届国际中国哲学大会。30 日，作《分析与综合的统一——新综合哲学要旨》，收入《全集》第 7 卷。

10 月 15 日，《客观世界与人生理想——平生思想述要》发表于《哲学战线》1993 年第 4 期。本月，为《中国唯物主义思想简史》德译本作序。

11 月，《张岱年自传》由巴蜀书社出版。

12 月 14 日，作《试论中国文化的新统》，发表于《中国文化研究》1994 年第 2 期。31 日，出席清华大学人文社会科学院成立大会。本月，先生任主编的《孔子大辞典》由上海辞书出版社出版。

1994 年　85 岁

1 月 24 日，作《回忆清华哲学系——"清华学派"简述》，发表于《学术月刊》1994 年第 8 期。

28 日，作《炎帝黄帝是中国古代文明的象征》，发表于《炎黄文化研究》1994 年第 1 辑。

2 月 6 日，作《中国传统文化与现代社会》，发表于《哲学研究》1994 年 4 月 25 日第 4 期。7 日，作《学派的消长》，发表于《群言》1994 年 4 月 7 日第 4 期。18 日，致信张岂之："我们不是复古主义者，也不是新儒家，但传统哲学中的精粹思想，至今仍能发放真理的光辉，对于正人心、移风易俗确有助益。"（田芳《有感于张岱年先生的来信》，《华夏文化》1994 年第 1 期）。

4 月 1 日，作《文化发展的自觉设计》，发表于《华夏文化》1994 年第 1 期。24 日，和夫人出席清华大学举行的冯友兰文库揭幕仪式。本月，《张岱年文集》第 5 卷由清华大学出版社出版。

5 月，和方克立主编的《中国文化概论》由北京师范大学出版社出版。同月，先生任主编的《中国唯物论史》由河南人民出版社出版，副主编为刘鄂培、衷尔钜、葛荣晋。

6 月 30 日，作《新时代的义利理欲问题》，发表于《北京大学学报》（哲学社会科学版）1994 年 11 月 20 日第 6 期。

7 月 25 日，《中国文化优秀传统内容的核心》发表于《北京师范大学学报》（社会科学版）1994 年第 4 期。

8 月 20 日，作《移风易俗与传统美德》，发表于《华夏文化》1994 年第 3 期。

9 月，出席北京大学哲学系建系 80 周年庆祝会并发言。

10 月 23 日，作《现代新儒家思想的展示——评介〈当代新儒家八大家集〉》。本月，《张岱年学术论著自选集》由首都师范大学出版社出版。

1995 年　86 岁

4 月，《中西哲学比较的几个问题》发表于谢龙主编的《中西哲学与文化比较新论——北京大学名教授演讲录》（人民出版社出版），又发表于《美中社会和文化》2003 年 6 月第 1 期。

8 月 3 日—8 日，参加中华孔子学会和北京市平谷县人民政府联合召开的"儒家思想与市场经济国际学术研讨会"并致开幕词。24 日，参加"金岳霖百年诞辰纪念大会暨学术研讨会"并发言。

9 月，作《生命与道德》，发表于《北京大学学报》1995 年第 5 期。

11 月 20 日，《清华中文报》第 2 版刊登《张岱年教授向清华学生推荐的文化知识必读书目》，先生推荐 12 本书，分别是《周易》《论语》《孟子》《老子》《庄子》《中国哲学简史》（冯友兰著）《史记》《唐诗三百首》《古文观止》《共产党宣言》《小逻辑》《西方哲学史》(罗素著)。

12 月 4 日—6 日，出席中国孔子基金会学术委员会与中央党校科研部联合召开 "马克思主义与儒学" 学术研讨会，发言以《关于马克思主义与儒学关系的几点看法》为题发表于《马克思主义与儒学》(崔龙水、马振铎主编，当代中国出版社 1996 年版)。5 日，作《从 "孟" "庄" 看学派论争》，发表于《群言》1996 年第 2 期。17 日—19 日，出席在清华大学召开的 "中国哲学与文化的融合与创新——纪念冯友兰先生诞辰一百周年国际学术研讨会"。

1996 年　87 岁

1 月 20 日，作《理学的历史意义》，发表于《学术研究》1996 年第 1 期。

2 月 24 日，《〈中国传统道德〉的价值》发表于《高校理论战线》1996 年第 2 期。25 日，《中国哲学史》1996 年第 2 期开辟 "'综合创新' 研讨会论文选登" 专栏。本月，作《张岱年全集》自序。文中称："考虑到自己性直才拙，没有随机应变的能力，于是决定走学术救国的道路"，"我信持唯物论、赞同辩证法的基本态度是始终不变的"。

5 月，参加在开封举行的 "中国宋学与东方文明国际学术研讨会" 并发言。同月，《文化论》由河北教育出版社出版。同月，《张岱年学术文化随笔》由中国青年出版社出版。

9 月 20 日，作《论当然》，发表于《北京大学学报》1996 年第 5 期，又载《哲学动态》1997 年 2 月 26 日第 2 期。

10 月 10 日，参加北京语言文化大学召开的座谈会并发言。

12 月，陈来看望先生。陈回忆："回顾自己的学思历程，张先生说，'我对哲学理论有点看法，其次是中国哲学史，第三是文化问题。哲学上与张申府比较一致，在中国哲学史上与冯先生比较一致。'"(陈来《追忆张岱年先生》，《社会科学论坛》2006 年第 1 期)。同月，《张岱年全集》(八卷本) 由河北人民出版社出版。

1997 年　88 岁

1 月 7 日，《天爵与良贵》发表于《群言》1997 年第 1 期。

2 月 28 日，《试谈 "横渠四句"》发表于《中国文化研究》1997 年第 1 期。

3 月 21 日，河北人民出版社与北大哲学系联合举办《张岱年全集》首发座谈会，首都学术界学者季羡林等十余人参加。刘鄂培即兴朗诵《贺岱年师八八华诞，并贺〈全集〉首发》一首：艰苦耕耘在上庠，春风桃李竞芬芳。不尊权贵尊良贵，直道而行道自刚。学汇中西今贯古，文崇综创继张王。欣逢米寿人添寿，道德文章永世长。

5 月，与汤一介等著《文化的冲突与融合——张申府、梁漱溟、汤用彤百年诞辰纪念文集》一书由北京大学出版社出版，收入先生所作《张申府的哲学思想》一文。

10 月 23 日，作《我与中国哲学史》，发表于《书林》1984 年第 4 期。后收入张世林主编《学林春秋——著名学者自序集》。

12 月，《耄年忆往——张岱年自述》由山西人民出版社出版。该书是敏泽邀请先生撰写的回忆录。

1998 年　89 岁

1 月 4 日，作《儒学与儒教》，发表于《文史哲》1998 年第 3 期。本月，《东方赤子·张岱年卷》由华文出版社出版。该书收入"自述自传""学术作品""随笔短论"等共 34 篇文章。

5 月 6 日，出席纪念北京大学成立 100 周年的"国际汉学研讨会议"。20 日，由难波征男、钱明翻译和整理的《中国哲学与二十一世纪》发表于《浙江学刊》1998 年第 3 期。系先生与冈田武彦在 1995 年 12 月 2 日—4 日在北京友谊宾馆的对话录。

7 月 21 日，作《21 世纪是中国文化大发展的世纪》，发表于《文艺研究》1998 年第 4 期。

8 月，由教育部社科司组织编写，先生任编委会主任，张岂之、陈先达、方克立、奚广庆任副主任，方克立任主编的《中国哲学与辩证唯物主义》由高等教育出版社出版。

9 月 24 日，先生看望张爱萍，即兴挥毫书写"文韬武略，国之栋梁"以赠张将军。

12 月，致范学德信。信中讲道："人总要有信仰，或有哲学信仰，或有宗教信仰，如果没有信仰，便会觉得生活无意义了。"（范学德《遥祭张岱年先生》,《不息集》第 321 页)。

1999 年　90 岁

1 月 15 日,为张允熠《中国哲学与马克思主义》一书所作《21 世纪中国哲学的一个重要课题——〈中国哲学与马克思主义〉序》发表于《中国社会科学院研究生院学报》1999 年第 1 期。本月,《张岱年学述》由浙江人民出版社出版。该书由先生口述,林在勇笔录整理。

4 月 6 日—5 月 21 日,在协和医院住院。

5 月 23 日,北京大学哲学系举行"张岱年先生 90 华诞庆祝会"。全国政协主席李瑞环致电祝贺,国务院副总理李岚清、北京市委书记贾庆林、教育部长陈至立派人探望并送花祝寿。张爱萍将军书写"岱宗苍松"条幅,并派秘书贺茂之送至大会表示祝贺。中央电视台、《人民日报》《光明日报》、新华社等做了专题报道或专访。

7 月 25 日,《纪念孔子诞辰 2550 周年》发表于《中华文化论坛》1999 年第 3 期。

10 月 7 日,出席国际儒学联合会、联合国教科文组织及国内著名高校和学术团体联合举办的"纪念孔子诞辰 2550 周年国际学术大会",在发言中提出:孔子第一次阐明了人类道德的基本原则,实现了人类的自觉,这就是"己欲立而立人,己欲达而达人",这是对中华民族的伟大贡献,对人类的伟大贡献(《国际儒学联合会简报》1999 年第 3 期)。

12 月 24 日,作《二十一世纪中国学术发展前景》,收入《晚思集》。

2000 年　91 岁

1 月 20 日,《新世纪的期望》发表于《学术月刊》2000 年第 1 期。

3 月,应《名师讲义》丛书之邀,将旧作《中国哲学史方法论发凡》略加修订,题为《中国哲学史研究法》并作序。

6 月 6 日,作《中国文化的要义不是三纲六纪》,发表于《群言》2000 年第 7 期。

7 月 11 日,《运用马克思主义来看待儒学》发表于《光明日报》"理论周刊"第 B3 版,系对张腾霄《马克思主义与儒学》一书的评介。

10 月,先生由刘鄂培、曾生陪同,重游毛泽东指挥渡江战役的地方——

西山双清别墅。

11 月 30 日，《做学问的三个基本方法》发表于《人民日报》，认为"思与学的统一""知与行的统一""述与作的统一"是一切学术的基本方法。本月，出席在京举行的"经济全球化与中华文化走向"国际学术研讨会。

2001 年　92 岁

1 月，《中华民族伟大复兴的世纪》发表于《中国社会科学院研究生院学报》2001 年第 1 期。文章认为 20 世纪是中国由弱转强由衰转盛的世纪，21 世纪应是中华民族伟大复兴的世纪。

4 月 29 日，出席清华大学 90 周年校庆庆典、人文学院的冯友兰铜像揭幕仪式和哲学系老系友座谈会。30 日，由中关园 48 楼 1 门 202 室搬家到蓝旗营小区。

5 月 28 日，出席在八达岭庄园饭店召开的二程国际学术研讨会并作简短发言。

7 月 21 日，出席第十二届国际中国哲学大会并在大会开幕式上讲话，认为"这次第十二届国际中国哲学大会是在 21 世纪开始的时候召开的，我们可以对 20 世纪中国哲学的发展、中国哲学史的研究作一个总结"。本月，重游清华大学的荷塘，由刘鄂培陪同观赏。

10 月，《以德治国与先进政治文化建设》发表于 2001 年《中国儒学年鉴》。

12 月，《二十世纪中国哲学史研究概况》发表于《南通师范学院学报》（哲学社会科学版）2001 年第 4 期。

2002 年　93 岁

1 月，《晚思集》（张岱年自选集）由新世界出版社出版。本书共收入先生文章 43 篇。

3 月 16 日，台湾《海峡评论》总编王晓波，与羊涤生、刘鄂培一起登门探望先生。

10 月 21 日，出席在中国人民大学召开的"中国实学研究会"成立 10 周年庆祝大会并发言。本月，刘鄂培主编的《综合创新——张岱年先生学记》由清华大学出版社出版。这是一部全面阐发先生学术思想的著作，撰稿者均为其弟子，该书的大纲和各章节都经过了先生亲自审定，季羡林、张岱之为之作序。

11 月 1 日，出席《四库全书精编》首发式并发言。30 日，出席中国人民大学孔子研究会成立大会，并任学术顾问。

2003 年　94 岁

1 月，《中国哲学史方法论发凡》由中华书局再版。

5 月，先生为清华大学人文社会科学院成立十周年题词："融会中西　贯通古今　渗透文理　综合创新。"

8 月，谢龙拜访先生。据谢回忆："谈及《中国哲学大纲》时，他亲口跟我说：这项工作远未完成，本应写新的更为系统的哲学著作，可惜力不从心，虽有想法，也不可能写了。"（谢龙《缅怀张岱年先生"刚毅木讷"的学术品格》，《北京大学校友通讯》2006 年 9 月第 41 期）。

11 月 22 日，出席在北京大学图书馆举行的王东《中华文明论——多元文化综合创新哲学》出版座谈会暨民族精神学术研讨会。

12 月 19 日，参加清华大学人文社会科学院成立 10 周年纪念大会。

2004 年　95 岁

1 月，为《张申府文集》作序，该书 2005 年 1 月由河北人民出版社出版。同月，先生与方克立共同主编的《中国文化概论》（修订版）由北京师范大学出版社出版。

2 月 4 日，周桂钿看望先生。周回忆："我向先生问了几个问题……一、以前他说自己是马克思主义者，不是新儒家，现在有没有改变看法？他明确回答：'没有改变。'二、我认为杰出的哲学史家必定是哲学家，您对此有何看法？他回答：'我同意这种看法。'三、您的人生体悟是什么？有什么格言？他回答：'……自强不息，厚德载物，这是我的生活准则，也就是格言。'四、养生的体验是什么？他回答：'任其自然，不勉强。'……五、中国哲学史方法论，您写过著作。您自己是如何研究的？他说：'冯友兰先生是研究中国哲学史，我研究中国哲学，不是史，是论。'"（周桂钿《散文型哲学家张岱年先生》，《不息集》第 327 页；又参见《中国哲学与张岱年先生》，《中国哲学史》2004 年第 3 期）。

4月7日，先生摔倒，到北医三院急诊室就诊；9日，因心脏病住进北京医院三院。24日（农历三月初六）凌晨2点50分，先生因心脏病在北京逝世。

4月25日，《光明日报》《文汇报》发布先生逝世的讣告。26日，《人民日报》发布《著名哲学家张岱年先生逝世》讣告。30日上午10时，先生遗体告别仪式在八宝山殡仪馆第一告别厅举行，国家领导人及首都各界约两千人前往参加。下午，先生的夫人冯缦兰去世。晚，中央电视台新闻联播节目播出张岱年逝世及遗体告别消息。新华社、《人民日报》《光明日报》《参考信息》及各大媒体都发布了消息。本月，先生遗著《文化与价值》由新华出版社出版。

（作者为河北师范大学马克思主义学院教授）

阎简弼先生年谱稿

马千里

前言：正定阎君屏先生，出自燕赵之地，学于京师名校，尝任教于燕京大学、北京大学、沈阳师范大学、辽宁大学等高等学府。数十年专精勤虑，于语言文字学、古典文学多有所发明，亦长于书法。尤以学术盛年，捐身辽海，为辽宁大学古代文学专业开创人之一，泽润至今。唯英年早逝，生平多不为人知，向来无人作传，诚学界之憾事。余以数年日力，得先生嫡女阎肖芳、辽宁大学档案馆张燕翎女士，先生弟子倪艮山、米治国、于培智与吾师王魁伟先生等助，略窥先生资料若干。又独辑成《阎简弼学术论文集》二卷，近百万言。恐数十年后，先生之事迹淹没，无人传递，乃粗成谱稿。匪敢缀饰，述而不论，但以正前人舛误，并供后世明贤学子备索。己丑六月既望再传弟子旅顺马之远谨识。

1911 年（清宣统三年） 1 岁

11 月 10 日（夏历九月十九日），生于直隶正定（古称真定）县城，为家中次子。名简弼，字君屏，后自起斋名曰"学且思斋"。

父阎际隆，号郅轩，正定名绅。母王海芝，出正定大族王姓，"北洋三杰"之一王士珍之堂妹。长兄简瑜（字怀瑾）。阎家世为正定豪绅，有上田五百余亩，住宅与工商业房四处，宅在正定城内梁家角，自有家馆。

1917 年（民国六年） 7 岁

始入家馆读书。馆曰燕翼堂。

1918 年（民国七年） 8 岁

入本县私立国民小学校，从二年级起读。

1923 年（民国十二年） 13 岁

2 月，因郅轩先生以为"洋学校不重古典"，令其从私立国民小学校五年级退学，返家馆读旧书，并延请名儒黄焯亭教授六经等功课。

1925 年（民国十四年） 15 岁

是年起改由名儒胡申之教授古典。至十八岁已读完传统经书，喜诗词曲赋。

1929 年（民国十八年） 19 岁

2 月（农历正月），郅轩先生殁，居丧。

4 月，表伯高竹亭（日本早稻田大学毕业，曾在孙传芳手下做事）劝外出就学，母兄皆同意。遂于本月，由同乡表亲王璧文（字璞子，1928 年入中法大学读书，后为古建筑学家、故宫博物院工程师）陪同，往北平求学。因只读过新学堂五年，须从初中读起，故等候考中学。

7 月，考入四存中学（今北京八中前身）。

9 月，因英文教师误责，哭而返里。高竹亭劝使返校。自此苦读英文，成绩精进，至日后能以英文撰写论文、翻译英文文献。

1932 年（民国二十一年） 22 岁

8 月，考入北平市立第四中学（今北京四中，该校现集有 1935 届甲班学生名录，然误将先生之姓作"闫"），同学有桑恒康、苗宝泰、常逈等。

1933 年（民国二十二年） 23 岁

是年接触马克思主义经济学，读鲁仲平（共产党员）经济学图书，思想趋于进步。

1934 年（民国二十三年） 24 岁

任北平四中甲（7）班班长。开始接触学生运动。

1935 年（民国二十四年） 25 岁

夏，先后报考北大、清华、燕京三所大学，皆被录取。因燕京大学出国机会较高，且有丰厚奖学金，乃决意入勺园。

9 月，入燕京大学国文系，主修国文，副修历史。同学有赵宗乾、葛力、朱寿谱等。暇时往邻校清华大学旁听，甚敬重朱自清，与余冠英相识。

12 月，参加一二·九、一二·一六运动。冲击西直门，为郭清抬棺，作埋伏先遣队员，加入民先队小组。开始有转学清华的想法。

1936 年（民国二十五年） 26 岁

9 月，因"不满意燕大，清华名气更高"而转学入清华大学国文系。

常向朱自清先生问学，与余冠英交好。据朱自清《李贺年谱》等资料作《李贺别传》，开始走上学术道路。

是年好友常迥亦从北大转学清华。又识得赵俪生（赵妻即先生表妹高昭一）。

1937 年（民国二十六年） 27 岁

夏，参加西苑集中军训。

7 月 7 日，日寇发动卢沟桥事变。先生 7 月 23 日出西苑军营，不数日，清华解散，借住鼓楼东王璧文处。

8 月，与正定交通暂绝，由朱自清先生助借清华办事处二十元以度生计。意欲南下，因妻病子幼不得行。朱自清不忍其失学，乃荐诸燕大郭绍虞，以借读生名义，回燕大读书。

9 月，回燕京大学国文系从三年级起续读。自此奋发读书。师从郭绍虞、刘盼遂、洪业诸师。与杨明照等交好。

1939 年（民国二十八年） 29 岁

5 月，以《宋人词集考略》一文获学士学位，导师郭绍虞。该文举宋人词集 123 部，再三检数，与唐圭璋《全宋词草目》有较多不同，"除其显而易定其为乖误者加以指正外，余皆并存，以待唐氏书出之后，再加核证"。

9 月，入燕京大学研究院就读。同学有蓝铁年等，与蓝等共组"语文学会"。

是年获哈佛燕京奖学金第一名，奖金六百元。得燕大校长司徒雷登赞誉。与陆志韦、洪业、胡经甫、容庚逐步熟识。尤其敬重陆志韦和胡经甫。在研究院原本想继续研究诗词，"然陆、洪二先生以为，诗词不过文人副技"，嘱其于大处着眼。乃追随陆志韦研究古音学。

1940 年（民国二十九年） 30 岁

是年开始为硕士毕业论文积累材料。撰《升官图考》《唐写本周易音义校正》《诗文与人品的关系》三文。暇时亦曾为《枫岛》等燕大学生刊物撰稿。

按：《唐写本周易音义校正》为先生研究音韵之第一篇学术文章，惜今不知下落。《升官图考》燕大关闭时丢失。《诗文与人品的关系》一文刊处待考。

是年《宋人词集考略小引》一文发表于《燕京大学研究院同学会会刊》第 2 期。

应容庚先生之请，翻译瑞典高本汉 *Yin and Chou in Chinese bronzes*（《中国青铜器中的殷与周》）一文，以为容氏《商周彝器通考》的参考文献，为高文国内最早译本，燕京大学当年铅印。

是年又以第一名获哈佛燕京奖学金。

1941 年（民国三十年） 31 岁

是年初开始撰写硕士毕业论文《由王肃音与切韵音比较以试求汉魏音系之研究》，导师陆志韦。至年末完成大半。"本拟王氏音外，于徐邈等人音亦一一依此法董厘比较之。"

6 月，主编燕大国文学会《文学年报》第七期。收许世瑛、张长弓、刘厚兹、杨明照、郭绍虞、高明凯、容庚等先生十九篇文章。撰《龟峰词及虚斋乐府撰者质疑》（内附版本词阕考订）一文刊于其上。

是年第三次获哈佛燕京奖学金，仍然是第一名。获赴美留学机会，因故未行。

12 月 9 日珍珠港战事起，次日日军占领燕大，宣布解散燕大，陆志韦等教职员工和学生被捕，其余师生被逐出校门。先生适在外，行李图书等皆遗在燕大，后数月方得取出，原撰成论文及珍贵书籍多散失。

1942 年（民国三十一年） 32 岁

键户读书，依祖产度日。先后三次欲南下赴西南联大求学，追随旧日清华师友，皆未成。

5 月，陆志韦以保外就医名义出狱。常助陆，有时住陆家听重庆和国外广播。续受教于陆，习古音学，并作陆之学术助手。

是年与蓝公武（蓝铁年之父）熟识，也曾助蓝公武。与刘盼遂、容媛、王宪钿等留平师友常往来。

因出自正定名门，日伪屡骚扰之，要其出来做事，力拒之。

1943 年（民国三十二年） 33 岁

在家读书。

是年陆志韦先生《古音说略》一书撰成，先生与聂崇岐一同助校此书。

1944 年（民国三十三年） 34 岁

未做事，仍闭门读书。辅仁中学学生程蕙芳（新中国成立后在高教部任职，系先生胞妹之夫妹）、王庆萍、张孝伯常来面谈，励他们爱国。与刘盼遂常来往，谈抗日消息。

1945 年（民国三十四年） 35 岁

8 月，日寇投降，与燕大旧师友同庆。

10 月，应陆志韦之邀返燕大，任国文系助教，讲授大学国文。同受邀者有卢念孙等。其时燕大初复校，系内只有高明凯、梁启雄两位前教员返校，其余教师皆新聘。

1946 年（民国三十五年） 36 岁

是年向美籍教授、著名心理学家夏仁德学心理学。

4 月，于力（董鲁安）、蓝公武来信或派人邀赴张家口，因精神不好未去。

6 月，返正定休养。当月《南宋六陵遗事正名暨诸攒宫发毁年代考》一文刊于《燕京学报》第 30 期。该文乃抗战期间写成，分"正名""考年"两部分，对南宋六陵的名称及元初帝后陵被毁的时间、过程进行论证。同月《也谈谈大学普通国文》刊于《大中》第 1 卷第 7 期。

8 月，复回燕大任教，讲授大二国文，与高庆赐等开始集体编写大一国文教材。同月恩师朱自清先生返北平，陪访燕大诸师。朱自清亦来燕大兼课，讲授"中国文学史"，邀先生往清华任教，谢止。朱自清介绍识朱光潜，读朱光潜《诗论》，作书评（刊处待考）。

秋，写文章骂汉奸、评他事，并上书蒋介石。文章有《漫谈忠奸》《再谈忠奸》《新离骚》等，见《大公报》。

10月，寄书于胡适，表达自己对胡适的敬佩，愿"追随"（函见《胡适遗稿及秘藏书信》）。胡适回书邀其面谈。秋，访胡适于北大，二人所谈为汉语口语问题，赠胡适已作二篇。

12月，参加抗议美军暴行游行。

1947 年（民国三十六年） 37 岁

年初被燕京大学评为讲师，除教授国文外，另开"诗词选读"等课程。

春，司徒雷登回校，约先生等数名青年教师代表谈话。

重辑硕士毕业论文，形成纲要式论文，改名《王肃音与广韵音比较之研究》，"仅粗成王肃音一家，聊用塞责"，"庸敢自菲，势非获已；余作之称，期诸来日"，但此后终未补成。

5月，参加北平"反饥饿、发压迫、反内战"大游行。

6月，补获燕大文学硕士学位。

秋，又与进步学生刘惟倩、刘为诠、冯祥光等熟识，任学生运动组织"新垦社"顾问。在大夏总会念词骂洋人，与反对派和洋人冲突。代所谓"难区学生"拟稿呈张群求救济。

12月，《郭绍虞〈文学批评史〉（下）》《陆志韦〈古音说略〉》两篇书评刊于《燕京学报》第 33 期。撰《也谈大学质量与留学问题》，载《大公报》。

按：郭绍虞《文学批评史》（上）刊于 1934 年，当时朱自清先生曾做书评推介（当年《清华学报》九卷四期），影响甚大。郭、朱皆先生恩师。该书下册出版后，先生以学生身份作评，亦请教朱自清先生。在书评中亦重述朱先生当年对此书的评价："优点是能注意及文学的时代背景；能详细辨析一向人们夹缠不清的'文''笔''神''情'等意义。"陆志韦《古音说略》一书，始作于沦陷时期，自初稿至付印，皆曾由先生校读，故先生对此书之熟悉，非同一般学者。先生赞陆先生作此书"丝毫不苟""虚怀旁咨"，肯定陆先生从《切韵》入手研究古音，运用统计法，"既合理又不悖情"。

是年集全《百衲本二十四史》和《四部丛刊》全三编，甚喜。

1948 年（民国三十七年） 38 岁

在燕京大学任教。

春，作《古调今事》，载《大公报》，讽时事之作。

6 月，发表《梁灏中状元的年岁寿期及其他》（常谈证误之一）一文于《燕京学报》第 34 期，系统论辨梁灏生卒年问题，就文献中出现关于梁灏的史实错误进行纠正，并举梁灏的生平、著述及社会关系。

8 月，恩师朱自清病逝，代为募款。

12 月，书评《评钱锺书著〈谈艺录〉》和《陆志韦著〈诗韵谱〉》发表于《燕京学报》第 35 期。

按：时钱锺书《谈艺录》新出，学界尚无人评述。先生赞该书"沟通中外，参斠人我，论切肯綮，而言有据凭"，"能将我国的玄言妙诣跟西贤的真知灼见互参对比"，亦对钱书提出"疏于辨证""造语失帖""征引未周""文有脱误""诠释欠妥""评语自相矛盾""注或衍或漏"七项意见。文末引开明书店广告词："这书是研究文学的所应人手一册的！"对钱书可谓极力推崇，当时曾荐此书与周汝昌（时在燕大学习，与先生熟识）。

1949 年 39 岁

在燕京大学任教。

7 月，由校委员会评定为副教授 11 级。

夏，作《民主颂》《我有一面镜子》，载《大公报》，讽刺当时投机者，说要学就学闻一多。

冬，加入所谓"饭团"，中有聂崇岐、齐思和等。

1950 年 40 岁

在燕京大学任教。

6 月，发表《〈香奁集〉跟韩偓》于《燕京学报》第 38 期。是文考证《香奁集》的作者和版本问题，附录"韩诗汇评""纠补"。是国内第一步系统研究《香奁集》的著述，开《香奁集》研究之始。

11月8日，燕大教职员工发表签名宣言，"拥护各民主党派联合宣言，誓在抗美援朝斗争中贡献一切"。先生为签名发起人之一。同月参加燕京大学国剧社募捐义演。

12月，在《打碎美帝文化侵略》宣言上签名，《人民日报》转载。

是年屡次投书《人民日报》，就大学办学提出意见。

1951 年　41 岁

2月，燕大被改为国立。上书毛泽东言办学四事。同月，与侯仁之等燕大五名教师一起参加华东区土地改革参观团。

10月，投书《人民日报》，为合作社贪污久提无人管。

1952 年　42 岁

3月，陆志韦校长遭到错误批判，先生等教师皆"自行检讨"。

夏，国立燕京大学被撤销，燕大国文系与北大中文系合并，先生等原有燕京大学国文系教师大多留在燕园。

7月，被北大评定为副教授5级。

9月，开始在北大中文系任教，讲授"中国文学史""诗词研究"等课程。

1954 年　44 岁

在北京大学任教。

6月7日，发表《读〈陶渊明传论〉》于《光明日报》副刊《文学遗产》。

8月，发表《谈陶渊明〈命子〉等诗句并简答张芝先生》于《光明日报》副刊《文学遗产》。以上两文认为，张芝（即李长之）《陶渊明传论》所说"从血统角度看，陶渊明不忠于晋室"的观点是错误的。先生之观点得到郭预衡等支持，继而在全国范围内掀起了对陶渊明问题的讨论。

11月9日，参加北大"《红楼梦》研究"的座谈会并发言。

1956 年　46 岁

在北京大学任教。

9月15日，《新娘子可不可以"乱"说话、管"闲"事？》发表在《人民日报》，此文与12月18日发表在《人民日报》的《读"关于阎译"》（回应江绍原《关于阎译》一文而作）是借《战国策》和《吕氏春秋》中"新娘子说话"的故事阐述民主参政的观点。

9 月 26 日，《读了一篇报道之后》发表在《人民日报》，借欧阳观、焦焕典故指出，古人的某些品格值得我们学习。

9 月 30 日，《以诗求名之类》发表在《文艺报》第 18 期，指出崇拜名位、见风使舵的做法，不利于学术研究工作。

10 月 18 日，《谨防主观主义》发表在《人民日报》。

12 月 15 日，《杜少陵可杀》发表在《文艺报》第 23 期，借笑话指出大学古典文学教育的不足。

12 月，《有感、缅怀石曼卿》发表在《新港》第 6 期，该文借石曼卿事，认为写文章和教学法上要有充分的自由。

是年获北大 1955 年至 1956 年超工作量奖金。

1957 年　47 岁

在北京大学任教。

1 月 15 日，《漫谈我国的文字艺术》发表在《文汇报》。

1 月 27 日，《陆放翁论诗文》发表在《光明日报》副刊《文学遗产》，阐述陆游的诗文创作理论，指出陆游的文艺观是进步的。

4 月 4 日，《两个问题三点建议——谈当前大学文学史的教学》发表在《文汇报》。

8 月，《短些，再短些》发表在《新港》第 2 期，指出文章内容不在长短，不能因简而废。

是年由游国恩主编，先生与梁启雄、吴同宝等注释之《先秦文学史参考资料》《两汉文学史参考资料》二书由高等教育出版社出版。其中《尚书》《诗经》《左传》《国策》《楚辞》、两汉乐府及五、七言诗等部分，为先生注释。

是年有英文随笔发表于英文刊物 Chinese literature 之上。亦曾担任北大学生所办《红楼》杂志顾问。

1958 年　48 岁

春，应高教部要求，举家迁往东北。任教于沈阳师范学院（辽宁大学前身之一），旋任教于当年新成立之辽宁大学中文系，从事古代文学的教学和研究，并担任辽宁大学校务委员会委员等职。

1959 年　49 岁

在辽宁大学任教。

是年印度反华派大肆反华，先生义正词严，撰写万言予以驳斥（事见辽宁大学 1980 年悼词）。

1961 年　51 岁

在辽宁大学任教。

8 月 10 日，《为〈通鉴〉的编写分工质疑》发表在《人民日报》，就《通鉴》编写的分工问题，与翦伯赞商榷。引发了学界关于此问题的讨论。

8 月 29 日，《陶渊明弹的什么琴》发表在《光明日报》副刊《文学遗产》。

10 月 6 日，《关于骆宾王给高适改诗》发表在《文汇报》第 6 期，论证所谓骆宾王给高适改诗之事诚是虚构。

11 月 2 日，《"映"好还是"影"好？》发表在《辽宁日报》。该文系谈诗词炼字问题，以考李白"孤帆远影（映）碧空（上）尽"异文为例。

1962 年　52 岁

在辽宁大学任教。

1 月，《也谈伯夷叔齐》刊于《文史哲》第一期，对冯其庸《历代对伯夷的评论》一文作补充和订正。

是年至 1966 年，力著二书：其一，应恩师郭绍虞之邀，为人民文学出版社作《养一斋诗话校注》，沈阳资料匮乏，屡往北京求索。至 1963 年 5 月，先生往政校学习，此书校注工作暂停。其二为《唐诗选读》，此书应中国青年出版社及周振甫先生（周为先生文友，周著《诗词例话》一书曾引先生观点两处，以"据阎简弼同志说"标出）之约，从《全唐诗》中摭取了106 位唐代诗人的 360 余首诗。注释方面，先注明难解的句子，也串讲大旨；讲析方面，则根据诗意难度有详有略，尽力增加读诗趣味。书中还对一些异文的出处、版本做了简单说明，供读者参比。1964 年秋，此书已排定清样，即将付梓，出版社突接中央文件，古典文学出版暂缓。清样遂暂由先生保管，静待时机。孰料运动即起，此书稿之出版决计不成。故先生至死未见此书印行。1985 年，此书稿残存部分"由先生继子"（此据当年《唐诗选注》一书原责任编辑沈国经先生生前告知），交辽宁人民出版社整理出版。

1964 年　54 岁

在辽宁大学任教。

3 月，响应援越抗美，向越南人民捐款人民币 100 元。当时越南驻华使馆致函表示感谢。

9 月，向家乡正定县农村小学捐款人民币 160 元（事见 1980 年辽宁大学悼词）。

1966 年　56 岁

在辽宁大学任教。

3 月，通过《人民日报》社向邢台地震灾区捐助人民币数十元、粮票数十斤（事见 1980 年辽宁大学悼词）。

"文革"起，被诬为"反动学术权威"，多次遭受批判、斗争乃至围攻、抄家和殴打，身心遭到严重摧残（见 1980 年辽宁大学悼词）。

冬某日，独赴沈阳北陵，虽经人救起，但手部冻伤严重，被截去八指。自此不能作书。

1968 年　58 岁

4 月 22 日，因受迫害、遭毒打而不治，在沈阳逝世（详王师魁伟《阎简弼之死与其他》一文，载《文汇读书周报》2000 年 5 月 20 日第 4 版）。

1980 年 10 月，在其家人的不断奔走呼告下，辽宁大学正式为先生平反。先生生前藏书如《四部丛刊》《知不足斋丛书》等，由其家人捐献给辽宁大学中文系资料室，至今犹存。

（作者为辽海出版社编审）

胡厚宣年谱

何林英

　　胡厚宣（1911—1955）是我国著名考古学家、历史学家和古文字学家，堪称是甲骨学与殷商史研究的一代宗师。他一生克躬斯学，著述宏富，在甲骨文、殷商史的研究上建立了不朽业绩，也给后人留下许多珍贵的文化财富，被尊称为"甲骨学研究之第一人"。

1911 年（清宣统三年） 1 岁

　　12 月 20 日（农历十一月初一），生于保定府望都县（今河北省望都县）大王庄村一个半耕半读的家庭，小名福林，兄弟姐妹七人，行六。父亲讳步云，字倬汉，为清代秀才，在天津一个刘统领家里教私馆，收入不多，家中土地又少，家境比较清贫。

1917 年（民国六年） 7 岁

　　始入乡村的国民小学。因年纪小，常被同学欺辱。

1921 年（民国十年） 11 岁

　　是年离家，由堂兄胡世严带至保定省立第二模范小学，插入四年级。当时家境贫困，常常交不起饭费，以至被摘掉食堂里的名牌而停止用膳；冬天则穿不上棉鞋，双脚都冻成疮。但幸被保定府一位本家姐姐接济，得以维持生活。

1922 年（民国十一年） 12 岁

　　向中华书局《小朋友》投稿，并获稿酬，稿酬是《小朋友》用的信封、信纸和稿纸。

1924 年（民国十三年） 14 岁

夏，小学毕业。暑期，上补习学校，在补习课上知晓了十月革命、五四运动和列宁。

秋，以优异成绩考入新成立的保定培德中学，并幸遇文史学者缪钺老师。[①]缪师当时青春勃发，才华横溢，讲习方式不拘一格。讲授内容基于《尔雅》《说文》，及于经史百家，上通下贯，精义纷呈。先生本就十分喜爱传统文化，此时如饮甘露，如沐春风，再加之自身刻苦奋勉，连几分钟课间休息也不轻易放过，所以在四年制中学期间，先生成绩一直名列全校榜首。先生的笃志好学与优异成绩，反过来又深深感动着缪师，缪师为有这样的高足而自豪，于是赠言"鹤鸣九皋，不同凡响"，又赠律诗一首："胡生诚秀出，卓尔凤凰群；美志云霄上，清才兰蕙芬。荷衣须自洁，聋俗岂相闻；马帐多高足，传经还望君。"对其未来寄予厚望。

1928 年（民国十七年） 18 岁

夏，中学毕业。因成绩优异，每期发榜，总名列第一，故毕业时学校特奖助学金，每年 200 元，直到六年大学毕业为止，助其考入北京大学预科。缪钺先生在就读北京大学文预科时因父亲逝世、家庭困顿而辍学。胡先生之考入北京大学预科，并学有所成，可谓是得偿师愿。

是年，中央研究院历史语言研究所成立。

1929 年（民国十八年） 19 岁

论文《国难中请回想我们的学术界》发表于辅仁大学文学刊物《春笋》上。

是年，中央研究院历史语言研究所从广州迁到北京。

---

① 缪钺（1904—1995），字彦威，江苏溧阳人，生于河北迁安，幼年时随家迁至保定。著名历史学家、文学家、教育家。诗词、书法亦堪称大家。曾任保定私立培德中学和保定私立志存中学国文教员。后历任河南大学中文系教授、广州学海书院教授及编纂、浙江大学中文系副教授、华西协和大学中文系教授兼中国文化研究所研究员、四川大学历史系教授等。

1930 年（民国十九年） 20 岁

秋，从北京大学预科升入史学系本科。在史学系一年级，所学课程除了两门外语之外，还有三门必修课，即陶孟和先生教的《社会学》、浦薛凤先生教的《政治学》和陈豹隐先生教的《经济学》。史学系陆续开设有《中国通史》和断代史、《世界通史》和断代史、《史学原理》和专门史等课称，任教授的主要有胡适、陈垣、马衡、孟森、钱穆、顾颉刚、邓之诚等名师。配合着课程修习，先生自行研读了大量的朴学论著及梁启超、罗振玉、王国维、郭沫若等名家名著，可谓畅游史海，为此后一生的学术生涯奠定了坚实基础。

1931 年（民国二十年） 21 岁

北京大学史学系二年级。是时中央研究院历史语言研究所专家傅斯年、李济、梁思永、徐中舒、董作宾诸先生于北大兼课，以便物色合适的学生毕业后到史语所做研究人员。傅斯年讲授"中国上古史专题研究"，李济、梁思永合开"考古学人类学导论"，徐中舒开设"殷商史料考订"，董作宾开设"甲骨文字研究"，讲授内容均由史料结合考古发掘所得。先生对这些课程均予选修并产生浓厚兴趣，也是在此时接受了"二重证据法"，并采用此种方法撰写习作。

先生在徐中舒课上所记笔记，后被借去供清华研究院的周传儒参考。周传儒据此写了《甲骨文字与殷商制度》一书，1934 年于光明书店出版。

1932 年（民国二十一年） 22 岁

先生一众学子随钱穆赴齐鲁故地，于济南游大明湖，至曲阜观孔府，再到泰安登泰山。在泰安，先生一众耗八小时登临岱岳，未看成日出却冻了耳朵。期间途遇燕京大学众学子，燕大学子的西装革履与北大学子的长衫布鞋形成鲜明对比，对此先生颇为感慨。

是年，译《卜法管见》（日本日名静一著），刊于《德音》一卷一期。

1933 年（民国二十二年） 23 岁

2 月，日寇西侵，燕京告警，先生与王鑫章（亦为培德中学毕业生）从北大辍学返家，途径保定，与缪钺师短暂相会。缪师为此写下一首《鹧鸪天》

词作纪念:"无语相看意更悲。初逢又是别离时。乱来难得常相见,别后沉吟各自知。车待发,泪先垂。北风一夜转凄其。君看冰雪无边白,明岁花开未有期。"

是年,论文《殷商文化丛考》刊于北京大学《新梦》一卷五、六期,这是先生对甲骨文及殷商文化研究的最初尝试。另有《匈奴源流考》一文,刊于《西北研究》八期。严格的学术训练,优异的学习成绩使先生获得了"中华文化教育基金董事会"所颁发的每年280元的高额奖学金。

1934 年(民国二十三年) 24 岁

春,与杨向奎、张政烺、王树民等北大校友结为潜社,共同切磋学问,并办有社刊《史学论丛》。先生的文章《楚民族源于东方考》,即于 4 月发表于《史学论丛》创刊号。

秋,毕业于北京大学。在傅斯年"拔尖主义"的倡议下,由董作宾、徐中舒二人推荐,进入中央研究院历史语言研究考古组,成为安阳殷墟发掘团成员。是为从事古史研究的开端。

10 月 1 日,第一次来到安阳。由于环境生疏,由刘耀(即尹达)、祁延霈两位亲到车站把先生接到驻地。先生依序排名第七,众人称之老七。2 日到达侯家庄工作站。3 日发掘团宣布开工,先生即随从大家到田野实际参加发掘工作,至此开始了他六十余年的甲骨学、考古学、古代史研究的人生历程。

10 月 3 日至 12 月 30 日,殷墟第 10 次发掘,发掘地点主要是侯家庄西北冈的殷代墓地。先生虽为初次参加,但聪颖过人,在梁思永、刘耀等指导下,很快就进入状态,待能辨认土色、土质后,即行单独工作。先生本来主要负责 1004 号墓,但由于经费限制,1003、1004 号两墓停掘。于是先生同石璋如一起到同乐寨发掘小屯、龙山、仰韶"三层文化"的遗址,在此期间,先生增长了不少知识和经验,尤其对地层的叠压、遗迹的分析,以及彩、黑、灰三层文化的异同有了新的认识。

1935 年(民国二十四年) 25 岁

3 月 10 日,殷墟第 11 次发掘开始,先生继续负责 1004 号大墓的发掘工作。1004 号大墓先后被盗掘过三次,里面所剩遗物的数量较少,价值也远逊色于其他大墓。每到晚上整理纪录时，先生常以清闲自慰，但内心却非常羡慕别人有所收获的忙碌。

5月9日下午，"苍天不负苦心人"，先生忙碌的日子终于来了，一向不出重要器物的1004号大墓，突然大放异彩，在南道口的东南角未被盗坑波及的一块夯土中，发掘出两个大方鼎，即鹿鼎和牛鼎。梁思永、李济之、郭子衡闻讯马上赶到工作地，纷纷赞誉："牛、鹿大鼎不但是中国考古史上的第一大发现，也是中国时代最早的青铜大鼎第一次出土。"[①] 此时先生忙昏了头，一方面指挥工人运土，监视技工拨剔，一方面要量出土物的深度，还要绘图纪录和照相。晚饭时，众人都举起大拇指对先生说："这是殷墟发掘有史以来空前的伟大发现，1004大墓第一。"当夜，先生睡得比别人都晚。次日仍照常清理未发掘完的夯土，并继续发掘。至21日，1004号大墓又接连出土大量重要器物，出有成层成捆的青铜戈、矛、铜盔，约计70套之多，其中青铜戈竟达700件，这些重大发现，引起了各方注意，不断有专家来参观。先生所写1004号大墓报告后为梁思永采用并出版。虽然先生此后改为室内整理甲骨工作，但发掘与纪录之贡献是值得肯定的。

同期，史语所南迁。先是从北平南迁上海沪西小万柳堂，旋又迁往南京北极阁下。

秋，先生回到南京本所，参加整理研究殷墟出土的甲骨。先协助董作宾先生编辑《殷墟文字甲编》，然后根据拓本，对照实物，撰写《殷墟文字甲编释文》，并有简单的考证。抗战结束，曾计划付印，后研究所迁台，因先生已经离开，遂由屈万里以考释名义出版。

1936年（民国二十五年） 26岁

5月，翻译日本学者梅原末治所著《中国青铜器时代考》一书，由此与梅原先生结下忘年之交。

殷墟第13次发掘中，在安阳小屯村北地挖出编号127的一坑甲骨，由于在工作地清理不便，就连土一起制成大木箱，将甲骨运到南京史语所。

---

① 石璋如：《胡厚宣先生与侯家庄1004大墓发掘》，《胡厚宣先生纪念文集》，北京：科学出版社1998年。

在董作宾指导下，先生带领技工关德儒、魏善臣等人作室内发掘。127 坑甲骨先后经剔剥、清洗、绘图、拼合、编号，历时八个月，共获甲骨 17096 片，数量为历次发掘之最，史料价值也是独一无二的。先生特写《第 13 次发掘殷墟所得龟甲文字举例》《殷墟 H127 坑甲骨的发现和特点》两篇长文以为纪念。在此期间，还积累起甲骨资料卡片万张以上，以至于傅斯年见后，称赞为一笔不容小觑的文化财富。

1937 年（民国二十六年） 27 岁

4 月，与董作宾合编《甲骨年表》一册，由上海商务印书馆出版。

8 月 13 日，日寇飞机轰炸上海，14 日轰炸杭州，15 日轰炸南京，19 日史语所仓促撤出南京，先生一马当先，顶着头上狂轰滥炸的日本飞机，一趟趟向外搬运珍贵的甲骨材料，当火车载着这些抢出来的国宝启动时，先生才想起忘下了自己的十几箱书籍和两箱衣服。是年随史语所转移到长沙。

发表论文三篇：一是《甲骨文材料之统计》（1937 年 4 月 12 日，天津《益世报·人文周刊》13 期）；二是《中央研究院殷墟出土展品参观记》（1937 年 4 月 28 日至 30 日，南京《中央日报》专刊）；三是《论殷代的记事文字》（1937 年 6 月至 8 月，天津《益世报·人文周刊》25 期至 31 期）。

1938 年（民国二十七年） 28 岁

年初，由于时局维艰，史语所从长沙经衡阳迁到桂林。不久，又再次转移，经由柳州、南宁、龙州，绕道越南，最后迁到昆明城北 7.5 公里龙泉镇棕皮营龙头村。借住民房，上面住人，下面是猪舍。办公在破庙。地僻人少，时有狼嗥。环境虽苦，先生仍日夜研读，唯门侧别置一根铁棍，以备不测而已。

1939 年（民国二十八年） 29 岁

是年，在撤到昆明的北平图书馆中偶然借到一部《殷契遗珠》，著录了日本三井、河井、中村、田中氏等六宗甲骨藏品近 1500 片，先生大喜过望，遂借助微弱烛光，竭六日之力尽数摹录。为此，本来非常好的视力从此大减。后相继写出了《释牢》《释兹用兹御》《卜辞同文倒》《卜辞杂例》《卜辞下乙说》等论文，刊于《中央研究院历史语言研究所集刊》第 8 本第 2—4 分册。

听闻加拿大传教士明义士所藏大批甲骨藏在济南齐鲁大学，为了寻访这批珍藏，于是年秋，先生决定接受顾颉刚的邀请，前往成都齐鲁大学国学研究所做研究员。傅斯年闻讯，极力挽留，特派王崇武、石璋如和秘书汪和宗三人反复劝说。事后傅斯年还责备董作宾留不住人。

1940 年（民国二十九年） 30 岁

夏，先生辞别工作过七年的中央研究院历史语言研究所，离开昆明，受聘来到成都。先生以自己从事的是历史研究而不是中国文学，力辞中国文学系主任及教授的兼职。后出任齐鲁大学国学研究所研究员兼历史社会系主任，并在大学部授课。在研究所为研究生开设"甲骨学"课程，为大学生开设"商周史"和"考古学通论"课程。遗憾的是，进到齐鲁大学，先生才打听得知明氏甲骨藏品仍留在济南，未随校迁至成都。

1941 年（民国三十年） 31 岁

自到蜀中，虽未见到明氏甲骨，但先生的学术研究却突飞猛进。10 月至 12 月，先生在齐鲁大学国学研究所《责善》（半月刊）上连续发表 5 文。《读曾毅公君〈殷虚书契续编校记〉》刊于 2 卷 15 期，校出曾毅公殷墟书契著录遗漏、谬误百余处；《甲骨文所见殷代之天神》刊于 2 卷 16 期，提出殷人已有至上神帝及先祖配帝之观念。《甲骨丈中之天象记录》刊于 2 卷 17 期，从交食、星象论述殷人预测日月食以及星历知识之进步程度。《卜辞零简》刊于 2 卷 18 期，分论了殷代纪四方之序、五方观念、中国称谓的起源、殷人的乐舞、牙病记录。《甲骨文四方风名考》刊于 2 卷 19 期，利用卜辞揭出《山海经》和《尧典》两个系统中有关材料可信，此文曾震惊整个学林。1954 年杨树达评价："昔王静安以《楚辞》《山海经》证王恒、王亥，举世莫不惊其创获。及君此文出，学者又莫不惊叹，谓君能继王君之业也。"[1]

---

[1] 杨树达：《战后京津新获甲骨集序》，载《京津》一书卷首，上海：群联出版社1954年。

1942 年（民国三十一年） 32 岁

《甲骨学商史论丛初集》第一册出版。是年，故宫博物院院长马衡到成都讲学，把先生的这本著作带了回去，并向教育部推荐。结果大大出乎先生预料：《甲骨学商史论丛》一书获得全国科学发明奖二等奖，发给奖金8000 元，在学术界引起强烈反响。该册收论文四篇，其中《殷代封建制度考》《殷代婚姻家族宗法生育制度考》两文，说明封建宗法之制，殷时已有之，非周人所创，可补王国维《殷代制度论》之误，持论尤为精湛；而《殷非奴隶社会论》和《殷代焚田说》两文，纠正社会史学者新奇怪异之说及摭其单文只字妄论古史之弊。

6 月，与丁声树先生合作《甲骨文四方风名考补证》一文，刊于《责善》（半月刊）2 卷第 22 期。

1943 年（民国三十二年） 33 岁

《论丛》每出一册，先生都会寄呈浙江大学中文系任教的缪钺。缪师为此写下长诗《题胡厚宣〈甲骨学商史论丛〉》祝贺："胡君治卜辞，证史多创获。为学赖新资，墨守固无益。罗王筚路功，继者亦十百。君生虽稍晚，力能穷奥赜。茫昧三千祀，事迹复奕赫。宗法本商制，周人袭遗迹。观堂所未明，于兹得真释。（胡君《殷代婚姻家庭宗法生育制度考》一文，说明宗法之制殷时已有，非周人所创，能补正王静安《殷周制度论》之偶疏，持论尤为精湛。）滋兰忆曩时，观松喜千尺。书成丧乱余，梦随日月掷。平生相期深，廿载意不隔。聆音非谬赏，锐进面无极。国运方中兴，学亦贵新辟。江山阻携手，相望终日夕。"

论文《甲骨学概要》发表于《大学月刊》1943 年 2 卷 1 期。

1944 年（民国三十三年） 34 岁

3 月，《甲骨学商史论丛初集》由齐鲁大学国学研究所专刊出版。该集共四册，收《武丁时五种记事刻辞考》《殷代卜龟之来源》《殷人疾病考》《卜辞下乙说》等论文二十篇，约四十万言。《论丛》四集，解决了诸如农业生产、四方风名、宗法制度、封建制度、高媒求生、记事文字以及卜龟来源等甲骨学殷商史研究中许多关键问题，为该学科树起了一座丰碑。被日本古史名家白川静认为是"这一学科空前的、金字塔式的论文集，是继董作宾先生《甲骨文断代研究例》之后的又一划时代的著作"。①

发表论文三篇：一是《关于殷代之气候》，二是《关于殷卜龟之来源》（两篇同时刊于《史学丛刊》1944年第1期）；三是《齐鲁大学对甲骨文的贡献》（1944年12月27日，成都《新中国日报》专刊）。

1945年（民国三十四年）　35岁

3月，《甲骨学商史论丛二集》由齐鲁大学国学研究所专刊出版。该集分为两册，收《卜辞中所见之殷代农业》《气候变迁与殷代气候之检讨》《甲骨学绪论》《甲骨学类目》四篇文章，约二十六万言。

7月，《甲骨学商史论丛三集》由齐鲁大学国学研究所专刊出版。该集收《中央大学所藏甲骨文字》《华西大学所藏甲骨文字》《清晖山馆所藏甲骨文字》《柬天民氏所藏甲骨文字》《曾和窨氏所藏甲骨文字》《释双剑誃所藏甲骨文字》六篇，亦称为《甲骨六录》，收录甲骨670片，每片都附有摹本并做了考释。

8月，抗战胜利。为赓续前志，探寻济南齐鲁大学本部明义士旧藏甲骨下落，二为搜访散落民间甲骨，先生东行心切，但艰于成行。幸赖马衡等师友相助，总算弄到了去北平的机票。在北平前后逗留了四十余日，到天津住了一周，访遍了北平琉璃厂、前门、东四、西单和天津天祥商场一带的古玩铺、碑帖铺、书店、寄卖行、旧货摊，以及各地公家机关和私人的收藏。凡是战后新出，没有著录过的材料，无论实物拓本，有见必购。不能买到的，也总要托人设法或借拓，或钩摹。先生从北平庆云堂碑帖铺购得四百片甲骨，里面有人头骨和牛肋骨的刻辞各一片，十分难得；还有半块腹甲，记四方风名，和先生昔年作《甲骨文四方风名考》有关，竟可以与史语所13次发掘出土甲骨缀接。另从李泰棻那里购得甲骨448片，大片得300，其中有完整大龟三版，卜兆刻过，甲桥部位有朱书记事刻辞。特别是从粹雅堂碑帖铺买到甲骨拓本两厚册，多达6000片，不少是战后新出土之品，让先生大喜过望。先生搜集甲骨纯然出于学术研究，而古董商重

---

① 白川静：《胡厚宣氏的商史研究》下篇，载《立命馆文学》103号，第56号，1953年。

利，甲骨价格暴涨。北平富晋书社有两份谢氏瓠庐殷墟遗文，是战后新出甲骨之拓本，先生用两万元买下一份，另一份几天内就抬价到 25 万元。但在市侩商贾之外，平、津诸师友却另有一番情谊。北平容庚和天津谢午生，欣然出示所有甲骨，慨允先生施拓；于省吾把全部藏品，让先生手录一过，其中包括一片甲骨文中字数最多、材料极珍贵的长篇战争虏获祭祖刻辞；曾毅公、黄伯川、李革痴、乔友声等，还以甲骨拓本相赠。平、津之行虽收获甚丰，然而南下济南的铁路交通尚未通畅，前往探寻明义士旧藏甲骨未能成行，遂重返成都。

发表论文一篇：《论卜辞中关于雨雪之记载》（《学术与建设》1945 年第 1 卷第 1 期）。

1946 年（民国三十五年） 36 岁

是年，《甲骨学商史论丛四集》由齐鲁大学国学研究所专刊出版。《论丛》四集九册，几乎包含了甲骨学与殷商史的方方面面，可称为殷商研究的最高峰。该书一举确定了先生在甲骨学的地位，与王国维、董作宾并称为三大甲骨学者。

8 月 10 日，缪钺携家人抵达成都（缪师辞别浙江大学，就聘于华西协和大学中文系、中国文化研究所）。数日后，缪母寄居于先生家中，缪师则携长子、次子暂住小天竺华大集体宿舍，全家皆在先生家就餐，此乃两位先生抗战以后的首次相聚。但不久先生就前往上海复旦大学任教，两位先生又只有通过书信往来。

秋，随从齐鲁大学迁归济南本部。此行终于得悉明氏甲骨确实尚存原校保险箱内，由校方外籍医学院院长杜儒德教授代为保管，但此时却因内战爆发不得不寄居上海。后因暨南大学丁山、陈述两教授之介，受聘于复旦大学。夫人桂琼英随行，进上海师范学院执教。

发表论文三篇：一是《我怎么搜集的这一批材料》（成都《新中国日报》专刊，1946 年 4 月 2 日）；二是《甲骨学简说》（成都《中央日报》特刊，1946 年 4 月 19 日）；三是《甲骨文发现之历史》（成都《中央日报》特刊，1946 年 4 月 20 日）。

1947 年（民国三十六年） 37 岁

是年，先生初识上海复旦大学历史地理系主任周谷城。两人一见如故，周谷城看中了先生的才华，决定留下先生。先生应邀，任复旦大学历史地理系教授兼中国古代史教研室主任，讲授史料学、考古学、先秦史、商周史、春秋战国史等课程，并应中文系主任陈子展之请担任中文系的文字学、甲骨学等课程，此后十年间先生一直在复旦大学任教。

是年，游历南京、上海一带，寻得甲骨千有余片，后应潘光旦、陈梦家之请，实物转赠给清华大学图书馆新立的文物馆。

发表论文四篇：一是《甲骨学提纲》（天津《大公报》1947 年 1 月 8 日，又刊于上海《大公报·文史周刊》1947 年 1 月 15 日 13 期）；二是《战后殷墟出土的新大龟七版》（分载于上海《中央日报·文物周刊》22 期至 31 期，1947 年 2 月 19 日—4 月 23 日）；三是《卜辞同文例》（《中央研究院历史语言研究所集刊》第 9 本，1947 年 9 月）；四是《卜辞记事文字史官签名例》（《中央研究院历史语言研究所集刊》第 12 本）。

1950 年 40 岁

6 月，《古代研究的史料问题》在上海商务印书馆出版。该书指出当时学术论著中引用古代文献、考古学及甲骨文材料的错误，并对做学问应该采取的认真、谨慎的态度加以说明。

1951 年 41 岁

3 月，《五十年甲骨文发现的总结》一书由上海商务印书馆出版。该书统计了五十年来出土的甲骨文材料。先生自评："是对这五十年来的甲骨学作了一个小小的清算。"当时先生有两个希望：一是"希望生活能够安定，材料能够集中，写出文章来、有地方可以出版"。二是"更希望殷墟能够继续发掘，根据过去的经验，小屯地面下的宝藏，是无穷无尽。在以后的甲骨学研究中，应该不会再有垄断、包办、剥削和榨取，应该不会再有'怠者不能修，忌者畏人修'的现象了"。[①]

---

① 宋镇豪：《记著名甲骨学家胡厚宣先生》，载《文物天地》1990年第5、6期。

4月，《战后宁沪新获甲骨集》一书二册由来薰阁书店出版，收录甲骨1143片。此书首创依王世分期、依事项分类相结合的著录体例，为传世甲骨的著录提供了范例。其后，海内外大型甲骨学专著多受其影响。

11月，《战后南北所见甲骨录》一书三册由来薰阁书店出版。该书收录甲骨3276片。

发表论文一篇：《美日帝国主义怎样劫掠我们的甲骨文》（上海《大公报》及天津《进步日报·史学周刊》1951年4月27日）。

1952年　42岁

2月，《五十年甲骨学论著目》在中华书局出版。

是年，加入"九三学社"。

1954年　44岁

是年，中国科学院成立历史研究所一、二所，一所所长由郭沫若院长兼任，副所长为尹达。因急需人才，向复旦大学提出商调先生之请，被高教部和复旦大学拒绝。复旦大学党委书记、副校长李正文说："高教部曾副部长（昭抡）早就替我挡驾了，调令根本没到学校来。"（胡振宇《胡厚宣先生与历史研究所》）。

3月，据于京、津所寻甲骨，由群联出版社出版《战后京津新获甲骨集》一书，该书收录甲骨5642片。

6月22日，致信杨树达，对杨老赠书《卜辞求义》一事专程道谢。

7月，赴长春东北师范大学讲学，参观吉林博物馆，并一一鉴定所藏甲骨，发现有史料价值的武乙文丁时臼骨刻辞，并亲自写下释文。

11月，立命馆大学教授白川静博士寄赠《书道全集》第一卷。

1955年　45岁

5月，《殷墟发掘》由学习生活出版社出版。该书用生动文笔和大量图片，介绍了过去发掘工作成绩，对历次殷墟科学发掘的时间、地点、参加者、出土品以及有关的整理研究工作都进行了尽可能详细的描述评价，其中提供的宝贵资料和提出的独到见解，多为陈梦家《殷墟卜辞综述》、北大教材《商周考古》及各种甲骨学与殷商史著作所广泛借鉴，堪称是了解过去十五次殷墟发掘的权威著作。

是年，先生被评为二级教授，在当时复旦历史系教授中是最年轻的。

12 月，《甲骨续存》三册由群联出版社出版。该书收录甲骨 3753 片。

发表论文一篇：《殷代农作施肥说》（《历史研究》1955 年第 1 期）。

1956 年　46 岁

2 月，出席北京全国考古工作会议。在北京饭店与山东博物馆王献唐先生同屋，会后被约去济南一周，鉴定彼馆收藏甲骨 5000 多件，其中三分之二即昔日两访未遇的齐鲁大学明义士原藏。

3 月，在周恩来总理的关照下，国务院成立科学规划委员会，编制"国家十二年科学发展远景规划"（《1956—1967 年科学技术发展远景规划》）。这一工作主要在北京开展，也有部分在上海实施。先生参加了在上海的"规划"分组，先生经常说，做学问首先要详细占有资料。后在实践中并深感这一问题的重要性，于是在会上提出了对甲骨资料作"科学总结整理，编纂《甲骨文合集》"的计划，拟对已发表的著作，重新加以校勘，对未公布的材料，则予以广泛的调查和搜集。很快，这一计划得到"哲学社会科学规划小组"的肯定，列为历史科学资料整理重点项目之一。

8 月，复旦大学继任的党委书记、副校长杨西光对先生说："北京高教部杨秀峰部长打电话来又要调你，我说走不了，杨部长说你不要还价，连我都不能讲话，是周恩来总理亲笔写的条子。你若有困难，我们可以向上反映，学校给你成立研究室。"先生说："领导上考虑，让我走，我决不留。让我留，我决不走。我服从分配，绝不强调自己的困难。"

年底，先生调离复旦，来到北京中国科学院历史研究所第一所，任先秦史研究组组长，后改先秦史研究室，出任主任，同时也是研究所学术委员会的委员。夫人桂琼英、研究生裘锡圭随调科学院一所。

发表论文一篇：《释殷代求年于四方和四方风的祭祀》（《复旦学报》1956 年第 1 期）。

1957 年　47 岁

夏，先生参加关于陈梦家的批判会（陈梦家被划为"右派分子"），会上先生只作了简短的表态性发言，没有像其他人那样迫于形势而声嘶力竭，更没有将陈贬低成不学无术。

发表论文三篇：一是《释"余一人"》(《历史研究》1957 年第 1 期)；二是《说贵田》(《历史研究》1957 年第 7 期)；三是《事实胜于雄辩》(《历史学习》1957 年第 7 期)。

1958 年　48 岁

夏，据中苏科学合作协定，先生应邀访问苏联，在莫斯科苏联科学院中国学研究所讲学并鉴定莫斯科、列宁格勒等地博物馆所藏甲骨。经鉴定，指出列宁格勒国立爱米塔什博物馆所藏的 199 件甲骨为真品，而收藏在苏联国立东方文化博物馆中国艺术陈列部的大片甲骨及苏联科学院主编的《世界通史》上的甲骨照片为伪品，引起苏联方面高度重视。

1959 年　49 岁

是年，中国科学院历史研究所一、二所合并，并成立以郭沫若为主任的编辑委员会，先秦史研究室成立编辑工作组，先生兼任工作组长。

发表论文二篇：一是《殷卜辞中的上帝和王帝（上）》(《历史研究》1959 年第 9 期)；二是《殷卜辞中的上帝和王帝（下）》(《历史研究》1959 年第 10 期)。

1961 年　51 岁

4 月，正式开始《甲骨文合集》的编辑工作。此项工作极为艰难浩繁，需要先搜罗、校勘、整理已出版著录甲骨文的专书和论文。当时正值国民经济困难期间，出差在外，交通食宿诸多不便。但先生一闻信息，哪怕一两片甲骨也一定奔波前往，或徒步，或搭乘牛车、独轮车。住宿也随遇而安，一次竟不得已借住于动物园的门房，彻夜饱闻狼嚎虎啸之声。先生为了搜拓甲骨，吃尽苦头。待材料搜集齐全之后，接下来的工作就是校对重出，去伪存真，拼合断片，归属、精选、补拓等一系列极为烦琐的科学整理。为《合集》的编辑工作，先生倾注巨大心血。不知者叹为徒费岁月，或报以冷眼，而先生孜孜以求，泰然处之。但由于受各种政治运动的干扰，工作一直是时作时辍。

发表论文两篇：一是《胡厚宣谈甲骨学的研究工作》(《光明日报》

1961 年 12 月 3 日）；二是《胡厚宣谈商史研究》（《文汇报》1961 年 12 月 28 日）。

1963 年　53 岁

10 月 30 日，尹子文致信，告知泰州博物馆藏有一片 1958 年泰州博物馆王光轸同志在泰州公园配合筑路时采集的甲骨，让其鉴定真伪。后经鉴定，此片字骨为伪刻。

发表论文一篇：《殷代农作施肥说补证》（《文物》1963 年第 5 期）。

1964 年　54 岁

5 月 8 日—21 日，与夫人桂琼英、甲骨精拓技师商复九一同抵津，鉴定、著录、拓制天津市历史博物馆所藏甲骨并搜集其他单位和个人所藏甲骨。先生一行三人每日工作时间达六个多小时，期间除为天津市历史博物馆所藏甲骨提供了一套完整的释文及划分等级的依据外，还为当时筹印中的《甲骨文合集》拟选的在津所藏甲骨重新进行一次严格的鉴定与甄选。工作暇余，前往拜访天津市文史研究馆副馆长、古文字学家陈保之先生，并与津门甲骨学家李鹤年、杨继曾先生会面拓制所藏甲骨。在津期间，还应邀赴南开大学、天津师范学院（今河北大学）为历史系师生做学术报告。

发表论文一篇：《殷卜辞中商族鸟图腾的遗迹》（《历史论丛》1964 年第 1 期）。

1965 年　55 岁

2 月，将个人所藏甲骨实物 192 片及拓本 8910 片，包括一批十分难得的甲骨著录珍本，捐赠给历史所，作为编选之用。

7 月 25 日，先生在济南山东博物馆看完甲骨后，听闻济宁一中有甲骨，于是连夜赶到济宁，夜里招待所不愿接待，只好住门房。次日早餐，2 角钱一份，只有稀饭和玉米面贴饼子，还吃不饱。但先生并不抱怨，自谓生于农家，不怕吃苦。

1966 年　56 岁

是年"文革"开始，社科院研究人员被驱遣下乡，夫人桂琼英也在"下放"之列。先生则被留在北京，在工人和士兵的指导下学习毛泽东思想。是时学术研究被禁止，《甲骨文合集》的编纂工作彻底中断。

1967 年　57 岁

是年，岛邦男博士寄赠《殷墟卜辞综类》一书，偷偷研读三个月，然后将书后所附照片和信件付之一炬。

1968 年　58 岁

是年，为了保护甲骨材料不被"文革"运动破坏，在郭沫若的帮助下，所有拓本实物装进战备箱，先运送至河南，随后又运至西安，并藏于山中。

1971 年　61 岁

10 月 26 日，致函缪钺，详谈"文革"以来的情况，二先生因"文革"而中断的联系得以恢复。在信末，先生写道："每忆囊年保定侍从问学之乐，时切眷恋，恍在昨日，不觉已是四十余年，忽忽渐入老境，言之不禁怅然伤怀者久之，安得重为昔日游耶！"①

1972 年　62 岁

12 月，甲骨材料被运回北京。到历史所后有人私自拆箱，先生极其气愤，在多方呼吁下整理工作又艰难开始。

发表论文一篇：《殷代的蚕桑和丝织》(《文物》1972 年第 11 期)。

1973 年　63 岁

是年，《甲骨文合集》编辑组正式恢复工作，郭沫若任主编，先生任总编辑。

6 月 27 日，中华书局赵诚同志来访，商讨《甲骨文合集》编辑和出版事宜。

发表论文两篇：一是《殷代的刖刑》(《考古》1973 年第 2 期)；二是《临淄孙氏旧藏甲骨文字考辨》(《文物》1973 年第 9 期)。

----

① 缪元朗：《江山阻携手　相望终日夕——记胡厚宣先生与缪钺先生的交往》，载《想念胡厚宣》，北京：新世界出版社2012年。

1974 年　64 岁

8 月中旬，缪钺携夫人来京，先生于家中热情接待。离京之日，前往车站相送。

发表论文两篇：《中国奴隶社会的人殉和人祭》（上）（下）（《文物》1974 年第 7、8 期）。

1975 年　65 岁

10 月，徐中舒来函。徐信中称先生为"老友"，这让先生很受用，时常提及。

12 月 17 日至 28 日，应邀赴天津参加天文学整理研究成果交流会。期间特邀天津历史博物馆研究员崔志远至下榻宾馆，与之长谈，嘱其重拾古史研究热情。

1976 年　66 岁

1 月 20 日，北京天文馆郑文光同志来访。

10 月，"四人帮"粉碎后，编辑工作趋于正常。录用的 4 万多片甲骨基本选定，眼看《合集》就要成稿，可是在甲骨缀合上极有贡献的夫人桂琼英，却因乳腺癌而病倒。

发表论文一篇：《甲骨文所见殷代奴隶的反压迫斗争》（《考古学报》1976 年第 1 期）。

1977 年　67 岁

2 月，夫人桂琼英逝世。先生悲痛之余，誓以斯书之成告慰逝者。

发表论文两篇：一是《甲骨文所见商族鸟图腾的新证据》（《文物》1977 年第 2 期）；二是《安阳殷墟五号墓座谈纪要》（《考古》1977 年第 5 期）。

1978 年　68 岁

1 月，由历史所研究员彭邦炯陪同，赴广西阳朔参加学术讨论会，这是"文革"后首次出席全国性学术讨论会。

3 月，日本学者天野元之助随参观团访问中国，先生于前门饭店与之会晤，相谈甚欢。

11 月，出席吉林大学第一届古文字研究会，会上先生指出商承祚所藏一片刻辞为伪刻。

是年，《甲骨文合集》编纂完成，开始付印。

发表论文三篇：一是《郭老对于甲骨学的重大贡献》（《光明日报》1978 年 6 月 26 日）；二是《沉痛悼念郭沫若同志》（《中华文史论丛》1978 年第 8 辑；后收入《悼念郭老》三联书店 1979 年 5 月）；三是《郭沫若同志在甲骨学上的巨大贡献》（《考古学报》1978 年第 4 期；后收入《甲骨探史隶》三联书店 1982 年 9 月）。

1979 年　69 岁

是年，与任梅清女士结婚。

年初，听闻崔志远随陈邦怀调入天津社科院历史所，先生特致函鼓励："汝年富力强，又遇名师，努力学习，必有所成。"

春，上海博物馆馆长沈之瑜之女沈建华到家中拜访先生。

1 月 5 日，致函沈建华女士借阅《铁云藏龟遗珠》拓本。

10 月，缪钺赴京参加民盟第四次全国代表大会，先生多次看望缪师，二人畅谈粉碎"四人帮"以后的所经所感，缅怀故人，相谈甚欢。

11 月，赴广州参加古文字学会会议。同月，澳大利亚国立大学张光裕教授来函，随函附赠甲骨卜辞照片及手拓本的复印本两张。

发表论文三篇：一是《说我王》（《古文字研究》1979 年第 1 辑）；二是《编好〈甲骨文合集〉，向建国三十周年献礼》（《中国史研究》1979 年第 3 期）；三是《〈甲骨文合集〉编辑的缘起和经过》（《古籍整理出版情况简报》1979 年 10 月 30 日第 3 号）。

1980 年　70 岁

2 月 11 日，先生为纪念夫人桂琼英逝世三周年，在《记故宫博物院新收的两片甲骨卜辞》一文文末写道："《甲骨文合集》的拼合工作，全由桂先生担任。由于她的细心和熟练，其拼合所得，往往超越昔贤。不幸正当《合集》定稿付印的时候，她竟于 1977 年因病逝世，使《合集》编辑工作顿然失掉一个主要的人。现在除了其所拼合图版，已经全部收入《合集》之外，她的遗著，我们准备加以整理，编为《甲骨文合集丛刊》之一。因为这两版的拼合，曾经和她商量，所以把它写出，以纪念她的逝世三周年。"

是年，被聘为《东亚文明》期刊顾问委员会委员。

发表论文三篇：一是《释流散到德国的一片卜辞》（《郑州大学学报》1980 年第 2 期）；二是《殷代的冰雹》（《史学月刊》1980 年第 3 期）；三是《甲骨文"家谱刻辞"真伪问题再商榷》（中华书局《古文字研究》1980 年第 4 辑）。

1981 年　71 岁

春，陈邦怀携弟子崔志远登门拜访，希望先生对后生崔志远多加教导，先生欣然允诺。

2 月，先生作为中国社会科学院考古、古代史学者代表团成员首度出访日本，东京大学松丸道雄教授为其召开恳谈会，与诸多日本甲骨学家进行学术交流。旅日期间，在伊藤道治博士陪同下前去天理大学参考馆参观所藏甲骨文字，最终认定这些甲骨是罗振玉和王国维的旧藏，共 809 片。

3 月，先生为《建国以来甲骨文研究》一书所作序言随书刊出，由中国社会科学出版社出版。

发表论文七篇：一是《记故宫博物院新收的两片甲骨卜辞》（《中华文史论丛》1981 年第 1 辑，修订后收入《选堂文史论苑》，上海古籍出版社1994 年 12 月）；二是《再论殷代农作施肥问题》（《社会科学战线》1981年第 1 期）；三是《编辑〈甲骨文合集〉的经过》（九三学社《红专》1981年第 7 期）；四是《编辑〈甲骨文合集〉一书的体会》（《九三北京社讯》，1981 年第 9 期）；五是《重论"余一人"问题》（《古文字研究》1981 年第6 辑，次年 5 月又刊《四川大学学报丛刊》第十辑《古文字研究论文集》）。六是《著名甲骨专家胡厚宣希望与台湾甲骨文学者开展学术交流》（《中国新闻》1981 年 11 月 4 日第 9441 期）；七是《著名甲骨文专家胡厚宣忆殷墟发掘》（香港《大公报》1981 年 11 月 4 日）。

1982 年　72 岁

5 月 23—29 日，先生出席在四川成都召开的中国先秦史学会成立大会暨第一次年会，在会上做学术报告，受到与会者的欢迎。会议选举先生为中国先秦史学会副理事长。

7 月 29 日，致信沙孟海。

9月，主编《甲骨探史录》一书由北京三联书店出版。《郭沫若同志在甲骨学上的巨大贡献》与《甲骨文蒙字说》两文收入此书。同月，前往美国访问讲学，并参加在夏威夷召开的"商代文明国际研讨会"。

发表论文三篇：一是《〈甲骨文合集〉的编辑和内容》（《历史教学》1982年第9期）；二是《〈甲骨文合集〉序》（《历史教学问题》1982年第5期）；三是《纪念郭老九十诞辰，深入开展甲骨学商史的研究工作》（《文物》1982年第11期，又于次年4月刊于《日中文化交流》第339期）。

1983年　73岁

是年年初，《甲骨文合集》印完，由中华书局出版。该书共13巨册，收甲骨四万余片。该书出版后即受到国务院古籍整理出版规划小组的表彰和奖励，小组组长李一氓一再强调："这部被誉为甲骨学史上里程碑式的集大成巨著的完成，与胡厚宣先生百折不挠的精神是分不开的。……实际工作是胡厚宣先生完成的"，还说"这部书是建国以来三十多年中文化上最大的成就之一"[1]。之后此书又陆续获得多项殊荣。

3月1日，缪钺先生致函祝贺《甲骨文合集》出版。同月，先生主编《甲骨文与殷商史》一书由上海古籍出版社出版。

6月至7月期间，作为"美中交流协会高级访问学者"赴美国加州大学、史坦福大学、华盛顿大学访问讲学，又应邀赴加拿大哥伦比亚大学讲学。在美国加州大学柏克莱分校讲学时，由该校历史系教授古德炜接待，并在其陪同下前往南旧金山拜访严一萍。先生在美期间，先后到纽约大都会博物馆、普林斯顿大学图书馆、艺术博物馆、哥伦比亚大学东亚图书馆等九座城市的高等学府，收集了国内见不到的珍贵的甲骨资料。

9月5日，出席香港中文大学举办的"中国古文字学研讨会"，与会学者还包括于省吾、高明、商承祚、饶宗颐、周法高等。会议结束后，在沈建华女士陪同下走访香港大学冯平山博物馆、香港博物馆、中文大学新亚书院所藏甲骨实物，并前往拜访饶宗颐先生，与之相谈甚欢。

---

① 李敏生：《永远的怀念　永远的遗憾——纪念胡厚宣先生百年诞辰》，载《想念胡厚宣》，北京：新世界出版社2012年。

12 月 28 日，为吴浩坤、潘悠的《中国甲骨学史》作序。

发表论文一篇：《关于商周史学习问题》（《文史知识》1983 年第 5 期）。

1984 年　74 岁

5 月 12 日至 24 日，应邀到河南大学讲学，为该校历史系中国古代史研究生作《中国甲骨学研究的历史》《中国甲骨学研究现状》等专题报告，并为历史系全体师生作《甲骨学研究在世界》的报告。

5 月 28 日下午，在郑州大学学术馆为历史系师生作《甲骨文研究的新任务》学术报告。

8 月，出任为西安古文字第五届年会主席，公布《八十五年来甲骨文材料之再统计》（后刊于当年《史学月刊》第 5 期），揭示国内外收藏殷墟出土甲骨文总数为 154604 片，其中中国大陆收藏甲骨 97611 片，香港台湾收藏甲骨 30293 片，国外收藏甲骨 26700 片。

10 月 7 日，前赴安阳出席"全国商史学术讨论会"，并致闭幕词。会议决定成立"中国殷商文化学会"，由先生担任中国殷商文化学会筹委会主任。此次会议是安阳殷墟发现以来第一次大规模学术会议，拉开了此后在安阳举行的一系列殷商文明国际国内学术活动的序幕。

发表论文四篇：一是《关于〈殷虚书契考释〉的写作问题》（《社会科学战线》1984 年第 4 期）；二是《全国商史学术讨论会开幕词》，三是《论殷人治疗疾病之方法》（两文均刊于《中原文物》1984 年第 4 期）；四是《论殷人治疗疾病之方法》（香港《中国语文研究》1984 年第七期）。

1985 年　75 岁

2 月，主编《全国商史学术讨论会论文集》，由安阳《殷都学刊》编辑部出版发行。这部论文集收入 35 篇文章，共计 35 万字，反映了我国商史研究的最新成果。其文《全国商史学术讨论会论文集前言》和《殷代的史为武官说》收入该论文集。

3 月 4 日，夫人任梅清病逝。先生与任夫人结婚以来，会少离多，故不若桂夫人去世时沉痛。

11 月 26 日—29 日，出席在南京召开的中国农业遗产研究室建室三十周年学术讨论会，并在会上做了题为《从甲骨文字看殷代农业的发展》的报告，刊于《中国农史》1986 年第 1 期。

是年，先生被加拿大多伦多大学东亚人文所聘为领导小组成员。

发表论文六篇：一是《祝贺〈史学月刊〉创刊三十五年》（《史学月刊》1985 年第 1 期）；二是《关于刘体智、罗振玉、明义士三家旧藏甲骨现状的说明》（《殷都学刊》1985 年第 1 期）；三是《李济》，编入《中国史学家评传》下册（中州古籍出版社 1985 年 4 月）；四是《卜辞“日月又食”说》（《出土文献研究》1985 年 6 月，次年 4 月又刊《上海博物馆集刊》第 3 辑，上海古籍出版社）；五是《〈英国所藏甲骨集〉序》（中华书局 1985 年 9 月；次年 6 月又刊于《甲骨文与殷商史》第 2 辑，上海古籍出版社）；六是《记日本京都大学考古研究室所藏一片牛胛骨卜辞》（《考古与文物》1985 年第 6 期）。

1986 年 76 岁

是年，加入中国共产党。

5 月，安阳市甲骨学会成立，应邀担任学会顾问并亲临安阳祝贺。在成立大会贺词中，回顾了甲骨学发展历史，分析了甲骨学研究的有利条件，给予甲骨学会成员极大的启发和鼓舞。

5—6 月间，两次致函崔志远，询问其学业状况及先师陈邦怀先生丧祭事宜。同期，《甲骨入藏山东补记》一文刊于《文物天地》第 3 期。

夏，张世林登门拜访，请其为《回忆中华书局》（下编）撰稿。6 月，主编《甲骨文与殷商史（第二辑）》由上海古籍出版社出版。

8 月，编辑《中国大百科全书·考古学》中著名金石学家、考古学家“王襄”“董作宾”和重要金石学、考古学著作《铁云藏龟》《甲骨文合集》等条目。

发表论文七篇：一是《开展专题研究，为写好商史创造条件》（《殷都学刊》1986 年第 1 期）；二是《泰州博物馆所藏甲骨文字辨伪》（《殷都学刊》1986 年第 1 期）；三是《记香港大会堂美术博物馆所藏一片牛胛骨卜辞》（《中原文物》1986 年第 1 期）；四是《深切怀念杨树达先生》（《湖南师大学报·古汉语专辑》1986 年增刊）；五是《〈甲骨文集句简释〉序》（中州古籍出版社 1986 年 11 月）；六是《殷卜辞所见四方受年与五方受年考》（载

《中国文化与中国哲学》，东方出版社 1986 年）；七是《〈甲骨文合集〉与商史研究工作》（《文史知识》1986 年第 5 期；又刊《新华文摘》1986 年第 8 期）。

1987 年　77 岁

3 月，亲临安阳出席历史文化名城保护暨殷墟博物苑规划设计研讨会，为建立殷墟博物苑出谋划策。

7 月 7 日，赠安阳青年甲骨学者刘志伟《五十年甲骨学论著目》一书，并题写曹丕《典论》中的一段话作为勉励之辞。

9 月 10 日至 16 日，在安阳组织召开"中国殷商文化国际研讨会"，先生在开幕词中阐述了甲骨学、殷商史和商代考古为内容的殷商文化研究的重要意义，总结了殷商文化研究的成果。会议宣告中国殷商文化学会成立，并由先生担任会长一职，周谷城教授为名誉会长。

10 月 10 日，《甲骨文合集》荣获中国人民大学所设首届吴玉章奖金的历史学特等奖。

11 月，再度访学日本。应松丸道雄教授之请，于东京大学东洋文化研究所作《中国古文字研究的新发展》讲演。先生声誉流播日本，在东瀛学术界享有极高威望。《读卖新闻》连续 4 天以巨大的版面刊发了先生出席对话会的文章和照片。在日期间，由伊藤道治博士夫妇陪同，参观神户市及白鹤美术馆。先生还专门收集了学界泰斗郭沫若在日本的有关资料。同月，先生主编《甲骨学研究》一书由安阳甲骨学会出版。《甲骨学研究的新形势》《安阳甲骨学会成立贺信》两文刊于其上。

12 月 1 日—4 日，《甲骨学研究的现状——与松丸道雄的对话》（日文）连载于日本《读卖新闻》，后刊于《文史知识》1988 年第 11 期；又收入日本东方书店出版的《中国古文字与殷周文化》（1989 年 3 月）。

发表论文十一篇：一是《释王懿荣早期所获半龟腹甲卜辞》（《殷都学报》1987 年第 1 期）；二是《回忆我同中华书局的关系》（载《回忆中华书局》下编，中华书局 1987 年 2 月）；三是《从〈殷虚卜辞〉到〈甲骨文合集〉》（《书品》1987 年第 1 期）；四是《不平凡的十年》（载《中国社会科学院通讯》院内特刊，1987 年 5 月）；五是《〈甲骨文合集〉的编辑和内容》（载《中国书史教学参考文选》，北京书目文献出版社1987年6月）；六是《关于"西周夔纹铜禁"问题》（《华夏考古》1987年第1期）；七是《〈甲骨学通论〉序》（《史学月刊》1987年第4期）；八是《殷代称"年"说补证》（《文物》1987年第8期）；九是《在王襄先生诞辰110周年座谈会上的讲话》（《天津文史丛刊》1987年第7期，11月又刊于《天津文博》第2期）；十是《王国维治学方法对后世的巨大影响》（《华东师范大学学报》1987年第5期）；十一是《说"来见"》（《华夏考古》1987年第2期）。

1988年　78岁

1月，与缪钺短暂会晤，缪钺寄诗《临江仙》。

3月，《苏德美日所见甲骨集》由四川辞书出版社出版。该书收录苏联、德国、美国、日本所藏甲骨摹本582片。

5月7日，参加"郭沫若在日本学术讨论会暨第二次会员代表大会"，并作《坚苦卓绝十年　鸿篇巨著十部》发言。

10月9日—12日，主持在安阳举办的"纪念殷墟科学发掘60周年座谈会"，对殷墟发掘的意义作了充分肯定。26日，出席由中国社会科学院考古研究所举办的"纪念殷墟发掘60周年学术座谈会"。28日，《殷墟发掘六十周年纪念会开幕词》刊于《中国文物报》。

发表论文六篇：一是《王国维的"二重证据法"》（《历史教学问题》1988年第3期）；二是《国内四个文物商店所见甲骨》（《殷都学刊》1988年第3期）；三是《纪念殷墟发掘六十周年怀李济先生》（《中国文物报》1988年9月9日）；四是《甲骨文农业资料选集考辨序》（《农业考古》〔半年刊〕1988年第2期；次年又刊《殷都学刊》1989年第2期）；五是《〈殷商文化区域研究〉序》随书刊出（中国古籍出版社，1988年）；六是《〈商史探微〉序》随书刊出（重庆出版社，1988年）。

1989年　79岁

4月12日，在丁声树先生学术活动追思会上作《缅怀丁声树学长》的发言。

5月，为刘兴隆的《甲骨文集联书法篆刻专集》作序。

8月，主编《殷墟博物苑苑刊》（创刊号），由中国社会科学出版社出版。

《甲骨文土方为夏民族考》《中国殷商文化国际讨论会开幕词》《中国殷商文化国际讨论会闭幕词》等文刊于其上。其中，《甲骨文土方为夏民族考》一文又于12月收入《古代城邦史研究》，人民出版社出版。

9月10日，出席在安阳举办的"殷墟甲骨文发现90周年国际学术讨论会"。

10月，参加"孔子诞辰二五四〇周年纪念与学术研讨会"。此次会议上初识台湾"中华两岸文化统合研究会"首任秘书长李寿林。

发表论文十一篇：一是《在纪念殷墟发掘六十周年座谈会上的发言》（《考古》1989年第2期）；二是《说"宅丘"》（《史学月刊》1989年第2期）；三是《李济〈安阳〉中译本序言》（《中原文物》1989年第1期）；四是《殷墟一二七坑甲骨文的发现和特点》（《中国历史博物馆馆刊》1989年第13、14期）；五是《九十年来甲骨文资料刊布的新情况》（《中国文物报》1989年9月）；六是《法国中国学术研究院所藏牛肿骨卜辞》（载《辛树帜先生诞生九十周年纪念论文集》农业出版社1989年）；七是《纪念五四运动七十周年　在改革开放的大道上向前迈进》（《史学月刊》1989年第3期）；八是《纪念殷墟甲骨文发现九十周年——想到一二七坑》（《文物天地》1989年第6期）；九是《悼念丁声树先生》（《中国语文》1989年第4期）；十是《苏联国立爱米塔什博物馆所藏甲骨文字考释》（载《出土文献研究续集》，文物出版社1989年12月。该文公布了苏联所藏我国殷墟甲骨中的精品79片）；十一是《〈商周制度考信〉序》随书刊出（台湾明文书局1989年12月）。

1990年　80岁

1月16日，中国社会科学院历史研究所为从事学术活动50周年以上的"五老"（胡厚宣、杨向奎、王毓铨、张政烺、杨希枚）举办隆重纪念座谈会。

10月15日—17日，出席华中师范大学甲骨语言研究中心举办的"甲骨语言研究方法讨论会"。

11月，好友上海博物馆馆长沈之瑜先生去世。

12月20日，历史所召开会议，庆祝先生八十华诞。

12月25日，致函慰问沈之瑜之女沈建华女士。

发表论文六篇：一是《殷墟甲骨文发现九十周年》(《中国史研究》1990 年第 1 期)；二是《中国奴隶社会最高统治者的称号问题》(载《纪念顾颉刚学术论文集》1990 年 4 月)；三是《〈甲骨学通论〉读后》(《光明日报》1990 年 4 月 18 日)；四是《读〈殷墟甲骨历劫记〉》(《中原文物》1990 年第 3 期)；五是《〈丁佛言手批窬斋集古录〉序》(刊于《中国文物报》1990 年 12 月 29 日)；六是《祝贺〈书品〉创刊五周年》(《书品》1990 年第 4 期)。

1991 年　81 岁

3 月，在北京胡同接受美国学者古德炜的录音采访，讲述在 1961 至 1963 年在全国范围内收集甲骨及其拓本的事例。

4 月 27 日，参加北京市语言学会"语言与文化研究会"成立暨首届研讨会。

8 月 23 日，致函缪钺："去年 12 月 20 日，学生八十初度，先秦史研究室同仁为作纪念，有社科院及历史所领导参加，并于《甲骨文与殷商史》第三辑，纂为专刊，学生甚感惭愧，坚持不敢惊扰所外师友，故事前未能奉报吾师。今转念受教于吾师已 66 载，今虽衰老，仍需聆听恩师诲教。因此拟请吾师于便中惠赐数行，以便有所遵循，并永存留念。"缪先生收信后写赠《胡厚宣八十寿诗》。29 日—30 日，参加于北京举办的"海峡两岸汉字学术交流会"。

9 月，前赴河南省洛阳市参加中国殷商文化学会主办的"夏商文化国际学术研讨会"，并致开幕词。

发表论文六篇：一是《李一氓同志对〈甲骨文合集〉的关怀》(《古籍整理出版情况简报》第 238 期，1991 年 2 月)；二是《详细占有甲骨文资料的大好时机》(《汉字文化》1991 年第 1 期，又转刊于《中国人民大学复印报刊资料〔语言文字学〕》1991 年第 5 期)；三是《苏联国立爱米塔什博物馆所藏甲骨文字》(《甲骨文与殷商史》第 3 辑，1991 年 8 月)；四是《从甲骨文看汉字的特点》(《汉字文化》1991 年第 3 期)；五是《〈东北史纲〉(第一卷)作者是傅斯年》(《史学史研究》1991 年第 3 期)；六是《〈先秦礼制研究〉序》随书刊出(湖南教育出版社 1991 年 12 月)。

1992 年　82 岁

3 月，为崔恒升《简明甲骨文词典》作序。10 日，《甲骨文合集》荣获国家新闻出版署举办的全国首届古籍整理图书评奖的国家古籍特别奖第一名。

4 月，编辑《中国大百科全书·中国历史》中"甲骨文""商""汤""武丁""伊尹""众"等条目。

7 月 25 日，出席在北京五洲大酒店召开的《中国七大古都》出版招待会，并作"我对安阳这一古都的认识"发言。

9 月，收到台湾师范大学国文系主办"鲁实先先生学术讨论会"邀请函。18 日，作为北京国际汉字研究会名誉会长，出席北京国际汉字研究会与《汉字文化》编辑部联合召开的"繁体字问题座谈会"。会上作了书面发言（11 月刊于《汉字文化》第 4 期）认为"非识繁不行，古文非读不行"，认为"识繁重要，但写可以写简，汉字简化要顺乎自然，要有道理"。

12 月 17 日，由其子胡振宇、学生裘锡圭陪同抵达台湾。19 日，参加台湾师范大学国文系主办的"鲁实先先生学术讨论会"，会后应邀在台湾全岛各学术机构作巡回讲学。

11 月，《甲骨文合集》编辑组改为中国社科院甲骨学殷商史研究中心，先生担任主任一职。

发表论文十二篇：一是《〈甲骨文简明字典〉序》（《语文建设》1992 年第 1 期）；二是《中国夏商文化国际学术研讨会开幕词》（《殷都学刊》1992 年第 1 期）；三是《甲骨文"家谱刻辞"伪作的新证据》（《考古与文物》1992 年第 1 期）；四是《热爱汉字　热爱中华——著名语言文字学家胡厚宣讲话》（《汉字文化》1992 年第 1 期）；五是《关于〈瓠庐谢氏殷墟遗文〉的藏家》（《华夏考古》1992 年第 1 期）；六是《结合考古资料重建中国上古史》（《中原文物》1992 年第 2 期）；七是《第三次全国古籍整理出版规划会议上发言纪要》（《古籍整理出版情况简报》1992 年总第 259 期）；八是《〈甲骨文字字释总览〉介绍》（《中国史研究动态》1992 年第 6 期）；九是《〈殷虚卜辞断代研究〉序》随书刊出（天津出版社，1992 年 7 月）；十是《〈石鼓文鉴赏〉序》随书刊出（江苏教育出版社，1992 年 7 月）；十一是《马宗芗与〈甲骨地名通检〉》（《中国史研究》1992 年第 3 期）；十二是《我对郭老的追思和怀念》(《中国社会科学院通讯》1992 年第 30 期)。

1993 年　83 岁

8 月，出席 "郑州商城与殷商文明国际研讨会"。19 日，转赴南昌参加 "中国南方青铜器暨殷商文明国际研讨会"。

9 月 16 日，应邀参加在北京中国画研究院展览馆举行的 "景舜逸石鼓文书法大展"，于开幕仪式上致词并为大展题写展名与《前言》。

10 月，应邀出席香港中文大学举办的 "第二届国际古文字研讨会"。并于会议结束后在中国文化研究所进行为期两周的访问演讲。

12 月，《甲骨文合集》荣获中国社会科学院历史研究所社会科学优秀科研成果奖一等奖。15 日，《甲骨文合集》荣获中国社会科学院的优秀科研成果奖。

发表论文十四篇：一是《要找寻炎黄时代的古文字》(《炎黄春秋》1993 年第 1 期)；二是《在 "学习江泽民同志关于语言文字工作谈话座谈会" 上的讲话》(《汉字文化》1993 年第 1 期)；三是《由甲骨文字看汉字的特点——兼论中国书学的国际意义》(《中国书画报》第 7、8 期)；四是《〈胡适传〉序》随书刊出 (人民出版社，1993 年 2 月)；五是《甲骨语言研究能够取得应有的发展》(《甲骨语言研讨会论文集》，华中师范大学出版社，1993 年 3 月)；六是《〈殷墟甲骨文引论〉序》随书刊出 (东北师范大学出版社，1993 年 4 月，同年 8 月又刊《汉字文化》第 3 期)；七是《黄季刚先生与甲骨文字》(《中国海峡两岸黄侃学术研讨会论文集〔二〕》，华中师范大学出版社，1993 年 5 月)；八是《一九九二年的文字学研究》(与胡振宇合撰)(《语文建设》1993 年第 6 期)；九是《深切怀念尊敬的郭沫若同志——兼忆郭老对〈甲骨文合集〉出版的关怀和领导》(《书品》1993 年第 3 期)；十是《我对安阳这一古都的认识》(《中国古都研究》第五、六合辑，北京古籍出版社，1993 年 7 月)；十一是《郭老与古文字学——深切怀念郭沫若同志》(《文献》1993 年第 3 期)；十二是《回忆沫若先生二三事》(《语文建设》1993 年第 11 期)；十三是《关于胡石查提早辨认甲骨文的问题》(《第二届国际中国古文字学研讨会论文集》，香港问学社有限公司，1993 年 12 月)；十四是《郑州商城与殷商文明国际研讨会开幕词》(《殷都学刊》1993

年第 4 期)。

1994 年　84 岁

1 月，《甲骨文合集》荣获第一届国家图书奖荣誉奖。18 号至 26 号，与其子胡振宇一起应邀访台，参加 "中研院" 史语所主办的 "海峡两岸历史学考古学整合研讨会"，并于会后前往南部做考古参访。

6 月，参编《中国通史》第三卷上古时代（上册）甲编中的第三章《甲骨文与金文》。

8 月 21 日—25 日，参加广州中山大学主办的 "纪念容庚先生百年诞辰国际学术研讨会"。27 日，与诸学者二十来人同游中山翠亨村孙中山先生故居，夜宿珠海。29 日，由其子胡振宇陪同返京。

10 月，参加安阳举办的 "甲骨文发现 95 周年纪念会""庆祝胡厚宣教授参加殷墟发掘 60 周年座谈会"。座谈会上，先生回首漫漫 60 年的如烟往事，忆及当年在安阳殷墟发掘时的时时事事，不禁涕泗连襟。

11 月，香港中文大学来函邀请参加次年 5 月召开的 "钱宾四先生百年纪念会"。因心脏急症住院，病榻之上，仍口授论文提纲。

发表论文十一篇：一是《〈甲骨文合集〉编辑经过》(《古籍整理出版情况简报》1994 年第 2 期)；二是《中国南方青铜器暨殷商文明国际研讨会开幕词》(《殷都学刊》1994 年第 1 期)；三是《学习〈历史研究〉注意质量问题》(《历史研究》1994 年第 1 期)；四是《了解偃师　热爱偃师——〈偃师县志〉读后》(载《偃师县志评论集》，中州古籍出版社出版，1994 年 4 月)；五是《黄季刚先生与甲骨文字》(《传统文化与现代化》1994 年第 2 期)；六是《〈商代地理概论〉序》随书刊出 (中州古籍出版社，1994 年 7 月)；七是《孙晓野著〈古文字及古文字学论文集〉序》(《殷都学刊》1994 年第 3 期)；八是《祝贺吾师彦威先生九十华诞》(载《冰茧彩丝集》，成都出版社，1994 年 9 月)；九是《人生漫漫为 "甲骨"》(载《我与中国二十世纪》，《中国知识分子丛书》，河南人民出版社，1994 年 9 月)；十是《章太炎先生与甲骨文字》(《中国史研究》1994 年第 4 期)；十一是《深切怀念尊敬的郭沫若同志》(载《郭沫若百年诞辰纪念文集》，社会科学文献出版社，1994 年 12 月)。

1995 年　85 岁

1 月 6 日，缪钺师去世，缪元朗将讣告寄与先生，然先生病重，其子振宇恐先生闻讣后情绪波动，影响病情，故隐瞒了实情。直到去世，先生也不知道缪师已先他离去。

4 月 16 日，病逝于北京，享年 85 岁。先生之丧，各界人士致送挽联、挽幛数十余幅，中西文悼唁函百余封。

1995 年 6 月，先生遗作《抚扇忆沙翁》刊于《翰墨春秋——沙孟海先生纪念集》（西泠印社）；《伪书误导又一例》刊于台湾《国文天地》（第 11 卷 1 期）。胡振宇作《点滴往事思无限——忆父亲胡厚宣教授》（《文物天地》1995 年第 5 期）；张世林作《虚怀若谷　和蔼可亲：深切怀念胡厚宣先生》（刊于《民主》1995 年第 5 期，后收入《想念胡厚宣》）。

1996 年，先生遗著《甲骨续存补编》（甲编）三册出版（天津古籍出版社，1996 年 6 月）；12 月，先生遗作《齐鲁大学国学研究所回忆点滴》刊于《中国文化》（1996 年第 14 期）；周晓陆作《南博藏殷商甲骨文选学——为纪念胡厚宣先生》（《东南文化》1996 年第 4 期）。

1997 年，先生遗作《我和甲骨文》刊于《书品》（1997 年第 1 期、第 2 期）。

1998 年 11 月，张永山主编、中国社会科学院甲骨学殷商史研究中心编辑组编《胡厚宣先生纪念文集》由北京科学出版社出版。

2003 年 4 月，先生遗著《殷商史》由胡振宇整理后出版（上海人民出版社）。

2011 年 11 月，宋镇豪主编《甲骨文与殷商史——纪念胡厚宣教授诞辰一百周年专辑》由上海古籍出版社出版。12 月 15 日，中国社会科学院历史研究所在北京举办了胡厚宣先生百年诞辰纪念会，中国古文字学、先秦史学界的专家学者及胡厚宣的亲友弟子等 70 余人参加了纪念活动。

2012 年 1 月，为了纪念先生百岁诞辰，张世林主编《想念胡厚宣》由新世纪出版社出版。

主要参考文献

[1] 孙心一：《访甲骨学专家胡厚宣教授》，《中州学刊》1985 年第 1 期。

［2］聂玉海：《纪念殷墟科学发掘六十周年座谈会在安阳举行》,《中原文物》1988 年第 4 期。

［3］胡振宇：《胡厚宣先生传略》,《中国史研究》1990 年第 3 期。

［4］郭胜强：《胡厚宣先生对甲骨学的贡献》,《中原文物》1990 年第 3 期。

［5］胡振宇：《胡厚宣教授的甲骨学商史研究》,《殷都学刊》1990 年第 4 期。

［6］王宇信：《甲骨学研究的发展与胡厚宣教授的贡献——为胡厚宣师八十寿辰而作》,《郑州大学学报》(哲学社会科学版）1991 年第 4 期。

［7］王宇信：《传经还望君——为庆祝著名甲骨学家胡厚宣教授八十寿辰而作》,《中州学刊》1991 年第 4 期。

［8］胡厚宣：《热爱汉字 热爱中华——著名语言文字学家胡厚宣讲话》,《汉字文化》1992 年第 1 期。

［9］胡厚宣：《中国南方青铜器暨殷商文明国际研讨会开幕词》,《殷都学刊》1994 年第 1 期。

［10］国务院学位委员会办公室编：《中国社会科学家自述》,上海：上海教育出版社 1997 年第 812—814 页。

［11］胡厚宣：《我和甲骨文》,《书品》1997 年第 1、2 期。

［12］张永山,胡振宇：《胡厚宣先生纪念文集》,北京：科学出版社 1998 年。

［13］韩增寿：《甲骨学研究巨匠胡厚宣先生》,《文史精华》1999 年第 1 期。

［14］中国语言学会《中国现代语言学家传略》编写组：《中国现代语言学家传略》第一卷,石家庄：河北教育出版社 2004 年。

［15］张世林等：《想念胡厚宣》,北京：新世界出版社 2012 年。

（作者为邢台学院教师教育学院副教授）

詹锳先生年谱 [①]

林大志

整理说明：

1. 原谱大半由先生自撰，本次整理原谱文字原则上不动或少动。

2. 先生成果收录原则：著作全部著录；论文，新中国成立前全部著录，新中国成立后、"文革"前多半著录，"文革"后择要著录。

3. 若按出生年记一岁（即虚岁），则各年当递增一岁，先生享年则为八十三岁。暂依原谱，未调整。

4. 先生弟子事迹，原谱有少量记叙，本次修改亦循此例。

5. 内容恐不乏纰缪、疏漏之处，请读者批评、审正。

1916 年

5 月 16 日（阴历），生于山东聊城县（今聊城市），家里以经商为业。

1920 年　4 岁

春节后（四岁半）开始入私塾，背诵《百家姓》《三字经》《千字文》《弟子规》《龙文鞭影》等等。

1922 年　6 岁

开始学《四书》《诗经》《左传》等，先是背诵，逐步开讲。又念《唐宋八大家古文》《古文释义》等等，老师串讲。

---

①　原附录于詹福瑞主编《詹锳全集》，河北教育出版社2016年版。

1926 年　10 岁

开始学习文言文，背《千家诗》，学对对子，准备作诗。

1928 年　12 岁

以同等学力，考入聊城第二中学。

1929 年　13 岁

因土匪进城，随家人逃往济南，入济南第一中学春季始业班。

1931 年　15 岁

秋季考入济南高中。校长为山东曲阜师范学校原校长宋还吾，爱好文学，延请进步青年文人任国文教师，包括王冶秋、董秋芳、李俊民、陈翔鹤等。

是年发生九一八事变。入冬，参加北方学生南京请愿。后被国民党军队押解至浦口上火车，回到济南。

1932 年　16 岁

是年春复课。先后从董秋芳、李俊民老师学习国文。是年 12 月山东省教育厅宣布要毕业会考，参加罢课反对会考运动。学生又被解散，1933 年春季复课。

1934 年　18 岁

高中毕业。赴京参加大学入学考试。北京大学、清华大学均予录取。秋季开学，决定入北京大学历史系。

1935 年　19 岁

转入北京大学中国语言文学系。从胡适学习《中国文学史》，从赵万里、余嘉锡修目录学，从郑天挺学校勘学，从钱穆学中国通史、先秦史。开始学习法语，持续三个学年。

1936 年　20 岁

为反对日本侵略华北，参加 12 月 9 日和 12 月 16 日的罢课游行（简称"一二·九""一二·一六"运动）。后加入共产党外围组织"中国民族解放先锋队"。

从罗常培先生学习语音学、中国音韵学，并在罗先生指导下翻译了法国汉学家马伯乐（Maspéro）著的《唐代长安方言》（Le Dialect de Chang-an gou la T'ang）下半部，未出版。

1937 年　21 岁

是年暑假刚刚回家，日本发动卢沟桥事变，北京沦陷。教育部在长沙组建临时大学，由北京大学、清华大学、南开大学参加。9 月去长沙报到，10 月随文科生到南岳山上课。12 月，日本飞机轰炸长沙，临时大学迁往云南。

1938 年　22 岁

从南岳山经广州、香港，通过越南，到达云南蒙自上课。从陈寅恪学"元（稹）白（居易）诗"，从闻一多学《诗经》，从刘文典学《庄子》，从朱自清学陶诗，从冯友兰学中国哲学史，从罗庸学杜诗，极一时之盛。

又由罗常培指导，与同学傅懋勣（已去世）、马学良三人记录蒙自方言，执笔整理成稿本一册，未出版。

暑假毕业。秋季起到云南昆华女子师范学校任国学教员，教课三个学期。

1940 年　24 岁

二月到昆明西南联合大学中文系任助教。讲授大一国文两班。班上有学生汪曾祺，后来成为著名作家和中国京剧院编剧。又有王浩，美国洛克菲勒大学教授，国际数理逻辑学权威。课余之暇，由罗庸指导研究李白诗文。有时也向闻一多请教，闻一多先生借与《唐诗大系》手稿，曾经历日本飞机轰炸昆明，抱手稿跑警报。

秋季，西南联合大学在四川叙永设分校，又随一年级师生前往叙永。在叙永分校短期任教，杨振声任分校主任，同时任教者包括吴晗、赵仲邑、杨周翰、李嘉言、宋泽生等先生。

1941 年　25 岁

春节前夕由叙永到达贵州遵义，转任迁至此地的浙江大学讲师，接着到湄潭县永兴场分校上课，教大一国文。

为时二年半，写成《李白诗文系年》书稿。

又写出单篇论文《李白集版本叙录》（发表于《浙江大学文学院集刊》1943 年 8 月第 3 期）、《李白之生平及其诗》（发表于《思想与时代》1943 年 7 月第 24 期），及《李白家世考异》《李白〈蜀道难〉本事说》《李白〈菩萨蛮〉〈忆秦娥〉辨伪》等，分别发表于当时重庆出版社的杂志《国文月刊》1943 年 10 月第 24 期、《学思》1942 年 10 月第 2 卷第 8 期、《真理杂志》1944 年 1 月第 1 卷第 1 期。又写成《曹植〈洛神赋〉本事说》《〈玉台新咏〉三论》《李诗辨伪》，分别发表于《东方杂志》第 39 卷第 16 期、第 40 卷第 6 期、第 41 卷第 2 期。以上论文后多收入《李白诗论丛》一书。

1943 年　28 岁

国立女子师范学院于四川江津白沙成立。业师魏建功先生推荐到该校国文系任系副教授。秋季开课后，讲授《诗经》《文学批评》《国文教材教法研究》。第二年、第三年又讲授《中国文学史》《昭明文选》《文心雕龙》等课。在这期间写成《漫谈四声》《改良国文教学制度刍议》，并从英文译出小泉八云《论裸体诗》，分别发表于《东方杂志》第 41 卷第 12 期、第 15 期、第 13 期。又写出长篇考证文章《四声与五音》，稍后发表于国立女子师范学院《学术季刊》1945 年第 1 期。

1946 年　30 岁

是年夏教育部在全国招考公费出国留学生，到重庆报考"法国文学专业"。接着乘长江轮出川到达南京。秋，在安庆任安徽大学中文系教授。

1947 年　31 岁

回济南任山东师范学院教授兼国文系主任。是年，教育部录取为自费留学生，专业和留学国别不限，可买官价外汇。

《四声五音及其运用》本年合刊于《现代快报》第 1 卷第 9、第 10 期。

1948 年　32 岁

以纽约市价十分之一的款项，买得第一学期用外汇，8 月赴美国留学，9 月到洛杉矶，入南加州大学攻读比较文学。

1949 年　33 岁

春，南京解放。已不可能再从国民党政府购买外汇，仍在南加州大学亚洲学系教中文一班以资维持，同时转入教育心理学系。

秋季以后，改任教育统计学助教。撰写了英美人《如何学习汉语》的专题手册。

1950 年　34 岁

是年夏取得教育心理学硕士学位，学位论文为《双目视力不平衡对阅读效率的影响》。

秋季，到纽约，入哥伦比亚大学师范学院心理学系攻读博士学位。在 Ruth Strang 教授指导下专攻阅读心理学，并向 Helen Walker 教授学习心理统计，Helen Walker 曾一度任美国统计学会主席，由她介绍加入美国统计学会。在心理学系学习第一代电子计算机。

到纽约后即被聘为纽约亚洲学院（The Asia Institute）特约讲师，教汉语和中国文学导论，以维持生活。

1953 年　37 岁

1 月考入纽约市高等教育局研究室任助理研究员，作教育统计工作。

纽约市高等教育局局长劝留美国、申请永久居留权。不为所动，争取回国。

博士论文是运用统计方法比较不同思想倾向的人对读物的不同理解。论文通过答辩取得教育博士（Ed.D）学位。

7 月离开纽约到旧金山乘船经香港九龙回国。9 月到达北京，住留学生招待所。

1954 年　38 岁

3 月由高教部分配到天津师范学院（河北大学前身）教育系心理学教研组任副教授。连续讲授心理学近五年，其间编写公用教材中的绝大部分约二十万言，由学校内部铅印，供一年级使用。到 1958 年，康生发动对全国心理学的批判，成为全校批判的重点，从此停课。

到校后即刻学习俄文，并参加巴甫洛夫学习班，在讲授心理学期间，写成《巴甫洛夫心理学观点的历史探讨》(见《天津师范学院学报》，1956 年)、《巴甫洛夫对心理活动和心理学的看法》(见《心理学报》，2 卷 1 期)、《从心理学的对象看心理学的科学性质》(见《心理学报》，1961 年第 4 期)。

1957 年　41 岁

原在浙江大学写的有关李白的论文，编成《李白诗论丛》，由人民文学出版社出版。

是年写的《中学生的阅读兴趣调查》未能发表。

1958 年　42 岁

原在浙江大学写成的《李白诗文系年》书稿，由人民文学出版社出版。与人合译的苏联鲁季克著体育学院《心理学》教科书，1959 年由人民体育出版社出版。

1960 年　44 岁

天津师范大学改名为河北大学，教育系成立，心理学复课。讲授个性心理学，编有《个性心理学概论》讲稿，未发表。

1961 年　45 岁

脱离教育系，改在中文系古典文学教研室任教，同年写出《齐梁文艺批评中的风骨论》，刊于《光明日报·文学遗产》1961 年 12 月 10 日第 392 期。

1962 年　46 岁

纪念杜甫被选为世界文化名人，写成《谈杜甫的〈洗兵马〉》，刊于《光明日报·文学遗产》1962 年 5 月 13 日第 414 期，又写成《从杜甫诗文中看他中年的思想发展过程》，刊于《文史哲》1962 年第 9 期。又写成《〈文心雕龙·明诗篇〉义证》，刊于《河北大学学报》1962 年第 2 期。

1963 年　47 岁

应中华书局上海编辑所之约，写成古典文学知识丛书之一《唐诗》，由于形势变化，未能印出。

写成《四声五音及其在汉魏六朝文学中之应用》，刊于《中华文史论丛》

第 3 辑。

1966—1976 年　50—60 岁

在"文化大革命"中横遭批斗，被抄家，关入"牛棚"一年，又多次下放白洋淀和唐庄劳动，随"教育革命小分队"到邢台煤矿、河北省遵化县、玉田县等地接受工农兵再教育。

1970 年，河北大学由天津迁址河北省保定市，在天津市马场道 74 号设河北大学留守处。

1974 年　58 岁

《李白诗文系年》一书本年为澳门大地出版社翻印出版。

1978 年　62 岁

应中华书局之约写出《刘勰与〈文心雕龙〉》，1980 年出版。是时国家出版局计划编写中国历代大作家集新注，应人民文学出版社之约承担《李白全集校注》的编写工作。

1979 年　63 岁

中华书局上海编辑所改名为上海古籍出版社，《唐诗》予以出版。风行一时，一二年间印出 18 万册，列为该社中国古典文学基本知识丛书之一。2011 年 7 月，上海古籍出版社再版。

《〈文心雕龙〉的"隐秀"论》一文刊于《河北大学学报》本年度第 4 期。

1980 年　64 岁

开始在天津招收中国古代文学专业硕士研究生 4 名，是为河北大学第一届古代文学研究生。刘崇德、葛景春、徐明、蒋乐群入学，攻读硕士学位。

《〈文心雕龙〉的时代风格论》一文刊于《文学遗产》本年度第 3 期。《〈文心雕龙〉论才思与风格的关系》一文刊于《河北大学学报》本年度第 2 期。

1981 年　65 岁

是年秋应约参加在武汉大学召开的中国古代文学理论学会，被选为理事。

是年底被任命为国务院古籍规划出版小组成员。

1982 年　66 岁

3 月，参加国务院古籍规划出版小组召集的会议，申报《李白全集校注》项目，为国务院古籍规划出版小组立项为国家古籍整理重点项目。

5 月，到西安参加唐代文学学会成立大会，在会上报告了《李白全集校注》编写提纲，被选为理事。

《〈文心雕龙〉的风格学》由人民文学出版社出版。

本年开始指导四位硕士生在天津图书馆校勘《李白全集》。秋，率领硕士生到南京、上海的图书馆进行校勘实习，在上海图书馆发现元刻本《文心雕龙》。然后转往成都参观杜甫草堂，又在该处记录了《李白集》的多种善本。

10 月，到达四川江油县，参加李白逝世 1220 周年纪念大会，会上报告论文《李白〈宣州谢朓楼饯别校书叔云〉应是〈陪侍御叔华登楼歌〉》，后发表在《文学评论》1983 年第 2 期。会后转往济南参加《文心雕龙》研究会筹备会议。

1983 年　67 岁

7 月，赴山东青岛参加《文心雕龙》学会成立大会，被选为常务理事。

是年应美国威斯康辛（Wisconsin）大学之聘，任该校东亚语文系鲁斯（Luce）研究员，聘期一年。9 月飞抵威斯康辛州首府麦迪生（Madison），用英语在该系讲学并指导研究生。

指导的首届研究生毕业，获硕士学位。刘崇德留校任教。

1984 年　68 岁

2 月到印第安那（Indiana）大学讲演。4 月，先后到耶鲁（Yele）大学和哈佛大学讲演。此外还曾应邀参观威廉斯堡（Williamsburg）市。到华盛顿参观白宫和美国国会，到费城参观美国独立宫，到纽约参观华尔街股市，并访问母校哥伦比亚大学及其师范学院。

是年 8 月聘期届满，飞赴洛杉矶到母校南加州大学访问，在归途中又应圣地亚哥（San Diego）大学邀请，在该校东方学系讲演。然后经洛杉矶飞往香港，在香港中文大学用中文讲学。10 月飞回天津。

4月，《李白诗文系年》由人民文学出版社再版发行。

11月到上海参加中国日本学者《文心雕龙》讨论会。这时，编写多年的《〈文心雕龙〉义证》已抄出手稿一半，送交上海古籍出版社审查。1986年全稿交齐。

本年获河北省建国以来从事社会科学教研工作成绩显著证书。

1985年　69岁

安徽马鞍山市召开中日学者李白讨论会，被推为中方首席代表，宣读了论文《评英国人阿瑟·韦利著〈李白之生平及其诗〉》（见《中日李白研究论文集》，展望出版社1986年）。

任河北省政协委员。

《〈文心雕龙〉的风格学》一书本年获河北省第一届社科优秀成果奖专著类一等奖。

1986年　70岁

国务院学位委员会评定为中国古代文学专业博士生导师。河北省政府任命为河北省语言文字工作委员会主任。

招第二届硕士生。詹福瑞入学，攻读硕士学位。

河北大学古籍整理研究所在天津市成立，任所长。古籍所位于天津市马场道河北大学留守处大院内。刘崇德本年调古籍所工作。

1987年　71岁

开始招收博士生。陶新民、张瑞君、丁立群入学。

中国李白研究会作为全国性的学会，本年于安徽马鞍山市成立，被选为会长。先后在《李白学刊》（后改名为《中国李白研究》）上发表论文多篇。

《题名〈李翰林集〉的三种不同版本》一文刊于《文献》本年度第2期。

1988年　72岁

《宋蜀本〈李太白文集〉的特点及其优越性》一文刊于《文学遗产》本年度第2期。

詹福瑞获准提前毕业，经考试合格，转为博士研究生，硕博连读。

1989 年　73 岁

《〈文心雕龙〉义证》130 万字，由上海古籍出版社分三册出版。1991
年获河北省第三届社科优秀成果奖专著类一等奖。

《语言文学与心理学论集》由齐鲁书社出版。

本年获河北省普通高校优秀教学成果一等奖，成果名称"研究生教学
内容与方法改革"。

1991 年　75 岁

7 月 5 日至 8 日，首届中国李白研究国际学术讨论会在安徽马鞍山市
召开。5 日上午，作为会长，致开幕词。

《李白诗选译》，任主编，巴蜀书社作为《古代文史名著选译丛书》之一，
于本年出版。陶新民、张瑞君、丁立群、詹福瑞参与译注。2011 年，凤凰
出版社出版修订版，列为古代文史名著选译丛书。

詹福瑞本年毕业，获文学博士学位，留天津河北大学古籍所工作。

1992 年　76 岁

被国家教委评为全国教育系统劳动模范，授予人民教师称号。《李白〈邺
中赠王大劝入高凤石门山幽居〉探微》发表于《文学遗产》本年度第 1 期。

周延良、张一平本年秋录取为博士研究生，次年 2 月入学。

1993 年　77 岁

《〈文心雕龙〉义证》一书 1992 年在国务院古籍整理规划出版小组组
织的全国古籍整理著作评比会上评为一等奖。本年获国家新闻出版署组织
的第一届国家图书奖提名奖。1995 年国家教委评为全国高校优秀社科成果
二等奖。

1994 年　78 岁

主编《李白全集校注汇释集评》340 万言完成，天津百花文艺出版社
于 1996 年分成八册出版，国家古籍整理规划重点项目，国家教委古籍整理
工作委员会资助。葛景春、刘崇德、詹福瑞、王锡臣、张瑞君、陶新民、
丁立群、李庆元等八人参加编撰。1997 年新闻出版署组织的全国图书第三
届评审会上被评为国家图书奖。

本年起任北京语言学院（现北京语言大学）兼职教授，招收外国来华留学博士生，前后招生两届。

胡大雷、阮堂明本年入学，攻读博士学位。

1995 年　79 岁

本年患病住院多日，先后在天津医科大学第一附属医院、天津中医院治疗。

博士生周延良、张一平毕业，获文学博士学位。

1996 年　80 岁

河北大学在天津召开詹锳先生八十华诞庆祝会，河北大学领导、百花文艺出版社领导、亲朋好友及门生弟子，欢聚一堂，共祝先生健康长寿。

博士生胡大雷毕业，获文学博士学位。

1997 年　81 岁

本年辞去李白研究会会长职务，改选为名誉会长。

《唐宋诗词常识》出版，詹锳、房开江等著，上海古籍出版社本年 9 月版。

博士生阮堂明毕业，获文学博士学位。

1998 年　82 岁

12 月 16 日，先生病逝于天津，享年八十二岁。

《詹锳先生八十华诞纪念文集》出版，河北大学中文系、古籍所合编，河北大学出版社 1998 年 12 月版。是书收录詹锳先生《年谱》《自传》《论著论文目录》及弟子门生科研论文近 20 篇。

（作者为闽南师范大学文学院教授）

史树青先生年谱

李廷涛

史树青（1922—2007）是当代著名学者、史学家、文物鉴定家。工书法，精鉴赏，尤以考古鉴定驰誉中外。一生鉴定文物逾百万件之多，为国家文博事业做出了巨大贡献。鉴定之余，先生勤于研究，笔耕不辍，著述文章丰富，是一位学术生涯长久、业绩斐然的"国宝级"学者。

1922 年（壬戌） 1 岁

8 月 16 日，生于河北乐亭汤家河镇史庄村。名树青，早年曾用庶青、庶卿，字君长，号东堂。

父亲史思齐在北平做粮食生意，雅好文史和书法，对乐亭老家很有感情。他喜欢收藏乡贤遗墨和本地志书文献，时常有人带字画到史家来，父亲看着好就买下，这是先生幼年时经常看到的场景。

1928 年（戊辰） 7 岁

父亲多方筹措资金，为家乡捐建了一所小学，即后来的史庄小学。

1930 年（庚午） 9 岁

随父举家迁往北京。

1935 年（乙亥） 14 岁

考取北平师范大学附属中学。

教国文的张鸿来老师对史先生影响最大。基于对书画艺术的共同兴趣，张鸿来先生和年少的史树青十分投缘，师生二人时常在课后一起切磋探讨，交流心得。

1936 年（丙子） 15 岁

在琉璃厂长见识。

北师大附中毗邻琉璃厂，先生经常在放学后去琉璃厂转。在古董店看字画，去海王村旧书店淘旧书。时间长了，他和古玩铺的老板们也混熟了，听他们讲古玩行的故事和规矩，古玩商们很喜欢这个勤学好问的少年，铺子里进了好东西也乐于叫他来看看。过眼的东西越来越多，他看书画的眼力也日益长进。这段在琉璃厂长见识、开眼界的生活给他留下了美好的记忆。先生在自述中曾提及："余弱冠之年，读书北平师范大学附属中学，其地距琉璃厂甚近，假日则随家君出入厂肆，遇有可心之品，往往购之以归。"

1937 年（丁丑） 16 岁

"捡漏"丘逢甲字画。

春节，厂甸庙会，先生在一个画棚子里见到一幅书法立轴，笔力遒劲，挥洒自如，上书："夜来忽忆儿时事，海沸天翻四十年。心绪如潮眠不得，晓星残角五更天。"落款是："戊申五月二十六夜作，伯阳大兄世讲属正，丘逢甲。"书画商自言书法写得不错，但由于作者无名，因此卖不到好价钱。先生曾在史书上读到过丘逢甲的事迹，知道丘逢甲是清代台湾著名爱国将领，他的书法的意义早已超越了一般的书画艺术品。最终他仅仅用了两毛钱就淘得了这幅丘逢甲书法真迹，捡到了人生最大的"漏"。

在这一时期，先生从琉璃厂还购得了明人文震孟，清人王崇简、张鹏翀，近人贡桑诺布尔诸家之作。

1938 年（戊寅） 17 岁

在团城国学书院听课学习。

当时张鸿来老师除在北师大附中教授国文外，在北平师范大学和设在北海公园团城的国学书院都兼着课。在他的影响下，加上对古代文化的兴趣和热爱，先生上高中后，常在课余时间去团城的国学书院听课学习。国学书院延请许多著名学者为学生讲授经史子集和书画艺术，每个月交两篇文章两首诗的功课。他是当时团城国学书院的学子中最年轻的一位。在此时结识周肇祥、黄宾虹等名师。

1939 年（己卯） 18 岁

鉴定郑板桥《竹石图》。

约在是年，有人拿了一幅郑板桥的《竹石图》来找张鸿来先生鉴定真伪。在场的几位老师看后都认为是赝品，张先生没有急着下结论，对来人说："还是让我的学生看看吧。"张先生派人找来了史树青，仔细看过后，史先生认为是郑板桥的真迹。为了求得一个确切的结论，这幅《竹石图》后来又被送到琉璃厂，请专门研究书画的行家鉴定，得出的结论和他一样，果然是郑板桥的真迹。经过此事，先生遂在书画鉴定界小有名气。从此，老师们在购买或鉴定书画时，常请他帮忙掌眼，他也在一次次的实践中积累了更多的宝贵经验。

1940 年（庚辰） 19 岁

迁入东堂子胡同。

约在是年，父亲买下东堂子胡同 55 号两进的四合院，全家迁进新居。后院有间小屋是先生的书房，因院子里种有数竿竹子，他将书房题名为"竹影书屋"。后来，叶恭绰先生曾为其书房题写"竹影书屋"匾额，并将之与画家吴湖帆的书房"梅影书屋"相提并论，评价说两个书房的名字正好是梅竹双清。

在琉璃厂集萃山房偶得顾随先生临《同州圣教序》墨迹一本，之后遍访京城名宿题跋。

1941 年（辛巳） 20 岁

从北师大附中毕业。

先生做了本纪念册请老师和同学们题字留念。张鸿来老师为他写了两首绝句，赞扬他在书画鉴赏方面的天资和成绩。诗云："几年横舍共书琴，四座莘莘契独深。欲得良田桑竹地，缘溪行过且穷林。""书画常教老眼花，鉴藏少年独名家。纵同为奕犹贤己，莫误含英和咀华。"诗后落款："民国三十年夏，庶青仁弟毕业中学待以勖之。鸿来。"他终其一生珍藏着这本毕业纪念册，经常拿出来翻看，他说："这两首诗陪伴了我的一生，它对我后来终身从事文物工作，走上鉴藏道路，所起的作用是无法估量的。"

考入北平辅仁大学国文系。

同年入学的还有郭预衡和叶嘉莹。在《书画鉴真》自序中，先生这样记述大学生活："大学读书，从余嘉锡先生受古典目录学，刘盼遂先生受经学，陈垣先生受史学，沈兼士、于省吾先生受古文字学，顾随、孙人和先生受词章，启功先生受书画，门墙数仞，略通为学之旨，期间惟书画怡情，迄未稍息。"

余嘉锡先生是著名目录学家、古文献学家，长期担任辅仁大学国文系教授、文学院院长。他教授的主要科目有目录学、古籍校读法、经学通论、《世说新语》研究等，他对目录学的钻研考证为先生今后的治学之路指引了方向。先生搞书画鉴定，言必称"书皮学"和"人名学"，实际上，就是目录学的变种。

启功先生当时任大一的国文，他渊博的学识和生动有趣的讲课风格颇为先生喜爱。当时启功先生还在美术系任课，由于先生自幼就喜爱文史，在父亲的影响下尤其偏爱书画古玩的鉴赏和收藏，所以他除了完成自己的专业课以外，还旁听了启功先生所教的有关书画理论研究课，特别是丰富多彩的书画题跋讲座给了他许多在文物书画鉴定上的启迪。

1943 年（癸未） 22 岁

自印刊行线装铅印本《几士居词甲稿》。为这本词集作序写评论的有顾随、孙人和、郭则沄等文坛大家。

顾随先生在《几士居词甲稿》序中写道："古之人有悔其少作者，夫少之作或以学浅识隘遂至灭裂支离，壮而有进，悔之亦宜。若其藻思清丽，吾殊未见壮老必胜于少也，奚以悔为？此亦犹夫春日花蕊，虽曰浮浪不似清秋，雨露所濡甘苦齐实而风姿情韵区以别矣。几士居词诚少作也，然吾读其《采桑子》之'宫墙十里丝丝柳，红也成堆，绿也成堆，夕昭低迷燕子飞'，《浪淘沙》之'泪是相思华是恨，梦是无憀'，若斯之类，适宜少作，及壮且老，殆难为役。此吾三十年来为词之所得，作者或不河汉斯言也。民国三十二年初秋清河顾随。"

孙人和先生在序中写道："庶卿从予习长短句，致力甚勤，有质有文，词情俱到。予谓今慢当以冯正中、周美成为主。《阳春》微而凄婉，淡而能腴，上合温韦，下开二晏，最为词家之正宗；《清真》出入变化，万户千门，得其一端，亦足自立。庶卿年少才高，若近以二家则庶几矣。"

郭则沄先生评价说："词中机杼已具，虽未尽纯，却有韵致，加以火候，必有可成。承虚心请益，故直言之。"

1944 年（甲申） 23 岁

为恩师顾随印行《濡露词》。

顾随先生在卷末"小记"中言："此《濡露词》一卷，则皆去岁秋间病中之所作也，计其起讫不过一月耳。弟子庶卿见而好之，既得予同意，乃付之排印。"

1945 年（乙酉） 24 岁

本科毕业，考入本校文科研究所，师从陈垣先生研究历史学。

陈垣先生的读书方法给了先生很大的启迪。他根据书的内容和用途，将其分成三类：即一般浏览、仔细浏览和熟读记诵。按照这样的读书方法，接触的书目多，需要精读的部分也能记住，很多史料，他不用翻检原文就能引用。陈先生的读书方法无形中给史树青先生树立了榜样。后来，他博览群书，广记博识，给治学和研究工作带来了很大的方便，无不得益于此。陈先生还给他一个重要建议：做鉴定工作，一定要熟读文史。这无疑都在潜移默化地影响着史先生，后来，他曾提出"书画征史"的观点。这种以历史为重的鉴定观念是从陈垣先生的治学理念直接传承而来的。

冬，在琉璃厂买下一套乡贤史梦兰编著的《异号类编》，将其献于陈垣，希望能对陈先生修订《史讳举例》有所补益。

1946 年（丙戌） 25 岁

冬，到东单顶银胡同拜访学姐高履芳，就此结识高履芳的先生王冶秋。

1947 年（丁亥） 26 岁

从辅仁大学文科研究所毕业。

在研究所就学期间，先生曾受邀到东北中正大学做过近一年的讲师。东北中正大学由国民党著名将领杜聿明创办，校址在沈阳。后来东北形势吃紧，随即迁返北京。先生回忆："在沈阳的时候，我常去小南门那儿，那儿有几家古玩铺，卖一些清宫散佚的东西，还能见着，一些国民党高官常去那儿淘宝，常能碰到。后来，解放了，我向组织交代了当老师的事，没算历史问题。可文革不得了，我还是挨整了。"

短暂教学于汇文中学。

先生在汇文中学度过一段短暂的教书生涯，著名学者李学勤是他在汇文中学教初一年级时的学生。据李学勤先生回忆："入学后第二个学期，我编在初一丙班，教我们主课国文的正是史树青先生。史先生是在辅仁大学毕业后不久来汇文教书的，还比较年轻。记得他常穿灰色长袍，虽然籍贯京东，却说一口纯正的北京话。史先生第一次上课，便对学生作了详细的自我介绍，用他本人的学习历程，种种经验教训，为学生树立榜样。我们很快就同他熟悉了，可说是打成一片，没有隔阂的感觉。"

进入国立中央博物院北平历史博物馆工作。

经辅仁大学文学院院长余嘉锡先生推荐，先生进入国立中央博物院北平历史博物馆工作。他是历史博物院的第一个研究生。开始是做秘书，同时也兼顾文物的保管、登记和研究工作。

1948 年（戊子） 27 岁

于 1947 至 1948 年间，客中多暇，时时访书，经常于冷摊中淘得佳品，并与师友分享得书喜悦。

顾随先生在日记中记到："史树青君于冷摊上得民十二女高师教员领薪收据，皆有领薪人亲笔署名，如沈尹默、兼士、马幼渔、钱玄同诸人，尤可宝，以专函寄赠，殊有趣也。"

1949 年（己丑） 28 岁

参与文物清点编目工作。

北平和平解放，先生作为留用人员，不宜再做行政工作，被调到库房做保管员，进行文物编目工作。在馆藏文物清点造册工作中，他和全馆人员齐心协力，加班加点，不到两个月时间就提前完成了近 4 万件文物藏品的清点工作，账册一式五份，两份上报文化接管委员会，其余三份留在博物馆存档。这份文物档案是了解检索 1949 年前中国历史博物馆藏品的珍贵资料，至今仍具有重要的参考价值。

库房是锻炼、培养博物馆人才的好地方，能够在一线接触文物藏品。

在进入博物馆之前，他的专长只限于书画类文物方面，但自从在库房做文物编目工作后，他开始广泛接触到陶瓷、玉器、石刻、青铜器、杂件、丝织品等不同门类的各种文物。为更好地适应工作，他利用业务时间大量读书，学习与文物有关的知识。在工作时间，扎进库房熟悉藏品，向经验丰富的老保管员请教，逐渐积累专业技能。他的专业能力提升很快，进馆后不久就成了业务上的骨干。

先生在博物馆保管部（文物库房）工作过很长的时间，在文物入藏、编目、保管等方面做了大量艰苦而细致的工作。他对文物藏品的管理经验丰富，对藏品管理制度提出了自己的一套理论。他总结的"制度健全、账册清楚、鉴定确切、编目详明、保管妥善、查用方便"24字方针，被列入文化部颁发的《博物馆藏品管理办法》，成为规范全国博物馆文物藏品管理工作的基本原则，直到今天仍具有积极的指导意义。

1950 年（庚寅） 29 岁

和王世襄考察武梁祠汉画像群。

武梁祠汉画像群是东汉末年武氏家族的祠堂墓群石刻遗存，祠堂内保留了大量的汉画像石刻，受到历代文人学者的重视。为进一步研究和保护武梁祠，文化部文物局局长郑振铎动议将武梁祠整体搬迁至北京，便委派先生和王世襄先生共赴当时的平原省新乡（省政府驻地）协商搬迁事宜。到嘉祥考察后，他和王世襄等人经科学分析，建议原地保存。这一次嘉祥之行，他们经新乡过兖州，不仅饱览了中原风貌，感触到了齐鲁文韵，而且顺便还为历史博物馆征集到了一批青铜、漆器、银器等文物，同时也加深了他与王世襄先生的友谊。

1951 年（辛卯） 30 岁

在华北人民革命大学学习，沈从文、王世襄、谢辰生等著名学者都是他的同学。

先生后来回忆说："在革大时，主要是交代思想，丢掉对美国、国民党的幻想，进行思想改造，洗脑筋。进去时压力大，沈从文有，我也有。记得那时几千人听艾思奇做报告，场面很大。有的人表态时痛哭流涕，有少数人不能毕业，后来都逮捕了。学习时，没有农业劳动，有时在校园里做一些力所能及的劳动。"

和王世襄在早点摊上买回宣德青花盘。

五一劳动节，所有学员要到天安门参加游行庆祝活动。当时学校在西苑，游行队伍在西直门集合。先生一早就到了西外大街，在一早点摊上吃早点时，发现这个摊上盛凉粉的器皿是一个清花大盘。他仔细审定认为此盘是宣德青花，因为他曾在王世襄先生家看到过此类器型。王世襄先生到后，也认定此青花盘为宣德器物。两人经与摊主老太太商量讨价，最终两人各出两块五将此盘买下。后经两人协商，将此盘共同捐给故宫博物院。自此故宫景仁榜（镌刻着自建国以来所有向故宫博物院无偿捐赠文物者的名录）上，同时镌刻上史树青、王世襄的大名。这段早点摊上买宣德青花盘的奇遇也成为文博界的一段美谈。

参加由考古学家裴文中、贾兰坡指导的"原始社会陈列"展览筹备工作。

此次展览是新中国成立后，中国博物馆最早运用历史唯物主义观点开展历史陈列的新尝试，受到了国家领导人和文化部的高度肯定。

1952 年（壬辰） 31 岁

作《古代科技事务三考》，刊于《文物参考资料》1952 年 3 期。

1953 年（癸巳） 32 岁

征集成吉思汗画像。

9 月的一天，先生的小学同学崔月荣到博物馆找他，想请他帮忙出售一些家藏的书画。崔月荣的公公陈宧，民国时做过参谋次长，曾视察过蒙古。当时蒙古的一个王爷赠送给他一些礼物，包括几件字画，其中有一幅成吉思汗画像。先生一看就直觉这幅画非同一般，劝说崔月荣将这幅画像卖给了历史博物馆。价格不贵，仅三五元钱。当时，他从画像纸质和签题字体的特征判断，认为这是一幅明代人的摹本。

沈从文搬到东堂子胡同 51 号居住，直至 1980 年搬离，与先生比邻而居前后近 30 年。

先生与沈从文先生共同供职于中国历史博物馆，两人共同经历了"反右""文革"等一系列政治风波，饱尝世间困厄辛酸，彼此理解，惺惺相惜。

作《学习本刊三十二期关于博物馆保管工作的几篇文章后的意见和我

们的工作方法》，刊于《文物参考资料》1953 年 11 期。

1954 年（甲午） 33 岁

与郭沫若结识。

先生在纪念郭老的文章中提到："我初次接近郭老，是在一九五四年五月十二日，郭老到历史博物馆参观《全国基本建设工程中出土文物展览》时，叶恭绰先生也来参观，他们对湖南长沙仰天湖战国楚墓出土的竹简，认为是重要发现，并发生了浓厚的兴趣。由于隔着陈列柜的玻璃，对竹简文字看不清楚，叫我摹写下来，希望有所考释。后来，我写了一篇《长沙仰天湖出土楚简研究（初稿）》。当时，正值上海的一家出版社来京约稿，竟得于一九五五年作为一本专书出版，并经叶老转送郭老一册。郭老复信认为此书'是一部好的著作'，并鼓励我继续努力，对战国楚文物和楚文字多作研究。"

作《鉴别书画应注意的几点》，刊于《文物参考资料》1954 年 1 期。

1955 年（乙未） 34 岁

出版《长沙仰天湖出土楚简研究》。

6 月，先生出版第一本学术专著《长沙仰天湖出土楚简研究》（上海群联出版社）。1953 年，长沙仰天湖第 25 号木椁中出土了一批用楚系文字书写的竹简，时间约在战国中期偏晚。这批楚简出土后，历史博物馆举行了一次专题展览。先生珍惜每次业务学习的机会，每天都在展厅里仔细观摩研究，做了很多笔记。一天，叶恭绰先生来看展览，正好遇见在展厅里看得入神的史树青，他对这个年轻人的钻研精神非常欣赏，鼓励他好好研究，有成果了帮他出版。书稿完成后，叶先生果然帮他联系了上海群联出版社，促成了这一学术成果的出版。先生在书中后记写道："这篇小文的写成，完全是由于叶恭绰先生的启发和鼓励，叶先生在中国文字改革委员会紧张的工作中，为作序文，陈垣先生在病中为题书签。"

参加全国考古工作人员训练班的进修。

考古工作人员培训班从 1952 年开始，到 1955 年连续举办了 4 期。先生是培训班的第四期学员。第四期培训班在北京大学开班，裴文中任班主任，夏鼐任田野实习指导老师，其他授课老师有王冶秋、苏秉琦、尹达、佟柱臣、安志敏、王仲殊、宿白等，都是著名的考古专家、学者和教授。通过这次培训班，他系统学习到了考古专业技能，在理论知识上有了极大的提高，这对一直在博物馆文物库房边工作边学习的他无异是一次强劲的充电。

捐赠丘逢甲《行书七绝诗轴》。

10月，将丘逢甲《行书七绝诗轴》捐给北京历史博物馆（国家博物馆的前身），后来被定为国家一级文物。

参加河南郑州二里岗遗址发掘。

1956 年（丙申） 35 岁

任副研究员。

作《晋周芳命妻潘氏衣物券考释》，刊于《考古通讯》1956 年 2 期；《关于"桥形币"》，刊于《文物参考资料》1956 年 7 期；《对"五省出土文物展览"中几件铜器的看法》，刊于《文物参考资料》1956 年 8 期；《鲁迅先生和北京历史博物馆》，刊于《文物参考资料》1956 年 10 期；与姚立信合作《大力开展辛亥革命文物的征集工作》，刊于《文物参考资料》1956 年 11 期。

1957 年（丁酉） 36 岁

夏，享受单位福利，到北戴河度假。

先生后来给夫人夏玫云讲到正是这次度假，使他没有给党和政府提意见的机会，才没有被打成右派。否则以他事事较真的性格，是无论如何也躲不过那场风雨的。

作《谈法帖中所保存的历史资料》，刊于《文物参考资料》1957 年 1 期；《方伯务及其作品》，刊于《美术》1957 年 1 期；与石志廉、张荣、杨文和合作《盉尊、盉彝及骒驹罍释文》，刊于《文物参考资料》1957 年 6 期；《漆林识小录》，刊于《文物参考资料》1957 年 7 期。

1958 年（戊戌） 37 岁

参加新疆少数民族社会历史调查活动。

先生参加了新疆少数民族社会历史调查组，出色地完成了调查任务，并参加了哈萨克族简史和简志的编写工作。调查期间跑了很多地方，接触到了绚丽多彩的当地少数民族文化。这段生活对他的学术生涯起到了开阔视野、丰富经历的作用。

参加河北易县燕下都遗址调查。

作《苏州虎丘云岩寺塔发现的"经袱"和"经帙"》，刊于《文物参考资料》1958 年 3 期；作《略谈书籍中的文物插图》，刊于《文物参考资料》1958 年 5 期；《齐彦槐所制的天文钟》，刊于《文物参考资料》1958 年 7 期；与王镜如、蒋祖安合作《考古工作必须为政治服务》，刊于《考古》1958 年 9 期；作《漫谈新疆发现的汉代丝绸》，刊于《文物参考资料》1958 年 9 期。

1959 年（己亥） 38 岁

负责中国历史博物馆文物藏品征集保管工作。

新中国成立十周年，中央决定在天安门前建立中国历史博物馆和中国革命博物馆。先生参与了建馆工作，在午门东朝房的一个大办公室中负责文物征集、保管工作，并任明清陈列组副组长。

发现"司禾府印"。

2 月，先生等调查组成员深入在新疆民丰县尼雅遗址，进行遗存清理和文物采集，发现了一枚"司禾府印"。"司禾府印"是汉朝屯田官吏所使用的印章，它的发现，证明了东汉明帝永平年间在伊吾卢设宜禾都尉的史实。他和调查组在尼雅遗址的发现引起了考古界高度重视，同年 10 月，新疆博物馆派出一支考古队，在尼雅遗址工作了 9 天，获得了较完整的发掘资料，这也为 1980 年代以降对尼雅遗址的大规模系统发掘提供了宝贵的参考依据。

捐献海瑞《大学中庸平治天下》行书轴。

4 月，毛泽东主席在一次会议上发表讲话，提倡学习海瑞"刚直不阿，直言敢谏"的精神。受毛主席讲话精神影响，中国历史博物馆开始向社会征集关于海瑞的展品。作为中国历史博物馆的工作人员，先生以自己的行动为表率，第一时间捐出自家珍藏多年的海瑞行书《大学中庸平治天下》轴。博物馆领导要给他经济奖励，他坚辞不受。后来，经康生指示，在中国历史博物馆的通史陈列中，选取了该行书轴作为海瑞精神的实物展示。

1960 年（庚子） 39 岁

作《新疆文物调查随笔》，刊于《文物》1960 年 6 期；《有关义和团反帝斗争的文物二三事》，刊于《文物》1960 年 10 期。

1961 年（辛丑） 40 岁

任保管部副主任。

与王镜如合作《谈谈有关农民战争的文物》，刊于《文物》1961 年 7 期；《中国历史博物馆正式开馆》，刊于《历史研究》1961 年 4 期。

1962 年（壬寅） 41 岁

所征集的成吉思汗画像被定为国家一级文物。

文化部派出包括张珩、谢稚柳、韩慎先在内的书画鉴定小组来到历史博物馆，对馆藏书画作品进行鉴定。当看到成吉思汗画像时，专家们顿时精神一振，几经讨论，交流意见后，认为这是一幅元代人的作品。几位专家分别从画像的纸质、墨色、人物形象、题签文字和用笔几个方面进行分析，得出的结论是一致的。这幅珍贵的元代画作遂被定为国家一级文物。由先生经手征集的这件成吉思汗画像，突破了当时博物馆藏品中成吉思汗文物零的记录。自此之后，人们才对一代天骄蒙古大汗铁木真有了具体的形象认识。

作《古代科技事物四考》，刊于《文物》1962 年 3 期；《悼念周希丁先生》，刊于《文物》1962 年 3 期；《成吉思汗画像跋》，刊于《文物》1962 年 10 期；《谈新疆民丰尼雅遗址》，刊于《文物》1962 年 Z2 期。

1963 年（癸卯） 42 岁

中国历史博物馆成立文物征集鉴定委员会，先生为委员会委员。

经手收录柳亚子印章。

周恩来总理指示中国革命博物馆，着手大力征集孙中山和同盟会元老、国民党左派名人的文物，诗人柳亚子生前物品在征集范围之内。其中有一枚红色寿山石印章，印文是"前身祢正平，后身王尔德；大儿斯大林，小儿毛泽东"。收录人员不解其意，先生看后解释说，这是借历史典故赞扬毛主席，"大儿""小儿"是"男儿"之意，是对自己钦佩人物的尊称。后该枚印章按规定编辑目录、拍照、制作目录卡片等，完成一系列手续。

与周汝昌初相识。

在纪念曹雪芹逝世二百周年筹备活动中，先生与周汝昌先生初次见面。周先生在怀念史树青先生的文中提到："我记得第一次听到他的名字，是由顾羡季（随）先生口中道出。那时我不知道史先生是何许人，听顾先生告知与我，先生的一两种诗集是史先生出钱为他印制的，这给我留下了很深的印象：第一，他必然也是顾先生的受业弟子，很崇敬老师；第二，他给老师印词集，看来有相当的财力，因为那本词集虽然不厚，但所用宣纸极佳，铅字也非常美观，令人觉得十分可爱，那是要花费相当的资金的。"

作《爱国诗人汪元量的抗元斗争事迹》，刊于《历史教学》1963 年 6 期；《信阳长台关出土竹书考》，刊于《北京师范大学学报（社会科学版）》1963 年 4 期。

1964 年（甲辰） 43 岁

作《有关汉代独轮车的几个问题》，刊于《文物》1964 年 6 期；《敦煌遗书概述》，刊于《历史教学》1964 年 8 期。

1965 年（乙巳） 44 岁

湖北荆州望山一号战国楚墓出土越王勾践剑，先生参加了对这把剑的鉴定工作，当时参加鉴定的有郭沫若等 12 位国内知名专家，他是其中最年轻的专家。

因所捐海瑞《大学中庸平治天下》行书轴遭批斗。

10 月，姚文元在上海《文汇报》抛出《评新编历史剧〈海瑞罢官〉》，制造了一场轰动全国的大冤案。一时间，中国历史博物馆通史陈列中有关海瑞精神的内容被当成所谓"配合《海瑞罢官》向党进攻的大毒草"，先生作为展品《大学中庸平治天下》行书轴的捐献者受到株连，成为"三家村"的帮凶，被隔离审查，屡遭批斗。

与陈高卫合作《西汉朱庐执刲银印小考》，刊于 1965 年 6 月 10 日《人民日报》；作《从〈萧翼赚兰亭图〉谈到〈兰亭序〉的伪作问题》《晋人行草书砖刻》，刊于《文物》1965 年 12 期。

1966 年（丙午） 45 岁

因参与收录柳亚子印章受到牵连。

中央某单位工作人员到中国革命博物馆查阅文物目录卡片，偶然看到柳亚子印章编目卡片，此人不懂历史典故，以为印文中"大儿""小儿"是"大儿子""小儿子"的意思，认为是对领袖的大不敬，当即向上级汇报。后康生批示："可恶之极！"要彻底追查，先生因参与印章登录入藏工作而受到牵连。

作《西周蔡侯鼎铭释文》，刊于《考古》1966 年 2 期。

1967 年（丁未） 46 岁

与人合著《天安门》，北京出版社出版。

1969 年（己酉） 48 岁

11 月，先生将自己旧藏的乾嘉时期的内蒙古学者法式善的《太学石鼓题咏册》和光绪朝的名士省昱拓的石鼓文拓片献于陈垣先生，为陈先生的九十大寿祝寿。

1970 年（庚戌） 49 岁

1 月，先生陪卞孝萱去兴化寺街 5 号看望陈垣先生。这是先生与恩师的最后一次见面。

5 月，下放到湖北咸宁向阳湖"五七"干校。

湖北咸宁向阳湖"五七"干校是文化部创办的，从 1969 年到 1974 年 5 年多的时间里，先后有 6000 多名专家学者从北京迁居于此，接受劳动锻炼和"思想改造"。

史树青先生属于"反动学术权威"一类的改造对象。"干校"劳动主要是围湖造田，搞粮、油、肉、蛋"四自给"，同时进行政治学习与思想批判。白天主要劳动是种水稻，当地人称为"下湖"，非常辛苦。

一天，先生在水田插秧时，无意中摸到一件新石器时代的石锛。劳动结束后，他将石锛洗净后妥善保存起来，还认真写了一份详细的文字材料，记录了发现石锛的时间、地点、经过和周围环境等。等到干校放假时，他专程去武汉，将石锛和相关文字资料交给湖北省博物馆收藏。目前这把石锛是馆藏一级文物。

1971 年（辛亥） 50 岁

任国家文物局出土文物展览工作委员会业务组副组长。

故宫博物院重新开放，连续举办了多项文物展览。先生参与了其中的一些鉴选、布陈和图录工作，并对其中的一些展品进行了深入的研究和鉴赏。

1972 年（壬子） 51 岁

参与了新中国成立以来第一次走出国门的大型文物出国展览筹办工作。

2 月，和叶剑英陪同美国总统尼克松参观历史博物馆，负责讲解。

12 月，参加在长沙召开的"马王堆汉墓女尸解剖座谈会"。

先生对马王堆三号墓出土的帛书最有兴趣，在会议上多次发言，与同行们探讨帛书出现的时间、行文风格、书写内容等问题。

作《元末徐寿辉农民政权的铜印》，刊于《文物》1972 年 6 期；与唐兰、顾铁符合作《关于墓的时代、墓主人和墓的名称》，刊于《文物》1972 年 9 期。

1973 年（癸丑） 52 岁

参与中国历史博物馆通史陈列的改陈工作。

受到时极"左"思潮的影响，"中国通史陈列"进行了一次重大修改，这次修改打破了王朝体系，在每个历史阶段都以农民起义打头。2 月，正式成立了国家文物事业管理局，王冶秋任局长，并直接领导中国历史博物馆通史陈列的改陈工作。在此期间，先生参与了几乎所有重要会议和工作，他提出的许多意见和建议得到了采纳，并落实到改陈工作中去。

任中国出土文物展览代表团团员，参加文物出国展览。

先生参加了赴法国和日本两次展览的出国文物展览代表团，为展览在异国顺利举行做了很多工作。他亲力亲为参与筹办的这一系列出国文物展在国际上影响广泛而深远，打开了一扇让西方世界了解中国的窗口。

作《我国古代的金错工艺》，刊于《文物》1973 年 6 期；与许青松合作《秦始皇二十六年诏书及其大字诏版》，刊于《文物》1973 年 12 期。

1974 年（甲寅） 53 岁

结发妻子自缢身亡。

先生被隔离审查期间，一天，居委会通知他的妻子去开会。居委会主任在会上含沙射影地旁敲侧击，宣称当天到会的人中就有"反革命家属"。先生的妻子文化程度不高，不知道丈夫到底犯了多大的罪。散会后，她回到家中上吊自杀。

作《李自成大顺农民政权的铜印》，刊于 1974 年 1 月 6 日《光明日报》；《论长沙马王堆帛书》，刊于《文物》1974 年 9 期。

1976 年（丙辰） 55 岁

与夏玫云女士结婚。

10 月，先生与夏玫云结婚，启功先生专门绘制《为吾村居图》兰竹小幅，并亲自乘公交车将画送到史先生新居。

婚后先生夫妇拜访张伯驹。

先生新婚后携夫人去拜访张伯驹先生，受到张先生夫妇的热情招待。据夏女士回忆，当时张先生家的四合院已被分割成一个大杂院。张夫人热情地将友人从国外给他们带来的巧克力放进史夫人手里，夏女士打开一颗，却发现巧克力生满了小虫。在物资匮乏时期，友人从海外带来的巧克力是稀罕之物，风雅好客的主人不舍得吃而留下来招待客人，以致日久坏掉，酸楚之情不由令人唏嘘不已。

征集《北凉沮渠安周造寺碑》孤本。

经先生介绍，其友人李章汉先生将珍贵的《北凉沮渠安周造寺碑》孤本捐赠给了中国历史博物馆。此碑为我们提供了十六国时期西北地区少数民族与汉族关系的史料，同时也填补了北凉沮渠历史研究的空白，不失为历史博物馆藏品中的瑰宝。

作《日本国收藏的唐代一行等人画像》，刊于《文物》1976 年 3 期。

1978 年（戊午） 57 岁

作《跋程伟元罗汉册及其它》，刊于《文物》1978 年 2 期；《曹雪芹和永忠小照辨析》，刊于《文物》1978 年 5 期；《"夏虚都"三玺考释》，刊于《中原文物》1978 年 2 期；《徐霞客〈赠妙行七律二首〉墨迹跋》，刊于《中华文史论丛》1978 年 8 期。

在《曹雪芹和永忠小照辨析》中，先生大胆提出"这一开册页除尹继善的题诗以外，其他皆有意伪作。伪作时间约在本世纪二十年代到实施年代新红学派盛行时期"，从而对陆绘画像予以彻底否定。

1979 年（己未） 58 岁

赴日本访问并讲学。

作《北宋磁州窑"陈桥兵变"图瓷枕》，刊于《历史教学》1979 年 1 期；《"今日回思志倍坚"——忆郭老》，刊于《中国历史博物馆馆刊》1979 年 1 期；《博物馆历史文物的鉴定和研究》，刊于《文物》1979 年 10 期。

1980 年（庚申） 59 岁

5 月，参加国家文物局、中国历史博物院在无锡召开的文物鉴定工作座谈会。

发现孔望山摩崖造像含有佛教内容。

6 月，先生应邀出席文化部文物局在江苏无锡召开的《历史文物鉴定·编目概论》编写工作座谈会。会后，他受邀赴连云港做文物考察。在参观孔望山摩崖石刻的过程中，他首次提出了孔望山摩崖造像含有佛教内容的观点。他说，这处摩崖石刻的内容不像是过去人们通常认为的孔子给弟子授课的场面，也不属于世俗内容的人物造像，实际上表现了释迦牟尼死后众弟子举哀的场景。先生的这一观点引起了当地学术界的高度重视，随即他们邀请他在连云港市社会科学联合会做了一个关于孔望山摩崖石刻最新发现的简短报告，并举行了座谈会。同年，先后有专家赴连云港实地考察。经过考察研究，他们的结论与先生一致，都认为孔望山摩崖造像有佛教内容，是我国较早的佛教遗迹，可以认为是佛家艺术的早期雏形。

秋，赴四川成都参加中国古文字学会首届年会。

作《北魏曹天度造千佛石塔》，刊于《文物》1980 年 1 期；《座谈曾侯乙墓》，刊于《文物》1980 年 2 期；《战国龙凤人物帛画》，刊于《集邮》1980 年 5 期；《麟为夷兽说》，刊于《古文字研究》第十七辑，中华书局1980 年 6 月版；《论文同墨竹》，刊于《美术》1980 年 7 期。

1981 年（辛酉） 60 岁

经先生联系，中央民族大学贾敬颜教授将珍藏的《赵孟頫致张景亮书札》捐赠给了中国历史博物馆。

秋，赴山西太原参加中国古文字研究会第四届年会。

作《从〈风俗通义〉看汉代的礼俗》，刊于《史学月刊》1981年4期；《鉴真大师像回国巡展纪事》，刊于《法音》1981年4期；《孙作云同志对于楚文化的研究》，刊于《历史教学》1981年5期；《王绂北京八景图研究》，刊于《文物》1981年5期；《望海潮紫禁城写感》，刊于《紫禁城》1981年04期；《题田桓〈英雄独立图〉》，刊于1981年10月11日《光明日报》；《林则徐游华山诗手迹跋》，刊于《故宫博物院院刊》1981年4期；《"陆离"新解》，刊于《文史》1981年11期；《雪庄〈黄海山花图〉记》，刊于《学林漫录》2辑；《顾随题沈尹默书联小记》，刊于《书法》1981年4期；《书画鉴定经验谈》，刊于《百科知识》1981年9期。

1982年（壬戌） 61岁

2月，张伯驹先生去世。先生挥泪书写挽联："书会忆追陪，不忍重看西晋帖；春游成梦寐，何时更到北梅亭。"

4月，赴日本，在东京与宫川寅雄先生论连云港东汉史迹。

先生曾写诗二绝纪此事："锦屏山下草萋萋，孔望岩头望欲迷。省识佛陀浮海意，群雕汉刻复奚疑。""海上丝绸路有无，摩崖法相未模糊。相期同上云台路，尽揽瀛洲山水图。"

作《唐寅赠日本友人彦九郎诗》，刊于《旅游》1982年1期；《应县佛宫寺木塔发现的辽代俗文学写本》，刊于《文物》1982年6期。

1983年（癸亥） 62岁

主持"曹雪芹画像调查报告会"。

2月28日，由中国博物馆学会主办的"曹雪芹画像调查报告会"在中国历史博物馆召开，会议由先生主持，由郑州博物馆馆长韩绍诗做画像的调查报告。报告详尽地讲述了画像的调查过程并举出了大量的证据，证明画像确是伪作。

参与《认真贯彻执行〈中华人民共和国文物保护法〉（笔谈）》，刊于《文物》1983年01期；作《法国枫丹白露中国馆中的圆明园遗物》，刊于《圆明园》学刊第二期；《从娄叡墓壁画看北齐画家手笔》，刊于《文物》1983

年 10 期；作《关于历史画的问题》，刊于《美术》1983 年 10 期；《丘逢甲诗迹》，刊于 1983 年 9 月 24 日《光明日报》。

1984 年（甲子） 63 岁

受邀参加驻外使馆文物清点调查。

外交部决定由行政司司长带队，邀请一批文博专家赴各驻外使馆"摸清家底"，清点调查这批珍贵的国家财产，先生在受邀之列。他先后赴美国、印度、巴基斯坦、缅甸、泰国等驻外使馆，为使馆所藏文物做鉴定和建档工作，为保护国家文物做出了重要贡献。

7 月至 8 月，在徐州师范学院举办的第一届唐史讲习班授课。

作《"五谷满仓"与"六蓄蕃息"瓦当》，刊于 1984 年 1 月 3 日《人民日报》；《湖北省博物馆建馆三十周年贺诗》，刊于《博物馆》1984 年 1 期；《北魏幽州光林寺考》，刊于《中国历史博物馆馆刊》1984 年 1 期；《波斯萨珊朝鎏金人物银瓶》，刊于《历史教学》1984 年 8 期；《李白署书独乐寺"观音之阁"考》，刊于 1984 年 11 月 7 日《光明日报》。

1985 年（乙丑） 64 岁

在海南考察发现西汉银印。

先生到海南考察，在乐东县文化馆发现了一枚银制古印章，印铸"朱庐执刲"四字阴文。经他考证，银印当为西汉朝廷对立有军功的将领封爵朱庐县时的赐印，这枚印章的发现对海南岛的古代历史和地理的研究具有重大意义，被誉为"海南第一古印"。

作《北齐娄睿墓壁画作者考订》，刊于《中国艺术》1985 年 1 期；《一点希望》，刊于《史学月刊》1985 年 1 期；《无㪤鼎的发现及其意义》，刊于《文物》1985 年 1 期；《忽雷为侗族乐器说》，刊于 1985 年 7 月 2 日《贵州日报》；《明程南云、李东阳、唐顺之三家诗卷跋》，刊于《荣宝斋三十五周年纪念集》。为王仁兴《中国饮食谈古》作序。

1986 年（丙寅） 65 岁

任国家文物鉴定委员会副主任委员。

3 月，国家文物鉴定委员会在北京成立，启功先生任鉴定委员会的主任，由启先生提议聘任先生为副主任委员。在介绍先生被聘任的理由时，启先生说："文物鉴定方面史树青先生受过正规的大学教育，在书法、绘画、文物考古等方面都有所涉猎，可称得上是文博事业的通才。"

发现《妙法莲花经》。

8月，先生在青岛给文博工作者讲学时，在即墨博物馆发现北宋何子芝造金银字《妙法莲花经》一册，认为是北宋珍贵文物。

本年，著《祖国悠久历史文化的瑰宝》，北京书目文献出版社（今国家图书馆出版社）出版。主编《小莽苍苍斋藏清代学者法书选集》，文物出版社出版。

应田家英同志夫人的邀请，开始编写《小莽苍苍斋藏清代学者法书选集》，先生任主编。

9月，作为国家鉴定委员会委员和王世襄同赴江西婺源，参加国家鉴定委员会文物定级标准评审会，并出席婺源县博物馆开馆典礼。

作《蒙古族收藏家贡桑诺尔布》，刊于《燕都》1986年5期；《于右任书〈浣溪沙·哈密西行机中作〉墨迹》，刊于1986年6月17日《中国旅游报》；《文房四宝》，刊于1986年12月29日《人民政协报》。

1987年（丁卯） 66岁

《妙法莲花经》被定为国宝级文物。

3月，在先生的倡议下，在中国历史博物馆召开鉴赏会，经启功、赵朴初等专家鉴定确认何子芝造金银字《妙法莲花经》为北宋时的写经，被誉为中国考古史上的一次空前发现。书写该经文的瓷青纸是北宋时期特制的明纸，这是我国迄今能见到的最早最精致的纸制品，因而被确定为国宝级文物。

作《崔白双喜图臆说》，刊于1987年2月1日《经济日报》；《林白水卖文字办报》，刊于《燕都》1987年5期。

1988年（戊辰） 67岁

担任恢复后的中国历史博物馆文物征集鉴定委员会副主任委员。

作《唐代"胡腾舞"铜人像》，刊于1988年3月5日《光明日报》；《谈中国书画的鉴赏》，刊于1988年8月6日《中国教育报》；《李滨之对书画研究的贡献》，刊于 1988 年 12 月 22 日《中国书画报》。

1989 年（己巳） 68 岁

作《怀念王冶秋同志》《〈文天祥书谢昌元座右自警辞〉跋》，刊于《中国历史博物馆馆刊》1989 年 1 期。

1990 年（庚午） 69 岁

3 月，赴河北师范大学讲学。

撰文《曾燠〈拱北楼刻漏歌〉墨迹跋》，纪念陈垣先生诞辰 110 周年。

文首提到："1990 年 12 月 11 日，'纪念陈垣教授诞生 110 周年国际学术讨论会'在广东省江门市召开。先期，同门学长嘱为撰文纪念，因念先生于 1907 年居广州时，曾据拱北楼之铜壶滴漏，在《时事画报》第二十五期发表《说铜壶滴漏》一文，阐述国人之爱国思想及历史观念。并辟俗传拱北楼刻漏为诸葛孔明遗制之谬。爰据寒斋所藏清人曾燠手书拱北楼刻漏歌，撰为跋语，以补师说，自知尚多疏陋，幸专家学者有以教之。"

与人合著《应县木塔辽代秘藏》，文物出版社出版。

作《顾随先生纪念会开会辞》，刊于《河北大学学报（哲学社会科学版）》1990 年 4 期；《王应麟跋文天祥书谢昌元〈座右自警辞〉书后》，刊于《文物天地》1990 年 4 期；《薛怀写生蔬果册跋》，刊于 1990 年 1 月 19 日《中国书画报》；《中国书画鉴赏琐谈》，刊于《八小时之外》1990 年 10 期；《紫光阁画像考》，刊于《郑天挺先生纪念论文集》中华书局 1990 年版；《中国古代人物图像的鉴别问题》，刊于《纪念陈垣校长诞生 100 周年纪念集》，北京师范大学出版社 1990 年版；《从萧公堂净水碗看明代北京的商人会馆》，刊于《纪念顾颉刚学术论文集》，巴蜀书社 1990 年版；《竹木牙角器概述》，刊于《国宝大观》，上海文化出版社 1990 年版。为《丁佛言手批窗斋集古录》《楼兰出土文书》《孔望山造像研究》《中国文物精华大全·金银玉石卷》《顾随临同州圣教序》作序。

1991 年（辛未） 70 岁

作《海瑞真迹重见天日》，刊于 1991 年 3 月 30 日《中国工商时报》。为《书谱字典》作序。

本年,《楼兰文书残纸》在天津古籍书店出版;《小莽苍苍斋藏清代学者法书选集》在文物出版社出版。

1992 年（壬申） 71 岁

受邀参加"全国孙膑故里研讨会"。

4月,"全国孙膑故里研讨会"在山东郓城召开,先生作为文物鉴定专家参加了这次研讨会。会上他作为《孙膑兵法》的发现者和研究专家,作了专题发言,充分肯定了孙膑故里应在"古廪丘"之说。他在会上赋诗表达了自己的观点:"历史悠长不计年,临沂古简识庞涓。后孙子接前孙子,赢得兵书十六篇。""三月花时聚盛流,谈兵考史论不休。推源派衍齐孙子,阿鄄之间古廪丘。"

先生在研讨会间隙游历了水泊梁山遗址,后出席了菏泽牡丹花会,并乘兴赋《浣溪沙》一首:"访古才过忠义堂,看花又到牡丹乡,人生莫负好春光。昔客洛城评魏紫,今经菏泽识姚黄,万人空巷说花王。"

夏,鉴定曹雪芹墓石。

张家湾镇政府重新发现了1968年平坟时发现的曹雪芹墓石,墓石上刻"曹公讳霑墓",右下角有"壬午"二字。先生和傅大卣先生受邀前去鉴定,一致认为是真品。

本年,与人合著《中国大百科全书——文物》在中国大百科全书出版社出版。

作《中国历史博物馆藏法书概述》,收入《中国历史博物馆藏法书大观》,上海教育出版社、日本柳原书店1994年版;《爱新觉罗毓岑楷书〈孝经〉跋》,刊于《燕都》1992年2期。

1993 年（癸酉） 72 岁

受聘为日本广岛毛笔博物馆顾问。

作《〈乐氏藏古玺印选〉序》,刊于《收藏家》1993年1期。为《王尔烈墨迹选》作序。

1994 年（甲戌） 73 岁

受聘为马来西亚艺术学院兼职教授。

录制《鉴定国宝的国宝·史树青》。

中央电视台《神州风采·人物篇》对先生进行了一次专访，并制作专题片《鉴定国宝的国宝·史树青》。

作《黄山画派对旅游和植物学研究的贡献》，刊于《文物天地》1994年1期；《河姆渡遗址为姚墟说》，刊于《浙东文化》1994年1—2期合刊；《康有为·梁启超屏联珍赏记》，刊于《收藏家》1994年2期；《钱玄同书"平妖堂"斋额》，刊于《收藏家》1994年2期；《周肇祥与中国画学研究会》，刊于《收藏家》1994年3期；《石言馆印剩序》，刊于《收藏家》1994年4期。《〈历代书画伪章留痕〉序》，刊于《收藏家》1994年5期；与海国林合作《明江必名石梁飞瀑图》，刊于《收藏家》1994年5期；《所见中国古代小说戏曲版画图录·序》，刊于《收藏家》1994年6期。

1995 年（乙亥） 74 岁

参加河南郑州二里岗商周战国遗址发掘、河北易县燕下都战国遗址发掘、山西侯马遗址调查及浙江河姆渡遗址调查等。

本年，与人合著《中国文物精华大全》在香港商务印书馆出版。

作《明罗文瑞为梁梦龙作幽兰竹石图》，刊于《收藏家》1995年2期；《河姆渡遗址为姚墟说》，刊于《寻根》1995年2期；《耶律楚材画像小考》，刊于1995年5月21日《今晚报》；《清李克正临汉碑册》《竹木牙角器珍赏·序》，刊于《收藏家》1995年5期。为《〈苏斋笔记〉译注》作序。

1996 年（丙子） 75 岁

受聘为新加坡国立大学李光前博物馆客卿教授。

本年，《书画鉴真》在北京燕山出版社出版。

作《史树青同志在英山毕昇墓碑研讨会上的发言》《英山毕昇墓碑研讨会感赋》，刊于《出版科学》1996年1期。

1997 年（丁丑） 76 岁

热心助力李大钊纪念馆筹建工作。

乐亭县筹建李大钊纪念馆，先生不仅张帮助李大钊纪念馆联系复制文物事宜上出了大力，还慷慨地捐出了自己收藏的图书真品《初期白话诗稿》

供纪念馆陈列。《初期白话诗稿》影印了李大钊、陈独秀、鲁迅等八人的二十六首白话诗作，开篇即为李大钊的《山中即景》。

作《满族傅余庵花鸟草虫图册》，刊于《收藏家》1997年2期；《初拓本宝贤堂帖序》，收入《南开大学历史系建系七十五周年纪念文集》，南开大学出版社1998年版；《清严长明王文治诸家跋唐人写经卷》，刊于《收藏家》1997年3期；《明李永昌竹石图轴跋》，刊于《收藏家》1997年4期；《明吏部尚书王恕加官晋爵祝寿图跋》，刊于《收藏家》1997年5期；《明监察御史王忬象牙腰牌》，刊于《收藏家》1997年6期；《论蔡候墓的年代》，刊于《文史哲》1997年8期。

1998年（戊寅） 77岁

征集成吉思汗圣旨金牌。

一天，一个河北人拿着一块腰牌到历史博物馆，想鉴定后卖掉。征集处的工作人员认为腰牌是赝品，拒绝收购。正在此人拎包要走的时候，先生进来了。征集处的人请他也看看，经仔细鉴定后如获至宝。先生对征集处的同志说，这是一件极其难得的成吉思汗时代文物，建议馆里收藏。但征集处坚持自己的判断，还是没同意收购这块腰牌。先生虽是馆里的鉴定专家，但并没有决定收购的权力。眼睁睁看着这件难得的成吉思汗文物要与博物馆失之交臂，他又可惜又不甘心。当时已近正午，他请这个河北人一起吃午饭，正好聊聊腰牌的事。谈话中得知，这个人买腰牌花了8000元，只要中国历史博物馆出到9000元就行。先生留住这个人，请他暂时别离开，下午一上班他就去找馆长说明了这个情况，希望馆里出资留下这件宝贝。但馆长看过腰牌后，对其真伪也同样存疑，并没拍板买下。他依然不甘心，追出去向出售腰牌的人要了联系方式，请他暂且别出售，一旦博物馆有意向收购就和他联系。为这事，他专门找了当时的国家文物局局长，请局长亲自出面打电话给河北省文物局，打听这件腰牌的下落。后经多方波折，历时一年多，在先生锲而不舍的努力下，终于把这件腰牌收入了中国历史博物馆，此时腰牌的价格已涨到了25000元。这是迄今为止国内收藏的唯一成吉思汗时代文物实品。

5月，在杨伯达的推荐下，受邀到国家文物局扬州培训中心古玉器培训班讲授古玉文献课。

参与《〈文物〉月刊出刊 500 期纪念笔谈》，刊于《文物》1998 年 1 期；作《明独立自书五律诗轴》，刊于《收藏家》1998 年 1 期；《高剑父与岭南画派诸家》，刊于《收藏家》1998 年 3 期。为《梁启超文稿》写题跋。

1999 年（己卯） 78 岁

参加在北京举行的"甲骨文发现 100 周年海内外甲骨文书法大展"活动。

赴北戴河参加朱启钤纪念亭揭幕典礼。

作《翁方纲父子趋直图卷》，刊于《收藏家》1999 年 1 期；《绵亿书〈雪赋〉、谭延闿书〈月赋〉二跋》，刊于《收藏家》1999 年 3 期。

2000 年（庚辰） 79 岁

作《拳拳之心报国恩——中国历史博物馆藏捐赠文物概述》，刊于《收藏家》2000 年 1 期；《成吉思皇帝圣旨金牌考》，刊于《收藏家》2000 年 4 期；《明陶望龄兰亭古迹题榜卷》，刊于《收藏家》2000 年 6 期；《中华民国建国纪念墨》，刊于 2000 年 6 月 25 日《中国文物报》；《中国历史博物馆藏法书大观概述（上）》，刊于《中国书法》2000 年 8 期；与马未都、刘传铭、朱国荣联合发表《打击赝品　完善立法　加强管理》，刊于 2000 年 9 月 14 日《文汇报》；《中国历史博物馆藏法书大观概述（中）》，刊于《中国书法》2000 年 9 期；《梅兰芳〈瀛槎叙别〉题名册跋》，刊于《收藏家》2000 年 9 期；《毛泽东签名的国画流回国内》，刊于《收藏家》2000 年 11 期。

2001 年（辛巳） 80 岁

8 月 13 日，参加北京"纪晓岚故居展陈工作专家研讨会"。

9 月，偕夫人应美中收藏家协会之邀赴美进行为期三周的访问。

11 月，参加陈垣先生诞辰 120 周年学术研讨会。

11 月 24 日，出席新加坡华裔女画家车澄霖先生画展开幕式。

开幕式之前，在观看展品的交谈中，有学者不经意直呼了"启功"的名字，先生郑重地说："你、我都不能直呼启功其名，要称'启元白、启元白先生'知道吗！"开幕式剪彩之前，举办方多次推让同作为剪彩嘉宾的史先生与启功先生一起站在主席台中间，他却一再婉拒，说："启先生在那里，我站在这里就行。"于是执意站在主席台的最边上。

作《〈笃恭殿宝〉玉印小考》，刊于 2001 年 2 月 18 日《中国文物报》；《宋磁州窑"仁和馆"双耳瓶》，刊于 2001 年 4 月 1 日《中国文物报》；《〈石鼓文新解〉序》，刊于《故宫博物院院刊》2001 年 6 期。为饶宗颐先生《选堂雅聚》作序。

本年，《鉴古一得》在北京学苑出版社出版。

2002 年（壬午） 81 岁

4 月 26 日，参加在南京举行的"海峡两岸甲骨文手法联展"开幕式。

6 月，参加由中国文物学会召开"纪念商承祚先生百年诞辰座谈会"。

8 月 15 日，中国历史博物馆举行"庆祝史老八十大寿暨参加文物工作五十五周年"活动。一周后，退休。至此，先生在中国历史博物馆工作了 55 年。

9 月，赴澳门参加汉文化资料库国际学术研讨会。

应邀参加《研山铭》的鉴定工作。

北京中贸圣佳国际拍卖公司由境外将米芾《研山铭》征集至北京，先生应邀参加了《研山铭》的鉴定工作，并欣然题诗赞之："米芾研山铭手迹自日本回归喜赋小诗：多景楼头见砚山，山名书名高难攀。千年名迹流东土，今日回归应早还。"

10 月，出席江苏省甲骨文学会举办的首届"甲骨论坛"。

为庆祝启功先生九十华诞书画展，先生作诗两首："学海扬帆独占先，门生弟子已华巅。儒宗文府今回首，笔砚追随六十年。""颐情玄览兴偏长，当年三过简靖堂。庠校育人称世范，而今更见老师忙。"

本年，《史树青金石拓本题跋选》在岭南美术出版社出版。

作《中华收藏名家大典序》，刊于《收藏家》2002 年 3 期；《学养深醇　气概雄迈——郭沫若的书法艺术》，刊于《中国书法》2002 年 7 期；《跋郑诵先释圣母帖墨迹》，刊于《收藏家》2002 年 11 期。

2003 年（癸未） 82 岁

探访老家。

8月，先生携老伴回到乐亭汤家河老家。临走之前，他带着老伴到县城参观了李大钊纪念馆。当工作人员认出他时，他示意大家不要惊动领导，他随意解释说，只是带老伴看看，了解了解家乡的伟人，学学大钊的事迹和精神。

10月，参加南京博物院举办的建院七十周年庆典及学术研讨会。

作《清袁耀桃源图通景屏》，刊于《收藏家》2003年2期；《顾随先生临同州〈圣教序〉跋》，刊于《中国书画》2003年4期；《文物鉴定要广纳言集群策》，刊于2003年4月4日《中国艺术报》；《读石鼓文新解兼论白泽》，刊于《收藏家》2003年8期。

2004年（甲申） 83岁

作《〈武慕姚书法选集〉序》，刊于《中国书法》2004年7期；与欧阳启明合作《专家谈用科技辨别书画真假》，刊于《中国拍卖》2004年10期。

2005年（乙酉） 84岁

在北京阜外医院为《大藏家张伯驹》作序。

先生文中提及与张伯驹先生的相识与交往经历："我与伯驹先生，相识于20世纪40年代。一天，故宫博物院院长马叔平先生邀请张伯驹等友人到故宫赏太平花，我也在应邀之列，就在欣赏太平花赋诗作词中相识了。我与伯驹先生数十年交情，情深谊长，问学请业，书画怡情，无分尔我，品味其词，如味橄榄，如饮甘泉，如月下闻笛，如露中观荷，驰马越塞，壮美素美之境，水乳交融，可意会不可言传，妙哉妙哉！"

捐赠越王勾践剑。

4月，先生在逛大钟寺文物市场时，购得一柄刻有"越王勾践自作用剑"错金鸟篆文的古剑。他认为这是越王勾践剑，并第一时间联系了国家博物馆，表达了捐赠的愿望。然而，剑交到国家博物馆几天后就被退了回来，原因是真伪不明。很多专家认为，无论从器型、表面特征和文字结构哪方面来判断，这把剑都不像是真品，史老这回是看走了眼。但他坚持这把剑是真品的观点，他认为这把剑在文字上比江陵望山一号墓出土的越王勾践剑更好，因为它使用了错金工艺，价值当在那把剑之上；根据《越绝书》"越王勾践，有宝剑五"的记载，发现第二把越王勾践剑不足为奇；而且，文物造假最主要的目的是牟利，近年来越王勾践剑的赝品主要产自上海和湖北，以这把剑的工艺对照区区 1800 元的价格，从成本上来看仿制者基本赚不到钱。

这件事在文博界掀起了不小的波澜，好多人说先生这回走了眼，闹出了大笑话，这对从事了一辈子鉴定工作的先生的声誉形成了不小的伤害。他在很长一段时间都心情郁闷，后来他说："学术上的事有时是没定论的。不管是真是假，我又不是自己要，我的心是真的。"他为此事赋诗道："越王勾践破吴剑，鸟篆两行字错金。得自冷摊欲献宝，卞和到老是忠心。"表达了自己献宝于国的一片真心。

中央电视台《大家》栏目为先生拍摄《征史鉴源探真宗》访谈性专题片。

参加抢救中国民间家书项目，并任组委会专家委员会委员。

2006 年（丙戌） 85 岁

6 月，参加中国篆刻艺术研究院成立大会。

9 月，赴长春参加溥仪国际研究会。

10 月，参观拜谒位于江苏淮安的刘鹗故居。同月，参加殷墟 127 甲骨坑南京室内发掘 70 周年学术报告会。

冬，作为《国宝档案》栏目的特约专家顾问出席《国宝档案》和中国抢救海外专项基金举办的收藏年会。

与吕华强合作《名家赏玉》，刊于《收藏家》2006 年 6 期；与贵卿合作《名家赏玉》，刊于《收藏家》2006 年 8 期；作《名家赏玉》，刊于《收藏家》2006 年 11 期；《名家赏玉》，刊于《收藏家》2006 年 12 期；《史树青："我们还有一线光明"》，刊于《湖北档案》2006 年 12 期。

2007 年（丁亥） 86 岁

6 月 20 日，出席在北京举行的"首届民间国宝评审颁奖典礼"活动。

8 月 26 日至 9 月 4 日，携夫人赴大连参观。

9 月 19 日，参加中国艺术研究院篆刻艺术院的周年庆典活动。

11 月 7 日，因病在北京逝世。

先生逝世后，叶嘉莹先生作《挽树青学长》："树青学长与我为六十年前同班同学，去岁尚曾在京欢聚。忽接噩报，竟以心疾不治逝世。诗以悼

之：忽报京华谢老成，顿令鲁殿感凄清。疗心恨乏三年艾，鉴古曾传一世
名。犹忆欢言如昨日，空留文字想生平。少年同学凋零甚，厄酒中宵北向倾。
叶嘉莹敬挽，时旅居津门。"

2007 年，山东画报出版社出版先生遗著《鉴宝心得》。

2008 年，九州音像出版社编辑出版了《史树青书法艺术》。

2010 年，文物出版局出版由海国林、夏玫云编《斗室的回忆——史树
青先生纪念文集》。

2012 年，江苏人民出版社出版张瑶《鉴定国宝的"国宝"——史树青
传》，收入《大家丛书》。

2014 年，上海三联书店出版荣宏君《文博大家史树青》。10 月，"史树
青生平事迹展"在故乡乐亭县汤家河镇史庄"史家文化大院"展出，为乐
亭县农村文化建设增添了一道亮丽的风景。

主要参考文献

［1］中国社会科学家辞典（现代卷）编委会撰：《中国社会科学家辞典（现代卷）》，兰州：
　　甘肃人民出版社，1986 年。

［2］顾之京著：《女儿眼中的父亲——大师顾随》，北京：中国工人出版社 2007 年。

［3］顾随著：《诗书生活：顾随随笔》，北京：北京大学出版社 2008 年。

［4］刘梦芙编著：《二十世纪中华词选》，合肥：黄山书社 2008。

［5］郑理著：《大藏家张伯驹》，沈阳：万卷出版公司 2008 年。

［6］张志和著：《启功谈艺录：张志和学书笔记》，北京：华艺出版社 2012 年。

［7］海国林、夏玫云编：《斗室的回忆——史树青先生纪念文集》，北京：文物出版社
　　2010 年。

［8］张瑶著：《鉴定国宝的"国宝"——史树青传》，南京：江苏人民出版社 2012 年。

［9］荣宏君著：《文博大家史树青》，上海：上海三联书店 2014 年。

［10］王莉莉：《尽揽瀛洲山水图——记国家文物鉴定委员会副主任史树青教授》，《中国
　　人才》1997 年第 3 期。

［11］赵纯娴：《史树青先生访美记略》，《收藏家》2002 年第 4 期。

［12］唐吟方：《收藏鉴定与新文物法——史树青访谈录》，《收藏家》2002 年第 8 期。

［13］曹鹏、冯令刚：《国学和见物是鉴定的基础——史树青访谈》，《中国书画》2003

年第 9 期。

［14］建真:《见物见人　征史探源——史树青先生谈艺术品收藏与鉴赏》,《收藏界》
　　　2004 年第 6 期。

［15］李城外:《史树青献石锛》,《武汉文史资料》2006 年第 1 期。

［16］吴志菲:《国宝史树青》,《百姓》2006 年第 8 期。

［17］李飞:《鉴定国宝的国宝　访文物鉴赏大家史树青》,《艺术与投资》2007 年第 1 期。

［18］王海珍:《史树青　鉴定准确度有九成》,《新闻人物》2007 年第 4 期。

［19］张佰明、林能超:《大家史树青》,《中国拍卖》2007 年第 4 期。

［20］云菲:《怡情玄览兴偏长　谈艺从来重鉴藏——追忆史树青先生》,《中国艺术报》
　　　2007 年 11 月 13 日。

［21］刊物特约记者:《史树青:鉴定国宝的"国宝"》,《百年潮》2007 年第 11 期。

［22］丁山:《谦和恭谨　鸿辞博学——记史树青先生二三事》,《收藏家》2007 年第 12 期。

［23］傅言、陆飞:《史树青:一生为国"捡漏"》,《时代教育》2007 年第 24 期。

［24］高洪波:《史树青先生二三事（外二篇）》,《作品》2008 年第 3 期。

［25］吴志菲:《史树青:养生良方是读书》,《养生大世界》2008 年第 5 期。

［26］冯鹏生:《日进步而不御　遥闻声而相思——怀念傅振伦、启功、史树青、杨仁恺
　　　诸先生》,《人物》2009 年第 8 期。

［27］杨海儒:《追忆与史树青先生交游往事》,《蒲松龄研究》2011 年第 3 期。

［28］胡晓幸:《养我浩然之正气——著名学者史树青肖像创作小记》,《收藏家》2013
　　　年第 3 期。

（作者为河北省艺术研究所助理研究员）

王学奇先生学术简谱

王京州

　　《王学奇年谱》（上卷）为自订年谱，未正式出版，印行时间为 2013 年 2 月。先生自序称："这本自拟的《年谱》，是我的生平简史，它记录了近一世纪我在时代的风暴中是怎样挣扎过来的。"年谱叙述虽详略得间，然而部分内容为摘录日记，其述及时事或家常琐务的内容，虽透射个人的心灵史，与学术关系却不甚大。《简谱》旨在芟繁就简，保留求学、任教、治学及学术交游等内容。《年谱》不采用农历纪年，与一般年谱体例未合，为免新生歧义，《简谱》未改弦易张，仍用公历纪年。此文经王学奇先生亲自审定，并获河北师范大学霍现俊教授多所匡补，特此鸣谢。

1920 年

　　先生于六月三日（农历四月十五）生于北京密云县西田各庄。父讳致德，字慎修；母陈氏。

1925 年　5 岁

　　年初入私塾，师从张任之先生。任之先生赐名学纯，旋又为慎修先生改名学奇，号硕愚，盖取古诗"学到如愚始见奇"之意。

1927 年　7 岁

　　在私塾读《百家姓》《三字经》《大学》《中庸》《论语》《孟子》。

1928 年　8 岁

　　慎修先生令读史书，因字小而不感兴趣。

1930 年　10 岁

入乡村初级小学，从三年级读起。农历三月间，慈母见背。继母贾氏，照顾不周。

1931 年　11 岁

暑假后，转入密云县小学。喜作文白夹杂的小诗，崔师青睐有加，推荐至密云小报发表。

1932 年　12 岁

在日寇步步进逼下，学校被迫放假，随家人逃难至村西北的高山深谷中。

1933 年　13 岁

学校开学复课，升入五年级。深受张凤侣师器重，与学士禄、郑云墀、张蕴芳、沈培祖、苏立功、马怀玉、李宗芳等同学要好。

1934 年　14 岁

继续在密云小学读书，以写日记蜚声全校，周会上屡受表扬。

1935 年　15 岁

小学毕业后辍学，回家从伯父读《古文观止》。从父母命完婚，然而心所不甘。

1936 年　16 岁

报考伪冀东通县师范初中部，被录为公费生。与沈培祖、王学林同学，性情投和。小学故旧张蕴芳入潞河中学，马怀玉入简师，暇时常相过从。好景不长，暑假后公费待遇终止，无法继续求学。报考保定二师，未果。遂欲投笔从戎，报名陕西华阴县一〇八师干部教导队并被录取。然而事与愿违，又欲逃离训练营地，竟安然突围。回家继续从伯父读《古文观止》，渐能成诵。

1937 年　17 岁

卢沟桥事变爆发，日本侵华战争全面爆发。春季考入顺义县牛栏山中学初二插班生，因基础薄弱而遭人轻视，遂发愤追赶，力争上游。期间曾与学弟王守功等力矫时弊，遏制了牛栏山中学上班欺压下班等不良校风。

1938 年　18 岁

暑假毕业后考入北京市立师范学校，因学校被迫安插日本教师，教学气氛迥然不同，又因膝盖突生恶疮，心情郁愤。

1939 年　19 岁

与同班王学林、方汉、吴克勤游，彼此情投意同，遂义结金兰，订交终生。

1940 年　20 岁

同学刘增纯遭训育主任无理毒打一案，引发公愤。撰文扬其罪，载于各大报端。事泄后，受到警告处分。

1941 年　21 岁

北师三载倏然而逝，因染疾未能全心向学，虽考试成绩多有斩获，仍歉然者久之。暑假毕业，考入伪建设总署土木工程专科学校。然学工程，终非先生之职志也。遂毅然逃离此校，到北京永定门外石榴庄小学任科任教员，期间又萌发南下之志。

1942 年　22 岁

3 月 21 日，与马怀玉、刘增纯、王守功四人轻装乘车南下，经保定、彰德、新乡，脱离沦陷区。抵洛阳后继续西上，经灵宝、潼关、华阴等地，于月底抵达西安，到战干团报到。后以此地不可久留，与刘增纯逃出战干团，6 月 18 日返回洛阳，进入河北知识青年招待所等候考学，抽暇游览白马寺。上报教育部后，被分配到西北工学院土木工程系，从一年级读起。因学习用具不办，毅然从工学院退学，重新报考西北师院国文系。成功考取后，与杨慎仪、史振华等携手西上，循徽县、陇东、天水、通渭等地，于 11 月上旬抵达兰州莅校。

探索古诗源流，构思新诗佳作，草就《贾岛诗惯用字之研究》《宋诗派别之分析与商榷》等论文，获任课老师赏识。

1943年 23岁

寒假期间，与同班同学史振华藏身教室，合注《唐诗三百首》。开学后，考试成绩一举夺魁，获林主席奖学金。撰《西师赋》《桃花女赞》《悲愤二首》。其间经历证件风波，虚惊一场，学籍得以保留，仍留西师。课余专攻王安石诗歌研究，兴趣盎然，每有所获辄笔录之，以待集腋成裘之效。

1944年 24岁

寒假与好友刘德生结伴回沦陷区省亲，在北平滞留两周，回家省亲一周，匆匆沿原路南返。途径西安，趁便游临潼，参观华清池、古汉槐及秦始皇疑冢等。回兰州后，受"文学研究会""创造社"启发，与史振华倡议创建青年文学社，推举李英基为社长。撰《示志诗》《诉衷情·参军》。以巴垠笔名，由中国书店出版新诗集《拓荒》。该集包括《血的痕迹》《清乡》《赴敌》《足迹》《哀曲》《夜雨吟》等二十篇，内容主要是揭露日军暴行，兼收青年苦闷之作。

1945年 25岁

报名参军后不久，即与其他知识青年乘卡车从兰州赴汉中，编入二〇六师六一六团，团长为赵云飞。欲效仿《西线无战事》，在通信排撰写第一封《军中通信》。通过有效措施，被批准退伍，返兰复学。经常向王汝弼老师请教治学问题，颇得其启迪。日本投降后，撰有《咏胜利》《清平乐·展望》《胜利赋》。在《阵中日报·质文副刊》上发表《论王荆公诗之宗主》一文，为研究王安石诗歌的开篇之作。踊跃参加复校运动，写成《为复校事告全院同学书》及长诗《复校七十六行》，将复校运动推向高潮。作为学生代表，又被推为宣传股副股长，所有宣传文字，皆出先生之手。

1946年 26岁

《阵中日报》"文谭会"改选先生为会长，因毕业在即，无暇展开工作。8月底，蒙李建勋教授转托杨体要先生，代谋省立女中事成，任初一、初三、高一国文课。课余仍专心致力于研究，孜孜不辍。

1947年 27岁

终于撰成《王荆公诗之研究》，计约五万余字。暑假前，与吕印珍结伴自兰州启程北上，经银川、包头、大同、张家口等地，7 月 10 日抵达北平，入住北师大学生宿舍。考清华研究所失败，接受学长刘秉哲邀请，到法勤中学兼国文课，旋又经曹述敬推荐到教育部北平中学进修班任专职教员。

1948 年　28 岁

暑假考北大研究生无果。年底经天津赴塘沽，乘货轮南下，抵沪、宁等地。进修班同事王淑琴、西师同学吴文秀等代为谋职，四处奔走，迄无所获。

1949 年　29 岁

由南京到苏州，投奔国立教育学院王嘉祥、张拱贵、廖序东等人，然谋职亦无结果。后经廖序东推荐到景海女师教课，张拱贵又介绍到江苏省立师范学校兼课。7 月 31 日北上，住在报子街北平旅社。8 月考北大研究生又告失败，经于泽禾推荐到和内顺城街劳动中学任教。10 月 1 日，在天安门前观瞻开国大典。

1950 年　30 岁

2 月被劳动中学解聘，随即到北京市一中任教，至暑假又被解聘。沈阳工学院张立吾副院长来京招聘教师，经黎锦熙先生推荐，乘车赴沈阳。后转往长春分院任教，被任命为国文科主任，与秦冰露同掌科务。

1951 年　31 岁

通过吴奔星先生的帮助，出版《鸭绿江歌》，主要收录抗美援朝主题的新诗。同时开设广泛搜辑作家小传资料。经同事吴柳公介绍，与王静竹女士往来。因东北工科院校调整课程设置，取消大一语文，与吴柳公、田朝汉等调入东北师范大学中文系，得缘结识词学大师唐圭璋先生，与之探讨治学问题，获益良多。

1952 年　32 岁

与王静竹女士结婚，二人同心同德，既是生活上的伴侣，也是事业上的同志。

1953 年　33 岁

2 月 19 日，自请离职，次日偕妻进京。到天津音乐学院接替学长高怀玉教授文学课，讲文学理论与世界文学。课余继续撰写《现代文学家小传》，并送交上海新文艺出版社，等待出版。

1954 年　34 岁

5 月 19 日，长子王红生于天津红桥区水阁医院。夫妻搬到一起同住。

1955 年　35 岁

三四月间，胡风反革命集团案爆发，《现代文学家小传》一书出版无望。五六月间，肃反运动又起，被列为怀疑对象，禁闭四天。

1956 年　36 岁

3 月 3 日，自请由中央音乐学院调入河北天津师院中文系，教文学概论课。结合教学，撰就《怎样学习文学概论》，发表于《函授通讯》。与教研室同仁共同编写《文艺学概论》。加入九三学社。

1957 年　37 岁

暑假前，在《函授通讯》上陆续发表《论文学的社会作用》《作家的主观思想与作品的客观思想》二文。又撰有《论自然主义》，未能发表。次子王蓝生。暑假前后，在反右运动中未能逃脱，被列为重点批判对象。

1958 年　38 岁

春，被打成右派，不仅讲师职称被取消，原来的工资待遇也被取消，而且被下放到黑牛城监督劳动，开始长达 9 个月的劳役，斯文尊严扫地，备受精神折磨。

1959 年　39 岁

1 月 16 日，与康林、张永钦、姚大业调回学校，又听候指示，办转户口和离校手续，转入河北北京师范学院。先是在中文系资料室整理图书，又改派到教务处油印室帮忙。

既重返学校，有条件搞学问，下定决心中辍文艺学研究，改攻元曲语言，遂奠定了一生学术事业的主体基调。

1960 年　40 岁

静竹女士由于染疾不克胜任教学工作，改换图书馆工作，得以配合先生治曲。

1961 年　41 岁

9 月间，奉令由教务处转到印刷厂，做折叶子、捡叶子劳动。静竹女士病情转重，开始半休。10 月 20 日，调入图书馆中文阅览室。凭借在图书馆工作的有利条件，进一步加强了对元曲语言资料的搜辑。

1962 年　42 岁

10 月 24 日，右派帽子被摘掉，政治名誉恢复，但工资没有恢复，仍是按照新毕业的大学生待遇发放薪金。继续做看管阅览室的工作。处境虽并未改善多少，但研究元曲语言的信念更为坚定。

1963 年　43 岁

与顾学颉先生接触，并相谈甚欢。顾建议二人合注《古文观止》，于是暂时放下元曲语言的研究，专攻《古文观止》的注释。又从二百多篇古文注释中，精选出四十篇，编为《古文选读》。然而二书适值古典图书的出版困境，中华书局未能如约出版为憾。

1964 年　44 岁

先生夫妻二人虽分居京津两地，却密切协作，干劲十足，两线作战，遥相呼应，决心把《元曲释词》写好。与顾学颉夫妇、黎锦熙夫妇、吴奔星、刘世儒等共宴，席上向黎锦熙先生汇报治曲情况，深得黎师嘉勉。

1965 年　45 岁

继续广泛阅读有关元曲诸书，摘录词语，按照黎师指教的方法，制作卡片，门分类别，不遗余力。

1966 年　46 岁

为配合师生下乡劳动，到宣化农场做图书服务工作，携带图书成立了简易的图书阅览室。"文化大革命"爆发后，终日心神不安。终于 9 月 10 日被揪出，加入了"牛鬼蛇神"的队伍。10 月间又被押往宣化农场从事农事劳动。

1967 年 47 岁

在热火朝天的造反运动中，一直置身局外，作为逍遥派静观风云变幻。对别有用心造反派的争权夺位，作家学者们的死于非命，无数文物藏书的沉重浩劫，虽痛心疾首，却无可奈何，只能抑制悲愤，沉潜于元曲研究之中。

1968 年 48 岁

从 4 月 30 日起，每天按时到理化楼一一九教室集体学习，背诵"老三篇"。后来被迫参加各种批斗，无所不受其极。

1969 年 49 岁

春节在管训队度过，凄凉而寂寞，完全失去了自由。从管训队放出后，到院部学习班学习。各种专案组以不同的规模频繁进行提审，身心受到难以言喻的伤害。在河北北京师范学院大部分师生去了怀来、宣化之后，仍留在北京接受劳动改造，写检查材料。年底乘车返津治疗骨折，因得不到静养而迟迟不愈。

1970 年 50 岁

接受各种批斗，频繁写检查材料。从五号楼搬到六号楼，由独住改为多人合住，原可悄悄从事的元曲研究工作不得不中辍，改为撰写新诗。9 月奉命离京赴宣化，彻底与北京的校舍告别。

1971 年 51 岁

先是被调往锅炉房烧锅炉，又被迫参加各种劳动，一面劳作，一面挨批。10 月间请假返津探亲，逗留一周即重返宣化。

1972 年 52 岁

3 月间从院部调到物理系，做了一名钣金工，后来又从工厂调到物理系系部，被迫当勤杂工使用。物理系召开的批斗会上，群魔乱吼，后来先生的问题被宣布为敌我矛盾，按人民内部矛盾处理。

1973 年 53 岁

继续递交申诉材料。后被派往文史村传达室工作，负责上下课按电铃的工作。7 月 25 日到中文系报道，被分配到资料室。党委办公室、落实政策办公室、物理系互相推诿，都不肯为先生复查历史问题。

1974 年　54 岁

自回中文系后，决心重整旗鼓，常挑灯夜战，托人做了个卡片柜，使卡片各有所归。对旁人的赞扬或嘲讽，置之度外，埋头苦干，科研成绩已初露峥嵘。下半年受委派同七五级工农兵学员及解放军一八一三部队理论组，三方合作选注王安石诗歌，经过数月奋战，完成《王安石诗歌选注五十首（初稿）》。

1975 年　55 岁

因骨质增生获得折返天津的疗养机会，振作精神，系统整理资料卡片。暑假开学后返校，校医建议半休，被院领导勒令全休，虽工资打折，却正中先生下怀，借此机会可以大干一场。

1976 年　56 岁

不吉利的消息接踵而至，周总理、朱总司令、毛主席相继逝世，不免哀悼伤怀。四人帮倒台，却又忍不住欢喜雀跃。唐山大地震波及天津，亲朋好友平安无事，彼此相庆。

1977 年　57 岁

十年浩劫结束，一派生机，百废待兴。加紧整理资料，进行深度加工，写出《元曲释词》的目录和部分初稿。顾学颉先生为该书的出版积极谋划出路，并对先生多所鼓励。

1978 年　58 岁

顾学颉来信，约定在文学出版社出版，并以出版社的名义，要求署为第一作者，先生并不十分在意。业师黎锦熙先生逝世，享年八十九岁。年底从宣化往北京，住进人民文学出版社招待所，到首都图书馆、北京图书馆查阅《中文大辞典》《汉和大辞典》，搜寻《元曲释词》中遗漏的词语或其他相关资料。适值十一届三中全会召开，心怀平反希望。

1979 年　59 岁

系总支和落实政策办公室相继来信，宣布了关于先生错划右派的改正问题，恢复了政治名誉和讲师职称，几十年的不白之冤得以洗清。《元曲释词》的工作接近尾声，转而致力于《关汉卿全集校注》，与吴振清、王静竹三人通力合作，完成初稿，以后又不断到石家庄进行补充、加工和润色。

1980 年　60 岁

应上海古籍出版社之约，进一步修订《古文观止注》。听从廖序东先生建议，开始撰写元曲释词方面的论文。到宣化恢复上班，为来年给七八级学生讲课做准备。代表九三学社河北分社到九三学社中央参加经验交流会，并在会上做了题为《冲破阻力、百折不挠，为继承发扬元曲艺术奋战了二十年》的发言。

1981 年　61 岁

赴宣化讲授元散曲及《牡丹亭》《长生殿》《桃花扇》。与张永钦谈论治学问题，准备校注《元曲选》并拟定计划。《元曲释词》一书经顾学颉从人民文学出版社转交中国社会科学出版社。发表学术论文两篇，一是《释"颠不剌"》（《河北师院学报》1981 年第 4 期），二是《"波浪""惫赖""舌剌剌"词义发微》（《中国语文通讯》1981 年第 6 期）。

1982 年　62 岁

9 月 19 日，自四十八中迁居建北里。12 月，受中文系委派到河北定兴师范学校，指导七九届学生实习，结识王保华。同月，朱以书教授、朱星教授先后辞世，悲不自胜。发表学术论文三篇，一是《词尾"老""道""脑"在古典戏曲中的特殊用法及其它》（《黄冈师专学报》1982 年第 2 期），二是《目前元曲研究中存在的问题》（《河北师院学报》1982 年第 2 期），三是《因声求义是探索元曲词义的方向》（《天津师大学报》1982 年第 5 期）。

1983 年　63 岁

河北师范学院由宣化迁至河北省省会石家庄。陆续赴石家庄讲授元散曲、《牡丹亭》《长生殿》《桃花扇》。因受排斥，评职称未有结果。发表学术论文 3 篇，一是《评王季思先生的〈西厢记〉注释》（《语文研究》1983 年第 1 期），二是《元曲反语见义修辞论析》（《当代修辞学》1983 年第 3 期），三是《解释元曲词义要注意三个方面的联系》（《河北师院学报》1983 年第 2 期）。

1984 年　64 岁

3 月 18 日，在天津寓所召开《元曲选》校注工作会议，参加者除先生外，还有王静竹、窦永丽、吴振清、杜淑芬、张永钦、傅希尧、孙继献等。26 日，顾学颉来信，谈及《元曲释词》的稿费分配问题，后与中国社科出版社余顺尧编辑晤面，未能谈妥。常林炎从中斡旋，遭到先生拒绝。8 月，完成《元曲释词》繁简字对照表。12 月初，《元曲释词》第一册出版。发表学术论文 5 篇，一是《应当重视元曲语言的研究》（《信阳师范学院学报》1984 年第 1 期），二是《关汉卿笔下的反面人物》（《河北师院学报》1984 年第 2 期），三是《论如何探索元曲的词义》（《河北师院学报》1984 年第 4 期），四是《释"弹"》（《中国语文》1984 年第 5 期），五是《元曲词语释例（一）》（《河北学刊》1984 年第 6 期）。

1985 年　65 岁

5 月 16 日，河北师范大学元曲研究室成立，先生任研究室主任，主持工作。六月四日，率研究室同仁到安国县伍仁村关汉卿故乡做田野调查。11 月 14 日，到南京师范大学参加唐圭璋先生八十五岁华诞。发表学术论文 3 篇，一是《论元杂剧的体制》（《教学通讯》1985 年第 1、2 期），二是《再评王季思先生的〈西厢记〉注释》（《天津教育学院学报》1985 年第 3 期），三是《论元曲中的歇后语》（《河北师院学报》1985 年第 4 期）。

1986 年　66 岁

4 月 15 日，与赵子连、许椿生、杨朝潢、萧望卿、赵九兴、常林炎、刘保亮等同游赵州桥。6 月 4 日，徐州师范大学廖序东、南开大学朱一玄联袂造访。10 月 7 日，与张月中同往临汾参加山西师范大学主办的第二届中国古典戏曲研讨会。10 月 18 日，在学院统战部组织下，参观正定大佛寺与荣国府。11、12 月之间，正教授职称顺利通过上报。12 月 1 日，受聘于天津教育学院名誉教授兼元曲研究室主任。发表学术论文四篇，一是《杀、煞、喋、傻等字在元曲中的用法及其源流》（《河北师范学院学报》1986 年第 2 期），二是《再释"弹"》（《信阳师院学报》1986 年第 2 期），三是《读王季思先生的〈诈妮子调风月〉写定本说明》（《天津师大学报》1986 年第 4 期），四是《简论元杂剧的衰落和传奇的兴起》（《天津教育学院学报》

1986 年第 5 期）。

1987 年　67 岁

1 月 14 日，省教委批准教授职称。3 月 12 日，决定录取霍现俊、吴秀华、陈万钦为研究生。4 月 23 日，在河北安国县主持举行了关汉卿墓碑揭幕仪式并发言。5 月 16 日，主持召开了河北省元曲研究所成立大会。5 月 23 日，与常林炎、杨栋陪吴晓玲先后再去赵州桥参观。8 月 1 日至 5 日，元曲研究室与学报编辑部等在承德避暑山庄联合召开了"关汉卿、元曲学术研讨会"并致开幕词。12 月 10 日，河北省职称改革小组聘为高级艺术研究专业考核组组长。发表学术论文 1 篇，即《关于元曲词语的溯源问题》（《河北师院学报》1987 年第 4 期）。

1988 年　68 岁

从本年起，被学校党委举荐为河北省第六届政协委员，任期五年。5 月 15 日，偕妻随同九三学社成员同游龙泉寺。10 月 18 日，在安国县举办关汉卿创作七百三十周年纪念大会和第三届中国古代戏曲学术研讨会，被大会推举为中国关汉卿研究会会长。11 月，《关汉卿全集校注》由河北教育出版社出版。12 月，《元曲释词（三）》出版。年底，元曲研究室升格为元曲研究所，先生由主任改称所长。发表学术论文 2 篇，一是《我写作〈元曲释词〉的经过——答读者问》（《渤海学刊》1988 年第 1 期），二是《论关汉卿的散曲》（《河北师院学报》1988 年第 3 期）。

1989 年　69 岁

1 月 10 日，杭州大学中文系郭在贻教授英年早逝，先生与其神交未久，不意即成诀别，悲不自胜。二三月间，通过律师调解，顾学颉不得不妥协，《元曲释词》的责任者之争尘埃暂定。先生开始撰写《宋金元明清曲辞通释》。发表论文 5 篇，一是《元曲词语释例（二）》（《河北师院学报》1989 年第 2 期），二是《关汉卿的修辞艺术》（《河北学刊》1989 年第 3 期），三是《〈救风尘〉中几个词语的商榷》（《关汉卿研究新论》，花山文艺出版社 1989 年 8 月版），四是《释"脸"》（《天津教育学院学报》1989 年第 3 期），五是《关汉卿小令〈别情〉赏析》（《河北语文报》第 21 期，1989 年 10 月版）。

1990 年　70 岁

2 月 8 日，河北师院元曲研究所在石家庄市国际大厦召开了海峡两岸元曲研讨会，在会上先生做了题为《在首届海峡两岸元曲研讨会开幕上的发言》，结识台湾学者魏子云，从此在治学上多有书信往来。3 月，《关汉卿全集校注》重印。10 月，《元曲释词》（四）出版，至此本书全四册出齐。11 月 28 日，唐圭璋先生逝世，享年九十岁，深切缅怀。年底，把《元曲选校注》全稿交河北教育出版社。此后便一心扑在《宋金元明清曲辞通释》的资料收集和写作上，并获得语文出版社社长兼总编李行健先生的支持。发表论文 2 篇，一是《释"赛娘""僧住"——兼谈元剧中人物用名问题》（《河北师院学报》1990 年第 2 期），二是《关汉卿大德歌〈春、夏、秋、冬〉赏析》（《元曲鉴赏辞典》，上海辞书出版社 1990 年 7 月版）。

1991 年　71 岁

4 月 18 日至 25 日，参加河北省政协第六届第四次会议。6 月 15 日，应邀到北京师范大学参加元代文学研讨会，宣读论文《关汉卿生卒年的再认识》。发表论文 4 篇，一是《〈元曲选校注〉前言》（《河北师院学报》1991 年第 2 期），二是《"老""道""脑"语助初探》（《天津教育学院学报》1991 年第 3 期），三是《释"不剌"——对张相〈汇释〉的一则补正》（《渤海学刊》1991 年 3、4 期合刊），四是《关汉卿生卒年的再认识》（《北京师大学报》1991 年增刊）。

1992 年　72 岁

3 月初，在石家庄参加省政协第五次会议。10 月 19 日，到北京语文出版社参加语言学家朱星先生逝世十周年纪念会。会后写一篇纪念文章，题为《深切缅怀著名语言学家、教育家朱星先生》，收在《朱星先生纪念文集》中。11 月 5 日，赴山东曲阜参加孔尚任学术研讨会。会后参观孔庙、孔府和孔林。返津途中与南京大学吴新雷教授就河北师院元曲研究所的前途和接班人问题交换了意见。发表论文 3 篇，一是《全元杂剧校注发凡》（《渤海学刊》1992 年第 1 期），二是《论元曲中"顶针格"修辞法》（《河北学刊》1992 年第 2 期），三是《元曲词语释例（三）》（《徐州师院学报》1992 年第 3 期）。

1993 年　73 岁

5 月 14 日，与张月中同去抱犊寨参观。6 月退休，开始在天津要房子。九月，为山东社科院孔繁信《重辑杜善夫集》作序。10 月 1 日起，享受国务院政府特殊津贴，并获颁证书。12 月 14 日，《关汉卿全集校注》入围第一届国家图书奖，被列入建国以来 189 种优秀书目之中。

1994 年　74 岁

6 月 17 日，南下徐州，参加李申先生的研究生毕业论文答辩会并任主持人。19 日上午，为徐州语言学会做学术报告，主讲内容为"戏曲古籍整理及戏曲语言研究的主要成就"。乘车游览徐州境内名胜。发表论文 2 篇，一是《元明戏曲中的少数民族语》（《河北师院学报》1994 年第 1—2 期），二是《写景与作品的情节》（《渤海学刊》1994 年第 4 期）。

1995 年　75 岁

5 月，《元曲选校注》全八册在河北教育出版社甫一出版，便获得学界纷纷好评。

1996 年　76 岁

7 月，在天津妇联主办的"书香溢万家"十大家庭藏书评选活动中，以藏书二万余册，摘得桂冠。9 月 24 日，《元曲选校注》获河北省第五届社科优秀成果奖一等奖。10 月 16 日，天津有线电视台来寓所录像，共录四次，并以"书缘"为题，于 11 月 4 日、6 日、8 日播出。

1997 年　77 岁

8 月 29 日，好友王达津教授去世，先生难掩悲伤之情。12 月，与静竹女士共同署名发表了《北曲例释》390 条，共约七万余字，收在齐森华主编的《中国曲学大辞典》，浙江教育出版社 1997 年 12 月版。

1998 年　78 岁

1 月 9 日，天津电视台来家做有关元曲研究的访谈并录像。年初黎锦熙先生逝世二十周年，应邀撰写题为《永远忘不了黎师邵西先生对我的栽培》的纪念文章，刊发于《渭南师专学报》1998 年第 1 期。有感于时事动荡，撰《哀哉华侨下场头》（曲牌用《北南吕·四块玉》）、《打假》（调用《捣链子》）。12 月 20 日，经过努力争取，终于要到了河北工业大学新建的宿舍。

1999 年　79 岁

1 月 2 日，喜迁新居。有感于学术及人生重大事件多发生在局促的旧居，新居令人舒畅而志在千里，撰《迁居感言》诗。2 月 1 日，挚友吴力生逝世，制题为《追悼吴力生兄》的小令（曲牌用《商调·梧叶儿》）以表悼念。3 月 13 日，密友张拱贵逝世，于梦中成词一首，题为《长相思·追忆》。9 月 26 日，顾学颉先生逝世，有悼诗一首。10 月 15 日，语文出版社责编冯端生先生将《宋金元明清曲辞通释》全稿取走。12 月 11 日，张占根、杨栋自石家庄来津专程探望。发表论文 2 篇，一是《释"人家"》（《唐山师专学报》1999 年第 4 期），二是《释"去"》（《河北师大学报》1999 年第 2 期）。

2000 年　80 岁

1 月 7 日，终于完成耗时近一年的《牡丹亭》注释初稿。此注对徐朔方注本多有参考，并更进一步，有诗《接力》赋此事。9 月 1 日，为河北师范大学学报编辑部傅丽英编审《马致远全集校注》作序，并允诺审定全书。发表论文《释"巴"》（《河北师大学报》2000 年第 4 期）。

2001 年　81 岁

8 月 19 日，由家人陪同赴天津开发区观光。10 月 1 日，游大港，吟诗一首，题为《异乡赏月》。12 月 27 日，草成《王学奇年谱》部分初稿。卷头诗云："半部年谱虽不长，一代风云共存亡。饱蘸血泪图真迹，于无声处惊上苍。"11 月 3 日，好友王辅世逝世，满怀悲恸之情。发表论文 2 篇，一是《释"能"》（《河北师大学报》2001 年第 4 期），二是《宋元明清戏曲中的少数民族语》（《唐山师院学报》2001 年第 1、3、4、6 期）。

2002 年　82 岁

1 月，《马致远全集校注》（傅丽英校注、王学奇审定）在语文出版社出版。二三月间，同家人一起游览杨柳青石家大院、北郊区高庄等地。

5月23日，河北师范大学筹办百年校庆，派人到家中录像。9月12日为先生与静竹女士金婚纪念日，制小词一首以为纪念，题为《金婚自祝词》，调寄《桂枝香》。23日，读孟浩然《岁暮归南山》有感，仿刘禹锡《陋室铭》，撰成《不朽铭》。10月4日，同家人驱车到蓟县一游。12月，《宋金元明清曲辞通释》由语文出版社出版。全文约三百三十万字，收词一万多条。发表论文2篇，一是《释"是"》（《辞书研究》2002年第2期），二是《〈宋金元明清曲辞通释〉的写作过程及特点》（《河北师大学报》2002年第2期）。

2003年　83岁

1月29日，《宋金元明清曲辞通释》的责编冯端生先生送来样书，爱不释手。该书自出版后，不断有书评发表，如彭英安《语言事实的搜辑比什么都重要》，李行健、冯端生《发掘曲辞的光辉》，俞忠鑫《宋金元明清曲辞通释——近代汉语词汇研究的又一力作》柳燕、张林川《原始要终，融会贯通——语文出版社〈宋金元明清曲辞通释〉的释义范式》。3月间，有感于国际时事，撰《如梦令·动武》《调笑令·驻伊美军遭袭击》等，以寄感慨。4月15日，郑振锋、唐健雄等来津商谈庆祝《宋金元明清曲辞通释》出版暨学术座谈会的日期，初步商定为5月20日。7月25日，静竹女士以脑血栓病入院，为此寝不安席，食不甘味，制《凤凰台上忆吹箫·遗憾》一首，以遣忧思。11月中下旬《宋金元明清曲辞通释》等辞书颁奖仪式在上海举行，各大报纸均有报道。发表论文3篇，一是《再释"可"》（《唐山师范学院学报》2003年第1期），二是《〈宋金元明清曲辞通释〉概述》（《辞书研究》2003年第2期），三是《评廖序东教授的〈楚辞语法研究〉》（《河北师大学报》2003年第3期）。

2004年　84岁

1月2日，河北师大文学院王贵新书记来访，传达筹备因非典而未能召开的有关《宋金元明清曲辞通释》的学术座谈会。2月1日，有感于《元曲语言新论》一书在出版社被积压未能尽快刊出，有诗记之。3月9日，老友吴奔星病重，承期哲嗣吴心海之请，撰《往事如烟，历历在目——略述我与著名教授、诗人吴奔星先生的过从始末》。3月中旬，中央电视台戏曲频道播出专访,并介绍了《宋金元明清曲辞通释》的学术成就。4月24日,接南京师范大学寄来的讣告,闻知吴奔星逝世,悲痛之余,即回唁函,撰《吴奔星先生墓志铭》。6月24日,霍现俊自北京来天津,通报开会座谈《宋金元明清曲辞通释》及约请专家的事。8月间,致力于整理诗集《劳动之歌》及《王学奇山歌选》。9月25日,赶赴石家庄准备参加《宋金元明清曲辞通释》学术研讨会。27日上午,研讨会在河北师范大学学术交流中心隆重举行。会议由河北师范大学副校长王长华主持,校长苏宝荣教授致开幕词。与会专家围绕《通释》和作者的其他著作展开了热烈讨论。本年发表论文三篇,一是《辞书漏收"多""怕""撺"义项补》(《河北师大学报》2004年第2期),二是《评〈新校元刊杂剧三十种〉》(《河北师大学报》2004年第5期),三是《释"许"》(《唐山师院学报》2004年第6期)。

2005年　85岁

3月30日,写完《评〈诗词曲语辞汇释〉》,近两万字。年逾八旬,犹伏案孜孜,不知老之将至,对社会政治愈发热切关注,诗词创作兴致不减。5月28日下午,乘兴陪静竹驱车到王串场正义道,踏访当年住过的河北师院宿舍,颇感物是人非,不由不触景伤情。7月25日,根据治学经验,自撰座右铭《放弃》。9月20日,开始重写论文《释"学"》,务期精益求精。12月15日,为扩大少数民族语的搜辑范围,开始阅读辽金元史,以及唐诗、宋词、近代杂著和笔记小说,深挖细找,不遗余力。

2006年　86岁

3月20日,好友萧望卿在石家庄逝世,悲恸万分,援笔撰《萧望卿》二首以为纪念。30日,好友邬绍涵逝世,悲不自胜,撰《悼邬绍涵兄仙逝》一首。5月7日,与次子王蓝乘车同去蓟县旅游。5月28日,天津古籍出版社获得《笠翁十种曲校注》一书的出版批准和补助。9月8日,初步完成《中华近代少数民族语》,计有十几万字。12月20日,好友廖序东逝世,噩耗传来,悲不自持,撰《采桑子·哭恩兄廖序东教授》。发表论文2篇,一是《评〈诗词曲语辞汇释〉》(《河北师大学报》2006年第1期),二是《释"与"——兼评〈诗词曲语辞汇释〉》(《唐山师院学报》2006年第1期)。

2007 年　87 岁

1 月 7 日，窦永丽拿来天津古籍出版社《笠翁传奇十种校注》的出版合同，期限是 2007 年底交稿，2008 年 8 月正式出版。1 月 31 日起暂停《少数民族语》的工作，开始专注李渔《风筝误》的校注工作。4 月 8 日，文学院王贵新书记来电，学校准备将《宋金元明清曲辞通释》上报参评河北省社会科学特别奖。5 月 15 日，因注解李渔《怜香伴》有感，而作诗一首。11 月 15 日，为师大同学李连祥同志《唐诗常用词词典》作序。发表论文 1 篇，即《再释"是"》（《河北师大学报》2007 年第 2 期）。

2008 年　88 岁

加紧校注《笠翁传奇十种》，本年的重头戏，便是完成这件注释工程。作为主编，需要审读所有稿件，艰苦备尝，并撰写序言《论李渔的喜剧创作》。9 月 4 日，北京社会科学院出版社编辑部郭沂纹、史慕鸿两同志来谈重印《元曲释词》和增订《宋金元明清曲辞通释》的问题。从此，如何增订《通释》一稿的任务与《笠翁传奇十种》的校注审稿一起，写在了本就紧张的工作时间表上。发表论文 2 篇：一是《〈清史稿〉中的满语、蒙语和藏语》（《河北师大学报》2008 年第 2 期），二是《辽金元史书中的少数民族语》（《唐山师院学报》2008 年第 3 期）。

2009 年　89 岁

3 月，《笠翁传奇十种校注》由天津古籍出版社出版。全书共约 150 万字，为国家古籍整理出版"十一五"重点规划项目，并获得国家古籍整理出版专项经费资助。5 月 7 日，接到中国社会科学院关于出版增订本《宋金元明清曲辞通释》的合同。拟有增加新词，补充旧稿，订正错讹三部分工作。增加部分，要写出新词 1500 条；补充部分，要对义项、释例、释文等均予以适当补充；订正部分，要统一体例，改正错讹。书的规模，将从出版的三百多万字提升到四百多万字，词条从原来的一万条扩充到一万二千条。7月 18 日，刘运峰来访。8 月 21 日，刘运峰撰写的《王学奇教授访问记》刊发于当天的《天津日报》第 15 版。23 日，为李连祥《唐诗常用语词》撰序。发表论文 2 篇，一是《释"学"——兼评现行各辞书》（《河北师大学报》2009 年第 2 期），一是《论喜剧大师李渔的传奇创作》（《燕赵学术》2009

年春之卷）。

2010 年　90 岁

按照合同，增订本《宋金元明清曲辞通释》的稿子 6 月底要交给出版社。日子虽渐渐逼近，然而耳鸣等疾不请自来，不得不重新考虑为保护健康而放缓工作进度。在健康不受损害的情况下，坚持早起晚睡中午不休息，保证每日完成三至五个词条的指标。尽管如此，仍然无法如期完成任务。9月 2 日，语文出版社冯端生来访，推心置腹，无所不谈。9 月 18 日，参加藏书家评选颁奖大会，被评为天津市十大藏书家之一。9 月 28 日，史慕鸿来津把《宋金元明清曲辞通释》的稿子全部取走。

2011 年　91 岁

一年之始，考虑一年所要从事的学术工作。不打算再发起攻坚战，拟从今年开始做一些收官的工作，如年谱、自传、治曲心得、少数民族语等小篇幅的作品。9 月 14 日开始，日常工作从少数民族语转到校注《紫钗记》上来，重拾汤显祖《临川四梦》的校注工作。汤剧用语晦涩，用典颇多，欲求语句确解，必须反复推敲。

2012 年　92 岁

1 月 7 日，注完《紫钗记》后二十八出。9 日，准备续写 2012 年的自订年谱。本年中，校注汤显祖戏剧、研究少数民族语、续写年谱等工作交替进行。9 月 7 日，叶鹏在《语言文字报》上发表《纵横比较，释义准确——简评〈宋金元明清曲辞通释〉》。发表论文 1 篇，即《释"老"与"大"》（《燕赵学术》2012 年春之卷）。

（作者为河北师范大学文学院教授）